Zu diesem Buch

Georg Brunolds Reiseberichte räumen nicht nur mit den herrschenden Afrika-Klischees auf, sie erzählen vor allem von der Vitalität und Vielschichtigkeit dieses Kontinents, die oft nur abseits von den im Medieninteresse stehenden Elendsregionen zu erfahren sind. Dabei versucht Brunold nicht, über die Not der Menschen hinwegzutäuschen, er unterläuft nur die Behauptung, daß außerhalb dessen nichts existiere.

»Georg Brunolds Berichte werben dafür, alles einschlägige ›Wissen‹ über diesen Teil der Erde zu vergessen. ›Gibt es Afrika?‹ Brunold verneint die Frage mit einem Strauß von Informationen, so inspiriert und polemisch zusammengesteckt, daß er dazu angetan ist, auch andere Gewißheiten (über Städte, Länder, Kulturkreise) nachhaltig zu erschüttern.« (»Süddeutsche Zeitung«)

Georg Brunold, geboren 1953 in Arosa/Graubünden, hielt sich von 1973 bis 1983 in Studium, Forschung und Lehre am Philosophischen Seminar der Universität Zürich auf und pendelte dann als freier Journalist zwischen Kairo, Tanger und der Schweiz. Von 1991 bis 1994 lebte er in Nairobi.

Im Rowohlt Taschenbuch Verlag liegen seine orientalischen Reportagen »Sandrosen« (rororo Nr. 13038) vor.

Georg Brunold

Afrika gibt es nicht

Korrespondenzen aus
drei Dutzend Ländern

Rowohlt

Veröffentlicht im Rowohlt Taschenbuch Verlag
GmbH, Reinbek bei Hamburg, August 1997
Copyright © 1994 by Vito von Eichborn GmbH & Co.
Verlag KG, Frankfurt am Main
Umschlaggestaltung Beate Becker
(Foto: The Image Bank / Anthony Johnson)
Druck und Bindung Clausen & Bosse, Leck
Printed in Germany
1690-ISBN 3 499 22113 6

Inhalt

Gibt es Afrika?

Anstelle einer Einleitung

Nairobi, April 1994

In der nördlichen Hemisphäre gibt es viele Leute, die glauben, Afrika liege am Meer und dort herrsche ein heißes, ein unerträgliches Klima. In aller Regel seien die Menschen schwarz, glauben die Leute oft, und die Mehrzahl der Afrikaner, wie sie dort unter der glühenden Sonne ackerten, hätten die meiste Zeit Hunger. Afrika, wo mit dem Boden, der Luft, dem Wasser, wo mit allem und jedem von Grund auf alles und so vieles auch mit dem Charakter der Menschen verkehrt ist und wo nur diese exotische, attraktive, aber fast ebenso unmenschliche Tierwelt floriert — einen solchen, regelrecht bestialischen Kontinent gibt es nicht.

Es ist nicht nur dieses Afrika, das es nicht gibt. Afrika gibt es zunächst und vor allem in Afrika nicht. Nicht nur ein Interesse an Afrika gibt es in Afrika nicht. Der Durchschnittskenianer interessiert sich für ein afrikanisches Land wie Gabon weit weniger als für das randständigste Land Europas und weit weniger, als der Durchschnittsalbaner seinerseits sich für ein Land wie vielleicht Paraguay interessiert. Einem Angolaner ist der Name Ghadhafi geläufig dank einer vagen Assoziation mit dem Namen Castro, und bei beiden Namen ist er gleichermaßen fern von einem Gedanken an Afrika. Einem Nigerianer ist die malawische Hauptstadt Lilongwe so fern wie die laotische Königsstadt Luang Prabang oder Vaduz, die Hauptstadt des Fürstentums Liechtenstein. »Mali?« hakt der äthiopische Ingenieur nach, der sich an der Flughafenbar in Addis Abeba beim Nachbarn nach dem Reiseziel erkundigt, »Mali, ist das ein Land in Afrika?«

Das Phänomen beschränkt sich nicht auf den Inhalt der Köpfe. Luanda und Rio, Mombasa und Bombay oder Tunis und Marseille liegen sich unvergleichlich viel näher als Khartum und Windhoek, Freetown und Antananarivo oder Lusaka und Dakar. Was diese als Repräsentanten eines gemeinsamen Kontinents zusammenbringen kann, ist nur der afrikanische Fußballpokal. Afrika ist der Name eines Kontinents, und den Namen gibt es, aber vom Kontinent, der den Namen trägt, läßt sich nicht ohne weiteres sagen, daß es ihn ohne den Namen ebenfalls gäbe.

Zuvorderst immer die Hilfe

Um eines sogleich vorwegzunehmen: Sollte es sich bei Afrika um jenen einzigen großen Versorgungsnotstand handeln, als welcher der Kontinent unausweichlich zuerst portraitiert wird, dann gibt es Afrika nicht. Was es gibt, ist noch immer eine große Zahl verbrecherischer Regierungen, die mit der denkbar destruktivsten Landwirtschaftspolitik die Bauern vom Land in die Städte treiben, wo sie anstelle ihrer Vielfalt von Feldfrüchten fortan das billigste Weißbrot essen müssen und sich aus der Abhängigkeit von den Getreideüberschüssen der OECD-Länder nicht mehr zu lösen vermögen. Ist in Umkehrung solcher einfacher Tatsachen von Afrika aber als dem ganz großen Hilfeempfänger die Rede, dann gibt es Afrika ebensowenig, wie auf dem Kontinent ein nördlicher Altruismus eine Spur hinterlassen hätte.

Zur Hilfe sei an dieser Stelle zweierlei angemerkt. Zum einen läßt heute schon ein Tagesdurchschnitt von fünf Minuten Zeitungslektüre keinen Zweifel daran, daß das meiste, was im Zusammenhang mit der Dritten Welt Hilfe genannt wird, Leerlauf ist und folgerichtig, wenn auch nicht einmal immer sich selber, so doch nie dem Adressaten zugute kommt. Es wütet ein mediengerechter Geist, der seine Berufspflicht Kritik nennt: etwas, was für ihn nur an der gewissen Tonlage erkennbar ist, und dieser garstige Ungeist macht glauben, obendrein seien bei der Hilfe große Geldmengen im Spiel. Abgesehen vom Geiz beweist die Eingängigkeit dieses Liedes nur, daß das Publikum wenig von Geld versteht. Der kommunale Haushalt der Stadt Zürich wies 1993 Ausgaben von etwas mehr als fünfeinhalb Milliarden Schweizer Franken auf — etwas über sechs Milliarden Mark. Der Bevölkerung Afrikas, eintausendfünfhundertmal mehr Menschen als die Einwohnerschaft Zürichs, fehlt in der gesamtkontinentalen Zahlungsbilanz ein Betrag in etwa der dreifachen Höhe. Es fehlt ihnen pro Kopf ein Fünfhundertstel dessen, was die öffentliche Hand der Stadt Zürich pro Einwohner ausgibt.

Zum anderen bleiben von solch feinsinnigen Betrachtungen über die Hilfe die Fakten gewöhnlich ganz unberührt, nicht etwa nur die Frage, wieviel Hilfe viel oder zuviel und wieviel Hilfe wenig oder zuwenig wäre. Auch wenn, wie so oft zu hören, in Afrika 100 000 westliche Entwicklungshelfer am Werk sein sollen, so fällt bei einem Durchschnitt von 6 000 angezielten Nutznießern nicht jeder auswärtige Büroangestellte oder andere Helfer überall pausenlos auf. Im Gegenteil, oft gibt es auch ihn — und die Hilfe — beinahe nicht.

So viele Lösungen wie Probleme . . .

Man hört immer wieder, wo Afrika ist. Afrika ist, wo für alles stets eine Lösung gefunden wird — obschon sie in einer großen Mehrzahl der Fälle sich nicht vom betreffenden Problem unterscheiden läßt. Es kann eine Schuld nicht bezahlt werden? Also erledigt sie sich und wird nicht bezahlt. Unterscheidet das Afrika zuverlässig genug von der übrigen Welt? Oder ist das vielleicht Afrika, wenn für das gestern benützte Formular der Wäscherei auch im Luxushotel niemals von selber Ersatz eintrifft? Dieser Ärger mag einen innersten Kern von Afrikas Problemen geortet haben, aber in der Unterdrückung des

Seufzers darob könnte das Interconti in Bukarest die gleiche große Meisterschaft lehren wie das Méridien in Lagos. Gewiß, die Post in Afrika ist imstande, die italienische zu unterbieten, aber normalerweise nur in Zaire. Die Beispiele ließen sich mehren, und bei wenigstens einem weiteren Merkmal Afrikas ist es um dessen distinktive Kraft recht zweifelhaft bestellt: Die weit herum freie und freieste Presse im neuen Afrika des demokratischen Umbruchs sticht einstweilen dadurch heraus, daß sich dort — wie im afrikanischen Alltag — jeder Unsinn, sei er trostlos, nichtssagend oder genial, mit wesentlich geringeren Gefahren zum besten geben läßt als die große Mehrzahl aller puren, jedoch nicht ganz folgenlosen Wahrheiten. Prägt dieser »afrikanische« Zug nicht fast die ganze Welt?

Wenn das große Afrika einheitliche Merkmale aufwiese, dann wären dies, ähnlich wie bei der kleinen Schweiz, negative Bestimmungen: Afrikaner zeichnen sich dadurch aus, daß es sich bei ihnen nicht um sonst jemand handelt, um keine Asiaten, keine Amerikaner oder Australier, und unter gewissen Aspekten verdienen solche negativen Befunde Beachtung. Afrikaner sind keine Buddhisten. An der Oberfläche prägen den Schwarzen Kontinent markant europäische Züge deshalb, weil ganz anders als etwa in Asien der kolonialen Durchdringung Afrikas keine autochthonen Hochkulturen entgegenstanden und sich unter dem Aufprall des christlichen Hochgottes die eingeborenen Geisterscharen in den inneren, tieferen Forst der Volksseelen zurückzogen. Im Unterschied zu den europäischen Metropolen sind in der afrikanischen Peripherie die Bekenntnisse nach Vorgaben abendländischer Lehrpläne noch ganz geläufig, und die Kirchen sind besser besucht als in Deutschland. Es gibt in Afrika Länder, wo es außer den Kirchen und dem Erbe der kolonialen Armee an politischen Institutionen kaum etwas gibt.

Man vergißt dabei leicht, daß es nebst den Heiligtümern eines nigerianischen Yoruba-Hains in Timbuktu die siebenhundertjährige Jinguereber-Moschee gibt, daß von den vier Amtssprachen der Organisation der afrikanischen Einheit nur das Englische, das Französische und das Portugiesische europäischer Herkunft sind und daß auf demselben Kontinent die große Mehrheit aller Araber lebt, annähernd ein Zehntel seiner Gesamtbevölkerung allein in Ägypten. Dort, im unteren Niltal, offenbart der Blick nicht nur Unverständnis, sondern darin ganz unverhoffte Steigerungsmöglichkeiten, wenn jemand kundtut, er sei in Afrika und obendrein unter Afrikanern, und auch in einer Rikscha in Antananarivo äußerte man eine gleichlautende Behauptung mit wenig besserem Recht, denn Monsieur Alisoana Raharinarivonirina, der liebenswürdige Begleiter, weiß um die malayo-polynesischen Ursprünge seines madagassischen Namens. Nur in Namibia, in »Südwest«, wahren Deutschstämmige unter anderen Eigentümlichkeiten die fixe Idee, bei ihnen handle es sich um eine Art Afrikaner, statt, wie es der Wahrheit viel näher käme, um eine Art verirrte Tasmanier wie bei den einsamen Südschotten auf Sankt Helena.

Afrika, heißt es, ist der Kontinent von Armut und fortschreitender Verelendung. Dazu läßt sich nicht einfach anmerken, derlei gebe es nicht, und es ist dies vielleicht der Ort, so weit vorzugreifen, daß der Verdacht, Afrika gebe es nicht, nicht zu verwechseln ist mit einer Behauptung, es gebe an Afrikas Stelle auch sonst überhaupt gar nichts. In Relation zur wachsenden Bevölkerung nimmt der Ausstoß der Wirtschaft gesamtkontinental ab. Elendsviertel in Lagos und in Kalkutta unterscheiden sich zumindest in der wichtigen Hinsicht, daß Kalkutta Teil eines wirtschaftlich aufsteigenden, Lagos dagegen Teil eines absteigenden Ganzen ist. An Afrikas übergreifend negativer Bilanz ändert die Feststellung nichts, daß in

Gabon das Einkommen pro Kopf der Bevölkerung fast dreimal so hoch ist wie in der Türkei, während im Vergleich afrikanischer Länder dieser Wert um Faktoren von bis zu 40 und noch mehr variiert.

Mär der willkürlichen Grenzen

Solche Unterschiede lassen Afrika unter sozialen Gesichtspunkten tiefer zerklüftet erscheinen als jeden anderen Kontinent. Aber sie prägen nicht einen Erdteil, auf welchem angeblich Dutzende von natürlichen, historischen, sozialen oder sogar politischen Einheiten überall durch die Hinterlassenschaft der Kolonialgrenzen zerstückelt würden. Der verständnisinnige Hinweis auf die fatale Natur der ererbten Grenzen verdient Erwähnung, weil er zu einer naheliegenden Frage Anlaß geben könnte. Während Afrika seit der Unabhängigkeit unter zahlreichen Bürgerkriegen litt, zählt man in drei nachkolonialen Jahrzehnten unter 48 Staaten südlich der Sahara an zwischenstaatlichen Kriegen im vollen Wortsinn nicht mehr als zwei — einen zwischen Somalia und Äthiopien 1977/78 sowie ein Jahr später einen zwischen Uganda und Tansania. Warum gab es davon nicht mehr? Gewiß wurden und werden Afrikas Bürgerkriege in aller Regel in tatkräftigem Beisein von Nachbarn ausgetragen. Aber wenn es dennoch zu einer größeren Zahl zwischenstaatlicher Kriege keine Gründe gab, entfällt damit vielleicht auch der Anlaß zur eben gestellten Frage, warum. Womöglich erübrigt sie sich, weil es — nochmals — afrikanische Staaten füreinander zumeist kaum gibt, wenigstens nicht als Kriegsgegner.

In Fragen wie jener der afrikanischen Grenzen haben die geltenden Lehrmeinungen meist überzeugte Verfechter, wie es die Urheber oft bereits waren. In Afrika mag der Kalte Krieg zu Ende sein, aber noch nicht recht im intellektuellen Disput etwa um die »pauperisierte« Südhemisphäre. Das nötigt zum Hinweis, daß es bei diesen

Grenzen im Augenblick weder um Qualifikationen wie ihre Willkürlichkeit oder ihre Widernatürlichkeit noch um ihre Heiligkeit geht, sondern nur darum, daß es sich dabei weder um das afrikanische Grundübel noch um eine von zwei oder drei solcher Schlüsselkalamitäten handelt. Unerläßlich ist in solchen Debatten ferner der Hinweis auf die unzwingende Natur mancher Umkehrschlüsse: Ist etwas nicht stets etwas ausgesucht Böses, so ist es nicht allein deshalb etwas besonders Gutes. Bei Afrikas Komplexität kann es nur der aufrechteste Ideologe sein, wenn jemand die eigene tiefe Verunsicherung übergeht. Gibt es einen Kontinent, auf dem sich die Dinge so einfach verhielten wie in engagierten Lehrmeinungen zur Dritten Welt?

Ambivalenz der Schikane

Afrikas Grenzen, wie andere politische Werkzeuge und Waffen, sind von mehr oder von weniger papierenem Wesen. Danach bemißt sich das Gewicht ihres Beitrags zum Besseren oder Schlimmeren, das weniger in dem Instrument als in seiner Verwendung liegt. Im einen Fall leisten Grenzen einen beklagenswerten Beitrag dazu, daß eine schuldige Konfliktpartei nicht verfolgt und gestellt werden kann, im anderen Fall helfen sie die Ausweitung eines Konflikts zu verhindern. Ihre Rolle bestimmen beidemal die Verhältnisse der Nachbarschaft.

Migrationsbewegungen können Probleme sowohl schaffen wie lösen, und Grenzen können beidem entgegenstehen. Im Warenverkehr liegt alles an den Veränderungen der Märkte, wenn die Handelskarawanen der Tuareg zum Erliegen kommen; andernfalls vermöchte keine Grenze sie aufzuhalten. Falls der Kontinent dem Freihandel zugetan ist, dann ist auch bei dieser wirtschaftspolitischen Kardinaltugend in Afrika mit besonderen Merkmalen zu rechnen. Was das Gegenteil, den Protektionismus, angeht, so gilt im afrikanischen Binnenverkehr, daß politische

Schutzschranken — genau wie andere Schikanen — nicht mehr wert sind, als sie abwerfen. Auch fernab von den Städten ist eine Grenze nicht immer das Förderlichste für Begegnung und Austausch, doch es gibt auf dem Kontinent Staatskarikaturen, woran die Grenzen gewiß noch das Beste sind. Findet sich an besteuertem Wandel und Handel zu wenig, dann wird da und dort gerne das Manko an internationalen Schranken durch interne Abmarkungen kompensiert, und so tragen die Binnenzölle zur Stimulation des allernötigsten Geldumlaufs bei. Verdienen daran zu oft die Falschen und ziehen diese das Geld zudem aus den falschen Taschen, so hat das wiederum weit weniger mit den Grenzen als mit der Eigenart afrikanischer Behörden zu tun.

Nach außen gewandt

Aber abgesehen davon, daß es ein Verhängnis allgegenwärtiger Trennwände in den afrikanischen Weiten nicht gibt, ist damit erstens die politische Malaise verkannt, daß das ererbte Grundübel Afrikas in einem furchtbaren Übermaß an Zentralismus besteht. In dem hausbackenen Bild administrativer Zerstückelung wird zweitens — und das wiegt noch schwerer — ein ebenso tief wurzelndes Problem wirtschaftlicher Art in sträflicher Weise unterschätzt. Denn bei näherem Zusehen zeigt sich an Afrikas Volkswirtschaften wieder, daß nichts sie zu einem kontinentalen Ganzen zusammenzufassen erlaubt. Die Schläuche, welche die einzelnen Länder mit der Außenwelt verbinden, führen sämtlich ohne Umweg hinaus aus dem Kontinent, direkt in nördliche Volkswirtschaften, und die Ausnahme Südafrika, woher benachbarten Ländern etwas vom Tropf — oder vielleicht mehr von den Abfällen — zuteil wird, bestätigt nur diese Regel. Der Binnenaustausch zwischen den 53 afrikanischen Ländern hält am kontinentalen Außenhandelstotal einen Anteil in der Gegend von fünf Prozent.

Auch das schöngeistige Entwicklungsprogramm der Uno hat sich bei seinen Konzeptionen von Industrialisierung und Diversifikation nie viel aus dem Studium von Märkten gemacht, und einer ihrer Vertreter, der dies bemängelt, merkt an, daß zwischen Präsenz und Absenz seiner Organisation in Afrika nicht der geringste Unterschied feststellbar ist. Es gibt Märkte von ansehnlicher Ausdehnung: etwa den Wirtschaftsraum des kamerunischen Streichholzes oder jenen der gabonesischen Seife. Doch obschon man die Ohrringe der Tuareg ebenfalls in mehr als fünfzehn Ländern auf der Straße kaufen kann, macht der Entwicklungsstand des Binnenaustauschs nur klar, was die Flugpläne lehren: daß zwischen Afrikas zahlreichen gebrechlichen Gliedern, daß zwischen den Gemächern des großen Armenhauses denkbar wenige Verbindungen bestehen.

Noch mehr böse Wörter

Ähnlich wie eine perverse Natur des damit Bezeichneten sich dem Wort »Grenzen« abhören läßt, erledigt ein Wort wie »Korruption« die Fragen, zu denen es Anlaß gäbe. Auch im Weihnachtsverkehr eines Schweizer Wintersportorts hat das Trinkgeld auf die Geschwindigkeit des Expreßboten der Post einen gewissen Einfluß. Der marokkanische Briefträger unterscheidet sich von ihm nicht. Auch das Wort Freundschaft erhält global einen Beigeschmack, wenn es sich mit dem Wort Geschäft verbindet. Gibt es einen Kontinent der Korruption, ist es gleichwohl Afrika. In Gesellschaften, wo Arbeit nicht honoriert wird und noch die lachhaftesten Löhne — wenn überhaupt — am 95. Tag des Monats bezahlt werden, entwickeln sich weitergreifende Mechanismen der informellen Umverteilung. Oder soll im Kongohafen von Kinshasa, im vollständig privatisierten Zaire, nur der Gepäckträger, niemals dagegen der Polizist oder der Zollbeamte zu etwas Kleingeld kommen?

Zwischen dem uneingeforderten Trinkgeld im Speiselokal und der massiven Bestechung in der Beschaffung von Großaufträgen dehnt sich ein breites Kontinuum zahlreicher Übergänge von Legalem oder von rechtlich Irrelevantem zu Halblegalem und von da aus weiter zum unzweideutigen Gesetzesbruch. Tipping und bribing heißen im Englischen die beiden Seiten des Spektrums, die mit Trinkgeld und Schmiergeld nicht in gleicher Prägnanz gekennzeichnet sind. Jene Umverteilungsmechanismen zeigen Leistungen eines frappanten Raffinements, und oft wären sie und ihre Ambivalenzen interessanter als ihr Ruch. Aber dort, wo das Gefühl dem Gedanken vorgeht, beweist die Moral nicht immer die besten Nerven und verträgt sich in diesem Punkt nicht mit Aufklärung. Korruption ist, man hört es, schlecht. Fern davon, etwas zu erhellen, hält deshalb das Wort — fast wie etwa das Wort »Unterdrückung« — einen sehr großen Topf bereit, in dessen dunklem Innerem, ob fein oder grob, alle Unterschiede auf Nimmerwiedersehen verschwinden.

Abrakadabra der Stabilität

Ob es nun eine Organisation der afrikanischen Einheit gibt oder diese möglicherweise ebensowenig — Afrika demonstriert nicht nur im multinationalen, sondern auch in nationalem und kommunalem Rahmen beträchtliche Führungsprobleme politischer Art. In diesem Zusammenhang war während der vergangenen drei Jahre des Umbruchs das Adjektiv »afrikanisch« neuerdings häufig in Verbindung mit »Demokratie« oder mit Fügungen wie »demokratische Aspirationen« und »Demokratiebewegung« anzutreffen. Auch im Zusammenhang damit stellten sich, wenn auch weniger in Afrika selber, erhebliche Mißverständnisse ein. Westliche Partner, die anfangs zu einer Abkehr von alten autoritären Regierungsformen und zu Versuchen mit der Demokratie ermunterten, meinten in einem allenthalben um sich greifenden Chaos den ungewollten Effekt dieser ihrer Kurskorrektur zu beobachten. Ihrer mehr selbstbezogenen Aufmerksamkeit entging dabei, daß es nicht die wachsende Macht eines neuen Pluralismus war, was Anarchie heraufbeschwor. Bei dieser Anarchie handelt es sich im Gegenteil um den Effekt eines progressiven Erosionsprozesses der alten Despotien, als deren Beiwort »afrikanisch« zuvor eher häufig auftrat. Die Despotien hatten sich durchaus eigenmächtig in ihre Sackgassen manövriert, und die Begleiterscheinungen etlicher unabschließbarer Agonien dokumentieren nicht eine wachsende Macht des Pluralismus, sondern dessen Ohnmacht.

Eine Demokratisierungsbewegung dagegen, die einen Kontinent in Unruhen gestürzt und eine Zunahme des Blutvergießens zu verantworten hätte, gab und gibt es in Afrika nicht. Denn noch in keinem Fall, wo ein Despot doch das Feld Demokraten überließ, ergab sich eine klare Diagnose dessen, was von Politikwissenschaftlern »demokratische Regression« genannt wird und eine Entwicklung kennzeichnet, in welcher ein Staat durch den Übergang zu freiheitlicher Ordnung einer Degeneration seiner Institutionen zum Opfer fällt. Sicher gibt es noch nicht allzuviel funktionierende Demokratie in Afrika. Aber es ist, wenn man so sagen darf, nicht so, daß es an besser funktionierenden Diktaturen in Afrika weniger fehlte. Unter Afrikas demokratischen Regimen hat noch keines Krieg geführt, und was die Macht in Tyrannenhänden betrifft, so beweist in ihren Reichen allenthalben Kanonendonner, daß sie kein Hort der Stabilität sind.

Nachrichten sind schlecht

Instabilität findet auswärts mehr Aufmerksamkeit als Ruhe und Ordnung, denn bekanntlich sind good news no news und dies ganz besonders, wenn es um Afrika geht. Der Mensch will die Welt verbessern, und dazu braucht er nicht in erster Linie zu wissen, was an der Welt bereits gut ist. Auch wenn es nicht um Afrika geht, schlägt sich die Presse deshalb zu Recht mehr mit den Gebrechen als mit der Gesundheit herum. Das Pflichtenheft der Medien setzt an die erste Stelle die Krise und stellt ein Problem in der Regel hoch über die Lösung. Da gibt es auch in der folgenden Auswahl von Korrespondenzen kein spurloses Entkommen. Schließlich handelt es sich um eine Sammlung von Berichten für das politische Ressort einer Tageszeitung. Angolas Rückkehr in den Krieg und der Holocaust in Rwanda, wahrscheinlich der größte Massenmord seit dem Zweiten Weltkrieg, haben auch dieses Buch aus dem Gleichgewicht gebracht. Zwei Kleinstaaten wie Rwanda und Burundi mit ihren dreizehn oder vierzehn Millionen Hutu und Tutsi stehen trotz allem nicht für den Kontinent, und der Hinweis wird nicht der letzte sein: Afrika aus der Ferne der Medien betrachtet, Afrika als ein Kontinent, der auf seiner ganzen riesigen Fläche und unter gleich welchen Umständen stets aufs neue Chaos produziert und reproduziert — dieser einzige umfassende politische Ausnahmezustand ist ein Klischee.

Viel zu viele Leute gebe es in Afrika, lautet ein gefestigter und wohl durch nichts zu korrigierender Glaube. In Afrika, auf annähernd zehnfacher Fläche Indiens, lebt eine Gesamtbevölkerung von vielleicht drei Vierteln der indischen, auf mehr als dreifacher Fläche Chinas nicht viel mehr als halb so viele Menschen wie dort. Angesichts des ungemeinen Reichtums an natürlichen Ressourcen und einer gesamtkontinentalen Siedlungsdichte von wenig über zwanzig Einwohnern pro Quadratkilometer ließe sich zur Bevölkerung anmerken, daß es sie eigentlich fast nicht gibt. Dieser Sachverhalt trägt zu Afrikas Entwicklungsproblemen erheblich bei. Wie es von verantwortungslosen afrikanischen Politikern stets wiederholt wird, hat der Kontinent Bevölkerungszuwachs nötig. Der springende Punkt liegt in der hoch übersetzten Geschwindigkeit, die es außer in Ausnahmefällen verbietet, derzeit auf dem

Kontinent von Entwicklungsländern zu sprechen. Was sich vorläufig in Afrika mehrheitlich abspielt, ist nicht Entwicklung, sondern Unterentwicklung — nach der klassischen Definition: Wachstum ohne Entwicklung.

Zu viele Leute? Ein einziger Krieg?

Afrika ist ein Kontinent der großen Leere. Auf einem Territorium, größer als die Iberische Halbinsel, führen in Nordtschad 100000 Seelen ihr Wanderleben, und aus diesen riesigen, in sich gekehrten, abwesenden Räumen hört man meistenteils von sehr wenig. Im Nordosten Zaires soll es die Pest wieder geben, aber was weiß man davon? Nur an einigen Rändern ist Straßenlärm und — vorwiegend munteres — Stimmengewirr zu vernehmen.

Bekanntlich herrscht da und dort wiederkehrender Gefechtslärm. 1993 waren südlich der Sahara sieben Kriege zu zählen, und dazu kam ein halbes Dutzend Herde blutiger Unruhen. Auf dem leeren Kontinent lag damit die Dichte der mit Gewalt ausgetragenen Konflikte bei einem pro 2,3 Millionen Quadratkilometer. Das Zerrbild einer afrikanischen Allgegenwart des Krieges beruht auf einer Blindheit für Größenordnungen. In den Grenzen der GUS im Südosten und des Urals im Osten umfaßt das größere Europa ohne Türkei eine Fläche von etwas über zehn Millionen Quadratkilometern. Auf ein Gebiet dieser Größe entfallen in Afrika vier offene Konfliktherde. Pro Kopf der Bevölkerung gerechnet, ergibt sich mit einem Konfliktherd auf 50 Millionen Einwohner ein aussagekräftigeres und tristeres Bild. Der Anteil der Flüchtlinge an Afrikas Gesamtbevölkerung stieg im Frühjahr 1994 auf gegen ein Prozent, während die Gesamtzahl der Vertriebenen, die sich innerhalb der Grenzen ihrer Staaten aufhielten, auf zwei bis drei Prozent geschätzt wurde. Obschon sie keinen Vergleich mit europäischen Völkerwanderungen vor 50 Jahren erlauben, sind es hohe Zahlen. Aber den Kontinent der kriegsbedingten Obdachlosigkeit treffen unter den vielen, die ihn bereisen, fast nur diejenigen an, die ihn in dieser gezielten Absicht aufgesucht haben. Die große Mehrheit aller, die ihn aus anderem Anlaß bereisen, macht er durch nichts darauf aufmerksam, daß es ihn gibt.

Afrika gibt es

Gibt es ihn nicht, oder gibt es ihn doch vielmehr nur in den Medien, den Kontinent der nicht allzu geistreichen und deshalb vielleicht auch nicht so zahlreichen Klischees, so kann trotzdem etwas übrigbleiben, was es gibt. Noch vom Klischee bleibt eine Binsenwahrheit: daß es sich dabei nur um Afrika handelt. Soweit davon nicht allzuviel zur Kenntnis genommen wird, läßt sich womöglich leichter darüber schreiben, freier gegenüber Prinzipien der Medien in der Gestaltung von Weltbrennpunkten. Afrika, wenn es nur Afrika ist und weniger unsere postkolonialen Klischees, wird vielleicht etwas normaler: Vielleicht nähern sich Niger und Uganda ein kleines Stück weit Ländern wie Tschechien und Portugal. Berichterstattung soll elementare Kulturdifferenzen nicht unterschlagen. Tut sie aber das Gegenteil und kreiert solche Differenzen, ist dies um einiges schlimmer. Der Reporter in Afrika mag einen gewissen Lohn daraus ziehen, daß anders als in einem Bonner Korrespondentenbüro im zairischen Goma oder in der sierraleonischen Hauptstadt Freetown die Arbeit jedesmal am Nullpunkt beginnt und, falls sie nicht ganz ausbleiben, alle Erkenntnisse erst noch bevorstehen.

Und was weiter an den Rändern der Leere und oft noch mitten in Krisengebieten unüberhörbar erklingt, ist Afrikas Musik, begleitet vom farbenprächtigsten Tanz des Planeten. Was sich zu viele andere Gemeinschaften auf dem Globus am Schwarzen Kontinent zum Vorbild zu nehmen hätten, ist nicht nur Afrikas Lebenslust. Darüber hinaus ist es Afrikas ganz unbekannter Fundus an Toleranz und Afrikas unerschütterliche Selbstverständlichkeit der unwahrscheinlichsten Koexistenzen. Den Kontinent, der Wunden nicht nur schlägt, sondern auch heilt, der seine Millionen von Flüchtlingen nicht nur hervorbringt, sondern stets auch beherbergt und nicht nur soviel sagenhafte Mobilität, sondern auch alle seine übrigen Probleme erträgt — diesen grenzenlosen Kontinent und seine Vitalität gibt es.

I Mediterrane Brücke

DER HÖCHSTE NORDEN DES SÜDENS

Tanger, noch Ende der achtziger Jahre

Tandscha ist ihr Name, und zweifellos ist er besser
bekannt als sie selber, ist doch nicht einmal endgültig
geklärt, wo die Stadt liegt. Es heißt von ihr nämlich, sie
sei abwesend. Es heißt von der Stadt, immer, sooft auf-
gespürt, habe sie sich entzogen. Gewiß, es ist kein Trug,
da sitzt sie, hinter den Schlieren eines noch feuchten
Aquarells, fast wie es das Sprichwort von ihr sagt: ein
Auge auf dem Meer, ein Ohr nach den Neuigkeiten, den
Hintern auf einem rohen Felsbrocken. Ihr Blick schweift
noch immer versonnen über dem Hafen zu ihren Füßen.
Die Flugzeuge, die vereinzelt in ihrem Rücken aufsetzen,
ignoriert sie.

Von den Winden, die in dem ungepflegten Stoppel-
haar ihrer 100000 Fernsehantennen am Werk sind, wollen einige Tandschaui anderthalb Dutzend exakt aus-
einanderhalten; im Grunde seien es nur vier, versichern
andere mäßigend, bemüht um ein etwas seriöseres Er-
scheinungsbild des Wunschtraums von Abwechslung.
Denn es ist immer derselbe: der Scharqi, der Levantiner.
Er kommt, wie es der Name sagt, von da, wo die Sonne
aufgeht. Sie treibt ihren nimmermüden Boten vor sich
her gegen die Ausgeburten des Ozeans, gegen die lang
hingestreckten bleiernen Bänke, die, sowie der Scharqi
einen Augenblick nachläßt, wie riesige Geisterschiffe
heranschießen, pechschwarz über die Klippen himmel-
wärts fahren und die Stadt in Dunkelheit werfen. Dann
peitscht der Scharqi die Güsse über die Place de France,

durch die Rue de Belgique, die Rue de Mexique und die Rue d'Angleterre gegen die Mauern der Altstadt. Innert Sekunden verwandeln sich die steilen Gassen der Medina in Bäche, und unten in der Bucht frißt ein reißender Strom am Rücken der Stranddüne entlang den Mörtel aus den Mauern der Cafés, wo eben noch der Sand sich daran machte, die winters verlassenen Häuschen zu verschlingen. Wieder zerteilt ein Blitz die kompakten Massen über den Dächern, und an der Ausfallstraße nach Tetuan krümmen sich die alten hohen Zypressen des Scharf. Ein schwerer Donner rollt über die Stadt herein, denn unter dem Scharf regt sich Antäus, ihr legendärer Gründer, dessen Grabhügel in schlichtem Gedenken des Riesen »die Anhöhe« heißt.

Der äußerste Westen des Ostens

Das ist nicht einfach Wetter, was Tanger heimsucht, die Stadt am Nordkap Afrikas, in der äußersten der »Inseln des Westens«, wie der alte arabische Name den Maghreb benannt hat. Es handelt sich um ein Stelldichein mächtigerer Elemente. Hier bricht die orientalische Südküste des Mittelmeers ab in den Atlantik, in das Bahr ath-Thulumat: das Meer der Finsternis, der unbekannten Gefahr, das Meer der bösen Schicksale, in das der große See unserer alten Welt durch das Tor des Sonnenuntergangs abfließt. Bis weit ins Mittelalter blieben die Karthager, angeführt von Hanno, die einzigen, deren Seefahrtskünste mittels Tiefwassersegel eine planmäßige Rückkehr hinein ermöglichten. Noch heute wird in der Meerenge zur rauhen Jahreszeit öfter der Fährbetrieb ausgesetzt. Die Kähne fänden wohl volle Fahrt aus dem spanischen Hafen Algeciras hinaus in den Ozean, aber nicht hinein in die Bucht von Tanger, ohne daß im Schiffsbauch die Lastzüge zu wandern anfingen.

Wenn die Stadt nach einer durchnieselten Mainacht erwacht, noch trunken von langen Schlucken südlicher

Weine, wenn in den Straßengräben zwischen den aufgelösten Pappstücken die Zwiebelschalen, die Fischgräten, die Cellophanreste zertretener Zigarettenschachteln aufglitzern ... Malen läßt sich Tandscha nicht, haben große Schriftsteller beurkundet. Schon Männer wie Delacroix und Matisse versuchten ihr unvergleichliches Licht einzufangen. Wenn die Stadt zwischen den Palmen und Drachenbäumen auf den Buckeln oben, träg wie ein vollgesogener Schwamm, in der Sonne des vorrückenden Vormittags zu dampfen, ihre Geschichten auszudünsten anfängt, dann erzählt sie unten am Hafen und auf den verwinkelten Stiegen der Medina bereits mit tausend Stimmen: *Change money Sir? cambiar Señor? Monsieur, francs français francs belges? pesetas dollar dötschmark? What di you want? Haschisch? You want me or my sister?*

Temperamentvoller Empfang

»Nein, danke« genügt auf diese Fragen als Antwort nicht. Was daraufhin, so zudringlich wie vielleicht in keinem andern Stadtzentrum der Welt, sich Ausdruck schafft, ist nicht einfach nur Hartnäckigkeit, unvorstellbare Aufsässigkeit. Es ist die Erbitterung, das existentielle Magengrimmen dessen, der geboren ist einzig zum Zuschauen — zum Zuschauen, wie die Europäer anreisen, nichts tun, einkaufen, essen, biertrinkend am Strand liegen und seiner Schwester seine Geliebte vorziehen. Soll ihnen der Schrecken ob dieser ohnmächtigen Rache nicht wenigstens einige Augenblicke über die Begegnung hinaus im Nacken sitzen? Bald genug kommen die Fremden auf ihn, den Herrn des Labyrinths der Medina, zurück, denn er ist es auch, der vor seinesgleichen den einzigen Schutz zu bieten hat. Nur ein anderes Opfer, das seine Aufmerksamkeit in Beschlag nimmt, kann Gelegenheit schaffen, ihn ganz kurz zu mustern. Wächst ihm schon etwas am Kinn, ist es mit einer rostigen Klinge rasiert worden. Seine Lippen öffnen sich über einer Reihe schneeweißer Zähne oder über zwei faulen Stummeln. In beiden Fällen paßt er in einen Film Pasolinis. Sein schmutziger vollsynthetischer Anorak aus dem Kaufhaus sticht ab gegen den Aushang der 10 000 Lederjacken, die die Gassen der Altstadt auskleiden. In den Fluten des Kunsthandwerks, des Gewobenen und Geknüpften, Geschmiedeten und Getöpferten wirken die schwarzen Wuschelköpfe — eben noch lässig auf der Lauer, doch unvermittelt an der Kehle des Gastes — fast wie der Schmuck authentischen Lebens.

Hatten diese vagabundierenden Kosmopoliten Väter, dann sind die vielleicht jung an einer Krankheit gestorben, vielleicht mit einer anderen Frau oder mit dem Alkohol durchgebrannt, vielleicht auf Nimmerwiedersehen in Frankreich verschwunden. Ihren Familienwracks entflohen oder mit ihnen hier aufgelaufen, ernähren sich die Söhne und Töchter zwar nicht mehr aus den Mülleimern der zugewanderten Christen wie vor 50 Jahren, als in Francos Spanisch-Nordmarokko der Hunger noch wütete wie heute in Äthiopien. Aber sie haben sich davon überzeugen müssen, daß ihre zerlatschten Sandalen den Anforderungen von manchem Pflaster gewachsen sind, nicht nur diesem besonderen Exil mit Blick auf Europa.

Interkontinentalismus

Die Stadt ist Zuzug gewohnt. Von 1925 bis 1956 stand Tanger unter einer Verwaltung, deren legislativer Rat durch eine merkwürdige Zusammensetzung auffiel: Vertreten waren Frankreich und Spanien mit je vier, Großbritannien, die USA und Italien mit je drei Sitzen, Belgien, Holland, Portugal mit je einem, schließlich Marokko mit sechs muslimischen und drei jüdischen Sitzen; Stalins Sowjetunion blieben drei reserviert, die niemals besetzt wurden. Dieses Parlament pflegte in Tangers drei Amtssprachen zu debattieren, auf französisch, spanisch und arabisch. Ein Franzose, ein Spanier, ein Belgier, ein Brite und ein Italiener sprachen gemeinsam auf einem gemischten Tribunal Recht, gestützt auf fünf Kodizes, je nach betroffenen Konfliktparteien europäischer Nationalität, während für Muslime und Juden je das eigene — koranische oder mosaische — Recht galt. Über 80 auswärtige Banken waren in Tanger vertreten und hätten der beachtlichen Sammlung antiker Münzfunde im Museum der Kasbah dies und das hinzuzufügen gehabt. Auf der Straße bezahlte man die Zigaretten in einem halben Dutzend Währungen.

Tandscha war nicht unvorbereitet, als vor und während des Zweiten Weltkriegs das exilierte europäische Finanzmaklertum, die amerikanische Logistik für die südlichen Fronten, die Nachrichtendienste der Alliierten und das regionale Zentrum des Schmuggels, auch des Waffendeals und des Drogengeschäfts, der Stadt einen ungeheuren Boom bescherten. Als das Tor zum Reich der marokkanischen Scherifen, das bis gegen die Jahrhundertwende hermetisch verschlossen blieb, hatte die Stadt und diplomatische Kapitale während etlicher Generationen okzidentale Moderne erprobt. Ehe »Voice of America«, der Weltsender der USA, vor dem Weltkrieg sein erstes Überseequartier aufschlug, hatten in Tanger schon drei Rundfunkstationen gesendet. Bis dahin waren etwa 30 Tageszeitungen, Wochenblätter und Illustrierte gegründet worden, darunter auch die deutschsprachige *Marokko Zeitung* eines gewissen Herrn Hornung, die vor dem Ersten Weltkrieg einige Jahre lang erschien.

War die Jugendstilpatisserie der Fassaden des Boulevard Pasteur nicht damals vor 60 Jahren schon weit ab von der Welt und von ihrer Zeit aufgerichtet worden, von ein paar Ruhelosen, die — Europa glücklich entkommen — einen überholten Walzer zu Ende tanzten? Bis in die frühen fünfziger Jahre noch stellten sie weit über die Hälfte der 150000 Einwohner. Zweifellos ist der Weltbürger in seiner besonderen Marginalität in hohem Maße anfällig für Konjunkturschwankungen. Doch das bedeutet nicht, daß nur Fülle und Überfluß seine Art bestimmten — oder, wenn die Torte aufgegessen ist, ihre Reminiszenz. Von dem Weltbürger Tangers heißt es, daß er sich, wenn ihm das Geld fehlt, versteckt. Doch das bedeutet nicht, daß er zu existieren aufhört.

Gravitation der Erinnerung

»Ich habe niemanden von geringstem Interesse getroffen in Tanger.« Keine Bange, diese Nachricht plaudert nicht unvermittelt die ernüchternde Wahrheit über die Gegenwart einer untergegangenen Metropole aus. William Burroughs Brief erreichte Allen Ginsberg schon 1954, noch mit dem Poststempel der Internationalen Zone. Über den berüchtigten Schmelztiegel westlicher Literaten heißt es darin: »Es gibt keine Schriftstellerkolonie hier.« Das Urteil wirkt schlichtend: Die Vandalen bei ihrer Ankunft im 5. Jahrhundert hätten beipflichten können, genauso die arabischen Eindringlinge aus dem Osten, aus dem Omayyadenreich von Damaskus. Es erscheint nicht unwahrscheinlich, daß das Urteil mit Eindrücken des Averroes und des Ibn Tufail übereinstimmt, der einsamen Giganten der hochmittelalterlichen islamischen Philosophie, die in Tangers Stammbuch stehen. Auch großen Männern der Tat mußten die Tage hier zuweilen lang geworden sein, aber kann viel Warten nicht etwas Mobilisierendes haben? Im Jahr 711 setzte der Berber Feldherr Tariq Bin Ziad auf das nach ihm benannte Gibraltar über und eroberte von dem Affenfelsen aus die Iberische Halbinsel. Und der wohl prominenteste Bürger Tangers, Ibn Battuta, der 50 Jahre nach Marco Polo den Venezianer im Vergleich beinahe als reiseunlustig erscheinen ließ, verbrachte den kleineren Teil seiner Jahre zu Hause. War und blieb Tandscha am Ende eine der langweiligsten aller Städte, wohnlich nur für unbelehrbare Phantasten, die im Zyklus eines fernen Gestirns von Aufstieg und Niedergang träumten?

Schon ehe auf Erden die Zeit anbrach, hatte der Zusammenstoß der Kontinente in der Bucht am Kap Spartel ein halbes Lexikon voller mythischer Prominenz versammelt. Solche Kapriolen der Geographie haben Nachwirkungen, und seit Herkules hier aus den Gärten der Hesperiden die goldenen Äpfel stahl, haben sich an dem Flecken gebirgige Massen Geschichte abgelagert. Es ist durchaus möglich, daß unter allen Städten der Welt keine in ihrem Curriculum einen größeren Reichtum an Begegnungen verzeichnet. Sie, die die Geschichte von Anfang an und lückenlos miterlebt hat, diente Phöniziern, Römern, Arabern, Portugiesen, Briten und Spaniern als ihren Hausherren. An Ort und Stelle hat sie den ganzen alten Globus kennengelernt. In ihrem einzigartigen Gedächtnis findet dessen Bevölkerung — mit etwas Hilfe der Imagination — noch immer zusammen, und auf einer solchen Weltbühne verwundert es nicht, daß die unschuldigste Erkundigung Lawinen der Erinnerung auslöst, welche die Gegenwart augenblicklich verschluckt haben.

Gegenwärtig in Tanger — der abwesenden Stadt — sind nicht nur ganz ferne Zeiten. Die technischen Entwicklungsschübe der Epoche, in der die Luftfahrt die Häfen ruinierte, haben ein Surrogat der auswärtigen Kolonien zurückgelassen. Zweisprachig, arabisch und französisch, sendet das eigene Fernsehen; aber ein Knopfdruck bringt auch die englisch, spanisch, portugiesisch sprechenden Nachbarn über die Wasserstraße auf den Bildschirm — ohne Kabel, durch einfache Zimmerantennen, auch ins engste Heim. Noch immer findet eine Vielfalt europäischer Zeitungen an den hiesigen Kiosk, und wer von da oben zu Lande südwärts angereist ist, genießt seit Madrid oder Barcelona in Tanger zum erstenmal wieder einen Buchladen, der mit seinem viersprachigen Sortiment den Namen verdient.

Die Europäer, die heute vornehmlich Reiseschecks wechseln, sind allerdings bald die Minderheit auch unter den Touristen, die der Stadt ein Drittel ihrer Einkünfte bringen. Die vielen berühmten Gäste unter ihnen hat die Chronik — lange vor der Internationalen Zone und lange darüber hinaus — zu ziemlich beeindruckenden Galerien versammelt und ihnen dadurch den Anschein von Dauerpräsenz verliehen: Daniel Defoe, Alexandre Dumas, André Gide, Jean-Paul Sartre, Jean Genet, Ian Fleming, T. S. Eliot, Truman Capote, Tennessee Williams, Samuel Beckett, Alberto Moravia, The Rolling Stones, Bob Dylan ... Wer noch heute nach ihren Zigarettenstummeln sucht, findet sich in unverdrossener Begleitung vom Hessischen Rundfunk, vom *Spiegel*, von *Le Monde*, *Actuel* und *Libération*.

Am Kaminfeuer von Paul Bowles, dem amerikanischen Komponisten, Schriftsteller und Spezialisten für Exotisches, präsentieren sich die kommenden Exemplare der Zunft, ein junger Stückeschreiber aus New York das eine Mal, zwei Poeten aus Chicago das nächste Mal. Außer den orientalischen Knaben, hinter denen so manche unter den Künstlern des Okzidents her sind, achten die Tandschaui ihrer nicht sonderlich. Die angestammten Gastgeber dieser ältesten Schule — mittlerweile vielleicht noch 30 Prozent der gut 400 000 Münder — bewirten unterdessen Zuzug aus einem Reservoir von über 30 Millionen Landsleuten aus ihrem Königreich und dem westlichen Algerien, die sich nebenhin in drei verschiedenen Berbersprachen mißverstehen. Teils kommen sie von weit her, aus einem Gebiet so groß wie die Bundesrepublik und Frankreich zusammen; von Lagouira in der Südspitze der vom König beanspruchten Ländereien nach Tanger ist es so weit wie von Tanger nach München.

Viele unter den maghrebinischen Fremden in dieser
Stadt wußten sehr wenig von ihr, und sie hätten bei ihrer
Ankunft das Wort bestätigen können, wonach der Ausländer, der nur in Tanger war, nie in Marokko war.
Anfangs verstehen sie in der Bar nur die eine Seite des
andalusisch-arabischen Wechselgesangs im maurisch
instrumentierten Flamenco. Bald wird ihnen klar, daß
ohne zumindest drei Sprachen nicht einträglich zu handeln ist. Die meisten wollten ja auch weiter, hinauf über
den Graben vor ihrer Nordküste, den an dieser einzigen
Stelle das bloße Auge überwindet. Obschon in der euro-
päischsten Stadt Afrikas, unterschätzen sie dessen Tiefe
kaum lange. Darüber belehrte sie anschaulich bereits die
Lage jener 300000 marokkanischen Arbeitsemigranten,
die jeden Sommerurlaub mit ihren 120000 Autos allein
in die Bucht von Tanger herüber und auf der Rückreise
wieder hinüber befördert werden müssen. Nachdem
noch um die Mitte der achtziger Jahre die vier bis fünf
Tage langen Kolonnen in allen betroffenen Häfen die
Versorgung zum Zusammenbruch gebracht hatten, küm-
merten sich in den Jahren danach das Spanische Rote
Kreuz und der königliche Rote Halbmond um den Transport: von Zeltstadt zu Zeltstadt.

Für die ganz große Mehrheit auf dem Weg nach Europa
ist in Tanger Endstation, und wenigstens von den Landsleuten finden sich zu viele in einer Sackgasse, aus der
auch ein Rückzug nicht recht gelingen will. Die Aussicht
aufs gegenüberliegende Ufer und die üppige Portion
Freiheiten, die sich die Stadt flagrant islamwidrig heraus-
nimmt, erzeugen Abhängigkeit. Den Zuzügler faßt die
Ausschweifung um so ungehemmter an.

Himmel und Hölle

Vielleicht liegt, was den Fremden aus dem Norden in
Tangers Nächten in Bann schlägt, in dem vorindustriellen

Charakter der schweren Düfte, in dem besonders eindringlichen Ruf einer Fremde, in der er auf eine verlorene eigene Vergangenheit trifft. Während einzig die Hautevolee im musealen Minzah-Hotel sich zeitig schlafen legt, garantiert die vorrückende Uhrzeit in jeder der hundertundein Spelunken für allerhand Bekanntschaft, für ein Rendezvous aller Generationen und Kasten, für freien Verkehr zwischen Engeln und Teufeln, mit Leib und mit Seele — in einem Dauergelage, das viel zu fest als Lebensform etabliert ist, als daß es sich vom Geschäft allein beherrschen ließe. Wer war es, der Tanger die Hauptstadt der Nacht genannt hat?

Nicht nur im Andenken pflegt die Stadt — die »Weiße«, wie sie auch gerne geheißen wird — ihre große Tradition der Dekadenz und verschleuderten Vitalität. Sie fordert den Preis für ihre Ekstasen. Die Asche der nächtlichen Glut hat manche und manchen schonungslos in den Graben gezogen — mit Schrammen, die oft sehr schlecht vernarben. Der scharfe Beobachter Mark Twain schrieb an dem einen Tag, er habe in Tanger nunmehr das Paradies entdeckt, und am Tag darauf, er sei im Gegenteil ins Zentrum der Hölle geraten. Dem Paradies und der Hölle, so heißt es, ist eines gemeinsam: die Intensität der Gefühle. An beiden Örtlichkeiten übersteigt die Erfüllung das Begehren.

Nur lückenhaft erkennt die Stadt sich tags wieder. Jene Gestalt, die da im Zwielicht der Bar *Jour et nuit* zur Geisterstunde die dicke Rabia küßte, das war nicht der Sprecher, der soeben über Radio Médi 1 die Nachrichten liest. Er selbst erinnert sich vage nur, und zudem kröche keiner derlei Geschichten auf den Leim, weder die Bekannten im *Jour et nuit* noch die vom Radio — geschweige denn jene, die beides in einem sind. Ein Name benennt oft mehr als zwei Leute und legt diese nicht weiter fest, sowenig wie etwa die Geburtsdaten jener Minderheit, die über solche verfügt oder womöglich obendrein über einen Paß. Es gibt in Tanger einen Mohamed Choukri, der nachts im Dorado oder im Al Hamra seinen Roten genießt; und es gibt — allen Blicken entrückt — Mohamed Choukri, den Autor des autobiographischen Romans *Das nackte Brot*, der in mehr als ein Dutzend Sprachen übersetzt ist. Er allein glaubt es, daß die beiden miteinander etwas zu tun haben. Aber auch er bekennt, er selber habe öfter daran gezweifelt, und noch immer erkundigt er sich gern nach dem anderen Choukri.

Geld und Gut

Der nächtliche — und nicht nur der nächtliche — Eindruck ist irrig, Tandschas einzige Produktivität sei in ihrem Konsum zu suchen, in ihrer ungesunden Reproduktion. Längst ist die Stadt über sich hinausgewachsen, hat außerhalb ihrer angestammten Domäne auch neue Städte der Arbeit wuchern lassen. Mehr als die Hälfte der Erträge von Tangers Wirtschaft erbringt heute die Industrie, den Löwenanteil die Textilbranche. Nachdem der Güterumschlag im Hafen längst jede überregionale Bedeutung verloren hat, steuert der Handel kaum noch zehn Prozent zu den Gesamteinkünften der Stadt bei. Das ist schwer zu glauben. Denn draußen in Souani, jeden Sonntag, bietet der Souk von Casa Barata das ganze Universum feil, nicht nur Getreide, Gemüse, Gewürze und Früchte und weidende Hammel und Kühe am Stück, sondern sämtliche 500000 Dinge zwischen Himmel und Erde. Altes Brot, in zehn Qualitäten zu großen Haufen sortiert; ausgelegt in Deckeln von Schuhschachteln, finden sich Kollektionen seltener, zauberhafter Gegenstände: ein toter Spatz, drei Rattenschwänze, ein gezogener Zahn, der Huf einer Ziege und ein hohles, von Hundegebissen zernagtes Stück Suppenknochen.

Nicht das Gefeilsche um den Preis verleiht dem orientalischen Handel seine poetische Ambiance. Wo weniger Geld ist, hält man sich mehr an die Ware. Unendlich viel reicher als die Welt der Finanzen ist die Welt der Güter. Ein altes, liebes Vehikel schafft sie zum Souk und hinterher wieder davon: Das ist der Esel. Man kann ihn unter den scheunenfüllenden Ballen kaum sehen. Am Straßenrand mischen sich eifrig die siebenjährigen Knaben ins Geschäft, mit zwei Schachteln Zigaretten, in der einen blonde, in der anderen dunkle. Zwischen ihnen finden sich manche, die dabei alt geworden sind.

Force majeure

In der uralten Stadt, trotz der Nähe Europas, kommt ein Großteil aller Geschicke weiter von oben, und für gewöhnlich bleibt die Hand ausgestreckt, wo sie sich eben findet. Der Islam legt viel Gewicht auf die Pflege dessen, was sich immer gleichbleibt im Leben. Was die Zukunft betrifft, so läßt seine Vorsehung keinen Raum für das Spiel der Göttin Fortuna, einer erdnahen Gestalt, die einlädt, ihr nachzujagen. Die zahllosen Bettler in der Landestracht ihrer Dschellabas gemahnen an jeder Ecke daran, daß das Königreich noch einen feudalen Haushalt führt, der jedem Objekt seinen Ort zuweist und wo »Subjekt« das Wort ist, das in der Wortwahl des Königs den Untertanen bezeichnet. Seine Majestät ist auch in der abwesenden Stadt präsent und blickt herab von sämtlichen Wänden, drinnen und draußen. Was er sieht — darüber denkt niemand laut nach.

Trotzdem ändert sich die Welt auch in Tanger, schon durch den Umstand, daß die Zahl ihrer Bewohner wächst. Der alte Friedhof Bouarrakia gestattet längst keinen Zuzug mehr. Der von Gestrüpp überwucherte Waldboden, dessen dichtgedrängte, haushohe Buckel wie Wogen einer wild gewordenen See die Bäume hochwerfen, gewährt nur noch lebenden Neuankömmlingen Zuflucht, Clochards und anderen, weniger professionell Aushäusigen. Hier, gleich über dem großen Souk vor den Toren der Medina, schlief auch der neunjährige Mohamed

Choukri, in Sicherheit vor den Razzias der Polizei. Schon wenige Schritte vom Eingang ist die Stadt in weiter Ferne zurückgeblieben; nur noch der Müll auf den Grabplatten verrät ihre Nähe.

Toleranz

Die Vorbereitungen aufs Leben nach dem Tod genießen zwischen den Moscheen im Erzbistum Tanger Toleranz. Zwei katholische, eine anglikanische und eine amerikanische lutheranische Kirche nehmen sich noch immer der christlichen Seelen an, und für die verbliebenen 500 Angehörigen der israelitischen Gemeinde bleibt die Synagoge geöffnet. Der König betrachtet schließlich die 600000 Sephardim, die aus Marokko ins Heilige Land auszogen, noch immer als seine Untertanen, auch jene 15000, die damals das internationale Tanger verließen. Die sterblichen Hüllen ihrer Ahnen ruhen im Herzen der Stadt. Auf großzügig bemessener Fläche, hinter den hohen Mauern über der Hafenpromenade, genießen sie vielleicht größere Ruhe als ihre Nachkommen, die heute in Israel Likud wählen. Den Besucher warnen spitze muslimische Zungen, diese Stätte letzter Ruhe sei ein Garten der Schlangen; und hinein komme man nur gegen Bezahlung.

Gelernt von Tandschas Toleranz haben auch die Hüter von Ruhe und Ordnung unter den Lebenden. In Tanger muß das Wort von Karl Kraus bekannt sein, wonach der Skandal immer erst dann beginnt, wenn die Polizei ihm ein Ende bereitet. Der Gerechte weiß, daß Gerechtigkeit üben in einer Tradition der Ungerechtigkeit kein Geschäft Unschuldiger sein kann. Gewiß, die Polizei ist zugegen, wo sie sich betroffen sieht. Doch allzuviel Drill immer und überall entlockt dem sozialen Körper nicht das meiste und Beste an Energien. Und außerdem: Finden Sie in Tanger einmal einen Tandschaui, wenn der nicht gefunden werden will! So läuft unter den wachsamen

Augen der Gendarmerie auch der Schmuggel über die spanische Exklave Ceuta weiterhin geschmiert.

Ölwaffe

Ein Phänomen jüngeren Datums verunsichert die Organe der öffentlichen Sicherheit, droht ihre ausgeklügelte Balance von Kontrolle und Komplizenschaft zu zerstören. Den Saudis ist nicht entgangen, daß Tanger gegenüber Marbella Vorzüge aufweist. Ihr besonderes Bordell liegt diskret außerhalb, an der Route de Rabat, nicht weit von den Villen an den Hängen der Montagne. In dem bunten Geflimmer der Disko Ahlan — »hallo« —, da zwitschern sie erwartungsvoll durcheinander, die Hundertschaften der Schönsten und Jüngsten, wie in einem der funkelnagelneuen Vogelparks im sahrauischen Süden — gelbe, grüne Kanarienvögelchen, rote, blaue, violette Schnäbelchen. Die östlichen Wüstensöhne zahlen einer Hure das Hundertfache des einheimischen Preises, und — das Hundertfache, 10000 statt 100 Dirham — wer wird da nicht zu einer?! Was wird da aus Tandschas bisher so kniffligen Normen der Käuflichkeit? Im Ahlan ist die weibliche Belegschaft auch sicher vor dem periodischen Kehraus der Polizei in der Stadt, in den billigeren Höhlen, aus denen die von der Natur ungerecht ausgestatteten Liebesdienerinnen Jahr für Jahr auf zwei Monate oder drei ins Gefängnis wandern. Ein Tatbestand der Zuhälterei ist unbekannt, nur sie selber werden summarisch abgeurteilt. »Wo sind die andern? Vorgestern, in der Comisaria, da waren noch 80 von uns, jetzt sind wir nur noch 30!« klagt eine von ihnen im Gerichtssaal der Mendoubia.

Dieses alternde maurische Palais, einst die reichsdeutsche Gesandtschaft, hat würdigere Spektakel gesehen, etwa als 1905 im lauschigen Garten Kaiser Wilhelm VI. seine flammende Rede gegen die französische Versklavung des Maghreb hielt. Heute schlagen die Uraraber mit ihren ölschweren Brieftaschen die ganze Stadt außer Gefecht. Auch aufs Maul, wenn es sein müßte. Doch Tandscha wird auch jetzt nicht nach einem Sittenwächter rufen, sie, die älter ist als das Buch der Genesis und die Leviten. Schon die Neandertaler waren hier und haben niemand um Verhaltensmaßregeln gebeten. Die Tandschaui wissen selber am besten, daß Tandscha sich nicht eignet als Gegenstand der Entrüstung. Nicht, daß man sagen könnte, dafür sei sie schlicht zu unwichtig. Doch das einzige, wogegen sich die Stadt eintauschen ließe, wäre eine öde zugige Transithalle. Diese Befürchtung ist übermächtig, und darum nimmt, wer ihre Existenz ihrer Inexistenz vorzieht, Tandscha lieber so, wie sie ist.

Große Voraussicht

Auch mit den Saudis macht es sich keiner so einfach, daß er nur an die Kasse dächte. In den Kulissen von Tangers Vergangenheit sind sie — in ihren langen Gewändern, mit den schwarz umschnürten weißen Köpfen — Boten der Zukunft. Sie sind es, sagt man, die sich nach Kräften für die Idee stark machen, daß der Stadt ihr Sonderstatus zurückerstattet werden soll. Kein Geringerer als ihr König, Fahd selber, hat sich mit einem opulenten Palast auf dem Berg oben in die Galerie der hiesigen Stammgäste gereiht. Das *Journal de Tanger* bestätigt, tatsächlich, beim Hof in Rabat liege ein Dossier. So geht die Vision eines autonomen Fürstentums Tandscha, mit dem Vorbild Monaco, unter der Hoheit des marokkanischen Thronfolgers oder dessen Bruders.

Brächte nicht noch heute ein retablierter Freihafen die erklecklicheren Gewinne als die Freizone da unten, wo billige Arbeitskräfte und die günstigen Mieten den Ertrag der steuerfreien Produktion auswärtiger Textilunternehmen erhöhen? Die Saudis stellen Investitionen in Aussicht. Vielleicht sogar in den projektierten Tunnel nach dem spanischen Tarifa, in den Anschluß Afrikas an den alten Kontinent? Müßte ein »Saudieuropa« in einem autonomen Fürstentum Tanger nicht alles möglich machen? War Tanger nach dem letzten Krieg nicht in der engeren Auswahl unter den Kandidaten für den Sitz der Vereinten Nationen?

Die auswärtige Kundschaft fände das Know-how vor. Arabisch-europäische Nachbarschaft ist im westlichen Mittelmeer ungleich intimer als im Osten. In Frankreich und Belgien geschulte Arbeitskräfte bieten sich zu Hunderttausenden an. Die Hotels der internationalen Klasse sind nicht wie in Ägypten auf Führungskräfte aus dem Norden angewiesen. Außerdem ist in Tanger nicht nur das Geschäft polyglott. Im Unterschied zum marokkanischen Süden ist auch Tangers importierte Kultur nicht nur frankophon; und nicht nur die Präsenz des Orients neutralisiert jenes Ingredienz der Frankophonie, welches, statt Hände und Hirn anzuregen, nur selbstbewußter macht und den Geist wie über die ganze restliche Welt über jedes Problem erhebt. Hier unterhalten außer Paris auch Rom und Madrid ihre Kulturzentren, Spanien auch ein polytechnisches Institut, und in geliehenen Räumen läßt ein Goethe-Institut Deutschstunden erteilen. Die tüchtige Handelsstadt hat die alte Gewohnheit, Kultur mehr zu kaufen, als zu erzeugen, während sie ihre höheren Zöglinge an weniger unsolide Orte schickt, an die Fakultäten von Tetuan, Larache oder in die Großstädte im Süden.

Die Abwesende

Aber auch die hauseigene Kulturpflege lernt weiter. Im volkskundlichen und archäologischen Museum der Kasbah soll ein neuer Direktor in das Gerümpel der Jahrtausende eine neue Ordnung bringen. Wahrscheinlich wird auch er es mit der Datierung im einzelnen nicht immer allzu genau nehmen. Die Spuren der Ewigkeit in dem Gut, das ihm anvertraut ist, bestätigen nur, was er schon weiß:

Die abwesende Stadt, von der unklar ist, wo sie liegt —
sie liegt außerhalb der Zeit. Draußen, jenseits des Kaps
Spartel, in den Grotten des Herkules unterrichtet Larbi,
der alte Führer, in sechs Sprachen zugleich über die täglichen Verrichtungen der neolithischen Bewohner. Auch
wer sie alle sechs mühelos beherrschte, verstände keinen
einzigen Satz. Informiert wäre er dennoch, und Larbis
Begeisterung teilte er. Denn, so sagt es das Sprichwort
von Tandscha: Sie weint um den, der sie nicht besucht,
und der sie besucht, weint um sie. Der sie besucht hat,
kommt, wenn er sie antraf, wieder. Wird er zu sagen
wissen, warum? Mag sein, daß er in den Menschenmengen, die sich in der Abenddämmerung ziellos durch-
einanderschieben, für einen einprägsamen Augenblick die
Waffen fahrenließ, mit denen er zu Hause die Herrschaft
seines Alltags über ihn aufrecht erhält. Vielleicht aber
liegt tatsächlich irgendwo zwischen den Welten eine
Stadt, die an ihren Träumen festhält, die ihren Wünschen
stets neu Gestalt gibt — Wünschen, die er selbst längst in
sich ausgelöscht hat aus Furcht, daß sie ihn auslöschen.
Ist Tandscha diese Stadt? Sie ist mit den Fragen des
Fremden vertraut. Ihre Auskunft stimmt sie ab auf sein
Ohr.

II Zwischen Weißafrika
und Schwarzafrika

NORD-SÜD-PROBLEM

Ndjamena, November 1993

Wer in Dakar an der senegalesischen Atlantikküste zu
einer Traversierung des afrikanischen Kontinents von
Westen nach Osten aufbräche, der hätte zuvor vielleicht
aus seinen drei Afrikakarten von Michelin errechnet, daß
bis nach Djibouti am Golf von Aden eine längere Strecke
vor ihm liegt als von Kairo nach Johannesburg. Etliche
Tage später würde er sich in Ndjamena erinnern, daß er
hier ein klein wenig mehr als die Hälfte der gut 8500
Straßenkilometer hinter sich hat. Auf dieser Route, die
sich stets zwischen dem 11. und dem 15. Breitengrad
hält, findet sich Ndjamena unter den südlichen Punkten,
liegt unter seiner arabophonen Militärführung derzeit
aber trotzdem nördlich der wandernden Grenze zu Weißafrika.

Die Tore zu Weißafrika

Die Bezeichnung »Weißafrika«, die man in gängigen
Handlexika auch der neuesten Auflage findet, ist weniger
gebräuchlich als das komplementäre »Schwarzafrika«;
auch das ist ein beiläufiger Ausdruck der Trennung des
Kontinents. Im politischen Sprachgebrauch bezieht sich
der Name des Kontinents oft nur auf jene ehemals europäische Kolonialdomäne, die mit einem Anglizismus auch
als das sub-saharische Afrika bezeichnet wird, während
der ausgedehnte Norden mit mehr als einem Fünftel der
afrikanischen Gesamtbevölkerung dem orientalischen
Teil der mediterranen Welt zugeschlagen wird. Diese

geopolitische Zuordnung, die erst unter nachkolonialen Verhältnissen wieder unproblematisch erscheinen mag, hat eine recht gefestigte Unterlage in der traditionellen ethnographischen Klassifikation, welche die Bevölkerung Afrikas in die großen Rassenkreise der Negriden und der Europiden zweiteilte, in Zweifelsfällen wie etwa den Äthiopiden aus der großen dunklen Inspirationsquelle Afrika schöpfte und die Annahme von Mischrassen zuließ. Die europäische Ordnungsliebe glaubte sich dabei weniger an der Hautfarbe als an der Physiognomie und im besseren Fall auch damals schon an linguistischen Gegebenheiten zu orientieren.

In den Grundmustern der prägenden Konflikte kommt der Sahel der zweifelhaft anmutenden Intuition dieser Zweiteilung erstaunlich weit entgegen. Eine augenfällige kulturelle Überlagerung festigt das Bild der alten Völkerkunde. Es mag zunächst scheinen, daß sich dabei gewisse Verhältnisse umkehrten, indem die Europiden die afrikanischen Heerscharen Mekkas, die Negriden dagegen Afrikas christliche Gemeinschaften stellen; aber auch alle Asiaten außer den Mongoliden sind Europiden. Grob gesprochen umfaßt Weißafrika von dem vorkolonialen Wirkungsbereich der arabisch-islamischen Mission jene Teile, die von der christlichen Mission im Zuge der europäischen Kolonisation im wesentlichen unberührt blieben. Wie südlich des Tschadsees sind es auch sonst im Sahel die Wasserwege, an deren Ufern entlang Schwarzafrika sich mit dem unwirtlichen Süden Weißafrikas verzahnt. Nachdem die große Familie der Bantu noch in historischer Zeit in damals viel fruchtbareren Regionen des heutigen Sahel lebte, behaupten heute negride Völker ihre nördlichen Siedlungsräume westlich des Tschadsees so weit, wie die Flüsse nach Norden führen.

Nur ganz im Westen hält sich die Trennlinie relativ nahe an eine Staatsgrenze: an den Flußlauf des Senegal, wo auf der mauretanischen Nordbank ein Großteil von Mauretaniens rund 40 Prozent negrider Bevölkerung siedelt. Dann in Mali folgt sie dem Niger, bevor sie im gleichnamigen Staat etwas nach Norden gegen das südsaharische Aïr-Massiv hin ausschwenkt. Östlich des Tschads, im Einzugsbereich des Nils, ändert sich das Bild ein wenig. Im Unterschied zum frankophonen Westen vollzog sich dort die anglo-ägyptische Kolonisation von Norden nach Süden und hinterließ im unabhängigen Sudan, dem afrikanischen Staat mit der größten Ausdehnung, als neue hauseigene Kolonialherrschaft jene nördlich-islamische Macht, die den Briten in Khartum einst so sehr zu schaffen gemacht hatte. Die Grenze, die am Nordrand der großen Nilsümpfe verläuft, verliert weiter östlich im äthiopischen Hochland an Schärfe, doch läßt sich im historischen Konflikt zwischen den »reinrassigen« eurasischstämmigen Abessiniern im Norden und den mehr negroiden, »negerähnlichen« Mischrassen des Südens und Südostens — den Oromo und Somali vor allem — durchaus eine Fortsetzung des afrikanischen Grabens zwischen Nord und Süd erblicken.

Im Südsudan, dessen Nilotenvölker und andere kleinere negride Ethnien vielleicht 40 Prozent der Landesbevölkerung ausmachen, herrschte während 26 von 37 Jahren Unabhängigkeit Krieg. Im mausarmen Tschad, wo sich Europiden im Norden und Negriden im Süden numerisch etwa die Waage halten, erwiesen sich seit dem Abzug der Franzosen vor 33 Jahren die bewaffneten Rebellionen als endemisch, und der Pluralismus der Armeen verhinderte bis heute die Entstehung einer politischen Struktur, die sich Staat nennen ließe. Auch im westlichen Sahel blieb kein Staat von kriegsähnlichen Wirren verschont. Im Norden Nigers und Malis, dort vor allem auf der Nordbank des Nigerknies von Mopti über Timbuktu nach Gao, prägten den Anfang dieses Jahrzehnts Aufstände der Tuareg, mehr ein Syndrom bewaffneter Verwahrlosung als politisch artikulierte und kanalisierte Revolten. In Mauretanien, im Süden und auch in nördlichen Städten, kam es 1989 zu umfangreichen Pogromen gegen die schwarzen Minderheiten.

Nomaden gegen Seßhafte

Vom Sudan einmal abgesehen, spielt der religiöse Faktor in allen diesen Konflikten die weit geringere Rolle als die markanten Gegensätze in den traditionellen Wirtschafts- und Lebensformen. Durch den Norden Tschads, Nigers und Malis nach Mauretanien zieht sich mit seinen liby- schen und algerischen Ausläufern der Lebensraum euro- pider Nomadenvölker und des edlen Kamels, umgeben vom kleineren Nutzvieh. In jüngerer Zeit wuchsen mit der Bevölkerung zunächst auch die Tierbestände, nicht aber der Weideraum, den einesteils Übernutzung, andern- teils Trockenheit irreparabel schädigten. In Tschad gingen die chronischen Rebellionen mit einem Viertel- jahrhundert der Dürren einher, welche von den Großvieh- beständen im Norden etwa ein Zehntel übrigließen.

Begleiterscheinung der Transhumanz, der weiträumigen Wanderweidewirtschaft, waren stets und überall — lange vor Dschingis-Khan und dem Mongolensturm — Kul- turen des Kriegshandwerks, deren Ableger jüngst auch noch im mittelöstlichen Zeitgeschehen auf sich aufmerk- sam machten. Libanesische und pseudopalästinensische Söldnerheere, die Polisario-Front und Ghadhafis Isla- mische Legion, die an den Paraden libyscher Revolutions- feiern eine Kollektion aller nordafrikanischen Europiden vor Augen bringt, rekrutierten alle gerne im Sahel und entließen in letzter Zeit vermehrt ausgebildete Kräfte nach Hause. Dem hochmobilen Nomadismus sind zudem Neigungen zur Piraterie inhärent, die ihn nach Maßgabe der Gelegenheit, welche die Diebe macht, leicht in schlagkräftiges Freibeutertum verwandeln. Aus der Geschichte Nordafrikas, einschließlich der lange Zeit so gefürchteten Berberküsten im südlichen Mittelmeer, ließen sich dazu Bände füllen.

Sklaverei und Spätfolgen für den Verkehr

Was im Konflikt zwischen nordafrikanischen und schwarzen Völkern des Sahel enorm zum völkerpsychologischen Tiefgang der Fronten beiträgt, ist die lebendige Erinnerung daran, daß der Hochnomadismus der tschadischen Toubou, der Tuareg in der Sahara wie auch der Mauren nicht denkbar war ohne die Sklaverei, die sich in einigen Nischen Mauretaniens bis auf den heutigen Tag behauptet. Dies führt zurück nach Osten in den Sudan, wo die Geschichte der Kolonisation sozusagen organisch aus der Expansionsgeschichte der arabischen Sklaverei hervorging. Die Jagdgründe der lukrativsten Handelsware von damals und die ressourcenreichen Gebiete der Gegenwart sind weitgehend die gleichen geblieben. Mit Ausnahme der ergiebigen nordmauretanischen Goldminen liegen sie allesamt südlich der Grenze zu Schwarzafrika. Wo sich die Völker des Nordens — wie im Sudan und in Tschad — den Elan und das Durchhaltevermögen zutrauen, findet man sie weiterhin in ökonomisch motivierten Versuchen zur Unterwerfung des Südens begriffen. In den übrigen Ländern reicht ein Rezessionsschub, um die wirtschaftlich schwächsten, aber waffengewohnten Wüstenvölker in einem Strudel sozialer Auflösung auf ihre Umgebung loszulassen.

So blieb der Bruch zwischen Weißafrika und Schwarzafrika die markanteste Grenze des Kontinents — vom Atlantik bis zum Golf von Aden. Anfang 1991 überwand diese Grenze kein einziger Landweg. Erst nach dem Sturz Mengistus im Mai 1991 öffnete sich über Äthiopien eine östliche Umfahrung des Sudans. Die libysch-tscha-

dische Grenze ist seit langem gesperrt, in Niger treffen
erst seit kürzerer Zeit wieder eskortierte Konvois aus
Algerien ein, in Mali noch nicht, und erst seit dem Frühjahr 1992 begleitet die marokkanische Armee Landtransporte die Küste entlang durch die Westsahara nach
Mauretanien. Die lange Route von Dakar nach Djibouti
hat Tücken. Durch nigerianische Wegelagerer sind Reisende schon südwestlich des Tschadsees an ortskundige
Begleiter verwiesen; Osttschad nötigte zeitweilig zu einem
südlichen Ausweichmanöver durch die Zentralafrikanische
Republik, und zeitweilig endete die Schlußetappe nicht
in Djibouti, sondern wesentlich weiter oben in Port
Sudan. Aber bei der eingangs eingeschlagenen West-Ost-
Route, die über 8500 Kilometer um die Binnenkontinen-
talscheide pendelt, handelt es sich um Afrikas einzige
Transversale, welche während der drei Jahre von 1991
bis 1993 stets gangbar war.

EXTROVERTIERTES BINNENDASEIN

Ndjamena, November 1993

Die tschadische Hauptstadt liegt im Inneren. Bis zur
Auflösung der Sowjetunion fand sich außer Ulan Bator
in der Mongolischen Volksrepublik auf dem Globus nur
noch eine Hauptstadt, Islamabad in Pakistan, deren
Entfernung von der nächstgelegenen Küste größer ist als
die ungefähr 1100 Kilometer Luftlinie von Ndjamena
zum Golf von Guinea. Sogar von Bujumbura in Burundi
zum Indischen Ozean ist es etwas weniger weit. Nordwärts ist es für die mehrheitlich arabophonen Tschader
noch einiges weiter zur Außenwelt. Unterwegs durch den
Sudan nach Ägypten, etwa an Deck einer Fähre auf dem
Nasser-Stausee, trifft man nordtschadische Studenten,
die für die Reise von Abéchě nach der Kairoer Azhar-
Universität mit drei bis vier Wochen rechnen.

47

Das Kreuz einer solchen geographischen Lage, die Last der Transportkosten, erscheint schlechterdings untragbar. Die Folge ist, daß die tätige Bevölkerung wohl nirgends einen größeren Anteil von Händlern aufweist, und auf dem Souk, dem Marché central von Ndjamena, entschädigt für ein weniges der so beschwerlich langen Wege die faszinierende Begleiterscheinung einer Völkerbegegnung aus einem Einzugsbereich von einmaliger Vielfalt. Unter Ndjamenas vielleicht 600000 Einwohnern sind nicht nur Tschads eigene 200 ethnische Gruppen vertreten; in der südlichsten arabophonen Hauptstadt, wo das Französische sich nur als die Sprache der Verwaltung, nicht aber als dominante Verkehrssprache etabliert hat, trifft Senegal auf das sudanesische Kordofan und Gabon auf Libyen. Es ist diese besondere Urbanität, was den wenigen größeren Agglomerationen im Sahel den unverwechselbaren Charakter gibt.

Die tschadische Hauptstadt sticht durch mindestens zwei weitere besondere Merkmale heraus. Sie liegt am Wasser, am Unterlauf des Chari und kaum 80 Kilometer von einer Art Binnenmeer, dem Tschadsee, der in vergangenen Jahren zwar mit Schrumpfungen für alarmierende Meldungen sorgte, sich aber zur Zeit in einer Phase ungewisser Erholung befindet und in manche verlassenen Dörfer am Südufer Leben zurückgebracht hat. Ein neueres Handbuch gibt für die offene Wasserfläche — 281 Meter über Meeresspiegel — eine Ausdehnung von 17000 Quadratkilometern an, für die umliegenden Sumpfgebiete 6800 Quadratkilometer, zusammen mehr als die halbe Fläche der Schweiz. Der Umfang des Biotops am Südrand der Sahara ist von Jahr zu Jahr dramatischen Schwankungen unterworfen. Um den Tschadsee kennt man Dürren an Stellen, die zu anderen Zeiten nur mit Pirogen erreichbar sind. Bei den zahllosen Inseln, die beim Überflug in geringer Höhe wie üppig bemoost

erscheinen, handelt es sich um die Kuppen von Unter-
wasserdünen, wie sie sich in Miniaturen nach Regen-
fällen auf einem Sandstrand oder in den Pfützen auf einer
windexponierten Naturstraße betrachten lassen. Weniger
dank dem See selber, aber dank dem Chari, dessen geolo-
gisches Delta sich von den Mündungssümpfen über mehr
als 500 Kilometer bis hinauf gegen die Zentralafrikanische
Republik erstreckt und den Zwillingsfluß Logone einschließt, ist die Fischerei für die tschadische Volkswirtschaft von einer gewissen Bedeutung.

Ein Hauch von Hafen

Die Speisekarte ist nur das eine, was der Binnenstadt
etwas wie einen leisen maritimen Touch verleiht. Im
Tschadsee laufen die Staatsgrenzen Tschads, Kameruns,
Nigerias und Nigers zusammen, und ihre Existenz ist
von derart theoretischer Natur, daß sie allenfalls Anregungen zur Lösung des berühmten kartographischen Vier-
farbenproblems liefern können. Nimmt man das Volumen des legalen Gütertausches zum Maßstab, dann schlägt
Ndjamena als Kapitale des afrikanischen Schmuggels
wohl alle rivalisierenden Hafenstädte aus dem Rennen.

Trotz allem bleibt es weit von Ndjamena an die Außenwelt. Nebst den Hoffnungen, die in den politischen
Reformprozeß und in die französischen Bemühungen um
eine Redimensionierung der tschadischen Streitkräfte
gesetzt werden, zeigt sich am Horizont ein weiterer
Lichtschimmer, der allerdings bereits auch neuen Konfliktstoff befürchten läßt: neue und diesmal etwas gewichtigere Erdölfunde — bezeichnenderweise im Süden des
Landes. Unter Federführung der *Caisse française de
développement* wird die Finanzierung einer 1 200 Kilometer
langen Pipeline studiert, welche die neuen Felder mit der
kamerunischen Atlantikküste und zugleich mit einem
kleineren Feld am Tschadsee verbände, wo eine Raffinerie
projektiert ist. Kostenpunkt: rund eine Milliarde Dollar;
frühestmögliche Exporterträge: 1998.

III Nilaufwärts

DER EWIGE KRIEG IM SUDD

Pochala, September 1991

Die Einsamkeit, in der Dr. John Garang de Mabior seine Sudan Peoples' Liberation Army (SPLA) schon seit 1984 zu führen pflegte, hat ihm verspätet nun doch ihre Nachteile offenbart. Anfang September 1991 erhoben sich Teile der südsudanesischen Widerstandsbewegung gegen ihren Chef, der seitdem um die Kontrolle ringt, indem er die SPLA vor allem nach außen vertritt und sich entsprechend die meiste Zeit außer Landes aufhält. Von seinen dreizehn Kommandanten haben drei — unter ihnen zwei der gewichtigsten fünf — Garang für abgesetzt erklärt und sich in Nasir, am Sobat-Fluß in der Upper Nile Region, an die Spitze einer Gegenbewegung gesetzt. Obwohl in der Zwischenzeit die übrigen zehn Kommandanten in einer gemeinsamen Erklärung ihre Loyalität zu Garang bekräftigt haben, herrscht über ihre Haltung Unklarheit, und es heißt, ihre Verbände seien teils zu den Dissidenten übergelaufen. Garang will zwar seinen Versicherungen gemäß von Versuchen absehen, die Einheit der erwa 40000 Mann starken SPLA mit Waffengewalt wiederherzustellen. Doch das nahende Ende der Regenzeit läßt interne Kämpfe befürchten, die auch das humanitäre Engagement der internationalen Organisationen erneut gefährden könnten; bereits zirkulieren unbestätigte Meldungen von Scharmützeln in Upper Nile.

Schon kurz nach Beginn des zweiten sudanesischen Bürgerkriegs 1983 stand Garang im Ruf, als Führer der größten unter den nilotischen Bevölkerungsgruppen, der vor allem in der westlichen Region Bahr al-Ghazal dominanten Dinka, mit denkbar unsanften Mitteln eine Stammesdiktatur gegen die Nuer und die Shilluk der östlichen Upper Nile Region aufgezogen zu haben. Er wird bezichtigt, diese Politik mit den späteren Erfolgen der SPLA auf die »befreiten Gebiete« der Südregion Equatoria mit ihren zahlreichen kleineren Ethnien ausgedehnt zu haben. In den ersten zwei Kriegsjahren liquidierte Garang mit äthiopischer Unterstützung die Führung der rivalisierenden Anya Nya II, der Nachfolgebewegung der Anya Nya, die nach der Unabhängigkeit von 1956 bis 1972 den ersten Bürgerkrieg des schwarzen, christlich-animistischen Südens gegen den muslimischen Norden gefochten hatte. Politiker und Kämpfer der Anya Nya II, mehrheitlich Nuer, sind damals zu Tausenden in äthiopischen Gefängnissen verschwunden, viele auch massakriert worden. Führende Gestalten seiner eigenen ersten Garde wie etwa Karabino Kwanyin Bol und Joseph Oduho Haworu sitzen noch immer in Kerkern der SPLA. Im Juni 1991 hat der Sturz Mengistus in Addis Abeba die SPLA ihrer wichtigsten rückwärtigen Basis beraubt, und es ist diese verheerende Schwächung der Bewegung, die den lange angehäuften internen Konfliktstoff zu einem Eklat brachte.

Mildernde Umstände für Khartum?

Die drei Anführer der Dissidentenbewegung sind Lam Akol Ajawin, ein Shilluk aus Doleib Hill, sowie die beiden Nuer Riek Machar Teny Dhurgon und Gordon Koang Chol, der mit Resten von Anya Nya II verspätet zur SPLA gelangte. Nachdem die beiden erstgenannten Garangs Politik die ganzen Jahre mitgetragen haben, bestätigen sie neuerdings Punkt für Punkt die schweren Vorwürfe gegen ihn und fügen wenig glaubhaft hinzu, es handle sich für sie um neue Erkenntnisse. Im Widerspruch zur bisherigen Linie der SPLA fordern sie eine zumindest provisorische Sezession des Südsudans, und diese Idee genießt nicht nur bei weiten Teilen der südsudanesischen Bevölkerung große Sympathie, sie wird etwa auch vom State Department in Washington wohlwollend erwogen. Inzwischen haben die Dissidenten Unterstützung weiterer prominenter Gestalten gewonnen, auch von Dinka, etwa von Costello Ring, dem Sohn des Paramount Chiefs von Aweil im nördlichen Bahr al-Ghazal.

Garang wird beargwöhnt, unter anderem deshalb an der Einheit des Staates festzuhalten, weil er sich in einem unabhängigen Südsudan für seine bisherige Führerrolle als zu schwach erweisen könnte. Darin wird auch der Grund dafür vermutet, daß er kein Interesse zeigt am Aufbau einer Zivilverwaltung in den SPLA-Gebieten, worauf große Teile seiner Bewegung wie auch die ihr wohlgesinnten Hilfsorganisationen schon länger dringen. Die oft gehörte Behauptung allerdings, dem SPLA-Chef sei es um die Macht in Khartum zu tun, diese Generallinie der Regierungspropaganda ist durch Garangs Verhalten kaum zu belegen. Ebensowenig lassen sich aus Garangs »Despotie« im Süden mildernde Umstände für die Politik der Militärregierung in Khartum ableiten. Davon abgesehen, daß bei einer afrikanischen Widerstandsbewegung gewöhnlich nicht ihre interne politische Verfassung als das Kriterium ihrer Legitimität gilt, ist es wohl auch in diesem Konflikt weniger das moralische Profil der Kriegsgegner als ihre Positionen, worauf es in erster Linie ankommt. Die Forderungen der SPLA leuchten in allen substantiellen Punkten ein; und wenn die Khartumer Junta wie schon die beiden Regierungen vor ihr sich bisher nicht zur geringsten Konzession bereit fand, so ändert sich daran nichts, wenn Garang zu Recht beschuldigt wird, er stelle seine persönlichen Anliegen über die seiner Bewegung.

Die SPLA verlangt weltliches Recht für Nichtmuslime ohne Ansehung ihres Wohnsitzes. Sie verlangt die Restitution des Autonomiestatus von 1972, das 1983 noch Numeiri annullierte. Sie reklamiert schließlich Entwicklungschancen auch für den Süden, denen seit seinem Anschluß an die Außenwelt jeder Vergleich mit dem arabischen Norden Hohn sprach. Es waren vor allem zwei Streitpunkte, worüber 1983 der zweite Bürgerkrieg entbrannte. Den einen bot das Projekt des Jonglei-Kanals, der um des Wassergewinns im Norden willen zwischen Bor und Malakal über mehr als 300 Kilometer die Sümpfe des Sudd trockenlegen und ökologisch verwüsten sollte. Den zweiten lieferte die Entdeckung von Erdölvorkommen bei Bentiu im Südsudan, die man in Khartum mit einer Pipeline zum Roten Meer zu erschließen gedachte. Belehrt durch mehr als ein Jahrhundert Erfahrung mit der arabischen Kolonisation, hatte der damals noch autonome Süden eigene Vorstellungen. Eine Pipeline nach der kenianischen Küste böte etwas bessere Gewähr, daß auch die südsudanesischen Niloten an der Ausbeute ihrer eigenen Bodenschätze in angemessenem Rahmen Beteiligung finden können.

Die religiöse Grundierung des Konflikts folgte *ex post*. Numeiris berühmte »September-Gesetze« von 1983, die nach Auffassung des ehemaligen Militärdiktators auf das koranische Gottesgesetz der Scharia gestützt waren, galten seinem Nachfolger Sadiq al-Mahdi als blasphemisch — solange er noch in der Opposition war, wonach er daran nicht mehr zu rühren wagte. Beauftragter Autor des Gesetzeswerks war ein in Oxford graduierter sudanesischer Muslimbruder, Hassan at-Turabi. Als Protagonist der Steinigung, Kreuzigung und der Amputationen zieht er heute hinter der reaktionären Junta unter Omar Hassan al-Bashir die Fäden.

Hatte der erste der beiden Kriege nach verfügbaren Schätzungen eine Million Todesopfer gefordert, so überstieg im zweiten die entsprechende Zahl, einschließlich der kriegsverschuldeten Hungeropfer, längst eine halbe Million — dies bei einer Gesamtbevölkerung der drei Südregionen von vielleicht sieben bis acht Millionen. Mehr als zwei Millionen von ihnen flohen im Verlauf des zweiten Krieges nach Norden oder nach Äthiopien. Ein Ende dieses Massenmordens ist nicht in Sicht. Mittlerweile befindet sich praktisch die gesamte nordsudanesische Intelligenz im Exil. Laut Oppositionellen in London wurden durch die Säuberungen der Junta während der vergangenen Jahre etwa 3000 Offiziere aus der Armee entfernt, so daß auch die Hoffnungen auf einen neuen Militärputsch zusehends schwinden.

Die Situation weckt Erinnerungen an das Regime des Mahdi. Nach Gordons Niederlage von 1885 hatte sich die Bevölkerung des größten afrikanischen Landes binnen dreizehn Jahren aus einer Größenordnung von acht bis neun Millionen auf ein gutes Viertel reduziert, ehe Kitchener mit der Rückeroberung Khartums 1898 dem religiösen Wahn den politischen Boden entzog. Schon damals, als in der sudanesischen Hauptstadt kleine Kinder verzehrt wurden, war der Hunger von Menschen gemacht — unter Anrufung Gottes, des Barmherzigen und des Gnädigen.

SÜDSUDANESISCHE ODYSSEE

Gorkuoo, September 1991

An dem äthiopisch-südsudanesischen Grenzflüßchen Akobo, zu Fuß eine Stunde von der ehemaligen Khartumer Garnison Pochala, liegt ein Dorf namens Gorkuoo — übersetzt aus der Sprache der ansässigen Anyuk: »sandiger

Flecken am Flußufer«. Im Herbst 1991, gefördert durch eine Visite des französischen Staatssekretärs Bernard Kouchner und gleichzeitig durch Meldungen über eine Spaltung der Sudan Peoples' Liberation Army (SPLA), gelangte Gorkuoo aus einem der abgelegensten Winkel Afrikas in die Weltpresse. Daß sein Bild dadurch einige Verzerrungen erlitt, erstaunt wenig, obschon die Eigentümlichkeiten der Geschichte des Dorfes der Berichterstattung die exotische Ausschmückung afrikanischer Buschguerilla hätte ersparen können. Dem Phänomen einer Siedlung, wo 10 000 Knaben unter Anleitung von 300 Lehrern ihre Strohhütten eigenhändig aus dem Boden gezaubert haben und davor selber kochen, war die journalistische Imagination, der ein ganz normales afrikanisches Bauerndorf ebenso fremd ist, nicht gewachsen.

Professionelle Routine

Blätter wie die *New York Times* gaben sich dazu her, Gerüchte wiederzukauen, die SPLA unter John Garang unterziehe hier — unter dem Auge und mit Unterstützung von internationalen Organisationen — Knaben im Alter von acht bis vierzehn Jahren militärischer Ausbildung. Garang dementierte aufwendig, der BBC gegenüber mit dem ebenso überzeugenden wie taktisch zweischneidigen Argument, in Anbetracht des gravierenden Mangels an Ausrüstung für seine Verbände seien Anschuldigungen, er greife auf Kindersoldaten zurück, absurd — etwas vereinfacht ausgedrückt also: er könnte nicht einmal, wenn er wollte. Dies dämpfte den professionellen Journalistenargwohn auf Äußerungen eines kaum minder gedankenlosen Vorwurfs, es handle sich nichtsdestoweniger um das Reservoir von Garangs potentiellen Soldaten, um den Nachwuchs der SPLA, dem hier aus Hilfsgeldern Schulbildung finanziert werde. Noch meldete sich niemand mit einer Forderung, damit die Armee der sudanesischen Junta künftig nur noch über Analphabeten verfüge, seien in Khartum sämtliche Schulen zu schließen; dagegen sah sich im Südsudan die Hilfsarbeit mit sonderbaren Vorstellungen von »Neutralität« konfrontiert, wonach Flüchtlingen, die eines Tages vielleicht gezwungenermaßen in den Krieg zurückkehren könnten, bis dahin Bleistifte vorzuenthalten seien.

Die Lebensgrundlagen der Niloten des Sudd, ihre nomadische Viehwirtschaft, zwang das Bildungswesen seit seinen Anfängen unter den britischen Missionaren vor bald 100 Jahren, die Schüler aus den wandernden Familien in Konventen zusammenzuziehen. In den Flüchtlingsströmen des Krieges gegen die Armee Khartums vermochten sich Reste dieses traditionellen Schulsystems nach Äthiopien zu retten und dort unter dem Schirm des Uno-Flüchtlingshochkommissariats einen Rumpfbetrieb aufrechtzuerhalten. Die 10 000 Knaben von Gorkuoo befanden sich im UNHCR-Lager von Pinyudo, südlich des Sobat-Flusses in der südwestäthiopischen Provinz Illubabor. Zum größten Teil waren sie von ihren Eltern aus der angrenzenden Upper Nile Region in die Schulen der Flüchtlingslager geschickt worden. Viele fanden wegen der beschränkten Kapazitäten keine Aufnahme. Eine Minderheit, zumeist aus dem nördlichen Bahr al-Ghazal westlich des Nils, gelangte in Märschen von vier bis acht Wochen auf eigene Faust über die äthiopische Grenze, nachdem die Knaben, beim Vieh an den Wasserstellen, durch Kämpfe von ihren Familien getrennt worden waren.

Pech der falschen Allianz

Die südsudanesischen Flüchtlinge in Äthiopien — insgesamt über 400 000 laut den Uno-Zahlen, die in solchen Fällen immer durch Doppelt- und Mehrfachregistrierte in die Höhe getrieben werden — gerieten während des Zusammenbruchs von Mengistus Armee unter das Feuer lokaler Milizen oder aber marodierender Sprengsel der

Streitkräfte. Bis heute weiß niemand Genaueres darüber, was sich damals in der Region zutrug. Die neue Führung in Addis Abeba, nach ihrem langjährigen sudanesischen Exil Khartum gegenüber verpflichtet, ist nicht bereit, weiter Flüchtlinge aus den Kampfgebieten des Nachbarlandes zu beherbergen.

Deshalb betreuen die Uno und das Internationale Komitee vom Roten Kreuz die Rückkehrer im Südsudan — nach amerikanischen Schätzungen 50 000 bei Nasir, 30 000 bei Akobo, 35 000 bei Pakok. Bei Pochala und Gorkuoo haben die 5 000 Ansässigen dem Zuzug von über 100 000 Landsleuten beigewohnt. Zu ihnen gehören die 10 000 Knaben am sandigen Ufer, die nun nach dem Beginn der Trockenzeit vielleicht bald schon wieder ihren Standort verlegen müssen. Die Sudan Relief and Rehabilitation Association, der humanitäre Arm der SPLA und Vertreter von internationalen Organisationen versichern übereinstimmend, bei diesen Rückkehrern — nebst noch einigen tausend an den anderen Sammelplätzen — handle es sich um die einzigen südsudanesischen Kinder, die nach acht Jahren Krieg mit weit über einer halben Million Todesopfern heute noch Unterricht erhalten. Schon kurz nach 1983 war von dem fragilen Bildungswesen in ihrem Teil von Afrikas größtem Land kaum etwas übrig. Und es ist durchaus denkbar, daß die Politik Khartums die neue Bevölkerung Gorkuoos zwingen wird, den Kampf der SPLA dereinst weiterzuführen.

IN DER HEIMAT IDI AMINS

Arua, Juni 1992

Der Nil begegnet auf seinen mehr als 2 000 Kilometern vom Lake Albert bis nach Khartum drei Brücken. Die einzige vor der Grenze zum Sudan verbindet mit

Uganda einen Landstrich Afrikas, dessen Zugehörigkeit immer wieder zu Verwirrung Anlaß gab. Von einem halben Dutzend Straßen, welche die Region verlassen, führt nur diese eine über den Nil nach Uganda. Noch immer ist sie unter Armeeschutz im Konvoi zu befahren, außer man biegt gleich jenseits des Flusses nach Süden ab und nimmt einen der Buschwege durch den Murchison Wildpark. Erreicht man aus der Gegenrichtung die Brücke, die von fern an den Metallbaukasten erinnert, und hat man die mehrfachen Kontrollen am Westufer hinter sich, befindet man sich in der Region West Nile. Dort ist, im Dorf Koboko, nördlich der Hauptstadt Arua, Idi Amin geboren. Noch wartet sein Geist mit schauerlichen Geschichten auf. Am Straßenrand rostet das Wrack eines modernen Mülltransporters. Im Container hätten vor dreizehn Jahren fliehende Soldaten Amins ihre Angehörigen versteckt, um sie nach Norden oder nach Westen über die Grenze in Sicherheit zu bringen. Der Fahrer, der sich im Cockpit nicht auskannte, habe den falschen Knopf gedrückt ...

Weichende Finsternis

Man kennt das interkontinentale Lauffeuer solcher Geschichten — zu formvollendet, um wahr zu sein. Zu dieser Abendstunde in West Nile, das die Vertreibung Amins in zehnjährige Wirren stürzte, läßt die äquatorial hereinbrechende Dunkelheit der Anekdote etwas von ihrer Wirkung. Etwa die Hälfte der Bevölkerung hatte für Jahre in Zaire und zeitweilig sogar im kriegsgeplagten Südsudan Zuflucht gesucht. Zuerst nahmen Amins Truppen plündernd vor den Tansaniern Reißaus, um fortan mit Überfällen über die Grenze ihre Heimat zu terrorisieren; nach fünf weiteren Jahren der Anarchie, welcher Milton Obote nicht Herr wurde, hatte auch dessen Nachfolger Tito Okello nicht viel größeren Erfolg; und nach Musevenis Machtübernahme vom Januar 1986

vergingen nochmals drei Jahre, ehe der Strom der Geflohenen, die sich schließlich doch in ihre Gebiete zurück-
wagten, den Höchststand erreichte.

Seit in der Hauptstadt Kampala mit Museveni wieder
der Süden — obschon nicht die Erben des alten Reiches
Buganda — die Führung übernommen hat, sind in West
Nile die ausgreifenden Gelüste der nördlichen Brüder, der
Lango Obotes und der Acholi Okellos, entschärft. Der
Gerüchte von Sicherheitsproblemen im »Lande Idi Amins«,
die sich auswärts hartnäckig halten, ist man hier über-
drüssig. Das lokale Büro der Uganda News Agency über-
mittelt auf dem Landweg der Zentrale die frohlockende
Botschaft, dem Bürgermeister von Arua gegenüber
hätten Besucher ausländischer Medien ihrer angenehmen
Überraschung über die Absenz des Militärs und dessen
offenkundige Überflüssigkeit Ausdruck gegeben. Von
abgeschnittenen Ohren, Nasen, Zungen und Lippen hörte
man die letzten Jahre aus West Nile kaum etwas — im
Unterschied zu zentralen und östlichen Teilen des Nordens, die heute an den Folgen eines halben Jahrzehnts
endemischer Unsicherheit tragen. Präsident Musevenis
National Resistance Army will mit dem Holy Spirit
Movement im Norden und der Uganda People's Army im
Nordosten definitiv aufgeräumt haben und erklärte Ende
1991 alle Rebellionen für offiziell beendet, wobei sie im
Zuge dieser jüngsten Versicherungen auch schwere eigene
Übergriffe einräumte und entsprechende Maßnahmen in
Aussicht stellte.

Lange Leine

Was West Nile in hauptstädtischer Optik weiter betrifft,
so waren sich schon die Repräsentanten der englischen
Krone länger nicht klargeworden. Sie verpachteten die
vom Nil abgetrennte Exklave zuerst an den belgischen
König Leopold II., wonach sie bei seinem Tod an den
anglo-ägyptischen Sudan zurückging, bis sie 1914 dem

ugandischen Protektorat angegliedert wurde. Heute bewältigt der Bus die etwas mehr als 500 Kilometer von Kampala hierher an einem Tag. Doch Telephonverbindungen mit der Außenwelt wird es in absehbarer Zeit nicht geben, Benzin ist oft nur auf dem Schwarzmarkt zu haben, und Strom liefert der städtische Generator nur von halb acht bis halb elf jeden Abend.

Abgelegen, wie sie bleibt, und politisch neutralisiert, behält die Region in Kampala niedrige Priorität, auch unter Entwicklungsstrategen. »Das Geld, das uns die Zentralregierung schuldet, kommt nicht«, donnert der Vorsitzende des District Resistance Council, des Zentrums der politischen Macht in Arua. Die Ankündigung eines nächsten Dezentralisierungsschubs hat hier ebenso große Befürchtungen wie Hoffnungen geweckt. Die Bevölkerung besinnt sich auf die Vorteile der langen Leine, mit welcher der Staat sie bindet, und entzieht den eingebrachten Zucker dem Fiskus durch Exporte ins benachbarte Zaire. Von dort wird der süße Stoff umgehend zurückgeschmuggelt.

Lautlose Erfolge

Was hier vor allem Kirchen und kirchliche Hilfswerke wie etwa das Aachener »Misereor« in enger Zusammenarbeit mit den Behörden an Hilfe leisten, gehört zur reichhaltigen Gattung der kleineren, oft aber auch größeren »Erfolgsstorys«, für die sich die Medien auf dem Krisenkontinent nicht interessieren. »Glaub mir«, bemerkt ein europäischer Begleiter, »über das Land Botswana zum Beispiel habe ich noch nie in einer Zeitung etwas gesehen. Das ist ein sehr gutes Zeichen.« Das Durchgangslager, wo in den späten achtziger Jahren zurückkehrende Flüchtlinge betreut wurden, ist längst geschlossen worden. Die Bevölkerung der Hauptstadt — 1980 noch 6000 Personen, 9000 fünf Jahre später — stieg seit dem Ende des zweiten Obote-Regimes auf 30000, bevor sie laut den

Angaben des Bürgermeisters wieder auf etwas über 20000 gesenkt werden konnte. Die Bauern sind in ihren Dörfern wieder angesiedelt, und obschon weniger Regen als üblich fiel, gibt die Versorgungslage nicht zu Besorgnis Anlaß.

Am meisten Kummer, was den Landbau betrifft, bereitet dem Bürgermeister die multinationale British American Tobacco, die — im Unterschied zu sämtlichen lokalen Behörden — ohne Genehmigung aus Kampala mit Journalisten nicht spricht. Laut eigenen Zahlen kauft sie 20000 Pflanzern der Region 80 Prozent der ugandischen Tabakproduktion ab, wovon 60 Prozent für den Export bestimmt sind. Die Bauern, die im Durchschnitt ein Fünftel eines Hektars bewirtschaften, bekämen dafür zuviel zum Sterben, zuwenig zum Leben, erläutert der Bürgermeister. Trotzdem halte der Tabak sie davon ab, für den lokalen Konsum zu produzieren.

Bescheidene Ziele

Mangels nennenswerter finanzieller und materieller Hilfe beschränkt sich auswärtige Unterstützung weitgehend auf Vermittlung elementaren Know-hows, Schulung im landwirtschaftlichen, handwerklichen und gesundheitlichen Bereich. In ihren Bemühungen um Sanierung der Infrastruktur setzt die Verwaltung die Schwerpunkte auf Instandhaltung und Erweiterung der Märkte, auf Sanitätsstationen, Wasserversorgung, Straßen und, doch um der Sicherheit willen, auf deren verbesserte Beleuchtung — in Erwartung des Tages, da länger Strom fließen wird. Weiterreichende Pläne stehen in den Sternen, zumindest soweit sie nicht bei der Weltbank liegen, die für den ugandischen Norden einen Rahmenkredit von 100 Millionen Dollar bewilligt hat. Mit Einzelstudien aber läßt sich die Weltbank kaum weniger Zeit als die ugandische Staatsverwaltung, wenn der große Geldgeber von ihr verlangt, ohne Verzug sich selbst wegzurationalisieren.

POSTSKRIPTUM:
REPUBLIKANISCHE KÖNIGSKRÖNUNG

August 1993

Nach einer Nacht der Freudenfeuer, der Tänze und des Gesangs von altem Ruhm und Edelmut ist in Kampala am Samstag Ronald Muwenda Mutebi II zum 36. Kabaka von Buganda gekrönt worden. Ehe um ein Uhr mittags die größte Volksgruppe der ugandischen Republik, die Baganda, von der sakralen Instanz des anglikanischen Bischofs Adrian Dungu mit ihrem König auch ihre rund fünfhundertjährige Monarchie zurückerhielt, hatte Mutebi II vor der Morgendämmerung ein zeremonielles Scheingefecht mit dem Wächter des Budo-Hügels zu überstehen. Dort bezog er daraufhin programmgemäß um acht Uhr die Residenz seiner Ahnen, um sich in zweistündiger Kommunion mit ihren Geistern für die ihn erwartenden Würden zu läutern. Als unverhofft qualifiziert eine Nachrichtenagentur den morgendlichen Regenschauer, der dem Tag und der Gesellschaft von einer halben Million Schaulustiger den himmlischen Segen spendete.

Mutebi II folgt seinem Vater Sir Edward Mutesa II, der — gekrönt 1942 — von 1962 bis 1967 dekoratives Staatsoberhaupt Ugandas war. Von seiner großen Tradition trennt den Hof des neuen Kabaka die Beschneidung um alle politischen Funktionen. Mit der symbolischen Restitution des Königreichs Buganda — einer Idee, die schon Idi Amin auf Suche nach Anhang erwogen hatte — löste Präsident Yoweri Museveni, etwas verspätet und hastig, nun ein Versprechen seinerseits ein, das er den gut drei Millionen Baganda noch vor seiner Machtergreifung von 1986 für die Unterstützung seiner Buschguerilla gegeben hatte. Im Hinblick auf die plebiszitären Feuertaufen, denen auch sein Regime kaum mehr lange entkommen dürfte, ist Museveni — als Muhima Angehöriger einer kleinen Ethnie im Südwesten — auf alle Ausweitungen seiner Basis dringend angewiesen.

Sein internationaler Ruf des guten Diktators bietet dafür keinen Ersatz.

Royalistischer Pluralismus

Natürlich ist das Zuckerbrot für die Baganda kontrovers. Vor allem im Norden und Osten des Landes erschallen Kassandrarufe über Ugandas tribalistischen Geist in der Flasche, die Museveni leichtfertig öffne. Gemeint ist damit nicht nur Mißgunst anderer Ethnien, sondern auch bugandischer Chauvinismus, der sich mit dieser musealen Monarchie nicht zufriedengeben mag. Gegner machen zudem rechtliche Bedenken geltend: Voraussetzung der Krönung war eine Korrektur in Milton Obotes unitaristischer Verfassung von 1967, welche die föderative der Unabhängigkeit von 1962 und mithin die vier Königreiche Buganda, Ankole, Bunyoro und Toro mit ihrem Autonomiestatut aufgehoben hatte. Angesichts des mehrjährigen Prozedere der Verfassungskonsultationen, das 1994 mit der Wahl einer Konstituanten einen Abschluß finden soll, halten Kritiker — darunter auch die Uganda Law Society — Museveni vor, die Krönung greife Entscheidungen vor, zu welchen erst diese gewählte Versammlung bei der Verabschiedung einer neuen Verfassung ermächtigt sei.

IV Die Erben des Negus

IDENTITÄTSSUCHE IM KRIEG

Addis Abeba, Mai 1991

Spuren des Krieges, die Bettler mit den verstümmelten Gliedmaßen und den archaischen Gerätschaften ihrer Prothesen, sind auch in der Hauptstadt Äthiopiens allgegenwärtig. Die Wirkung solcher Bilder dämpfen in Afrika stärkere Eindrücke. *»Don't look!!«* stößt der Fahrer hervor. Doch es ist zu spät. Vor dem Rotlicht, im stehenden Verkehr, liegen auf dem halboffenen Wagenfenster die Finger einer bettelnden Hand, welche — die Haut glasig gespannt, als wäre sie aufgeblasen — einen Fußball umschlösse wie unsere Hand einen Tennisball: Elefantiasis. Es ist ein umfassender Krieg, dessen Opfer die Straßen säumen; in Afrika, heißt es, ist jeder ein Überlebender. Addis Abeba stimmt einen um so trauriger, als — im Kontrast etwa zu vielen nordafrikanischen Städten — so vieles so liebevoll gepflegt ist in diesem geballten Dorfleben rund um die dünngesäten Geschäfts- und Verwaltungsbauten, gepflegt wie am steilen Abfall zum ausgetrockneten Bachbett das Kräutergärtchen neben der vornüberkippenden Hütte mit ihrem frisch gestrichenen grünen Fensterladen. Die Äthiopier legen viel Wert auch auf Kleidung. So wie die Freizeit außer Flanieren nicht viel zu bieten hat, sind auch die Kinder auf eigene Einfälle angewiesen. Im Gedränge tauchen zwei Knirpse auf, eng umschlungen, die Köpfe Wange an Wange, jeder die freie Hand mit einem alten Autotürgriff am Ohr, jeder ganz für sich auf das intensivste vertieft in das gemeinsame Telephongespräch. Ein Friedensgespräch.

»Wenn die CIA mit dem Regime noch immer nicht aufräumt, es statt dessen zu reparieren hilft, dann werden wir sie auch weiterhin hassen«, sagt Tesfaye, der Chauffeur — ein abends privat angeheuerter, nicht der obligatorische der National Tourist Organisation. Äußerungen, die an der Führung Präsident Mengistus kein gutes Haar lassen, waren in Addis Abeba schon vor Jahren zu hören, doch nur in verwinkelten Ecken der Stadt, in abgeschirmten Kreisen und nicht am ersten Tag, auch nicht ohne vorangehende Aufschlüsse über die eigene Identität. Nun macht sich der »Überdruß«, wie hier das Lebensgefühl zumeist genannt wird, überraschend ungehemmt Luft, getrieben auch durch eine rapide verschlechterte Versorgungslage und eine sehr schmerzhafte Teuerung. Die Freund-Feind-Erkennung war im ethnischen Schmelztiegel der Hauptstadt nie ein einfaches Geschäft, und zur Zeit, so wird gemutmaßt, sei die Staatssicherheit mit zuviel Konkreterem ausgelastet, um sich Meiers und Müllers anzunehmen.

Wenn die große Ruhe, die sich zwei Stunden nach Sonnenuntergang auf die Stadt senkt, dennoch an Gewicht weiter zugelegt hat, so ist dies neuerdings weniger ein Werk des eisernen Besens der Polizei als vielmehr Ausdruck abnehmender Sicherheit. Im Randbezirk an der Ausfallstraße nach Debre Zeyit wird nicht mehr getanzt, der europäische Besuch, der seit langem ausgeblieben sei, wirkt heute ein bißchen exotisch, und der Fahrer drängt schon zwei Stunden vor der mitternächtlichen Ausgangssperre zur Rückkehr ins Zentrum. Dort ist das öffentliche Leben vollends ausgetrocknet, nachdem Jahr für Jahr junge Äthiopier, die sich vor neun Uhr abends nicht verkrochen, von der Straße weg zum Fronteinsatz eingezogen wurden. Die Führung rekrutiert weiter alle Männer ab achtzehn Jahren und erleichtert dabei die Schulen um ganze Jahrgänge. Neu sei, so hört man, daß auch die Ordnungshüter Angst hätten. Aus Sorge um die Sicherheit sind denn auch, mitten in den Vorbereitungen, erstmals die Feiern zum 1. Mai abgeblasen worden. Der vierzehnjährige Knabe, der vor dem Hotel meine Schuhe putzt, sagt, wenn er größer sei, haue er ab nach Kenia. Seine zwei älteren Brüder sind bei der Armee im Norden, und seit zwei Jahren gibt es keine Nachricht von ihnen. »Ich weiß nicht, ob sie leben oder tot sind.«

Ambo

»Haben Sie im Hilton Ambo?« fragt ein Botschafter, und darüber, wo noch welche Quantitäten des nationalen Mineralwassers greifbar sind, zirkulieren in Addis Abeba wilde Gerüchte. Es war vor allem der Auszug der Amerikaner nach dem Fall der Stadt Ambo, der die Aufregung in die Vision einer Metropole ohne Mineralwasser brachte. Ambo, 120 Kilometer westlich der Hauptstadt, figuriert auch bei anderen Botschaften auf der Liste der springenden Punkte in Evakuationserwägungen. Spielräume schafft aber auch hier die Interpretation. »Für uns ist Ambo gar nie gefallen«, sagt ein europäischer Diplomat, »bloß weil da zuerst Regierungstruppen, dann Rebellen, dann wieder Regierungstruppen waren.« Die Frage ist nicht so sehr, ob Ambo in Ambo, sondern ob es in Addis Abeba gefallen ist. Da spielt das Wasser nicht nur als Metapher hinein. »Wie viele Personen sind Sie auf Ihrem Zimmer?« will der Roomservice im Hilton wissen. — »Bitte, bringen Sie mir drei Flaschen. Bei mir handelt es sich nämlich oft um mehrere Personen.« — »Das ist Ihr Problem«, lautet die Auskunft. Doch da Mitternacht vorbei und der Kellner allein im Dienst ist, bringt er zwei Flaschen statt der einen pro Tag und Person, die ausschließlich vom Roomservice abgegeben wird. Die zwei Flaschen stammen keineswegs aus Ambo, sondern aus Babile bei Harar.

Jahre der Belagerung haben die äthiopische Armee in der eritreischen Hauptstadt Asmara nicht zur Aufgabe gezwungen. Die Rebellen können die Lebensadern der Landeshauptstadt weiter abschnüren, mit Sabotageakten Kraftwerke lahmlegen, die Straßenverbindungen zur Küste unterbrechen und das Treibstoffproblem akut verschärfen. Doch sogar wenn sie am Stadtrand von Addis Abeba gesichtet würden, dächte niemand zuerst daran, daß sie nun sogleich die Stadt mit ihren mehr als zwei Millionen Einwohnern einnähmen. Die Frage ist, was und wieviel es noch braucht, damit ihr eigenes Spannungspotential die Kapitale zur Explosion bringt. »Wie Lawinen drohen die gestauten Frustrationen der Bevölkerung über die Behörden hereinzubrechen«, sagt ein äthiopischer Uno-Funktionär, es könne weit schlimmer werden als 1973/74 beim Sturz von Haile Selassie. Diese Angst vor einem totalen Zusammenbruch erscheint ebenso nachhaltig wie weit verbreitet, und vermutlich bietet einzig sie eine gewisse Kompensation für die Machteinbußen des Regimes.

Bruderzwist

Das hauptstädtische Establishment gibt sich *faute de mieux* der akribischen Erörterung von Alternativen unter Mengistus Entourage hin. Gerade solange sich nichts zuträgt, lassen Spannung und Unruhe leicht das gegenteilige Gefühl aufkommen. Doch die Aussichten, daß Friedensbemühungen vorankommen, bleiben sehr ungewiß. Die breite Bevölkerung mache allem voran das Regime für die Situation des Landes verantwortlich, erst in zweiter Linie die »Woyane«, die Banditen geschimpften Rebellen des Nordens. Auch er selber mache sich wenig aus den Nuancen in Mengistus Kamarilla, sagt Belay, einst einer der Studenten, die während des »Roten Terrors« der späten siebziger Jahre im Gefängnis saßen — wenn sie Glück hatten. Auch Belay zeigt seine grimmige

Genugtuung darüber, daß Mengistu schon vor einigen Wochen seine Engsten nicht mehr zu halten vermochte: seinen Vize Fisseha Desta und den unüberbietbaren Chef für Parteiorganisation, Legesse Asfaw, dessen blutige Exzesse in Tigre für den Verlust der Provinz an die Rebellen mitverantwortlich gemacht werden.

Die Kremlologie des hiesigen Palastes zerstreut die Aufmerksamkeit dafür, daß der Führung ebensosehr wie richtige Leute taugliche Konzeptionen fehlen. Mengistu verläßt sich statt dessen auf die Neigungen seines Publikums: Beim Bruderzwist der Hochländer um das abessinische Vermächtnis handelt es sich um den biblischen Endkampf gegen die historischen Erzfeinde: Arabertum, Islam, schwarzafrikanisches Heidentum. Dieses Szenario soll die Hekatomben rechtfertigen, die eines der ärmsten Länder Afrikas seit eineinhalb Jahrzehnten seiner »Einheit« darbringt. Und in dieser Hysterie meldet sich das verdrängte Wissen, daß innerhalb der Grenzen des Reiches des Negus die verfeindeten Christen alle zusammen, inklusive der eritreischen Christen, weit weniger Häupter zählen als die über 40 Prozent Oromo.

Das Problem als die Lösung?

Da die zentrifugalen Kräfte ihren Ursprung weniger in der Peripherie als im Zentrum haben, verwechselt der Staat die Lösung, für die er sich hält, mit dem Problem. Noch die taufrischen föderativen Konzepte des Bürgerkriegsgegners gemahnen mit ihren Vorstellungen von Demokratie und Autonomie an sowjetische Vorbilder, und auch einer erdrückenden Mehrheit unter den sich progressistisch und liberal gebenden Exilamharen scheint es nicht in den Kopf zu wollen, daß selbst eine in sich demokratisch organisierte Minderheit längerfristig kein Monopol auf das Erbe des Negus zu halten vermöchte. Nicht ein anderer Staat, sondern der bekannte Zentralstaat gilt noch immer als die fatale Alternative zu der Propagandavision einer Zukunft Äthiopiens als eines Haufens von Zwergstaaten.

Es handelt sich um das klassische Syndrom der bedrohten Minderheit, die — ohne Begriff von binnenstaatlicher Koexistenz — ihr Überleben nur durch unbestrittene Dominanz gewährleistet sieht. Mit diesem Kurzschluß bleut die Führung noch immer vielen Amharen nicht ganz ohne Wirkung ein, es gebe zu ihr keine Alternative, deren Risiken sich in Kauf nehmen ließen. Die Eritrea-Frage ermöglicht ihr dabei den Auftritt im Namen der Nation, und vielleicht ist ihre wichtigste Stütze in Addis Abeba ein Mann namens Issayas Afewerki, Chef der Eritrea People's Liberation Front (EPLF). Ohne den eritreischen Sezessionismus, gegen den die Äthiopier seit 30 Jahren kämpfen, dies gewiß mehr gemußt als gewollt, aber schließlich doch getan haben und nicht gerne vergeblich — ohne einen Feind dieses Kalibers könnte dieses Regime keine Woche weiterregieren, sagt Belay.

Um sich greifender Maquis

Unter den Bürgerkriegsfronten in Äthiopien hat man sich nicht Schützengräben vorzustellen. Die Bevölkerung winkt nach Möglichkeit die Bewaffneten beider Seiten durch ihre Städte und Dörfer. Die Rebellen der Ethiopian People's Revolutionary Democratic Front (EPRDF), deren dominanten Kern die Tigray bilden, kommen und gehen, schicken die Repräsentanten der Zentralgewalt nach Hause, versuchen da und dort eigene Funktionäre zu installieren, die sich oft auch nicht lange halten. Außerhalb ihres Stammgebietes hat die Tigre People's Liberation Front bekanntermaßen große Schwierigkeiten, sich politisch zu verankern, und dasselbe gilt für ihre EPRDF-Ableger unter den Oromo in Wollega und in den Amharen-Gebieten Wollos, Gondars, Gojjams und Nordwestshoas. Doch unter einheimischen Vertretern internationaler Organisationen, die hier leicht ansprechbar sind, hört man auch Äußerungen, wonach sich die Rebellen-Milizen in letzter Zeit recht geschickt verhalten. In einer Provinz wie Gojjam hätten sie andernfalls ebensowenig eine Chance wie einst die Italiener, führt eine ältere Äthiopierin am Hauptsitz der Organisation der afrikanischen Einheit aus, ihr Erfolg beweise, daß die lokale Bevölkerung sie den Schergen des Regimes vorziehe.

Durch das Niemandsland zwischen den Parteien geht der Verkehr, wenn nicht gekämpft wird, zumindest in Richtung der Hauptstadt weiter — wie man hört, zu ziemlich sprunghaften Tarifen. Die Organe des Staates können nur in äußerst geringen Teilen des Landes Sicherheit effektiv garantieren. Die Funktionen sowohl der zivilen Administratoren wie auch der Politkommissare der Partei sind an die Regionalkommandanten der Armee übergegangen, was auf eine verschärfte Kriegsrechtsverwaltung abzielt, an der Situation aber kaum mehr viel ändern kann. Die Parteifunktionäre, nachdem sie zuerst kaltgestellt wurden, bekunden wenig Interesse, den politischen Parallelapparat der militärischen Administration unter den Insignien einer neuen nichtmarxistischen Partei zu restaurieren. Die Volksmilizen, die ihnen formell unterstanden, sollen in manchen entlegeneren Gegenden die Angelegenheiten selber in die Hand genommen haben, dabei ein bißchen mit jedermann kooperieren und ein bißchen auf jedermann schießen.

Sarah

Mit diesem Freibeutertum ziehen auch Legenden durch die Wälder und über die hohen Berge, um nach Einbruch der Dunkelheit den hauptstädtischen Klatsch zu infiltrieren. In Gayint, im Südosten Gojjams ist ein rebellierendes Geschöpf besonderer Art unterwegs: die wunderschöne Sarah, die Offerten zu gemeinsamen Unternehmungen nach allen Seiten ausschlägt. »Are you sure?« — »Bist du sicher?« — erfreut sich in Addis als Antwortfloskel großer

Beliebtheit und meint etwa soviel wie »ach, tatsächlich?«
Wer in den Bars von Addis Abeba nach der Volkszugehö-
rigkeit eines Gesprächspartners forscht, mag es mit der
treffsicheren Frage nach dem Blut der wunderschönen
Sarah versuchen: »Amhara!« wird der Amhare sagen,
»Oromo!« der Oromo. »Are you sure?« Nein, angesichts
Sarahs Schönheit und ihres heiß pulsierenden Blutes
unterbleibt die Rückfrage besser; sowohl der Amhare wie
der Oromo, beide sind sicher.

200 MILLIONEN PERSONENKILOMETER

Makalle, August 1991

»Je länger sie hier sind, um so kränker werden sie«, sagt
eine neuseeländische Krankenschwester des Internationalen Komitees vom Roten Kreuz (IKRK), das hier in
Makalle, der Hauptstadt Tigres, gemeinsam mit dem
Äthiopischen Roten Kreuz 18000 ehemaligen Angehörigen der Armee des gestürzten Diktators Mengistu Haile
Mariam mit Lebensmitteln und medizinischer Hilfe bei-
steht. Wie weitere 160000 bis 180000 Exsoldaten und
nahezu 40000 Zivilpersonen, größtenteils Familienange-
hörige, warten sie auf Entscheidungen, zu welchen sich
die neue Führung unter Meles Zenawi offenbar nur mit
großer Mühe durchringt. Angaben der Delegation in
Addis Abeba zufolge betreute das IKRK Mitte August
1991 in Auffanglagern gegen 70000 ehemalige Diensttuende und über 30000 Zivilisten, insgesamt über 65000
harrten ihrer ungewissen Zukunft in weiteren Lagern,
teils sehr mangelhaft versorgt von anderen internationalen oder einheimischen Hilfsorganisationen. 50000
nach amerikanischen Schätzungen, mehr als doppelt so
viele gemäß den Ziffern der regierenden EPRDF, befinden
sich im Sudan. In dieser zwangsläufig wenig exakten

Buchhaltung ist nicht die Rede von den Flüchtlingen in dem nordwestlichen Nachbarstaat — 700000 bis eine Million aus Eritrea, zwischen einer halben und einer ganzen Million aus südlicheren Regionen, die zumeist seit Jahren, wenn nicht Jahrzehnten, im Sudan leben.

Die Heimkehr

Die Demobilisierung von Mengistus Armee, zusammen mit den Volksmilizen seiner Staatspartei zwischen 400000 und 500000 Mann, stellt die neue äthiopische Führung vor gigantische Probleme, von deren Bewältigung für die politische Zukunft des Landes Entscheidendes abhängt. Das Rote Kreuz ist mit beachtlichen Einsätzen an diesem Unterfangen beteiligt, über dessen weiteren Verlauf sich die Behörden nicht im klaren und dessen Erfolgsaussichten ungewiß sind. Nebst der Versorgung hat das IKRK, tatkräftig unterstützt vom hiesigen Roten Kreuz, den Repatriierungstransport der rund 250000 ehemaligen Soldaten übernommen. Bis jetzt sind mit Bussen, Lastwagen und Hercules-Flugzeugen über 65000 in ihre Herkunftsregionen zurückgebracht worden. Dies entspricht mehr als 50 Millionen Personenkilometern: eine Zahl, die sich, so die Rechnung des Leiters der Aktion, bis zu deren Abschluß auf über 200 Millionen erhöhen wird.

Politische Unsicherheit und finanzielle Nöte der Übergangsregierung in Addis Abeba drohen die Heimführungsoperation gefährlich zu verzögern. Eine große Zahl der Betroffenen, vor allem unter den ungefähr 120000 Angehörigen der 2. Armee in der eritreischen Hauptstadt Asmara, verbrachte zu lange Zeit — teils zehn bis fünfzehn Jahre — in Uniform, als daß in den Herkunftsorten, zu denen die Kontakte oftmals ganz abgebrochen sind, eine Reintegration sich umstandslos in die Wege leiten ließe. Frauen, die zwölf Jahre Witwenrente bezogen, finden ihren Gatten vor der Tür. Natürlich droht neue Massenarbeitslosigkeit unbekannten Ausmaßes. Die

Zahl der Infanteriewaffen, die in den Wirren des Zusammenbruchs verschwanden, wird allein in der Kapitale auf 50 000 bis 80 000 geschätzt; nicht nur die 8000 bis 10 000 Bewaffneten der EPRDF, welche in Addis Abeba die Sicherheit zu gewährleisten hätten, fürchten, die Rückkehrer aus dem Norden, welche mit den nie gesehenen hauptstädtischen Bettlerheeren die soziale Unrast vermehren, könnten überdies ein neues Bandenwesen in die südliche Landeshälfte mitbringen und bewaffnete Kerne einer neuen Opposition bilden.

Wer zahlt für den Frieden?

Pläne der neuen Führung sahen zunächst vor, unter den Soldaten, die außer den Offizieren grundsätzlich nicht als Gefangene betrachtet werden, jene für einige Monate in sogenannte Rehabilitationslager zusammenzuziehen, die mehr als eineinhalb Jahre unter Mengistu Dienst geleistet hatten. Die 50 Millionen Dollar, die dieses Programm erfordert hätte, waren nicht aufzutreiben. Sobald es darum geht, Geld äthiopischen Behörden direkt zukommen zu lassen, erweisen sich die Geberländer diesen gegenüber als sehr reserviert, obschon sie von internationalen Organisationen gemahnt werden, sich nicht hinter diesen zu verstecken. Rückführung und Integration in die Gesellschaft, allem voran Arbeitsbeschaffung, könne nur Aufgabe der einheimischen Behörden sein, die aus einsichtigen Gründen freilich keine allzu große Ungeduld an den Tag legen. Unbegrenzt kann das Lagerleben allerdings nicht fortdauern.

Unterdessen wachsen im Gedränge der Zeltstädte die Probleme. Das epidemische Rückfallfieber, übertragen von Körperläusen, hat im Lager von Makalle, wo täglich drei bis sechs Todesopfer verzeichnet werden, etwa die Hälfte der Lagerbevölkerung erfaßt. Gegen 500 Patienten liegen, betreut von einem einzigen Arzt, in der Krankenstation des Camps und noch einmal so viele im Spital der

Stadt. Die endemischen Lungen- und Magen-Darm-Erkrankungen, meist Folgen von Unterernährung, sind dabei für einmal in die Minderzahl geraten. Mehrere hundert an der Front in Eritrea Verwundete sind schon vor einiger Zeit auf dem Luftweg nach Süden gebracht worden, wo manche von ihnen die unbekannte Zahl von Kriegsversehrten erhöhen dürften. Allein im Lager von Tatek bei Addis Abeba befinden sich IKRK-Angaben zufolge etwa 7000 Invalide.

Lagerleben

Während in Tigre lokale Milizionäre ohne Schwierigkeiten Sicherheit garantieren, warten die 30000 Insassen des Lagers bei Bahir Dar am Lake Tana, die nachts sich selbst überlassen bleiben, noch immer auf eine Polizei von einigen Dutzend Bewaffneten. IKRK-Delegierte berichten von Morden und Steinigungen, wobei unklar ist, ob Selbstjustiz im Spiel gewesen sein könnte. Ein weites Feld in dem Lager, wo die meisten der rund 70 Sprachen Äthiopiens gesprochen werden, ist dem Geldspiel vorbehalten. Am Eingang wird ebenso billiger wie gefährlicher Schnaps verkauft, und Prostituierte verbreiten Geschlechtskrankheiten. Der Markt in der Stadt bietet das Brot vom Roten Kreuz sackweise feil. »Kanadisches ist besser!« vernimmt von nebenan, wer auf dem Markt die prallen EG-Getreidesäcke mustert.

An der Grenze zu Eritrea, auf dem ehemaligen italienischen Kasernenareal am Fuß der Zitadelle von Adigrat, führen Familien geflohener oder deportierter Angehöriger der 2. Armee aus Asmara mit den im Handgepäck mitgebrachten Utensilien ihren eigenen Haushalt — über 20000 Frauen und Kinder, die großenteils keine Ahnung haben, wo ihre Ehemänner und Väter sich aufhalten, falls noch in dieser Welt. Fast noch einmal so viele haben ihren Weg nach Süden fortgesetzt, 7000 bis nach Makalle, 6000 bis nach Dessie in Wollo. Auch in dem Camp von Adigrat

74

verteilt das IKRK — außerhalb seines Mandats im Rahmen der Demobilisierung — Rationen, doch es gibt keine zentralen Küchen und erst seit kurzem Latrinen. Dennoch hat die gesundheitliche Misere noch nicht Ausmaße wie in den Lagern der Soldaten. Die apokalyptischen Wolkenbrüche, die in der kalten Regenzeit fast täglich über die äthiopischen Hochplateaus kommen, verwandeln die farbige Szene in einen Brueghelschen Limbus, wo über den zähneklappernden Zehntausenden die Zeit stillsteht.

ORT DER BEGEGNUNG

Diredawa, September 1992

Die unbeschreibliche Gewalttätigkeit der stalinistischen Diktatur Mengistus verbietet jeden Vergleich der neuen Autoritäten mit dem alten Regime. Doch was sich derzeit unter den neuen Erben des Negus anstelle einer Klärung vollzieht, weckt beklemmende Erinnerungen an Muster, die ganz in der großen Tradition des Vielvölkerimperiums stehen. Es dreht sich — vor, während und nach Mengistu — alles um zwei Äthiopien, die nichts miteinander gemein haben, auf ein und derselben Welt nicht koexistieren können, geschweige am gleichen Ort. Von einem sprechen die Organe des Regimes, vom anderen seine Gegner. In dieser Landschaft ohne Schlupfwinkel der Indifferenz ist jeder und alles Partei der kombattantesten Art, von der Macht entweder ununterscheidbar oder ihr Todfeind. So faustdick die Lügen, die in allen Punkten von mindestens einer, öfter von beiden Seiten zu hören sind, so umgreifend die Paranoia, welche die wechselseitige Wahrnehmung diktiert. Beim Kontrahenten ist an Motiven und Intentionen grundsätzlich nur das unvermischte Unheil und die unübertreffliche Böswilligkeit in Erwägung zu ziehen, beides ist — seit dem ersten Handgriff der Schöpfung — schon unterstellt

Unter auswärtigen Beobachtern weisen Urteile in
äthiopischen Angelegenheiten prompt wieder — das heißt
wie eh und je — das vertraute umfassende Spektrum auf,
so daß es sich auch bei der neuen Macht im Staat, bei
Meles Zenawis Ethiopian People's Revolutionary Democratic Front, um alles handelt: von dem berühmten
kleinsten bis zu einem großen, sehr großen Übel. In
Diredawa aber, der zweitgrößten Stadt Äthiopiens, handelt es sich bei allen Parteien um das größte Übel. Wer
hofft, *faute de mieux* könnte auch das zur Vereinfachung
oder zumindest zur Übersichtlichkeit der Lage beitragen,
geht fehl. Das größte Übel sind alle deshalb, weil allen
die Stadt gehört. Falls sich nicht bloß die gegenwärtigen
Scharmützel im fernen Busch auf unbestimmte Zeit
dahinziehen werden, falls das Land einem weiteren Krieg
entgegengehen sollte, dann hat diese östliche Stadt alle
Aussichten, zum ersten Schauplatz zu werden.

»Historische Somalistadt«

Laut Intellektuellen unter den hiesigen Somali, die
Menelik vor gut einem Jahrhundert unterwarf, handelt
es sich bei Diredawa um *»die* historische Somalistadt« in
Äthiopien, einst natürlich eindeutig ein Hort des Islam.
Erst unter der Herrschaft Mengistus sei sie von Oromo
überflutet worden, die heute die Bevölkerungsmehrheit
bilden. Davon abgesehen, daß die Wortbildung »Somalistadt«, veredelt durch das Attribut »historisch«, angesichts der Geschichte des Nomadenvolks Argwohn wecken
muß, ist auch nicht klar, wer zu Äthiopiens Somali gehört:
Die Gurgurra, die vor allem Gebiete westlich von Diredawa ihr eigen nennen, aber auch in der strittigen Stadt
selber ihre historische Rolle spielten, tauchen in ethnographischen Schriften des letzten Jahrhunderts das eine Mal
unter den Somalistämmen nicht auf, ein anderes Mal dafür
unter den Stämmen der Galla — der Oromo. Während der
letzten hundert Jahre hatten das bestimmende Wort die

amharischen Kolonen, die unter der neuen Herrschaft ihrer christlichen Nächsten und feindlichen Brüder aus Tigre in den lokalen Behörden weiterhin eine tragende Kraft stellen. Wohin also mit Diredawa, Äthiopiens zweitgrößter Stadt an der strategischen Eisenbahnlinie nach Djibouti?

Im benachbarten Harar sind die historischen Rechte der urbanen Mikro-Nation der Adare weniger strittig, nur die Rechte auf die von alters dazugehörigen Ländereien, welche von der Harar National Ligue auch nur halbherzig eingeklagt werden. Auch die Adare finden sich jetzt schon einer Mehrheit von Oromo gegenüber, die mit einer Ausweitung der Stadtgrenzen bedrohlich zunähme. Die äthiopische Übergangscharta sieht für bestimmte Städte einen Spezialstatus vor, der sie aus den neuen Regionen ausspart und mit ihrer formellen Selbstverwaltung direkt der Zentralgewalt unterstellt — so zum Beispiel eben Harar oder die Hauptstadt Addis Abeba, die ebenfalls von Oromo-Gebiet umschlossen ist. Im Falle Diredawas ist unter den angestammten Völkern der Gegend niemand bereit, ihr urbanes Zentrum sich selbst und damit der EPRDF zu überlassen. Anders als in Harar hat es in Diredawa die regierende Volksfront von Meles Zenawi bisher nicht fertiggebracht, entweder eine ihrer berüchtigten PDOs (People's Democratic Organisations) auf die Beine zu stellen oder aber eine formell unabhängige lokale Gruppierung wie die Harar Ligue zuverlässig an ich zu binden.

Unter demselben Mißerfolg leidet die EPRDF in allen Somali-Gebieten und auch in den Gebieten der Afar. Es geht dabei nur um zwei bis drei Millionen Staatsangehörige, aber um riesige Territorien, den ganzen Ogaden, große Teile Harerghes und die Grenzgebiete südöstlich und östlich Djiboutis — Territorien, um welche die christlichen Ahnen während Jahrhunderten Kriege geführt haben. Die Western Somali Liberation Front ist, nach mehreren Spaltungen bereits zu Mengistus Zeiten, seit dessen Sturz in mehr als ein Dutzend Organisationen zerfallen. Die EPRDF hat bisher keine davon für sich einnehmen können. Alle sind sie noch immer bewaffnet und greifen auf seiten der zivilen Nomadenbevölkerung ein, wenn Regierungskräfte diese zu entwaffnen versuchen. Reagiert wird mit Verhaftungen auch unter zivilen Politikern.

Alle gegen alle

Die Somali-Gruppierungen drängen einträchtig darauf, daß die stets verschleppten Distrikt- und Regionalwahlen doch irgendwann durchgeführt werden. Aber an Vorbereitungen ist von seiten der interimistischen Militärbehörden nichts wahrzunehmen, und es sieht nicht unbedingt so aus, als wäre die EPRDF bereit, die versprochenen Urnengänge zu gewähren, solange sie niemanden hat, der dabei stellvertretend für sie gewinnt. Sie riskiert andernfalls, daß gewählte Räte, welche programmgemäß die Verwaltung zu stellen hätten, ihren Abzug fordern, was bis jetzt nur die in der Region verankerten Parteien verlangen. Die Angelegenheit ist um so vertrackter, als niemand weiß, wo in Äthiopien die Grenzen der Somali-Gebiete verlaufen. Diredawa jedenfalls kann die Zentralgewalt, so schwer sie es mit den Somali hat, nicht preisgeben.

Die äthiopischen Somali wurden von den Hochlandchristen nie recht wie Angehörige der menschlichen Gattung behandelt. Die systematische Vernachlässigung ging unter Mengistu wie schon unter Haile Selassie so weit, daß sie nicht einmal als Kanonenfutter bei den Streitkräften Verwendung fanden. Und von Somali hört man auch wenig unter Menschenrechtsaktivisten in Addis Abeba. Der Ethiopian Human Rights Council ist wie alles im Land Partei und befaßt sich vornehmlich mit Fällen, die einer bestimmten — amharisch gefärbten — Kritik an der neuen Führung Argumente liefert. Demnach soll es der EPRDF um gar nichts als um die Alleinherrschaft Tigres über Äthiopien gehen. Die erste Etappe auf ihrem Weg dahin hätte sie sich mit dem Verlust Eritreas erkauft, der in Zukunft das Land an allen Ecken und Enden heimsuchen müsse. Somali können natürlich, soweit sie denken, nur sezessionistische Gedanken denken, und manche tun es. Fänden sich die frustrierten Amharen am Ende aber mit den Oromo zusammen, die von der EPRDF an die Wand gedrückt wurden? Amharen freuen sich gerne über den Schaden, den das Image der Übergangsregierung im Sommer 1992 durch die fatalen Folgen des Wahlversuchs in den Oromo-Gebieten genommen hat, und sie freuen sich, daß die Oromo den Tigray weiter zu schaffen machen werden. Doch im Zweifelsfall? Wenn die Oromo die Herrschaft des Nordens ernsthaft in Frage stellten, wären die Amharen Hochlandchristen ganz wie die Tigray.

Lob der Politik

»Die Leute, die keine Macht haben, verstehen sich aufs Zusammenleben. In unserem Land haben sie eine große Erfahrung darin«, sagt Belete, der den Wagen durch die grünen Hügel von Harar hinab nach Diredawa steuert. »Es ist der Grad der Armut in unserem Land, von dem Sie nichts verstehen können«, sagt am Abend in einer Bar ein Tiefbautechniker, »und in dieser Armut steckt ein ungeheures politisches Kapital, das permanent auf Mißbrauch wartet.« Vielleicht gibt es tatsächlich in Äthiopien noch keinen einzigen Politiker, der statt zur Komplexität der Konfliktsituation etwas zu deren Reduktion beiträgt. Wer unter diskussionsfreudigen äthiopischen Freunden eines Abends schließlich aufseufzt und erschöpft andeutet, daß die politische Betrachtung ihrer Lage nun doch auch ihn, den Unbeteiligten, allmählich auslaugt, ihm eines Tages gar die Faszination für ihr geschundenes Land mit seinen tausend Wundern auszutreiben droht, dem kann es für einmal gelingen, das Thema zu wechseln.

Harar, September 1992

Wer noch auf alten Wegen zöge, in einer Dhau über den Golf von Aden zur Somaliküste übergesetzt hätte und auf seinem Kamel wie die Sonne aus Osten in Harar einträfe, dem wäre entgangen, wann er den Orient verließ. Den Wecker ersetzt der Muezzin, Probleme der Verständigung hätte er unterwegs schon mit ein paar Brocken Arabisch gemeistert; hier am Sitz der Harar National Ligue spricht der Vorsitzende, Sidi Mustapha, mit seinem Mitarbeiter arabisch. Beide haben die langen Jahre Mengistus im Exil verbracht. Auf neun Uhr — »yes, local meantime« — hat Sidi Mustapha zum Tee gebeten. Vielleicht ist es der einzige Punkt im Kosmos, worin alle Äthiopier mit Südarabern, mit Somaliern und sogar untereinander einiggehen: Der Tag kommt mit seiner ersten Stunde herauf; mit seiner letzten Stunde geht er zur Neige. So wünscht man zwischen zwei und vier Uhr abends eine gute Nacht. Auch die christlichen Hochländer halten nur Auswärtigen gegenüber auf ihr Weltbürgertum, richten Uhren und Sprachgebrauch nach unserem urbanen Tagesablauf, der mit dem Sonnenstand kulminiert. Briefe vom 5.13.1984 datieren sie, wenn sie ins Ausland gehen, diskret auf den 10.9.1992. Wer soviel Trug durchschaut, der bleibt, wenn er Harar aus Westen erreicht, durchaus in Äthiopien. Die geschichtsmächtige Medina prägt ihm nur wieder einmal ein, daß das Horn von Afrika zum Mittleren Osten gehört und seit alters ganz an dessen Konflikten teilhat.

In Harars Alltag ist nicht sehr viel — weniger als im abessinischen Norden — von der Archaik übrig, die Captain Richard Burton beschrieb, nachdem er 1855 als erster Europäer die verbotene Stadt unter großen Gefahren besucht hatte. Die Mikro-Nation der 100000 bis 200000 Adare ist in alle Weltgegenden zerstreut. Nur wenige sprechen noch die Sprache, welche diese Geschäftselite der Region während Jahrhunderten als ihren Geheimkode kultivierte. Nicht daß es die Adare zwischen den vierhundertjährigen Mauern in jüngerer Zeit nun mehr mit sich selber zu tun gehabt hätten; doch der somalisch-äthiopische Ogaden-Krieg von 1977/78, als Siad Barres Truppen vor Harar standen, fügt sich mit seinen zeitgemäßen politischen Motiven nicht in die Tradition. Der geopolitische Aspekt, der leicht verstehen läßt, weshalb im siebten und achten Jahrhundert der Zuzug aus der arabischen Halbinsel sich hier festsetzte, gab einen zusätzlichen Anreiz zu den wirtschaftlich inspirierten Kriegen, die während Jahrhunderten um die Handelshochburg geführt wurden. Auf 1800 Metern Höhe, zwischen den über und über grünen Hügeln, entfiel die Tieflandphobie der abessinischen Könige, die wohl immer in Richtung Meer — in Richtung Außenwelt — unterwegs gewesen, in Küstennähe aber vor allem mit der endemischen Malaria und viel Bösem mehr vertraut geworden waren.

Rimbaud oder Rambo

Die Stadt Rimbauds — dessen Rückkehr in der Video-gestalt Rambos von Harars aufsteigender Generation gefeiert wird — steht noch; auch sein Haus, von dem man kein Bild geben darf. Der Anblick bleibt der enge-ren, der wallfahrtbereiten Gemeinde vorbehalten. Pilger haben sich zu beeilen, denn dem morschen Schrein droht Restauration. Zudem ist, wenigstens was gewisse Ent-scheidungen über die Vergangenheit betrifft, Harars Zukunft noch offen, denn maliziöse Historiker lauern weiterhin auf den endgültigen Beweis dafür, daß weder ein französischer Poet noch ein Amerikaner gleichklingenden Namens in jenem Haus je gewohnt habe. Die Medina bröckelt und hat geringe Aussichten auf Aufnahme in den Kreis der Unesco-Schützlinge, die rund um das Tor der Tränen am Ausgang des Roten Meeres an Zahl weiter zunehmen dürften. Schlecht vorstellbar, daß sie einen

Photographen enttäuscht, wenn er auch mit Verschlafe-
nem etwas anzufangen weiß. Doch sehr gewagt wäre ein
Vergleich mit südarabischen Monumentalstätten; die
Stadt hat mehr von der größeren Vorlage einer mittleren
somalischen Karawanserei. Das weiß, heute zuweilen rosa
und hellgrün getünchte Lehmschlammgewebe, noch mehr
das Natursteingemäuer da und dort, nimmt sich aus wie
ein östlicher Ausläufer Andalusiens; die Häuser säumen
überwucherte Schotterpfade, fügen sich nur ansatzweise
zu dem einen Stück einer orientalischen Medina. Die
Märkte sind redimensioniert auf lokalen Austausch. Im
ursprünglichen Projekt des Schweizer Ingenieurs Alfred
Ilg war es anders vorgesehen, und mit dem Schmalspur-
system der Rhätischen Bahn hätten sich die Hügel erklim-
men lassen. Trotzdem wird Harar, ehedem Herrin über
die großen Handelswege von den Somalihäfen Zeila und
Berbera ins Innere des abessinischen Reiches seit 75 Jahren vom *Chemin de fer djibouto-éthiopien* weiträumig um-
fahren.

ARMUT

Addis Abeba, Januar 1994

Äthiopien hat in den Medien seinen Stammplatz als das
Land der dramatischen Hilfsappelle, die in den alle paar
Jahre wiederkehrenden Dürrekatastrophen einige hunderttausend Tonnen Getreide aus internationalen Über-
schußbeständen in Bewegung setzen. Regelmäßig geht
ein geringerer Teil der Hungerhilfe in die äußerst unwirt-
liche und entsprechend dünn besiedelte Trockensavanne
des Ogaden mit seinen unaufhörlichen Flüchtlingsbewe-
gungen. Die *pièce de résistance* geht stets ins nördliche
Hochland, wo selbst in guten Jahren noch eine Million
und in Dürrejahren bis zu fünf Millionen Menschen auf
Nahrungshilfe angewiesen sind.

Man muß diese zerschründete Welt sowohl aus der Vogel-
perspektive der nicht allzu hoch fliegenden kleineren
Maschinen der Inlandkurse betrachtet haben wie auch
von Überlandreisen kennen, um sich die Versorgungs-
schwierigkeiten der betreffenden Regionen vergegenwärtigen zu können. Die Dörfer zwischen den kleinen,
steinigen Äckern liegen vielstündige Märsche auseinander,
und zur nächsten Straße sind es oft etliche Tage. Der
öffentliche Bus und der Lastwagen benötigen für die 900
Kilometer von Addis Abeba zur eritreischen Grenze vier
oder fünf Tage, und abseits der zwei oder drei Haupt-
routen geht es wesentlich langsamer vom Fleck. Ein
Mehrfaches dessen, was die Hilfsgüter kosten, kommt
für den Transport hinzu, und in Hungersnöten finden
Opfer und Hilfe auch deshalb nicht zueinander, weil
viele Bauern so lange in ihren Dörfern ausharren, daß sie
in ihrer Schwäche die Verteilungsstellen kaum mehr
erreichen. Transport — die Crux in so manchen benach-
teiligten Regionen Afrikas — ist die Sisyphusarbeit der
äthiopischen Volkswirtschaft: fünfzehn Kilometer vor der
Stadt am Tanasee kostet das Bündel Brennholz sieben-
mal weniger als in der Stadt, und jeder Hafen in der
somalischen Provinz präsentiert eine Woche nach dem
letzten Waffengang das unvergleichlich reichere Angebot
als der Markt dieser Stadt nach zwei oder drei Jahren
Friede.

Makroökonomisch drückt sich das Menschenfeindliche
dieser grandiosen Bergwelt in einigen einfachen Zahlen
aus. Der gesamte Norden trägt zu Äthiopiens Agrarproduktion nicht mehr als etwa zwanzig Prozent bei. Aufgrund der etwas geringeren Erträge ist der entsprechende
Anteil an den insgesamt etwa 5,5 Millionen Hektar kultivierten Landes etwas höher anzusetzen. Der regelmäßig von Dürre betroffene Siedlungsraum im Hochland
erstreckt sich, grob abgesteckt, von Süden nach Norden

über vielleicht 500 Kilometer, von Osten nach Westen vielleicht über 200 Kilometer und umfaßt damit kaum mehr als ein Zehntel der Landesfläche von 1,1 Millionen Quadratkilometern. Auch bei Normalproduktion von jährlich 6,8 bis 7,0 Millionen Tonnen ergibt Äthiopiens Gesamtproduktion gegenüber einem Bedarf von 7,5 bis 7,8 Millionen Tonnen eine Lücke von rund zehn Prozent, die mit Importen gefüllt werden muß. In den Katastrophenjahren fallen jedoch vom Gesamtertrag des Nordens bis zu drei Viertel aus, woraus sich ein zusätzlicher Hilfebedarf in der Gegend von fünfzehn Prozent errechnet: Gemäß den düsteren Erwartungen entspricht dies auch für dieses Jahr etwa einer Million Tonnen.

Wüste von Menschenhand

Diese Verhältnisse sind nicht einfach unabänderliche Vorgaben der Natur. Es waren eineinhalb Jahrzehnte Krieg, was der ungehemmten Entwaldung der Plateaus und dem ungehinderten Verfall der Terrassenkulturen Vorschub geleistet hat, um in der Folge der rabiaten Erosion freien Lauf zu lassen. Modellprojekte zeigen, daß diese Verwüstungen meistenteils rückgängig zu machen wären, wenn nicht ökonomische Erwägungen die hohen Aufwände als unrealistisch erscheinen ließen.

Die enormen, ebenfalls kriegsbedingten Zeitverluste bei der Modernisierung der äthiopischen Landwirtschaft in Rechnung gestellt, ist nicht zu sehen, weshalb das Land unter normalen Bedingungen nicht durch Entwicklungsanstrengungen im fruchtbaren Süden sein Versorgungsdefizit abzutragen vermöchte. Eine Sonderpublikation des *Economist,* dem nebst FAO-Papieren die Zahlen dieses Beitrags zur Hauptsache entnommen sind, verzeichnet für den Zeitraum von 1980 bis 1988 einen stetigen Rückgang in der Agrarproduktion von 0,8 Prozent im Jahresdurchschnitt. Eine Steigerung um dieselbe Rate im selben Zeitraum hätte genügt, um das gegebene Niveau um die 15 Prozent zu übersteigen, die sich als Manko in schlechten Jahren immer wieder so verheerend auswirken. Mengistus agrarkommunistisches Entwicklungskonzept verdient hier Erinnerung: Von 1980 bis 1985 kamen die Staatsfarmen in den Genuß von 40 Prozent des Landwirtschaftsbudgets, 76 Prozent des Düngers, 95 Prozent des verbesserten Saatgutes und 80 Prozent der Landwirtschaftskredite. Ihr Beitrag zum Gesamtausstoß lag zwischen 4 und 5 Prozent. Über ihre Zukunft, die zu denken gibt, ist noch nicht entschieden.

Nicht von Brot allein

Entwicklung braucht Geld, das in vergangenen Jahrzehnten schwieriger zu besorgen war als Rüstungskredite und schwieriger zu besorgen bleibt als das Überschußgetreide aus der subventionierten Landwirtschaft reicher westlicher Produzenten. Der Unterschied zwischen jener Hilfe, welche aus der Tasche von Steuerzahlern hochindustrialisierter Staaten über Länder der Dritten Welt an die eigene Industrie zurückgeleitet wird, und einer Hilfe, welche beim Empfänger längerfristig Möglichkeiten zur Selbsthilfe verbessert und Abhängigkeiten abbaut, ist bekannt. Der äthiopische Staat, der auch seine Kriege nicht aus eigener Finanzkraft bestritten hat, verfügt auch im afrikanischen Vergleich über die denkbar schlechteste Basis an aktivierbaren Ressourcen, an internen Geldquellen.

In den vergangenen drei Jahren lag das Exporttotal zwischen 185 und 200 Millionen Dollar. Pro Kopf und Jahr sind das zwischen 3,50 und 4 Dollar. Etwa drei Fünftel davon steuert der Kaffee bei, zweitwichtigster Exportartikel sind Tierhäute und Felle. Das Land hat so viel wie nichts zu verkaufen. Äthiopiens einziger Aktivposten, disziplinierte und in manchen handwerklichen Branchen erstaunlich qualifizierte Arbeitskraft, verliert dabei stetig durch Abwanderung von Spitzenkräften

wie den im Land ausgebildeten und international anerkannten Ärzten. Bei Nazret südlich von Addis Abeba
werden immerhin Traktoren fabriziert, und dank ihrer
Pflege erreichen in keinem anderen afrikanischen Land,
abgesehen von Eritrea, Maschinen und auch jederart
Transportmittel ein höheres Alter. Hinsichtlich ihrer
Kapazitätsauslastung in der Gegend von 70 Prozent
schneidet die äthiopische Industrie im afrikanischen Vergleich vorbildlich ab, doch ihr Anteil am Bruttoinlandprodukt übersteigt kaum 5 Prozent, und 60 Prozent des
Produktionsmittelbedarfs muß durch Importe gedeckt
werden.

Infusionen

Es ist nicht erwiesen, daß das Land keinerlei Erdölvorkommen birgt. In mehreren Gegenden, im Ogaden, in
der Danakil-Senke sind — wie auch an der nunmehr
eritreischen Rotmeer-Küste — Prospektionen im Gang;
doch da die internationalen Gesellschaften keine Riesen-
bestände erwarten, hält sich ihr Engagement in entsprechenden Grenzen. Außer Afrikas drittgrößtem Staatsvolk von 50 bis 55 Millionen — nach Nigeria und Ägypten — erneuert sich auf dem dürregeplagten Dach Afrikas
nur eine Ressource in beliebigen Massen: das Wasser, aus
dem sich über den Blauen Nil und den Atbara im Norden
sowie über den Baro im Westen vier Fünftel der ägypti-
schen Nilfluten speisen. Äthiopiens hydroelektrisches
Potential gestattete nahezu eine Verfünfzigfachung der
gegenwärtigen Produktion. Doch während der Eigenbedarf an Strom bereits zu rund 85 Prozent gedeckt
und Selbstversorgung in Sicht ist, fehlen für große Vor-
haben Märkte und Nachfrage, die sich in den Nachbarländern Kenia, Somalia und Sudan nur langfristig erheblich ausdehnen können.

So wird Äthiopien auch bei einer überzeugenden Politik
auf absehbare Zeit am Tropf bleiben. Im Haushaltsjahr

1993/94 wird mit einem Fremdmittelbedarf in Höhe von etwa 2,4 Milliarden Dollar gerechnet. Die Regierung hofft knapp die Hälfte davon mit eigenen Mitteln aus Export und — weit wichtiger — privaten Transfers zu decken. Die Donatorengemeinschaft verspricht mit knapp 0,6 Milliarden Dollar Finanzspritzen und gut 0,2 Milliarden Dollar Schuldenerlaß zur Stelle zu sein. Für das Loch der übrigen 0,4 Milliarden Dollar sollten, so wird erwartet, die Weltbank und die Afrikanische Entwicklungsbank aufkommen. Das Land präsentiert sich dabei der internationalen Gemeinschaft nicht als besonders kostspielig. Im Gegenteil: Pro Kopf der Bevölkerung gerechnet, handelt es sich um wenig mehr als 20 Dollar pro Jahr, weniger als in jedem anderen ostafrikanischen Land und weniger als ein Zehntel dessen, was etwa den auserwählten Einwohnern Djiboutis vor allem aus französischer Kasse zugeht.

V Nach 30 Jahren Krieg

ERITREA BEFREIT
UND SICH SELBST ÜBERLASSEN

Asmara, Mai 1992

Das Bild der Ruinen, die sich nur beseitigen lassen werden, zeugt noch allzu deutlich davon: Der eritreische Hafen Massawa war die schönste Stadt am Roten Meer. Das orientalische Juwel, das alte osmanische Tor zu den abessinisch-christlichen Kernlanden, ist insgesamt zerstört. Rar sind Häuser, welche die Bombardements von 1990 ohne schwere Treffer überstanden haben. Die Säulen der Arkaden tragen noch die durchbrochenen Stirnmauern ausgebrannter Herrenhäuser, und über den großzügigen Fensteröffnungen der oberen Reihen wölben sich die Rundbogen vor dem milchigen Himmel. Zwischen der Einnahme Massawas durch die Eritrean People's Liberation Front (EPLF) im Februar 1990 und der Vertreibung des Despoten Mengistu im Mai 1991 war seiner Luftwaffe eine Frist von fünfzehn Monaten geblieben, um den separatistischen Eritreern so unmißverständlich als möglich vor Augen zu führen, was ihre besetzte Hauptstadt Asmara im Falle eines Angriffs der Befreiungsfront, zumal eines erfolgreichen, zu gewärtigen gehabt hätte. Dort, 2340 Meter höher, erwartet den Reisenden eine erratische Begegnung. Nach einer sechstägigen Überlandfahrt durch das Mittelalter des äthiopischen Hochlandes — von Addis Abeba zum Tanasee, weiter durch Begemder und über die steilen Pässe Simiens ins westliche Tigre, vorbei an den antiken Stätten Axums — findet er sich auf dem steinigen Dach Eritreas in einer europäischen Stadt. Das Unzeitgemäße, das Museale an ihr unterstreicht ihren mediterranen Charakter.

In den achtzigjährigen Bars mit den unschätzbaren Oldtimern von Kaffeemaschinen, die unter Mussolinis Herrschaft hier hergestellt wurden, blieb keine Spur von dem Großaufgebot, das unweit des italienischen Friedhofs Hunderte von sowjetischen Panzern, Geschützen und Mannschaftswagen auf ein unüberschaubares Schrottfeld zusammenschleppte, um mit dem demolierten Gerät die Ersatzteile in Sicherheit zu bringen. Die »2. Revolutionäre Volksarmee«, die sich vor einem Jahr zu Teilen in Asmara ergab und zu Teilen das Weite suchte, zählte zuzüglich ihres zivilen Personals zwischen 120000 und 140000 Angehörige. Von der Grabesruhe unter ihrer Herrschaft lastet noch etwas über dem Areal mit dem Namen der Mutter Gottes, wo Opfer von gestern heute einprägsame Führungen bieten: Das Spital »Mariam Gimbi« diente der äthiopischen Staatssicherheit als Untersuchungsgefängnis und Folterzentrum. Ande Michael, der neue Bürgermeister, spricht von der besetzten Stadt als von einer Art großem Konzentrationslager, wo es für die 400000 Bewohner keine freie Bewegung gab, wo die Rudimente der Infrastruktur, die 40 noch produktiven von einst 300 größeren Industriebetrieben und jede Dienstleistung ohne Rest vom Militär in Anspruch genommen waren. Seit der Befreiung haben Kämpfer der EPLF — so ihr Protokollchef Goytom — auf insgesamt 720 Kilometern Front ohne Sensoren 400000 Minen geborgen, wofür 15 von ihnen mit dem Leben und 25 weitere mit Amputationen bezahlten.

Die EPLF, welche Exekutive und Legislative der provisorischen Regierung stellt, versteht sich als Verkörperung eines *de facto* souveränen Staates. Bei dem Volksentscheid, der binnen zwei Jahren nach der Befreiung die Unabhängigkeit zu besiegeln hat, handelt es sich in erster Linie um eine Gefälligkeit gegenüber der befreundeten neuen Führung in Addis Abeba, wo sich der ebenfalls provisorisch amtierende Präsident Meles Zenawi schwer genug tut, den Widerstand gegen den Freibrief für seinen eritreischen Amtskollegen Issayas Afewerki zu besänftigen. Halben Wegs in der Übergangsfrist ächzt der eritreische Staat, der formell noch keiner ist, ob den Konsequenzen des Aufschubs, der ihm nicht nur internationale Anerkennung und damit bilaterale Hilfsabkommen, sondern auch Mitgliedschaft in internationalen Organisationen vorläufig verwehrt — seien es Vereinte Nationen, Währungsfonds, Weltbank oder auch nur die Weltpostunion. Zur Uno, wo das Referendum bis jetzt auf keiner Agenda fungiert, hatte der eritreische Widerstand aus historischen Gründen nie das beste Verhältnis, und es ist heute für die EPLF keine Frage, daß sie die symbolische Prozedur, an deren Resultat kein Zweifel besteht, fristgerecht und in eigener Regie abwickeln wird. Die ganze Welt ist als Beobachter zu den Urnen geladen, doch von Aufsicht ist nicht die Rede.

Steiniger Boden

Eine der schlimmsten Dürren des Jahrhunderts, die zur Zeit den Kontinent heimsucht und neben dem Süden — Simbabwe, Namibia, Lesotho — einmal mehr das Horn von Afrika am schwersten trifft, macht nach drei aufeinanderfolgenden trockenen Jahren auch Eritrea sehr zu schaffen. Die Eigenproduktion deckt laut Uno-Angaben nur vierzehn Prozent des Konsums, fast drei Viertel der Gesamtbevölkerung von drei bis dreieinhalb Millionen sind auf Nothilfe angewiesen. Bei einem Bedarf von 380000 Tonnen Grundnahrungsmitteln sind dem World Food Programme (WFP) 108000 Tonnen zugesagt worden, wovon weniger als die Hälfte eintrafen — gegen zwei Drittel abgezweigt von Lieferungen mit anderen Adressaten. Ein Budget für das erste Halbjahr 1992 von insgesamt 620 Millionen Dollar für das Horn von Afrika sieht für das Engagement von sieben Uno-Organisationen in Eritrea 132 Millionen vor; vielleicht ein Fünftel davon ist eingegangen. Noch sind laut dem Repräsentanten des WFP keine Hungeropfer zu beklagen, was sich aber rasch ändern könnte. Von der halben Million Flüchtlinge, die sich meist seit vielen Jahren im Sudan aufhalten, ist die Hälfte dort integriert. Von den übrigen haben, während weitere Zehntausende erwartet werden, etwa 70000 spontan den Rückweg ins nordöstliche und ins westliche Tiefland angetreten, wo sich die meisten derzeit in improvisierten Lagern befinden. Die längste Flüchtlingsbetreuungsaktion in der Geschichte des Uno-Hochkommissariats dürfte demnächst zu einem Ende gelangen.

Es bestehen Aussichten, daß sich mit der Rückwanderung die Bevölkerungsverteilung etwas besser auf natürliche Gegebenheiten und Bedürfnisse des Landes abstimmt. In diesem Punkt könnten die Kriegsfolgen, wie der Landwirtschaftsminister Tesfaye Germazien hofft, seinen Plänen entgegenkommen, die kurz- und mittelfristig entwicklungspolitische Priorität haben. Sie hören sich ebenso ambitiös wie in der Stoßrichtung vernünftig an. Selbstversorgung wäre als Ziel hoch gesteckt in einer Gemeinschaft, die in diesem Jahrhundert davon zu jeder Zeit denkbar weit entfernt war, die allerdings, wie der Minister betont, auch zu keiner Zeit sich selber regieren und ihre Entwicklung gemäß den Eigeninteressen und dem Potential von 80 Prozent ländlicher Bevölkerung ausrichten konnte. Die Qualität des Bodens, dessen Ertrag in dem überwiegend gebirgigen Land bisher fast durchweg von den Launen des Himmels abhängt, soll nun — mittels Mikrodämmen, Terrassierung und Wiederaufforstung — systematisch von oben nach unten verbessert werden. Tesfaye nennt eine Zahl von 3,2 Millionen Hektar kultivierbaren Landes, wovon gegenwärtig nur 0,2 Millionen genutzt würden. Seine Visionen einer gesicherten Versorgung stoßen bei einem Agrarexperten der EG auf Skepsis. »Wo zwischen den Steinen keine Erde mehr ist, hilft alle Bewässerung nichts.«

Überschläge der provisorischen Regierung ergeben für
Überbrückung und Wiederaufbau einen Finanzbedarf
von zwei bis zweieinhalb Milliarden Dollar. Nicht nur
gemessen an dieser Größenordnung trifft ihre Feststellung
zu, daß sie bis jetzt außer aus den Exilantenkolonien
praktisch keinen Cent Hilfe erhalten hat — fast wie in
den vergangenen drei Jahrzehnten Guerilla. In der EG,
wo zählende Stimmen von eritreischer Eigenstaatlichkeit
nie viel hielten und neuerdings in äthiopischen Fragen die
Führung den USA überlassen, wird geprüft und erwogen
und in einer Delegation, die in Asmara sondiert, beein-
druckt vermerkt, hier seien die Schweineställe sauberer
als anderswo in Afrika die Spitäler. Nur die italienische
Diplomatie hat mit der Entsendung eines Generalkonsuls,
der seine Direktiven nicht über Addis Abeba, sondern
direkt aus Rom bezieht, den Staat vor der Proklamation
de facto anerkannt und Anfang des Jahres mit der EPLF
ein Abkommen über 45 Millionen Dollar geschlossen.

Schaffen es die unbeugsamen Eritreer nicht ohnehin
selber? Etwas Elitäres in ihrem Selbstbewußtsein kann
diesen Eindruck mit seinen leidigen Folgen bestärken. In
ihrer leicht reservierten Art lassen sie sich von Auswärtigen nicht jedes Projekt aufschwatzen, versuchen zu
prüfen, was sie sich zu welchen Bedingungen einhandeln.
Schulden, was sie bisher nicht kannten, wollen sie offenbar
auch nicht. Vor einem Jahr überpinselten sie die äthiopischen Nummernschilder der befreiten Autos. Seitdem
mochten sie ohne eigene internationale Vorwahl nicht
über die Grenze telephonieren, wobei ihnen ausreichend
entging, daß auch Kanada sich mit den Ziffern des großen
Nachbarn im Süden anwählen läßt. Ein Gesetz vom
April verspricht keinen großzügigen Umgang mit der
Staatsbürgerschaft, schließt doppelte Nationalität grundsätzlich aus. In Eritrea gab es in den siebzehn Jahren der
revolutionären Herrschaft Addis Abebas, während sich

die Bevölkerung verdoppelte, keine nennenswerte Bautätigkeit. Die viel zu wenigen Lehrer unterrichten die 96000 Schüler vormittags und nachmittags in zwei Schichten. Fast alle der 35 bis 75 Jahre alten Maschinen in der Textilfabrik von Asmara sind einsatzbereit, Ersatzteile werden in der Werkstatt gefertigt. Mit einer halben Mark Tagelohn lassen sich aber auch hier nicht genügend Arbeitskräfte aufbieten. Doch die Auslastung von 20 bis 30 Prozent — bei zwei statt drei Schichten und ungenügendem Baumwollnachschub — sucht in Afrika ihresgleichen.

Stolze Bitterkeit

Der Befund lautet bitter, zwischen der heutigen Haltung der westlichen Gemeinschaft und ihrer Rolle in der Vergangenheit, als sie die vom Ostblock gerüstete Armee Mengistus tatkräftig mitfütterte, sei kein Widerspruch auszumachen. Die Eritreer vermuten wohl zuviel Absicht dahinter, wenn ihre politische Kreditwürdigkeit so gering wie zuvor eingestuft wird. Wieso sollte ausgerechnet in ihrem Fall der Sieger nicht fordern dürfen? Soll ihnen nach dem Krieg, dessen Verheerungen sie nach eigenen Schätzungen eine halbe Million Menschenleben gekostet haben, nun doch noch beigebracht werden, was man schon immer sagte: daß ihr Kampf vergeblich sein müsse? Auf den Trümmerfeldern, die der Gegner nach langem Ringen geräumt hat, ist von einer Friedensdividende wenig greifbar.

NACHSICHT MIT ITALIENISCH-OSTAFRIKA

Asmara, Mai 1992

»O! Com'era bella anche l'insalata — c'era tutto tutto!«
seufzt Taamrat am Steuer seines von den Jahren gezeich-

neten Fiats. Nicht nur chronische Dürre war es, was Eritrea um die fruchtbaren Gemüsegärten gebracht hat. Nach 30 Jahren Krieg und Verfall der Infrastrukturen muß großen Teilen der Hauptstadt Asmara auch im zweiten Jahr Frieden das Wasser im Tankwagen gebracht werden. Makkaroni gibt es bei Taamrat am Sonntag, hie und da zweimal die Woche — Spaghetti, deren Form an die Herstellung wesentlich höhere Anforderungen stellt, seltener. Viel brauche er auch nicht mehr, und bei ihm im Taxi sei es billig; im Lauf seiner 68 Jahre habe er, alles zusammengenommen, schon ausgiebig gegessen. Zum *caffé macchiato* nimmt er gerne einen Cognac, der — dem italienischen »Stock« nachempfunden — noch immer nach dem Familienrezept der Brauerei Melotti in Asmara gebrannt und nicht nur in Eritrea, sondern in ganz Äthiopien getrunken wird. »*Ciao*« lautet, auch in der Höflichkeitsform, der Abschied in einem halben Dutzend ostafrikanischen Sprachen. In Eritrea führt die Sprache des Belcanto entschieden weiter, weiter sogar als in der somalischen Hauptstadt Mogadiscio, die fast zwanzig Jahre länger, bis 1960, unter Römer Kolonialhoheit stand.

Italianità *südlich der Sahara*

Die Vertretung des Römer Außenministeriums zählte im Mai 1991, nach der Vertreibung der Truppen Mengistus, in Eritrea 600 Italiener — gleich viele wie 1900 — und etwa 1000 Inhaber doppelter Staatsbürgerschaft, welche alle die Jahre der äthiopischen Militärherrschaft hier überwintert hatten, die meisten von ihnen in Asmara, zuletzt während der fünfzehnmonatigen Belagerung ohne fließendes Wasser und abends bei Kerzenlicht. Es handelt sich um Veteranen eines Aufbruchs, der in keines der vertrauten Muster afrikanischer Kolonialgeschichte paßt. Gemäß einer Bologneser Dissertation zählten die Italiener 1934 in Eritrea 4500. Die Wirtin einer Südschweizer Osteria erinnert sich als gebürtige Veltlinerin, wie ihre

Mutter dem Aufruf Mussolinis folgte und den goldenen Ehering zur Sammelstelle brachte, um bei den Vorbereitungen des Abessinienfeldzuges dem Duce und seinem »esercito della gloria« ihren Obolus zu entrichten. Fünf Jahre später belief sich die Zahl der Italiener in Italienisch-Ostafrika auf über 200 000, in Eritrea auf 73 000 bei einer Gesamtbevölkerung von einer knappen Dreiviertelmillion. Unter den rund 100 000 Einwohnern der Hauptstadt waren sie knapp in der Überzahl.

Das epochale Desaster der Italiener bei Adua, wo sich 1896 erstmals in der Kolonialgeschichte ein modernes europäisches Heer gegen eine eingeborene Streitmacht eine Niederlage zugezogen hatte, war verwunden. Die Weltöffentlichkeit hatte, zunächst aufs höchste erregt, die zweite Invasion des abessinischen Reichs und die Unterwerfung der Erben Meneliks alsbald geschluckt. Bereits im Juli 1936, kaum zehn Monate nach dem Angriff ohne Kriegserklärung, hatte der Völkerbund die Sanktionen gegen den Aggressor aufgehoben. Die tollkühne Erwerbung zog entsprechende Anstrengungen der Konsolidierung nach sich, und die kriegswirtschaftliche Entwicklungsschlacht in der rückwärtigen Basis Eritrea verzeichnete ihre Höhepunkte. Schon mehr als zwanzig Jahre zuvor, nach einem guten Vierteljahrhundert Bauzeit, hatte die 1887 in Angriff genommene Schmalspurverbindung über 31 Brücken und durch 39 Tunnel nicht nur die 120 Kilometer und 2340 Höhenmeter von Massawa am Roten Meer hinauf nach Asmara überwunden, sondern über das Städtchen Keren nach weiteren 170 Kilometern das westliche Akordat erreicht. Zur effizienteren Bedienung der fast 5000 italienischen Unternehmen — 2200 Industriebetriebe und 2700 Handelsniederlassungen — war sie nun binnen Jahresfrist durch die längste Luftseilbahn der Welt verstärkt worden, die täglich 300 Tonnen Material vom Hafen in die Hauptstadt zu hieven vermochte. Fahrzeit auf den 75 Kilometern: zehn Stunden.

Mit der Römer Kriegserklärung an England und Frankreich vom Juni 1940 begrub die Ewige Stadt ihre Ambitionen im Reich des Negus. Das Britische Empire hatte ohne Verzug Truppen aus dem Sudan, aus Indien und Südafrika zur Stelle, und im folgenden Mai, fast exakt zum fünften Jahrestag seiner Vertreibung, kehrte Ras Tafari alias Haile Selassie triumphal nach Addis Abeba zurück. Die faschistische Armee, die sich seinen und den britischen Kräften zu Teilen ergab und zu Teilen ohne Kommando über die nördlichen Hochplateaus irrte, umfaßte 90000 italienische und ungefähr 200000 einheimische Soldaten. Gegen sowjetische und französische Neigungen zu Milde setzten die angelsächsischen Siegermächte in der Folge des Zweiten Weltkriegs durch, daß Rom die afrikanischen Besitzungen bis auf Somalia nicht rückerstattet wurden, so daß während der vierziger Jahre Ostafrika einer Evakuation von den gigantesken Zügen des Aufmarsches beiwohnte. Schon bis zum Kriegsende hatte sich die italienische Bevölkerung in Eritrea halbiert, bevor ihre Zahl bis 1950 auf 20000 sank.

Die Direktiven aus Rom, welche der kolonialen Kriegsverwaltung in Abessinien die Richtung wiesen, waren nicht humanistischen Geistes. Der Ausschluß der »Eingeborenen« von jeder höheren Schulbildung, das Verbot von Mischehen, die Entmischung des urbanen Lebensraumes, die in Addis Abeba mit der Deportation von 20000 Ansässigen aus Europävierteln brachial ins Werk gesetzt wurde, gemahnen an Pläne, wie sie das Hitler-Reich für Polen bereit hatte. Doch bei der Gestaltung italienisch-ostafrikanischer Realitäten scheint Gründlichkeit germanischer Art nicht insgesamt dominant gewesen zu sein. »*Anche gli elefanti*«, sagen sie zwinkernd, wenn man die Italiener fragt, was sie in Äthiopien noch heute recht obsessiv jagten. Dem Programm der rigiden Rassensegregation im Lande der schönsten Frauen muß etwas von mediterraner Lebensart im Wege gestanden haben: die Unbestechlichkeit des *coglione*. Demgemäß zahlreich sind die Erzählungen, in welchen die geschlagenen Helden auf der Flucht vor den kühlen Engländern unter abessinischen Bettdecken Zuflucht fanden.

Versöhnte Reminiszenzen

Espressomaschinen wurden, lange nachdem auf britische Anordnung die 450 Pfeiler des unrentablen Teleferico Massawa-Asmara demontiert und nach Pakistan exportiert worden waren, noch in den sechziger Jahren in Eritrea hergestellt. Der Vertreter des Römer Außenministeriums weiß von einem Dutzend italienischen Staatsschulen, die zwanzig Jahre über das Ende der Römer Herrschaft hinaus geöffnet blieben. Auch die Briten dachten, ehe sie das Gebiet nach Kriegsende der Uno übergaben, nicht daran, auf das Personal des besiegten Feindes zu verzichten. Als Spezialisten indirekter Verwaltung übernahmen sie nach der Kapitulation der Italiener deren Polizei in Asmara integral. Es mag das Format dieser *disavventura,* der durchgreifende Charakter ihrer Niederlage gewesen sein, was den Italienern auf dem Dach von Afrika Gnade vor Recht widerfahren ließ. Im Milieu der schwer beschädigten Beziehungen zwischen Äthiopiern und Eritreern ist weder bei den einen noch bei den anderen von Ressentiments und Ranküne gegenüber den ehemaligen Kolonialherren etwas zu spüren — weniger als etwa in Neapels *quartieri spagnoli,* wo man kaum einen Abend ausgehen kann, ohne auf Eritreer zu treffen. Man trauert der italienischen Eisenbahn nach, welche Mengistus Armee zu Schrott gestampft hat, und diesseits wie jenseits der neuen Staatsgrenze sind die Hochlandchristen stolz auf die besten Straßen des Kontinents, an deren zahllosen Brücken die 60000 italienischen Arbeiter nicht nur als Sklaventreiber mitgebaut haben.

Überall zwischen Addis Abeba und Asmara durchbricht die Stille allabendlich ein Geräusch, das den Fremden, der es nicht sogleich erkennt, erschrecken kann: das helle Knallen der *carambula*, wie das italienische Billard in allen einheimischen Sprachen genannt wird. Im Garten des Hotels, wo der *arrosto* nach 1935er Art noch besser ist als irgendwo im Italien der Gegenwart, scheint jeden Sonntag die Sonne auf zwei äußerst belebte Boccia-Bahnen, und über die Köpfe fällt der Blick auf zwei große steinerne Zifferblätter, auf denen die Zeiger den Grad der Hochspannung angeben. Für gewisse Eigenheiten ostafrikanischer *italianità* entwickeln auch die Straßenkinder in Addis Abeba sehr jung ein Gespür: Ein knappes *»Basta!«* schüttelt selbst die aufsässigsten sofort ab. Die Eritreer denn auch mehr noch als die Äthiopier zeigen Interesse an Rückkehrern von der Apenninenhalbinsel, welche womöglich die Hinterlassenschaft von Mengistus *governo amhara* abtragen helfen. Ein robustes Selbstbewußtsein wie das der Eritreer, die es schließlich auch ohne Italiener irgendwie schaffen, kann psychologische Barrieren leichter abbauen. *»Speriamo«*, sagt in seinem blauen Fiat Taamrat, der sich gerne — in italienischer Übersetzung seines Namens — Signor Miracolo rufen läßt; »wenn Sie in einem Jahr wiederkommen, sehen Sie vielleicht mehr davon, wie schön es bei uns einmal war.«

VI Oasen zwischen den Kriegen

SIAD BARRE ZUM RUHM

Mogadiscio, Mai 1991

»Was tun alle diese Leute hier?« Ist es das eigene über-
reizte Sensorium, oder meldet sich in der Frage des
Einsatzleiters etwas von einer kollektiven Nervosität an
Bord der achtsitzigen Beechcraft Super Kingair auf dem
Flughafen von Kismayo, der erst vor einer Woche die
Hand gewechselt hat? Einige offene Lastwagen voller
Menschen stehen am Pistenrand, und eine Schar drängt
sich zusehends enger um die Maschine des internationalen Hilfswerks, die fast täglich zwischen Nairobi, der
südsomalischen Hafenstadt und Mogadiscio verkehrt.
Zwei gehen von Bord, und der Captain mahnt den Kopilo-
ten, der an der offenen Luke nicht ganz glaubhaft versichert, es seien keine Plätze frei: »Paß auf, und mach
rasch! Wenn wir etwas falsch machen, geht hier noch
eine Kugel los.« Die Beechcraft hebt ebenso sicher ab,
wie sie eine Stunde später in Mogadiscio aufsetzt. Ein
Immigration Officer stellt hier seit kurzem wieder reguläre
Visa aus, binnen fünf Minuten und gratis, wie er mit
Kugelschreiber darüber anmerkt, »ermächtigend zu Einreise und Niederlassung«. In der Lounge gibt es Coca-
Cola und 7Up, und die Tür im Fond führt zu einer
gepflegten Toilette mit fließendem Wasser.

Ramponierte Fresken

Der Empfang unter den Bewaffneten — zahllos, wohin
der Blick sich wendet — ist von einer umwerfenden
Herzlichkeit. Mit der Hitze dringt eine ruhige Hochstimmung in alle Poren, die einen gewissermaßen ver-

puppt und die Außenwelt als schwerelose Kulisse abrückt. Zu Füßen der Villa Somalia, rund um das verlassene Präsidentenpalais auf einer der sanften Anhöhen unweit der Küste, verschwinden unter dem üppigen Blattwerk der Bäume, von der afrikanischen Erde kaum zu unterscheiden, die rostroten Tupfer der Wellblechdächer auf den zumeist einstöckigen Häusern und Hütten. Der schwarze Landcruiser mit dem weiß gepinselten USC über und über — den Initialen des United Somali Congress, die fast jedes Gefährt zieren — hupt sich durch den Marktbetrieb vorwärts, und in dem Gewimmel verlieren sich die zerknüllten Wrackteile von Vehikeln aller Art, die — oft wie Metallplastiken — aus dem Müll ragen. Den zerplatzten Aufsatz eines Tanklasters hat man zwischen überquellende Container gewälzt. Wären unter den notdürftig abgeriegelten Häusern nicht zu viele ausgebrannt, wären die Mitraillengarben nicht fast überall über die helle Tünche gefegt und funkelten in dem harten Licht nicht überall die scharfgezackten Reste der Fensterscheiben, so wäre wohl die Versuchung groß, an Städte wie etwa Vientiane oder Rangoon zu denken und dieser Verfall hinter den Bougainvillea-Kaskaden dem Konto von zwei Jahrzehnten Drittwelt-Sozialismus zu belasten. Der Charme der verwahrlosten Altstadt mit ihren venezianischen Zinnen über den südarabischen Fassaden zwischen den konischen Minaretten gäbe Trost. Wie kaputt muß eine schöne Stadt sein, damit sie nicht mehr betört?

Der Lärm zerstreut die Aufmerksamkeit. Seit einigen Wochen erreichen wieder regelmäßig Treibstofflieferungen der Golfemirate und der Saudi die historischen Nachbarn in Mogadiscio, auf diesem Außenposten der Arabischen Liga, auf diesem Außenposten Afrikas. Während die rotgelben Taxis fernen Tankstellen entgegen kilometerlange Schlangen durch die Stadt ziehen, beträgt der Preis auf dem Schwarzmarkt beinahe das Fünffache des offiziellen. Der Somali-Schilling ist gegenüber dem ehemaligen Bankenkurs nur um rund 50 Prozent abge-

sackt. Es fehlt wie an allem an Geld, auch an einheimi-
schem. Im Straßenwechsel gibt es für 50 Dollar 490
somalische Fünfhunderterscheine, in seltenen Glücks-
fällen 245 Tausender. Statt mit Schaufenstern wirbt die
Ladenfront mit Gemälden: raumgreifende Polstergrup-
pen, daneben an der Werkbank zwischen fliegenden
Spänen der Schreiner. Den Erwerb von Kühlschränken
und Waschmaschinen empfehlen Fresken der kühlsten
Kühlschränke und schäumender Waschmaschinen, unter
blauem Himmel mit weißen Wölkchen. Der Photograph
hat ein Photoportrait neben den Eingang gemalt, der
Wirt gegenüber auf beide Seiten der Tür das Menü, und
neben den Feilen, Schrauben und Zwingen des Werkzeug-
händlers, zwischen Rippen und Haxen, Nieren und ganz
plastischen Hirnwindungen umschlingen Würste eine
gewaltige Mortadella. Schon früh in den Kriegswirren
von Ende 1990 war von den Sujets dieser einnehmenden
Kunst kaum etwas übrig.

Sicherheitskeimlinge

Zwei Hotels haben geöffnet. Adulkader, der fliegen-
gewichtige Cicerone, an den mich der Concierge des Hotel
Towfiq — »Erfolg« — vermittelt hat, macht irgendwo in
der Stadt wie zufällig den Wagen des Innenministers aus,
hält ihn auf und verabredet ein Interview. Ahmad Sheikh
Hassan, als Minister angesprochen, lächelt verlegen. Es
finden sich ein paar Stühle in der obersten Etage seines
Amtssitzes, eines Gebäudekomplexes so leer wie riesig,
wo denn das Mitglied der provisorischen USC-Regierung
sich auch nicht allzuoft aufhält. Erste, zweite und dritte
Priorität unter den Regierungsgeschäften hat das Minimum wiedererlangter Sicherheit in der Hauptstadt. Die
gut 3400 Polizisten, halb so viele wie erforderlich, ständen
fast rund um die Uhr im Einsatz. Der »Innenminister«
mag die Gerüchte nicht bestätigen, wonach ihr Gehalt
sich auf das Fünffache der Löhne höherer Ministerial-

beamter belaufen soll, doch die Saläre seien gewiß ein Anreiz. Alle Gefängnistore stehen sperrangelweit offen, zwischen 5000 und 10000 gewöhnliche Kriminelle haben die Gunst der Stunde genutzt, und wer immer Wert darauf legt, ist schwer bewaffnet. Den embryonalen Bedörden fehlen die Mittel, gemäß Ankündigung die privaten Waffen zum Marktwert aufzukaufen, zumal die Kreise der Anbieter sich offenbar ausweiten. Mindestens in der Bevölkerung Mogadiscios büße das Interesse an der Kalaschnikow gegenüber dem Geschmack am Geld fortschreitend Terrain ein; auch der Vorsitzende des USC, Hussein Ali Shido, bekräftigt dies.

Ahmad Sheikh Hassan hat von der beauftragten italienischen Firma Zusicherungen, daß binnen wenigen Wochen in der Hauptstadt wieder einige Telephonapparate klingeln sollen. Mit der Wiederherstellung der zentralen Stromversorgung dagegen sei in den kommenden Monaten kaum zu rechnen. Noch immer ist nur ein rundes Fünftel der Stadtbewohner ausreichend mit Wasser versorgt. Es grenzt an ein Wunder, daß im Land nicht bereits Seuchen um sich gegriffen haben. Osman Jama, der als Vizepräsident des Somali National Movement an der Spitze einer ersten Delegation aus dem 1500 Kilometer entfernten Hargeisa im Nordwesten zu Gesprächen nach Mogadiscio geflogen ist, beschreibt die Situation im Norden als noch weit verheerender. Weder in Hargeisa noch in der Hafenstadt Berbera gebe es einen Tropfen fließendes Wasser. Die meisten der aus Äthiopien zurückgekehrten Flüchtlinge, 1990 noch um 400000, hätten sich wieder über die Grenze abgesetzt, da sie zu Hause nichts vorfanden.

Vertriebene Schrecken

Hier im Süden hat der USC an der Spitze des Hawiyeh-Clans bisher nicht mehr vermocht, als die Kriegswirren, die Mogadiscio Ende 1990 heimgesucht hatten, aus der

Hauptstadt — vorläufig? — zu vertreiben. Doch hier vernimmt man nur diese ruhmreiche Hawiyeh-Saga. Während in der Hauptstadt noch die Einnahme Kismayos vom 23. April gefeiert wird, hat sich die südliche Hafenstadt mit ihren ehedem 100 000 bis 200 000 Einwohnern, Angehörigen größtenteils der Darod-Stämme, bis auf 10 000 bis 20 000 geleert. Getrieben durch die Schreckensnachrichten von hemmungslosen Plünderungen in den umliegenden Dörfern, wo die Kämpfe einer jüngsten Bürgerkriegsrunde entschieden wurden, stauen sich mehr als 100 000 neue Flüchtlinge an der kenianischen Grenze. Das Internationale Komitee vom Roten Kreuz (IKRK), das auch sechs Spitäler von Mogadiscio versorgt und dort die Arbeit weiterer kleinerer Hilfswerke koordiniert, versucht ihnen mit seinem kleinen Team von einem guten Dutzend Mitarbeitern Hilfe zu bringen. Wie und mit welchem Effekt, ist unklar; bisher hat das IKRK mit einem Schiff von Mombasa aus gut 2500 Tonnen Hilfsgüter ins Land gebracht, und geplant war für die kommenden Monate, auf dem Seeweg 60 000 bis 70 000 Bedürftige zu versorgen. Kenia hat die Hilfsgüterausfuhr eingeschränkt und will keine weiteren Flüchtlinge ins Land lassen, nachdem das Uno-Hochkommissariat bereits 30 000, und damit wohl bei weitem nicht alle, registriert hat.

Niemand weiß die Bevölkerung der Hauptstadt in einer auch nur halbwegs verläßlichen Schätzung zu beziffern. Laut dem provisorischen Innenminister befanden sich vor dem Sturz Siad Barres zweieinhalb Millionen Menschen in der Stadt, vielleicht mehr als in jeder anderen ostafrikanischen Stadt, ein rundes Drittel der somalischen Gesamtbevölkerung, darunter — so sagt Ahmad Sheikh Hassan — 800 000 Vertriebene aus dem Norden. Der provisorische Gesundheitsminister teilte dem IKRK demgegenüber mit, die Bevölkerung der Hauptstadt habe sich während der Kriegswirren von zwei auf eininhalb Millionen reduziert, und der Gouverneur spricht heute von 800000 bis 900000 Einwohnern. Die übrigen, soweit sie nicht zu den 8000, 10000 oder 12000 Todesopfern der Vertreibung von Siad Barre gehören, campieren irgendwo in der somalischen Natur oder mehren die Flüchtlingsströme nach Süden und über die äthiopische Grenze in den südlichen Ogaden. Kinder sterben an Hunger und Durchfall. Der alten Führung wird von Menschenrechtsorganisationen nachgesagt, sie hätte das Leben von mindestens 50000 bis 100000 Staatsangehörigen auf dem Gewissen, Somalier nennen Zahlen von über einer halben Million. Einen Bevölkerungsanteil in der Größenordnung von zwanzig Prozent hat das gestürzte Regime aus dem Land vertrieben. Wenn auch Siad Barres Ausbootung nun fürchterliche Opfer fordert, wundert das nicht so sehr.

Wer regiert wo und über wen?

Somalier, die sich sämtlichen Widrigkeiten der Erdoberfläche gewachsen zeigen, scheint nur eines zu überfordern, Politik: die Unterscheidung von Freund und Feind. Sie haben es sich fürchterlich schwergemacht — sie: USC I, USC II, SDM, SPM, SSDF, SNF, USF, SNM, SDA, es sind noch nicht alle. Sie repräsentieren die Zweige von fünf großen Clan-Familien, und ein ethnographischer Atlas verzeichnet kleinere Stämme in einer Liste, die — ein somalischer Zufall? — exakt das lateinische Alphabet von A bis Z ausschöpft. Das Land ist schließlich auch mehr als doppelt so groß wie Italien, und von der Südspitze bis zur Grenze von Djibouti sind es gut über 2500 Straßenkilometer. Die äußerst geringe Dichte der sieben bis acht Millionen zählenden Bevölkerung mußte sich auf die Kommunikation auswirken, und der Umstand, daß immer wieder Bevölkerungsgruppen durch natürliche und politische Gegebenheiten gezwungen wurden, ihre Stammgebiete zu verlassen, kompliziert die Lage zusätzlich.

In Siad Barres letztem Amtsjahr hatten sich oppositionelle Ogadeni des Somali Patriotic Movement (SPM) mit dem United Somali Congress (USC) der Hawiyeh verbündet, die in und um Mogadiscio die Bevölkerungsmehrheit stellen. Zu ihnen gesellten sich die Somali Salvation Democratic Front (SSDF) der Majerteeni und das Somali Democratic Movement (SDM) der Rahaweini. Doch diese Koalition überlebte erwartungsgemäß die Flucht Siads aus Mogadiscio nicht. Der USC, intern wie seine Basis der Hawiyeh-Subclans zerstritten, setzte eine Regierung ein, die sonst niemand anerkannte. Die Darod bildeten gegen die neue Zentralgewalt eine prekäre Allianz und griffen dabei auf die üppigen finanziellen Mittel zurück, welche die Restmannschaft von Siads Regime außer Landes gebracht hatte. Die Drohung der Darod-Verbände, auf die Hauptstadt zu marschieren, bewog im Norden das Somali National Movement (SNM) der Issaq zu einer —provisorischen? — Aussöhnung mit dem USC. Die Folge war der erfolgreiche Angriff des USC auf die Hochburg des Gegners, die südliche Hafenstadt Kismayo, erleichtert durch interne Querelen der Darod.

Heikle Identität mit sich selber

Derzeit herrscht in Mogadiscio Hochstimmung. Nicht nur sei der Sieg dem USC nicht mehr zu nehmen, auch die friedliche Zukunft stehe vor der Tür, versichern übereinstimmend Hussein Ali Shido im Namen des USC und Osman Jama vom SNM. Der Triumph, daß sich in seiner Gestalt der Norden nun doch nach Süden bequemt hat, ist hier bei den Hawiyeh groß: »SNM ist USC, und USC ist SNM«, frohlockt prägnant und einträchtig die Hauptstadt. Und Siad sei erneut auf der Flucht, geht zum festlichen Anlaß das passende Gerücht, seine schwerbewaffnete Eskorte habe sich aus seinem Heimatnest Garba Harre im Südwesten nach dem Hafen Bosaso im Nordosten aufgemacht, wo der Alte doch endlich nach Abu Dhabi in See zu stechen gedenke.

»SNM ist USC, und USC ist SNM.« Doch Osman Jama ist nur zuzuhören, nicht zu sprechen ermächtigt, wie ein »Gemeinsames Communiqué« der Regionalgruppen des SNM festhält. Und während der USC-Vorsitzende Shido in Mogadiscio empfängt, sitzt ein höchst kontroverser Mann der Hawiyeh, General Aidid, in Kismayo, gekrönt mit den Lorbeeren der Eroberung, betitelt sich selbst als den Vorsitzenden des USC und erklärt in Gegenwart von Regierungsvertretern das Übergangskabinett unter dem Interimspräsidenten Ali Mahdi Mohammeds für illegal. Es ist nicht klar, ob Shido über Aidid oder Aidid über Shido die Oberhand behalten wird; klar ist dagegen, daß USC nicht umstandslos USC ist, ebensowenig SNM umstandslos SNM. Währenddessen suchen die Darod ihren internen Zwist beizulegen in der Perspektive, die zentralen Gebiete um Mogadiscio von ihren Gebieten im Süden und den Gebieten der Majerteeni im Nordosten her in die Zange zu nehmen. Im Hauptquartier des USC in Mogadiscio werden Munitionskisten der kenianischen Armee vorgeführt, die man den Darod von Kismayo abgenommen habe. Für die große nationale Versöhnungskonferenz, die zum erstenmal schon für den Februar 1991 angekündigt worden war, wagt niemand mehr ein Datum zu nennen.

Jeder Hawiyeh in Mogadiscio, gedrängt womöglich durch eine unterschwellige Unsicherheit, beziffert den Anteil der eigenen Clan-Familie an der Gesamtbevölkerung auf 70 Prozent, und seine politischen Repräsentanten versuchen eiligst unter dem Namen Hawiyeh eine neue Großfamilie zusammenzuzimmern. Gemäß den Ausführungen seines Vorsitzenden, Abdi Muuse Mayow, scheinen die Rahaweini des Somali Democratic Movement mitzuspielen. Und die 4000 bis 5000 Galgalo, Angehörige eines Darod-Zweiges, die der wohltätige Geschäftsmann Sheikh Abucar in einem Lager am Stadtrand gesammelt hat, um sie gegen Übergriffe der Hawiyeh zu schützen, äußern sich uneins darüber, ob sie sich als Darod betrachten. Manche, sagt Sheikh Abucars Stellvertreter Hussein Ahmad Shabaab, hielten sich für Hawiyeh. Sie dürften wissen, warum und worum willen.

Zahlen und »Selbstbestimmung«

Die Darod bräuchten Schutz, sagt der Vertreter eines internationalen Hilfswerks. Doch auf die Frage, welche Garantien der USC Angehörigen von Minderheiten zu bieten habe, wiederholen seine Vertreter nur beständig, über alles müsse auf der großen Nationalkonferenz entschieden werden. Zu verhindern gelte es um jeden Preis, daß die Darod noch einmal die Geschichte des Landes bestimmten. In Mogadiscio spricht jedermann von Föderation, Autonomie und Subsidiarität; zuerst müsse Siads perverse Aufteilung des Landes in achtzehn völlig widernatürliche Verwaltungseinheiten rückgängig gemacht werden, dann sei den alten acht Regionen Selbstverwaltung zu gewähren. Aber die Majerteeni zum Beispiel zeigen kaum Interesse an Selbstverwaltung in ihren Stammgebieten, da sie größtenteils längst nicht mehr dort sind, und so geht es manchen anderen, die in eine Zukunft in den zentralen Gebieten unter der »Selbstverwaltung« der Hawiyeh wenig Vertrauen setzen.

Der USC und seine eilends bestellte Regierung scheinen dem Rest der Bevölkerung bisher wenig entgegenzugehen. »70 Prozent Hawiyeh«: Um Vermittlung bemühte Ausländer, etwa italienische Diplomaten, die sich allerdings mit ihrer Nachsicht für das alte Regime kompromittiert haben, sprechen von 20 Prozent Darod, 20 Prozent Issaq, 20 Prozent Rahawein, 20 Prozent anderen und 20 Prozent Hawiyeh — nicht die beste Voraussetzung für die große Versöhnungskonferenz. Ein Kenner, der drei Jahre im Land tätig war, sagt, das Problem der Somalier seien bisher weniger feindliche Clans gewesen als die gekauften Chefs der eigenen. Natürlich ist dies das Rezept jeder tribalen Politik: die Exponenten des Gegners entweder liquidieren, aus dem Land jagen oder sie, wenn sie es vorziehen, kaufen. In Somalia ist dies keine junge Tradition, und das Sensorium zur Unterscheidung von Freund und Feind hat darunter gelitten. Da die Macht sich zunächst immer in Händen Mächtiger findet, keine Gabe, die der somalische Himmel in einer einzigen Rate herabschickt, ist auf dem Weg des Landes zur Demokratie mit Personalproblemen zu rechnen.

»Spaß«

Abends um acht versinkt die Stadt in der Dunkelheit. Nur die Generatoren des Nationaltheaters, zweier oder dreier Kinos und einiger weniger Cafés knattern noch zwei Stunden. Zwischen den Petroleumfunzeln am Straßenrand glimmt da und dort eine Zigarette. Nach neun geht der Mond auf, an diesem 1. Mai noch fast voll. Die Gewehrsalven rund um die Uhr und überall in der Stadt scheinen im Dunkeln näher zu kommen. Da und dort steigt eine Leuchtspur auf. Wenn nicht ein Test beim Handwechsel, sei dies »Spaß«, versichern alle lachend. Am folgenden Abend, einem Donnerstag, dem islamischen Termin für die Hochzeiten, nimmt dieser Spaß unüberhörbar zu. Niemand zeigt sich besorgt, und das Gebelfer, nicht nur von Handfeuerwaffen, kehrt die ganze Nacht wieder. Am Morgen darauf ist der Hafen gesperrt; und in der Nacht wehrte sich, wie es heißt, die Polizei am Flughafen gegen Attacken von dessen vormaligen Eigentümern, gegen die USC-Faktion, die das Gelände den Truppen Siad Barres entrissen und bis vor kurzem als eigene Domäne gehütet hatte. Er schaue am Mittag im »Towfiq« vorbei, sagt Abdulkader, er zweifle, ob heute Flugzeuge landen könnten.

ORDNUNGSDIKTAT DER UNO

Nicht nur Kinder, auch Mütter und Väter empfangen den Fremden, scheinbar wie eh und je, aufgeräumt lachend. Bange Erwartungen des Gegenteils verflüchtigen sich in dieser Umgebung, ohne daß Zeit bliebe, sich darüber zu wundern. Dem kühlen und düsteren Augustwetter Nairobis entronnen, geblendet durch das schmerzhafte Licht, das Hirn betäubt durch die Hitze der Küste, nimmt man es gutgläubig hin, wenn diese Leichtigkeit des somalischen Seins ganz erträglich aussieht. »Sie sind so«, sagt ein Kenianer, »auch die Somali bei uns, sie gehen mit Messern aufeinander los, und im nächsten Augenblick lachen sie wieder.« In Kismayo gibt es neuerdings Gründe zu etwas Heiterkeit. Zweimal erobert von General Aidid und in der Folge der Zankapfel zwischen dessen Verbündetem Omar Jess und Siad Barres Schwiegersohn Mohamed Hersi Morgan, hat die südliche Hafenstadt seit dem Frühjahr 1991 öfter als jedes andere somalische Ballungszentrum die Hand gewechselt. Mehrmals zwangen Kämpfe die gesamte Bevölkerung der Stadt zur Flucht. Noch Anfang 1993 fielen Hunderte von unbeteiligten Zivilisten den blutigen Auseinandersetzungen verfeindeter Clans zum Opfer; und noch ein Vierteljahr später, vier Monate nach der Ankunft des belgischen Uno-Kontingents, sah sich das Internationale Komitee vom Roten Kreuz (IKRK) gezwungen, die Arbeit auszusetzen und die couragierten Mitarbeiter aus der Stadt, die lange Zeit als Somalias gefährlichste galt, vorübergehend zu evakuieren.

Wiederbelebung

Seither ging es langsam, aber konstant bergauf. Ausländer sind auch hier noch nicht zu Fuß unterwegs, doch im

Unterschied zu Mogadiscio fährt man auf Stadtgebiet ohne Eskorte herum. Die Märkte zeugen bereits wieder vom unwägbaren Privileg des maritimen Vorpostens, und im Vergleich zu Kismayo nach zwei Monaten Ruhe haben Städte etwa im kargen, schwer zugänglichen äthiopischen Norden auch nach zwei Jahren Frieden wenig zu bieten. Viele Läden und Teebuden sind wieder geöffnet, an Hotels ist mit Renovierungen begonnen worden, eine private Fluggesellschaft fliegt die Stadt wöchentlich an, und kürzlich hat eine private Telekommunikationsstation den internationalen Betrieb aufgenommen. Seit das Spital der belgischen Médecins sans frontières (MSF) wieder instand gesetzt ist, genießt die Bevölkerung in Kismayo eine bessere medizinische Versorgung als die mittellose Mehrheit in Lagos oder Nairobi. Was Materielles angeht, so finden sich jene, die afrikanische Katastrophen überleben, oft der Alltagssorgen des Kontinents für eine Zeitlang enthoben.

Die Lebensmittelverteilung ist eingestellt und die IKRK-Delegation geschlossen worden, und seitdem unterhält auch das World Food Programme der Uno nur noch eine Präsenz zur Beobachtung. Frustrationen, die sich mit dem Versiegen der Ernährungshilfe bemerkbar machten, lokalisiert ein diplomatischer Uno-Vertreter vor allem bei der lokalen Mafia. Dazu gehören leider in manchen Fällen auch die »Elders« — die zivilen Clanführer, unter denen die Suche nach einheimischen Partnern Ersatz für die Chefs der Milizen aufzuspüren hat. Die Entvölkerung der ausgedehnten Flüchtlingslager in und um Kismayo wird durch die nahende Ernte im Hinterland beschleunigt. Das Juba-Tal, Somalias fruchtbarster Landstrich, zählte in der Dürre von 1992 zu den schwer betroffenen Gebieten. Ein Agronom der britischen Hilfsorganisation Oxfam, die auf den Äckern am Juba Bauern berät, zeichnet ein erfreuliches Bild.

Unicef unterstützt MSF und den Somalischen Roten Halbmond in der medizinischen Versorgung und leistet bei der Wiederaufnahme des Schulbetriebs Beistand. Nach einer höchst blamablen Vergangenheit in Somalia hat Anfang Juli sogar das Uno-Flüchtlingshochkommissariat hierher zurückgefunden und trifft mit einer kleinen Abordnung in Kismayo Vorbereitungen für die Heimführung der Vertriebenen im Niemandsland der somalisch-kenianischen Grenzgebiete. Von den einst gegen eine halbe Million zählenden Flüchtlingen, die nur in oder von Kenia aus versorgt werden konnten, hat sich vielleicht die Hälfte bereits selbständig auf den Heimweg gemacht.

Somalia ist mehr als doppelt so groß wie Italien, und die Feststellung ist keineswegs neu, daß die Uno-Truppen bei ihren Entwaffnungsbemühungen nicht das ganze Land umgraben können. Bei dem kosmopolitischen Sortiment von etwas mehr als 1200 Handfeuerwaffen, die in einem Schuppen des belgischen Hauptquartiers sichergestellt sind, handelt es sich laut Brigadegeneral Raymond Keymeulen, dem Kommandanten des Kontingents, zweifellos nur um einen geringen Bruchteil dessen, was in der Region in den letzten Jahren zum Einsatz gekommen ist. Das Beispiel Kismayo gibt jenen Recht, die dafürhalten, daß die bewaffnete Hilfe dem Land eher von der Peripherie als vom Zentrum aus Ruhe und Ordnung zurückbringen kann. Vorläufig bleibt aber die neue Polizei in Kismayo unter belgischer Aufsicht und unbewaffnet. Die fragile Sicherheit in der Region wird so lange ganz von der auswärtigen Militärpräsenz abhängen, bis eine politische Verständigung alle Clans einschließt und eine neue, legale einheimische Sicherheitskraft dem universellen Banditentum etwas entgegenzustellen hat.

Davon bleibt auch Kismayo zur Zeit leider weit entfernt, die Umgebung noch weiter. Bliebe für ein friedliches Zusammenleben unter Somaliern ihre umfassende Entwaffnung die Vorbedingung, die auch einem neuen Gewaltmonopol den Maßstab gäbe, dann drohte noch viel Zeit im Unfrieden ins Land zu gehen. Bei den südarabischen Nachbarn, nachdem der überaus blutige nordjemenitische Bürgerkrieg 1968 beendet war, dauerte es runde zehn Jahre, bis eine höchst autoritäre Regierung sich mit ihrem Verbot der privaten Kalaschnikow nur erst im Straßenbild der Hauptstadt durchsetzte. Untaten auf der Leinwand des Kino Bilqis in Sanaa waren bis dahin mit Gewehrkugeln aus dem Publikum geahndet worden. Friedenspolitik kann auch hier nicht warten, bis sich der letzte Somalier bei der Aushändigung seiner Waffe seiner symbolischen Kastration unterzogen hat.

Die politische Beratung und Supervision der Uno hat in Kismayo doch erstaunliche Fortschritte gebracht, die sich nach einer mehrwöchigen Konferenz lokaler *Community leaders* schließlich in einem Friedensdokument niederschlugen. Es trägt 152 Unterschriften, und auch von den vierzehn Faktionen, die sich im Januar 1993 in Addis Abeba zu einem Neubeginn somalischer Friedensdiplomatie versammelt hatten, entsandten zwölf ihre Vertreter zur feierlichen Besiegelung des Abkommens im Hangar des Flughafens. Großer Abwesender war die Somali National Alliance, sowohl General Aidids Flügel des United Somali Congress wie auch der mit ihm verbündete Flügel des Somali Patriotic Movement unter dem äthiopischstämmigen Omar Jess. Jess dürfte unter den zahlreichen Ogadeni der Region noch immer über einigen Anhang gebieten. Das neue politische Gleichgewicht bleibt künstlich, solange Milizen der Region noch auf den Allianzpartner Aidid in Mogadiscio setzen können. Die Harti, die auf dem Stadtgebiet von Kismayo den Ton

angeben, kennen — wie ihre verbrüderten Clans in Somalias Nordosten — für die Uno-Präsenz nur rühmende
Worte, und sie dürften wissen, warum.

Rechtspflege

Selbstverständlich ist diese Harmonie nicht. Der Bericht
einer in London beheimateten Beobachtergruppe, die
schon seit Dezember 1992 das Vorgehen der Amerikaner
geißelt und der Uno-Intervention insgesamt sehr kritisch
gegenübersteht, bezichtigt nicht nur die pakistanischen,
sondern insbesondere auch die belgischen Truppen in Kismayo gravierender Menschenrechtsverletzungen. Nach-
forschungen ergeben, daß in einigen Fällen tatsächlich
nicht nur das Recht legitimer Selbstverteidigung arg
strapaziert wurde, sondern im Zug von Waffenrazzias mit
größter Wahrscheinlichkeit unbewaffnete und unbeteiligte Zivilisten erschossen wurden. Abstoßend an solchen
wohl unvermeidlichen Vorfällen wirkt, daß dazu auch
zwei Monate später nicht etwa eine Einsicht in die Akten
verweigert würde, da solche nicht existieren, sondern daß
sich Auskünfte der höchsten Verantwortlichen flagrant
widersprechen, während das Spital von MSF in der heik-
len Materie striktes Stillschweigen wahrt, wenn der
einzige ermächtigte Pressesprecher gerade unverfügbar
ist. Eine ordentliche, vom Kommandoweg getrennte
Beschwerdeinstanz täte dem Image der Uno keinen
Abbruch.

Was die Thematik kompliziert, sind unvereinbare
Rechtsvorstellungen. Wie auf der arabischen Halbinsel
besteht auch in Somalia bei Unfällen eine Pflicht zur
Kompensation, ungeachtet der Schuldfrage. Es ist nicht
zu erwarten, daß Uno-Soldaten, die Kinder überfahren,
sich durch solche Auffassungen gebunden fühlen. Doch
oft finden Untersuchungen nicht statt, und angesichts der
Kosten der Intervention geböten nur schon die pragma-
tischeren Erwägungen etwas Entgegenkommen zum

Beispiel einer Witwe gegenüber, wenn ihr Mann, der
Vater ihrer sechs Kinder, von einem Uno-Soldaten irrtüm-
lich für einen Ladendieb gehalten und erschossen wurde.
Es geht nicht darum, daß seit der bewaffneten Rückkehr
der Uno jedes neue unschuldige Opfer die somalische
Katastrophe verdoppeln würde; aber es geht nicht an,
den Somaliern in etwas anachronistischem Kolonisten-
geist einzubleuen, daß sie, obschon man sie zeitweilig am
Verhungern hindere, allesamt nur die Sprache der Gewalt
verstünden.

EIN GENERAL AIDID UND
NÖRDLICHE LUST ZUR KONTROVERSE

Kismayo, August 1993

Auch daß es das Fernsehen gibt, hat Vorteile. Andernfalls würde die Rede von Mogadiscio — trotz des klingenden Namens und trotz des exotischen Duftschleiers über
dem orientalischen Hafen — im Norden das Bild eines
trostlosen Wüstenkaffs evozieren, das sich wie weiland
noch Tchin-Tabaradène am südlichen Rand der Sahara
im Handstreich von einer Kompanie Legionäre zur Garnison nehmen ließe. Doch schon im Spätsommer des
Jahres 1992, als mit der Ankunft von einigen Dutzend
Blauhelmen die Uno ihre erste Operation Somalia (Unosom I) in Angriff nahm, wurde angemerkt, daß den
Vereinten Nationen schwerlich eine Eroberung der somalischen Hauptstadt vorschweben könne. Diese Einschätzung hatte sich kaum geändert, als im letzten Dezember
unter Führung amerikanischer Marines die Unified Task
Force (Unitaf) in Mogadiscio an Land ging, um die Voraussetzungen der humanitären Hilfe an die Zivilbevölkerung wiederherzustellen und dazu einstweilen Hafen

und Flughafen der Hauptstadt zu sichern. Für das Unternehmen, das im Mai als Unosom II formell unter das Kommando der Vereinten Nationen zurückging, blieb vorläufig entscheidend, daß sich die stark erhöhte bewaffnete Fremdpräsenz nach anfänglichen Schwierigkeiten doch des Einverständnisses aller somalischen Milizen, auch des Einverständnisses General Aidids zu versichern vermochte.

Großstadttücken

Was als kooperativer Großeinsatz ins Werk gesetzt wurde und zum Jahresauftakt bei der nationalen Konferenz aller somalischen Faktionen in Addis Abeba Hoffnungen auf eine politische Versöhnung weckte, hat sich inzwischen zum Kampf gegen eine Stadtguerilla gewandelt, für die Präzedenzfälle höchstens im libanesischen Bürgerkrieg zu finden sind. Beim Widerstand General Aidids in Mogadiscio handelt es sich um ein ernstes Problem, angesichts dessen die Zeit kaum zugunsten der Interventionsstreitmacht arbeitet. Daß die somalische Kapitale eine Millionenstadt ist, war nie mit Sicherheit zu bestätigen; jedenfalls hat die ernüchternde Situation in Erinnerung gebracht, daß Mogadiscio größer und unter Sicherheitsaspekten kaum einfacher zu behandeln ist als etwa Palermo. »Wissen Sie, dies hier ist eine große Stadt«, wiederholte nach dem Tod von vier amerikanischen Soldaten auch der Uno-Beauftragte Jonathan Howe auf die Interviewfrage der BBC, ob er mit seinen Truppen daraufhin General Aidid doch endlich dingfest zu machen hoffe. Es werden allenthalben Zweifel geäußert, ob bei der Uno Klarheit darüber bestehe, was sie mit dem Warlord vorhat und ob sie ihn wirklich in ihrem Gewahrsam sehen möchte. In weniger formellen Kontakten mit der Presse räumen auch Vertreter der Weltorganisation solche Zweifel nicht aus. Die Frage nach Alternativen führt allerdings ins Dunkel.

Auf dem Weg in diesen urbanen Kleinkrieg haben sich auch Verantwortliche der Uno schwere Fehler zuschulden kommen lassen: beispielsweise als gegen General Aidids demonstrierende Sympathisanten Truppen des pakistanischen Kontingents aufgeboten wurden, das nur Tage zuvor 23 Soldaten verloren hatte. Es ist eine alte Erkenntnis, daß die Uno nicht besser ist als ihre Mitglieder, und gerade beim geringeren Anteil ihrer Einsätze mit klar definiertem Ziel drängt sich leider oft — so auch hier — die Metapher vom schwächsten Glied in der Kette auf. Nachdem Aidid vor zwei Monaten den Uno-Truppen bei der Erfüllung ihres Mandats den Kampf angesagt hatte, sah sich die Weltorganisation in ihren Reaktionen freilich sogleich mit der um sich greifenden Weisheit konfrontiert, einen Sündenbock aufzubauen führe nicht weiter — und dies im gegebenen Fall aus dem bestimmten Grund nicht, daß Somalias Warlords nicht nach Gut und Böse zu unterscheiden seien. Dem wäre beizupflichten, läge darin ein springender Punkt und zeichneten keine weiteren Merkmale somalische Warlords aus. Aber dem ist nicht so, und es trägt auch wenig zur Klärung bei, wenn sie ungefähr seit der Intervention unterschiedslos mit der Vokabel »Bandit« belegt werden.

Kurzer Prozeß mit den Unterschieden

Aidid und nebst ihm vor allem seinem Verbündeten Omar Jess gebührte einst im Januar 1991 das Hauptverdienst bei der Vertreibung des Tyrannen Siad Barre. Kaum ein Vierteljahr später war es Aidid wiederum, der einen neuen somalischen Bürgerkrieg vom Zaun brach und in der Folge über das ganze Land auszudehnen bestrebt war. Seitdem scheiden sich Somalias Milizen, wie die Konfliktparteien anderer Kriege, in Erobererheere und Verteidigungskräfte. Sie unterscheiden sich ferner dadurch, daß sie dem Frieden größere oder kleinere Hindernisse in den Weg stellen.

Während über zwei Jahren war es Aidid, der alle politischen Verständigungsbemühungen stets an seiner überlegenen Bewaffnung auflaufen ließ, und bis unlängst war wenig umstritten, wer in Somalia das größte Hindernis für den Frieden darstellte. Besonders fatal an den kontraproduktiven Ausrutschern der Uno-Streitmacht war der Zeitpunkt. Hatte der General Anfang 1993 mit seinen Allianzpartnern noch zwei Drittel oder drei Viertel des somalischen Territoriums kontrolliert, das abtrünnige ehemals britische Somaliland im Nordwesten nicht mitgerechnet, so verschafften die Rückschläge der Befriedungsversuche zu einem Zeitpunkt Aidid wieder Auftrieb, als das Reich seiner Eroberungen auf ein Minimum zusammengeschrumpft und seine Position so schwach war wie nie zuvor.

Kritik des geringsten Widerstands

Von den Kontroversen um die amerikanischen Luftangriffe und die zivilen Todesopfer, die sie forderten, war nichts anderes zu erwarten, als daß dabei sogleich auch das bewaffnete internationale Engagement als Ganzes in Frage gestellt wurde. Bekanntlich sind Medien kraft ihres Auftrags kritisch, und besonders kritischen darunter entging nun im nachhinein nicht mehr, daß es bereits vor der Ankunft der Unitaf im Dezember 1992 Interventionsgegner gegeben hatte. Zu einer Zeit, als noch Hunderttausende mit dem Hungertod rangen, blieben ihre Einwände als ebenso unerträglich wie philiströs ohne nennenswertes Gehör. Doch der Kreis, der mit seinen Bedenken grundsätzlicher Art leicht allerhand prinzipiell antiamerikanischen Boden fand, hat inzwischen den Ruch der antihumanitären Sektierer längst abgestreift und sich in den letzten Monaten zusehends erweitert — zumal in den deutschsprachigen Medien, die mit Hunderten von Vertretern Bundeswehreinheiten nach Somalia begleiteten. Seit General Aidid auf Uno-Soldaten schießen läßt und zu

Selbstmordattentaten aufruft, scheidet die somalische Frage die deutsche Linke erwartungsgemäß in Befürworter und Gegner der Uno-Intervention.

An solchen Fronten werden die gegenwärtigen Schwierigkeiten des internationalen Engagements nicht unter der Voraussetzung diskutiert, daß sich die internationale Gemeinschaft einvernehmlich dazu entschlossen hat. In Afrika können Kontroversen um Somalia — und nicht nur um Somalia — den Eindruck vermitteln, Zweck von Beschlüssen im Norden sei es, darauf zurückzukommen. Die kritische Aufmerksamkeit im Norden, die ihre Stärken gern als moralische versteht, rückt stets alles Erdenkliche ins Zentrum ihres Schußfeldes — zuletzt dagegen die Frage nach dem Erfolg. Genau wie im Krieg gegen Saddam Hussein liegt das Prekäre des Unterfangens im Erfolgszwang, dessen unerbittliche Härte leider so weit nichts mildern kann, als sich zwischen Erfolg und Mißerfolg kaum etwas Drittes ausmachen läßt.

Weiche Heimatfront

Das berechtigte Unbehagen an diesem Erfolgszwang wird meist abgelenkt in hypokrite Befürchtungen, wonach nun in Mogadiscio amerikanische Feuerkraft im Begriff stehen soll, einen Tyrannen zum Märtyrer zu läutern und ihm die leidende Zivilbevölkerung nach allem doch endlich an den Busen zu bomben. Auch dieser Märchenglaube erinnert an den Irak. Nicht nur für die italienische Regierung, die sich als Stütze des massenmörderischen Regimes Siad Barres in Somalia noch weit mehr kompromittiert hat als Washington, sondern auch für Somalier ganz allgemein sei das amerikanische Vorgehen der letzten Monate jenseits des Akzeptablen, berichten vermehrt Reporter aus Mogadiscio. Solche Einschätzungen tragen gerne zu ihrer Bewahrheitung bei, weil die Frustration über den ausbleibenden Erfolg sich zuerst und vor allem im Norden auswirkt, indem sie die rückwärtige Basis des internationalen Engagements aushöhlt. Was Somalier angeht, so erweisen sich Führer der nicht weniger gewichtigen Darod-Clans, die sich in der ersten Augustwoche aus etlichen Landesteilen zur Unterzeichnung eines regionalen Friedensabkommens in der südsomalischen Hafenstadt Kismayo einfanden, als fulminante Verteidiger sämtlicher Unternehmungen der Uno bisher.

In die Medien gelangt aus Afrika höchstens, was schief-geht. Das »amerikanisch-somalische« Ringen um Moga-discio, mit dem der Wasserkopf des großen Landes die Medien überfüttert, betrifft direkt vielleicht fünfzehn Pro-zent der Bevölkerung Somalias, was daran gewiß nichts beschönigt. Nach Maßgaben der Clan-Basis umfaßt Aidids Anhang keine zehn Prozent der Landesbevölke-rung. Zum Fragwürdigsten am internationalen Engage-ment für Somalia gehört der Beitrag der Berichterstat-tung, wenn sie ihren Medienstar pflegt, aber keine Spur einer Erinnerung daran übrigläßt und damals auch wenig davon zur Kenntnis nahm, daß ein Jahr vor der Landung der Marines in Mogadiscio während vier Monaten eine Schlacht tobte, wie wohl nicht einmal die entlegene ango-lanische Hochlandstadt Huambo Gleiches durchgemacht hat. Kein Journalist befand sich zu dieser Zeit in Moga-discio.

Eigenleben der Medien

»Wir würden der Uno gern helfen gegen Aidid«, wird heute einem Reporter von einem Sheikh in Mogadiscio zugeflü-stert. Der Reporter entnimmt der Auskunft zu Recht, man könne es leider nicht. Aber mit einiger Wahrschein-lichkeit schließt er daraus weiter, der Sheikh wolle andeu-ten, was es verunmögliche, sei ein kontraproduktives Ver-halten der Uno. Bezeichnend wäre das für den Trend von Zutaten der gegenwärtigen Berichterstattung. In Wirk-lichkeit kann man es nicht aus dem simplen Grund, daß Aidid noch immer zu mächtig ist. Gewiß hat Xenophobie in Somalia eine reichhaltige Tradition, und wenn sich die Uno-Truppen in Somalia nicht nur beliebt machen, dann vielleicht weniger wegen unschuldiger Opfer bei Kampfhandlungen als wegen mancherlei Arroganz in ihrem weniger spektakulären Alltagsauftritt.

Die verfeindeten Hawiyeh-Clans der somalischen Hauptstadt haben ein waches Gedächtnis. Sie kennen den Feind, und dessen Feind ist ihr Freund. Einen somalischen Nationalismus, der diese Logik außer Kraft setzen könnte, gibt es nicht. Das kann nur die kritische Begutachtung der Intervention an der Heimatfront. Die Abgal-Clans um den Interimspräsidenten Ali Mahdi oder die Murusada dürften sich währenddessen kaum mit den Habrgidr hinter Aidid und gegen die Uno stellen — sowenig wie Saddam Hussein im Irak über irgendeinen echten Anhang verfügt.

DIE CLANS IN DEN WANDERDÜNEN

Kismayo, Anfang August 1993

Demographische Bemühungen, die es mit Somali aufnehmen, waren stets ein Geschäft, das Spekulation in besonders intime Nähe zum Betrug rückte. Auch das Flüchtlingshochkommissariat der Uno hat sich in Somalia aufs schwerste kompromittiert. »Gibt es in diesen Landstrichen auch Männer?« lautete die Frage des Schweizer Afrika-Experten Al Imfeld, nachdem er Mitte der achtziger Jahre vom Flüchtlingslagerleben in Somalia Eindrücke gesammelt hatte. Hunderttausende leben als Gastarbeiter auf der Arabischen Halbinsel. Hunderttausende sind unter der blutigen Diktatur Siad Barres ins dauerhafte Exil getrieben worden. Versuche, den Umfang des Nomadenvolks abzuschätzen, bleiben durch unlautere Absichten beeinträchtigt. Auch unabhängige Instanzen wie die Uno gehen in ihren unsicheren Berechnungen *faute de mieux* von offiziellen somalischen Zahlen aus. Es gibt keine andere Quelle, abgesehen von uralten Erhebungen der italienischen Kolonialverwaltung, die den Anteil ihrer Hausmacht der Darod-Clans gerne etwas zuungunsten anderer, vor allem der Hawiyeh-Clans, korrigierte. Angaben der Regierung Siad Barres waren, wie dies in Afrika die Regel ist, zuhanden der internationalen Gebergemeinschaft gedacht. Was offiziell als »Zählung« bezeichnet wurde, ergab 1987 eine Ziffer von 9,3 Millionen, wonach Somalias Bevölkerung gegenüber einem Zensus von 1975 um rund 185 Prozent gewachsen wäre. Während andere Schätzungen niedriger liegen, ging die Uno 1990 von 7,5 Millionen Somaliern aus.

Nation in vier Staaten

Der traditionelle Lebensraum des Volkes umfängt nicht nur die ehemaligen zwei Kolonien, die 1960 zum heutigen Somalia zusammengeschlossen wurden, sondern auch große Gebiete der drei angrenzenden Länder. Nebst einer kleinen Minderheit von Bantu reihen sich über 95 Prozent aller Somalier in die enormen Verzweigungen der Somal-Stammbäume ein, die etwas mehr als weitere zwei Millionen ethnische Somali im Nordosten Kenias, im äthiopischen Ogaden und in Djibouti einschließen. Politische Verfolgung und Arbeitsemigration haben eine Diaspora unbekannter Ausmaße hervorgebracht. Somalias Bild von innen bedarf der Ergänzung durch einen Blick, dem sich der territorial amputierte Staat von der Außenseite darbietet. Dire Dawa, die äthiopische Stadt an der Bahnlinie von Addis Abeba nach Djibouti, ist als vielseitiger Schmelztiegel im Horn von Afrika vielleicht der einzige Punkt, wo den somalischen Nomaden die Nachbarvölker nicht stets den Rücken zuwandten. Weder Kenia noch Äthiopien hatten mit ihren somalischen Gebieten je andere Pläne, als diese ebenso unerläßlichen wie weiträumigen

Puffer so unwirtlich und leer wie möglich zu halten. Es ist schwer, auf dem Globus ein Volk auszumachen, das von internationaler Aufmerksamkeit so unberührt blieb wie das somalische, bis Präsident Bush nach der Wahlniederlage zu seiner Rettung aufbrach.

Die gemeinsame Sprache, der Islam als Religion aller und ein weitgehend einheitliches Brauchtum erlauben ausnahmsweise, von einer afrikanischen Nation zu sprechen, wenn auch von einer mit schwach ausgebildetem Nationalgefühl. Während des ersten halben Jahrzehnts der Unabhängigkeit vermochte ein militanter Irredentismus die Somalier hinter den Repräsentanten einer zentralen Obrigkeit zu einen. Doch so schwer, wie selbst noch an den somalischen Staatsgrenzen zu rütteln war, so flüchtig war dieser nach außen gewandte Nationalismus. Bei den letzten Wahlen von 1969 bewarben sich 68 Parteien mit ungefähr 1000 Kandidaten um 124 Parlamentssitze, und im selben Jahr wurde das neunjährige Experiment somalischer Demokratie von der Armee beendet.

Familienzwist

»Eines Tages, als sie sich, nichts ahnend von einer Gefahr, dem Müßiggang hingaben, griff ein plündernder Zug von etwa 2500 Issa das Lager an: Männer, Frauen und Kinder fielen unterschiedslos den Speeren zum Opfer, und die Banditen kehrten sicher in ihre Dörfer zurück, beladen mit einer immensen Beute.« Diese aktuelle Reminiszenz, die nur aufgrund des Geräts in vorkoloniale Zeit zu datieren ist, schildert das Schicksal der Ayyal Yunis, eines kleinen Issaq-Zweigs, der sich, zuvor vom eigenen Clanverbund aus Berbera verstoßen, etwas westlich davon am Hafen von Bulhar bei einigen arabischen und indischen Händlern niedergelassen hatte. Das Müsterchen somalischer Koexistenz findet sich im Bericht von Captain Richard Burton, der 1854/55 auf seiner Reise ins verbotene Harar als erster Europäer somalische Gebiete durchquerte. Bei Burton finden sich auch schon ausgreifende Stammbäume der Somal-Clans, einschließlich des rührenden Mythos, wonach Araber die Urkunden entführten, um das Volk mit der edlen Abkunft in den Rang des Halbbluts herabzustufen.

Die divergenten Angaben zu Somalias Bevölkerung treffen sich in der Annahme, daß noch 1990 rund die Hälfte in Transhumanz, in nomadischer Weidewirtschaft, lebte. Diese Mobilität blieb demnach quantitativ nicht allzuweit hinter der kriegsbedingten zurück, für die das Kinderhilfswerk Unicef 1992 eine Schätzung von 4,5 Millionen Vertriebener gab. Hohe Mobilität stellt besonders hohe Anforderungen an soziale Bindungen. Im somalischen Clansystem findet sich keine Spur ethnischer Unterscheidungsmerkmale, es handelt sich um Verwandtschaftsverhältnisse im engen Wortsinn. Burton seinerzeit bezeichnete diese Genealogie als »ein modernes Phänomen«, denn die Poesie ihrer Stammbäume greift nur ungefähr ein halbes Jahrtausend zurück. Die fünf großen somalischen Clanfamilien definiert dabei einzig der unstrittige Befund, daß die Ahnenreihen doch an einem bestimmten Punkt abbrechen.

Linie und Weg

Ein Unikum sind solche kollektiven Verwandtschaftsverhältnisse vielleicht in ihrem somalischen Gesamtumfang, aber nicht der Art nach. Auf der Arabischen Halbinsel, zum Beispiel in den Vereinigten Emiraten mit ihrer Bevölkerung von vielleicht einer Million Autochthoner, überblicken die Beduinensöhne in ihrem Geblüt vergleichbare Verästelungen. Es handelt sich zugleich um einen Kode für die geographische Gliederung des gemeinsamen Lebensraums, denn die Linien des nomadisierenden Geschlechts folgen den Wegen, auf denen die Namen Markierungen zurücklassen. Als Assoziation drängen sich die Kel Tamacheq auf, die von den westafrikanischen Arabern

den Namen Tuareg erhielten — das Volk der tawariq, der
Wege. Und auch in der westlichen Sahara ist der Name
des großen Hoggar-Gebirges der Name eines Stammes.

In alphabetischer Folge sind Somalias große Familien:
1. Darod mit den Harti (Dolbahante, Majerteeni, Warsen-
geli) aus dem Nordosten und den Absame (Abas Gul,
Bartere, Leylkase, Marehan, Ogadeni, Ortoble) aus dem
Süden und Westen; 2. Digil mit den Issa und Gada-
bursi aus dem Nordwesten; 3. Dirr mit den Issaq aus
dem Nordwesten und kleineren Verwandten im Süden;
4. Hawiyeh mit Abgal, Habrgidr, Hawadle, Murusada
und vielen anderen in den zentralen Landesteilen um
Mogadiscio; 5. Rahawein, vorwiegend zwischen den
Hawiyeh-Gebieten und der Westgrenze. Gemäß italienischen Schätzungen, die aus erwähnten Gründen mit Vorsicht aufzunehmen sind, halten sich Darod, Hawiyeh,
Issaq, Rahawein und die übrigen mit etwa je zwanzig Prozent die Waage. Alle zerfallen sie in ungezählte Sub-Clans,
allein die Issa Djiboutis nennen 40. Zum Zeitpunkt von
Barres Flucht waren alle Clans in allen Landesteilen vertreten. Angaben zur Herkunft bieten oft nicht viel mehr
als historische Anhaltspunkte. Eine ethnographische
Karte hätte nicht Siedlungsgebiete, sondern Wanderbewegungen zu verzeichnen. Wie die Wege sich kreuzen,
überschneiden sich die Stränge der Überlieferung, welche
die Hoheitsansprüche begründen. Die Annahme wäre
naiv, der Streit darum sei durch historisches Wissen ent-
scheidbar. Dennoch werden unter dieser fiktiven Voraussetzung achtzigjährige Rechnungen revidiert, die mit dem
Abzug Barres wieder auf den Tisch kamen.

Säbeltänze der Ohnmacht

Die vordergründige Plausibilität in der Rede vom Krieg
der Clans kann irreführen. Sicher hat es ein Darod in der
Hawiyeh-Hauptstadt Mogadiscio nicht weniger schwer
als ein Hawiyeh in der südlichen Darod-Hochburg Kis-

mayo. Doch die Konstellationen der Konfliktparteien folgen nicht umstandslos den Clangliederungen. Der Weg zur Staatsspitze setzt unangefochtene Herrschaft über den eigenen Clanverband voraus. In den Bürgerkriegswirren der letzten Jahre traten deshalb drei der fünf großen Familien politisch als jene Einheiten in Erscheinung, über welche die Führung so hart umkämpft blieb. Seit Siad Barres Sturz bekämpften sich am blutigsten die Hawiyeh des Wasserkopfs Mogadiscio, während im Süden Darod-Zweige um Kismayo rangen. In »Somaliland« sorgten die Issaq ganz allein dafür, daß 1992 der abtrünnige, ehemals britische Nordwesten beinahe in ungezügelten Wirren versank.

Die Bürgerkriege griffen ineinander über und vernetzten sich. Mit Aidid, dem Stärkeren der Hawiyeh im Zentrum, verbündete sich Omar Jess, der Schwächere der Darod im Süden, wo Said Hersi Morgan die Oberhand gewann. Mit diesem wiederum verbündete sich Interimspräsident Ali Mahdi, der sich unter den Hawiyeh der Hauptstadt dem Eroberer Aidid gegenüber als der Schwächere erwies. Mohamed Abshir, der starke Mann unter den Darod im Nordosten, schloß sich der Allianz zwischen Ali Mahdi und Morgan an, als diese der Allianz zwischen Aidid und Jess zu unterliegen drohte. Entlang der Schlaufen derselben Logik, derzufolge das familienübergreifende Bündnis dem Kleinen der Sippe Schutz gegen die Schwergewichte verheißt, läßt sich das Geflecht somalischer Allianzen entwirren.

Gott ist mit denen, die geduldig sind

Das wegweisende Vorbild lieferte bereits Siad Barres Zauberformel MOD: Marehan, Ogadeni, Dolbahante. Die ersten Opfer des Terrors, auf den er seine Macht baute, waren in den siebziger Jahren die Majerteeni, die Darod-Elite, die überall im Land Schlüsselstellen besetzte. Barre, der Sproß des winzigen Marehan-Clans aus dem südwestlichen Grenzkaff Garba Harre, hatte zuerst die erfolgreichen Vettern zu eliminieren, um in der eigenen Großfamilie zu einer Stimme zu kommen. In seinen Reden nannte er seine Herrschaftsform fortan »Somalismus«.

Burton hielt seine Art von Gewaltmonopol in der Hand und schoß damit in regelmäßigen Abständen Vögel vom Himmel, wohin die einheimischen Gefährten ihre Stoßgebete richteten, nie möge diese Art höherer Gewalt über sie kommen. Angesichts der Waffenarsenale, die Siad Barres Despotie und der Kalte Krieg dem Land hinterließen, ist schwer vorstellbar, wie der Friede anders als durch Vernunft sollte einkehren können. Unter den ehrwürdigen Bäumen, wo der politische Wortstreit ausgetragen wird, denken viele Beobachter noch immer, ein Staat namens Somalia lasse sich eher nochmals zusammenpalavern als unter einem erkämpften Gewaltmonopol restaurieren. Die internationale Gemeinschaft hat sich, George Bush folgend, eine Nervenprobe eingebrockt. Als gewiß erscheint seit ihrer Ankunft einzig die Prognose, daß sich der Preis keines Guts in dem Land noch einmal unter das Niveau der neuen Weltordnung senken wird — ausgenommen vielleicht der Lobster und der zoll- und steuerfreie Champagner in den beiden Pressehotels von Mogadiscio.

EIN AFROAMERIKANISCHES FAZIT

März 1994

Mit Generalmajor Thomas Montgomery, dem Kommandanten, hat das letzte amerikanische Kontingent der Uno-Friedensstreitmacht somalischen Boden verlassen. Die verbliebenen 1100 Marineinfanteristen des 24. Expeditionskorps verließen bereits am Vormittag in Helikoptern und Luftkissenbooten den Tatort Mogadiscio mit

Kurs auf die vor der Küste wartenden Schiffe, und laut einer Depesche von AFP soll einer von ihnen versichert haben, er kehre gerne wieder, doch dies als Tourist. Gut fünfzehn Monate nach der Landung der ersten amerikanischen Soldaten, deren Bestand zeitweilig eine Höhe von 25000 Mann erreichte, bleiben nun nur noch etwa 50 Marines in der somalischen Hauptstadt, betraut mit dem Schutz amerikanischer Diplomaten und mit logistischen Aufgaben im somalischen Hauptquartier der Vereinten Nationen. Ein Sprecher General Aidids flocht in seinen zukunftsfrohen Kommentar ein, der Abschied der Amerikaner werde vom somalischen Volk aufs wärmste begrüßt. Von Mitarbeitern des Rivalen und einstigen Interimspräsidenten Ali Mahdi sind weiterhin pessimistische Stellungnahmen zu hören.

Ohne personelle Beteiligung geht die Operation Somalia weiter mit einem internationalen Aufgebot, das derzeit zwischen 17000 und 20000 Mann fluktuiert. Vielgehörten Empfehlungen folgend, sind nunmehr Abgesandte von afrikanischen und asiatischen Staaten unter sich, um sich im Umgang mit Problemlagen der Dritten Welt zu bewähren. Nach wie vor hat das Land Unosom bitter nötig, wenn auch derzeit weniger im Kampf gegen manifestes Elend, sondern mehr als die einzige stabilisierende Kraft im Land, die etwa an einem Ort wie der südlichen Hafenstadt Kismayo allein erneute schwerere Kämpfe zu verhindern vermag. Ohne den beherzten amerikanischen Auftritt wäre eine Uno-Operation vergleichbaren Umfangs kaum denkbar gewesen, und soviel ist der vom Kommandanten Montgomery geäußerten Befriedigung über die Resultate des amerikanischen Beitrags zugute zu halten.

Aller Augen auf Somalia

Obschon die Intervention unter humanitären Gesichtspunkten im ganzen Land sehr große Erfolge zu verzeichnen hatte, bleiben die Aussichten auf einen politischen

Ausweg aus den Kriegswirren höchst ungewiß. Die Konfusionen in der amerikanischen Strategie und Präsident Clintons Spitzkehre vom Oktober 1993 haben Aidid gestärkt hinterlassen, und bisher hat Somalias größter Eroberer alle Bemühungen um einen politischen Ausgleich zu vereiteln verstanden. Stimmen, auch amerikanische, die eine womöglich doch gewichtige Ausweitung der somalischen Kriegsmüdigkeit festgestellt haben wollen, bekunden einen Optimismus, der auch im besten Fall frühestens in vielleicht drei Monaten handfestere Bestätigung finden kann.

Vielleicht noch in keinem anderen Konflikt haben die Medien den Lauf der Dinge so nachhaltig beeinflußt wie im somalischen. Nachdem sie während der ersten zwei von nunmehr dreieinhalb Kriegsjahren die Weltöffentlichkeit recht schleppend über die Ausmaße der humanitären Katastrophe ins Bild gesetzt hatten, wuchs ihre Präsenz mit der Intervention ins Unermeßliche — und dies vor allem mit dem Effekt, einen Großerfolg in ein Debakel zu verwandeln. Die monatelange Reduktion der somalischen Kriegswirren auf eine Gangsterjagd in Mogadiscio war weder die Politik der Uno noch Washingtons, sondern eine Leistung der Medien unter dem Diktat der fest stationierten Fernsehequipen. Die kapitalen Verzerrungen im Bild der internationalen Somalia-Operation brachte einen neuen Höhepunkt an berichterstatterischer Unverantwortlichkeit. Der Präzedenzfall, der jeder weiteren Intervention auf dem Kontinent hinderlich ist, hat zur Konsequenz, daß selbst ein paar hundert Blauhelme, die Rwanda zur Verfügung gestellt werden, dort nicht nur ganz unbemerkt von der Weltöffentlichkeit, sondern zudem mit einer Verspätung von vier oder fünf Monaten eintreffen.

VII Orientalisches Afrika

SAWAHIL, SANSIBAR
UND DIE AUSSENWELT

Sansibar, September 1991

»Vielleicht, später einmal, *inshallah*«, sagt Ahmed, etwas
benommen vom ausgiebigen Nichtstun. Vorbilder kennt
er, vor kurzem arbeiteten sie noch wie er mit einem Gast-
arbeitervertrag in Maskat, Oman, oder am Golf, oft dank
verwandtschaftlichen Banden. Zu Hause in Sansibar für
drei Wochen Ferien und Whisky, beobachtet Ahmed vom
Gartencafé aus diese geschäftstüchtigeren Landsmänner,
wie sie nebenan vor der Ruine des British Club — seit
dem Ende des Protektorats 1963 das Hotel Africa-House
— nun nicht mehr nur Schnorchel und Flossen, sondern
auch Surfbretter vermieten. Im Hintergrund, kaum
merklich bewegt, die Masten genau derselben Dhaus, die
noch unter den Augen von Ahmeds Großmutter, zum
Eigengebrauch bis 1907, Sklaven nach der Insel brachten.
Bis nach der Geburt seines Vaters, fünfzehn Jahre länger
als auf der Insel, die der Missionar Livingstone lieber
»Stinkibar« genannt hätte, blieben auf dem tansanischen
Festland Menschen im Besitz ihrer Eigentümer. Die aufs
Meer gehenden Zimmer des Africa-House stehen in
ebenso anforderungsreicher wie bedächtiger Renovation;
und, so Gott will, wird auch Ahmed, letztes Jahr 40
geworden, mit etwas Erspartem und geschäftlichen Projekten in einen der hiesigen Bazaars zurückkehren, aber
nur vielleicht.

Entgleiste Zeitläufe

Vielleicht hat sogar noch die südarabische Hafenstadt
Aden, ein architektonisch weniger illustres Wrack, mehr

von ihrem historischen Inventar durch ein Vierteljahrhundert Sozialismus gerettet. So sagen auf Sansibar nicht allen Ahmeds Pläne zu. Schon zum ersten Geburtstag von »Jasfa«, einem privat geführten Reiseunternehmen gegenüber in der Seitengasse der Suicide Alley, möchte Abdallah, der Fahrer, hätte er Bares, damit weg — »egal, wohin, nur nicht nach Tansania«. Geld in die Stonetown verlochen? Im Labyrinth der famosen Altstadt, wo die zweieinhalbtausend faulenden Baukörper nur der allseitig intime Kontakt am Auseinanderfallen hindert, ist weniger die Vergangenheit präsent als ihre Unwiederbringlichkeit.

Wo die Zeit in einem Menschenalter historische Distanzen wie auf Sansibar zurücklegt, hämmert sie ihre Unumkehrbarkeit dem Gedächtnis zu tief ein, als daß dieses dem Blick in die Zukunft noch eine Richtung zu geben vermöchte. Und das Fazit des sozialistischen *trial and error*, ein Blick auf das, was jenseits der Creek Road jüngst noch als Zukunft gedacht war, zeigt eine brandneue, womöglich noch tiefere Vergangenheit: Angesichts der Skyline abbruchreif hingeklotzter Wohnsilos osteuropäischer Provenienz, in welche Pflanzer aus ihren freundlichen Hütten verschleppt wurden, verscheuchen nur die Temperatur und der Gewürznelkenduft über der ganzen Insel den Gedanken an rumänische Vorstädte. Wasser und Strom sind hier nicht geringere Probleme als in den über hundertjährigen Häusern der Stonetown, die dieser Kontrast sichtlich verjüngt. Natürlich wäre ihr Einsturz kein unabwendbares Schicksal. Und seit Mittel — wenn nur irgendwie aufzutreiben — wieder privat investiert werden dürfen, hat sich die staatswirtschaftliche Vollnarkose etwas aufgelockert zu einem leichteren Schlaf, versüßt durch Träume, in denen alte meergeborene Feen wieder von einem nahenden Zeitwandel raunen.

Was Sansibars extrovertiertes Erbe aktualisiert, sind nicht nur jungfräuliche Korallenriffs und die wachsende Zahl ökologisch versierter Badegäste unter den idealistischen Welten- und Zeitenbummlern, die in der Stonetown das historische Hotel Spice Inn oft voll auslasten. Auch die Araber in Maskat antichambrieren, offerieren großzügige Hilfe beim Ausbau des Airports und bei der Wiederinstandsetzung des Tiefseehafens. Aga Khan bekundet mannigfaltige Interessen an Sansibars Projekten. Liegt die Natur von Inseln nicht in der Weltoffenheit, zu der ihre Isolation sie zwingt? Das maritime Leben mit und von anderen rückt entferntere Nachbarn oft näher heran als die der rückwärtigen Basis. Blickt nicht auch im Arabischen Golf die insulare Verwandtschaft auf Bahrein — jene arabischstämmigen Kosmopoliten mit ihren persischen Großmüttern — nach den Asiaten des Subkontinents? Es ist eine knifflige Sache mit der Identität zwischen den Welten, auf hoher See. Wer sagt, das Bantu-Element im Kiswahili sei nicht soviel stärker als das italienische Element im Maltesischen, übertreibt gewiß, hat damit unter Sansibari aber Aussicht auf Applaus. Wie immer die Waswahili zwischen dem südsomalischen Kismayo und dem nordtansanischen Tanga und wie immer selbst die ganz eigenartigen Sansibari es haben möchten: So unzweifelhaft die Ereuropäer auf Malta eine semitische Sprache sprechen, so unzweifelhaft bleibt das Kiswahili eine afrikanische, und es handelt sich bei Ostafrikas Küste weder um arabische noch um indische Gestade, obschon sie sich »Sawahil« — das arabische Wort für Küsten — als ihren Namen zu eigen gemacht haben. Nicht minder gewiß jedoch bleibt an den Sawahil, daß hier Sindbad und die Seefahrer der Arabischen Halbinsel während nahezu eines Jahrtausends eine entscheidende Rolle gespielt hatten.

Wieso, zumindest in der Stonetown, nicht auch wieder? Weniger anrüchig als in der Vergangenheit Sansibar demonstrieren heute die Golf-Emirate, was die Kombination von arabischem Geld mit asiatischem Know-how vermag. Wie in Dubai von einem arabischen träumt man hier von einem afrikanischen Singapur: einer von zurückkehrenden Arabern und Indern bescherten Renaissance des legendären Entrepots Sansibar, über das zwar kaum mehr die Schätze aus Afrikas Innerem den Weg zur Außenwelt fänden, das aber dem Segen des Weltmarktes einen exquisiten ostafrikanischen Vorposten bereitstellen möchte. Zollfreier Hafen, Off-Shore-Banking, steuerfreie Produktionszonen — Urkapitalismus auf dieser Außenstation von Julius Nyereres sozialistischem Modellstaat. Die Inselbehörden, die sich schon heute etwa um die Devisenbestimmungen der Zentralregierung in Dar es Salaam keinen Deut scheren, bewegen sich nach Kräften in dieser Richtung. Beteiligen sie sich zugleich an der politischen Verfolgung der beiden illegalen sansibarischen Oppositionsparteien, einer mehr islamisch und einer mehr westlich liberal orientierten, die beide den tanganyikisch-sansibarischen Unionsvertrag von 1964 offen in Frage stellen, so wohl vor allem, weil sie — zumindest in der Praxis — auch dies lieber in eigener Regie abwickeln.

Hemmend wirken Befürchtungen, eine Öffnung Sansibars zum Indischen Ozean hin trage dem tansanischen Staat zahlreiche Wiedergutmachungsforderungen ein. Die 50 000 Araber und 20 000 Inder, die nach dem Putsch Anfang 1964 — wenige Monate vor der Union — vertrieben wurden, machten zusammen ein knappes Viertel der damaligen Bevölkerung aus! Doch tansanische Politiker galten als ausreichend korrupt, um bei angemessenen Tantiemen einige Flexibilität an den Tag zu legen. Ohnehin fehlt es dem Widerstand der Zentralgewalt, die natürlich um ihre Autorität besorgt ist, an Energie. Zu stark ist mittlerweile auch auf dem Festland der Druck oppositioneller Forderungen nach Demokratie. Vielleicht profitiert das ehemalige Sultanat auch davon, daß es auf dem Festland denn doch nicht alles gilt. Selbst durch einen ausgebaggerten Hafen der Stonetown werden sich Dar es Salaam und Tanga kaum vehementer bedroht fühlen als Bombay durch Goa.

Wo ist Sansibar?

Auch im kenianischen Hafen Mombasa, dem Hauptportal Ostafrikas, wird sich die Furcht vor einschlägiger Konkurrenz vorläufig in Grenzen halten. Schließlich handelt es sich bei Sansibars Hochseeabenteuern um die Inspirationen abgelegener Strände. Wer weiß überhaupt, wo das ist, Sansibar, wo einst die westliche Diplomatie ihre ersten Konsulate in Schwarzafrika eröffnete? Captain Richard Burton, der große Entdeckungsreisende, wollte, wie er 1860 schrieb, seine Erzählung nicht unterbrechen, um den Vorstellungen von Enzyklopädien und nördlichen Postämtern mit dem Hinweis entgegenzutreten, es handle sich bei Sansibar »nicht um einen Teil des Persischen Golfs«, es handle sich dabei weder um »einen Fels im Roten Meer noch um ein Überseegebiet Nigers, noch um eine Insel am Kap der Stürme«. Unter den Nachkommen der Stammbevölkerung, welche die Portugiesen im 16. und die omanischen Eroberer Ende des 17. Jahrhunderts auf Sansibar vorfanden, unter den Shirazi, die ihre Ahnen im westlichen Iran des 10. Jahrhunderts ansiedeln, mag dies alles weniger selbstverständlich sein, als daß sie keine Festland-Bantu aus Tanganyika sind. Alles andere als abgeschwächt wurde dieses Motiv durch den Exilantenstrom, der sich kurz nach der tansanischen Revolution — und kurz vor der sansibarischen — vom Festland über die Insel ergoß und in ihrem Who's who das endgültige Durcheinander anstellte. Einige Shirazi äußern recht maliziös den Argwohn, unter den Einwanderern damals habe sich

Ali Hassan Mwinyi befunden, der tansanische Präsident und ehemalige Chairman des Supreme Revolutionary Council of Zanzibar.

DIE GROSSE INSEL

Antananarivo, Oktober 1991

Außer an Freitagen, den Markttagen, vereint die langgezogene Place du 13 mai schon mehr als vier Monate Tag für Tag Zehntausende, meist über hunderttausend Manifestanten. Das Bild, das Erinnerungen an Ostberlin oder den Prager Wenzelsplatz auffrischt, ist stehengeblieben, während in den Pressemeldungen eine Art Sprung in der Platte zu hören ist. Vor Monaten beschlossen die meisten von diesen Demonstranten, unter ihren berühmten Strohhüten sich niederzusetzen. Sie sitzen nun auch während ihrer ausführlichen Gebete, auch während die akustische Macht ihrer religiösen Lieder noch weit außer Sichtdistanz sich gegen den Verkehrslärm durchsetzt. Am letzten Sonntag zählten sie laut dem Bürgerkomitee der Forces vives, dem maßgebenden Mobilisationsapparat der Opposition, den Rekord einer Million, laut unabhängigen Zeitungen 700000, laut ausländischen Schätzungen noch immer 400000 bis 500000 — in einer Stadt von eineinhalb bis zwei Millionen Einwohnern, Vororte eingeschlossen. Nachdem Beobachter zuvor schon erste Anzeichen, zumindest eine wachsende Gefahr von Ermüdung ausmachen wollten, verbucht der Widerstand gegen die marxistische Diktatur Didier Ratsirakas die Aktionen der letzten Wochen als besonders bedeutsame Erfolge.

Die provisorische Regierung, mit deren Bildung der Präsident Guy Razanamasy beauftragt hatte, forderte alle Staatsbesoldeten auf, zur Arbeit zurückzukehren, und drohte, andernfalls würden nicht länger Gehälter ausbezahlt. Dieser Punkt dürfte für den weiteren Verlauf der Ereignisse von entscheidender Bedeutung sein. Die Forces vives quittierten das Ultimatum mit den größten Kundgebungen je und setzten mit demselben Mittel auch die Auszahlung der Löhne durch, wofür freilich, da die Staatskasse seit Monaten leer ist, die Geldpresse aufzukommen hatte. Gravierende Folgen werden vermutlich ein halbes, wenn nicht ein ganzes Jahr auf sich warten lassen. Noch halten sich auf dem Binnenmarkt ein erstaunlich geringfügig vermindertes Güterangebot und die weitgehend erhaltene Kaufkraft ein prekäres Gleichgewicht. Wer nicht nach Medikamenten oder im falschen Augenblick nach Benzin verlangt, spürt kaum etwas davon, daß der ausgedehnte Staatssektor seit bald einem halben Jahr keine Erträge mehr verzeichnet.

Blockierter denn je

Die Mitglieder des *gouvernement insurrectionnel*, der von Albert Zafy geleiteten Gegenregierung, haben die besetzten Ministerien wieder geräumt. Vor und nach den *manifs*, den Kundgebungen, trifft man sie in Gruppen im Collège Saint Michel von Rasalama, am Hauptsitz der Forces vives. Diese unterbreiteten der amtlichen Übergangsregierung ihre Vorbedingungen, eine Zusammenarbeit zu erwägen: Der Premier habe auf uneingeschränkten Vollmachten und einem präsidialen Verzicht auf alle exekutiven Funktionen zu bestehen. Ratsiraka bescheinigte Razanamasy in einem unveröffentlichten Schreiben »erweiterte Befugnisse« und ließ verlauten, als dem »Symbol der nationalen Einheit und der territorialen Integrität« gestatte ihm die Verfassung nicht, den Oberbefehl über die Streitkräfte abzutreten. Er stellte eine Verfassungsrevision und nach einem Referendum Neuwahlen in Aussicht.

Razanamasy, indem er dennoch im Amt ausharrte, machte den Forces vives einen nicht sehr beträchtlichen Teil ihres Anhangs abspenstig, die »Forces vives bis«, die zu weiteren Verhandlungen über Ratsirakas Vorschläge bereit sind. Versuche von unabhängiger Seite, den schon länger befürchteten Riß zu kitten, scheinen ihn nur vertieft zu haben. Der madagassische Rat der christlichen Kirchen, seit Beginn der Krise um Vermittlung bemüht, unterbreitete den Parteien in Form einer *convention* die Verteilung der Sitze in einem *Comité national pour le salut publique*, welches das Land aus der politischen Sackgasse zu führen hätte. Die Forces vives Rasalama, laut ihrem Wortgebrauch die »legitime« Macht im Staat, haben im Unterschied zu ihrem »legalen« Widersacher die Unterschrift verweigert.

Für wen arbeitet die Zeit?

Der Vorrat an Ideen ist rundherum erschöpft. Alle Versuche, irgendwelche transitorischen Institutionen auf die Beine zu bringen, scheitern daran, daß keine der beiden Seiten sich mit weniger als der Mehrheit abfinden läßt. Vermag sich der Staatschef mit seinem Übergangsprogramm bis zu Neuwahlen zu retten, läuft die Opposition Gefahr, daß ihm in der Provinz der alte zentralistische Apparat den Sieg erschwindelt. Ratsiraka scheint entschlossen, seine Chance zu wahren. Madagaskar ist größer als Frankreich, und eine große Mehrheit der zwölf Millionen Insulaner erfährt sehr wenig vom Treiben der zwei Millionen im Großraum Antananarivo. Daß sich das ganz allmählich doch ändern könnte, ist die Hoffnung der hauptstädtischen Opposition, welche die Zeit keineswegs sicher auf ihrer Seite weiß. Teile ihrer Basis, nun bald fünf Monate ohne Post, murren vernehmlich und äußern Erwartungen, daß den Forces vives und ihrem Pastor Richard Andriamanjato, dem jüngst erst bekehrten alten Marxisten, ein neuer Gedanke kommt.

»Wie viele Monate kann das Fest noch dauern?« formuliert ein einheimischer Journalist die Frage. An jenem

Tag, als der Zug der Hunderttausende sich für einmal auf seinen Palast zubewegte, räumte der Präsident mit einem Blutbad — über hundert Tote und mehrere hundert Verletzte — jeden Zweifel daran aus, daß er dort zu bleiben gedenkt. Kritische Stimmen halten den Forces vives vor, daß sie dies wissen mußten. Ansonsten wichen die Reste der Staatsgewalt jeder Konfrontation mit verblüffender Eleganz aus, waren ganz einfach nie und nirgends zur Stelle. Der Staat läßt die Gesellschaft allein gewähren, schützt nur die Klausur seines höchsten Repräsentanten, nicht dagegen das Finanzministerium. Hätte es in den letzten Tagen den Hahn nicht aufgedreht, wäre es, wie unabhängige Bürgerrechtsaktivisten es sehen, vermutlich in Flammen aufgegangen. Es ist denkbar, daß sich in diesem Vakuum die unüberhörbaren Meinungsverschiedenheiten auch innerhalb der Forces vives Rasalama eines Tages bemerkbar machen könnten, zu schweigen von ihrer sehr ungewissen Zukunft im Falle, daß sie — zumal unter Ratsirakas Bedingungen — eine Wahl zu bestreiten hätten.

Blick nach Paris

Rat wüßten nur die Franzosen, meint in Antananarivo jedermann, auch wenn Unklarheit darüber besteht, wer — der Quai d'Orsay oder nur das Elysée. Ein westlicher Diplomat hält das Wort »byzantinisch« für die französischen Verwicklungen auf der »Großen Insel« für angebracht. Die Rede ist wieder einmal von gerüchteumwobenen persönlichen Beziehungen zwischen dem madagassischen Präsidenten und Mitterrands Sohn. Bisher hat Paris zu Verfassungsänderungen und Neuwahlen gedrängt, nie aber Ratsiraka hörbar den Rückzug in ein dekoratives Amt nahegelegt. Die französischen Instruktoren haben die Präsidialgarde nur Wochen vor dem Massaker beim Präsidentenpalast im Stich gelassen; und der neue Botschafter, der nur Tage darauf nach längerer Vakanz eintraf, beschäftigt den Quai d'Orsay seitdem mit dem präzedenzlosen Fall eines Vertreters ohne Akkreditation. Von einer Übergabe des Beglaubigungsschreibens wird vorderhand abgesehen. Eine Delegation französischer Parlamentarier, welche die protokollarisch unlösbaren Aufgaben erkannten, übermittelte vor einem angekündigten Besuch sehr kurzfristig die Absage, untermalt von einer Solidaritätsbotschaft des Parti socialiste an die Forces vives. In Afrika mehren sich Konstellationen, wo westliche Mächte es in der Hand hätten, eine demokratische Opposition von ihrem Peiniger zu befreien. Sie mögen sich, nachdem sie während des Kalten Krieges lange auf dessen Typus von Stabilität gebaut haben, dazu nicht recht entschließen.

AFRIKANISCH-POLYNESIEN

Antananarivo, Oktober 1991

Zwei Dutzend Madagassen, als repräsentative Auswahl inkognito Europäern vorgeführt, ließen die Frage nach ihrer Herkunft als dasselbe kompakte Rätsel erscheinen, das die »Große Insel« den Historikern aufgibt. Zwischen dem korpulenten Javaner, der hochgewachsenen Tamilin, der Sindhi von Bantu-Proportionen, einigen Bengalen und dem Burmesen mit südarabischem Einschlag, fände sich ein Mann, der sich glaubhaft als mexikanischen Mestizen und seine Frau als Maghrebinerin vorstellte. Alisaona Raharinarivonirina heißt einer ihrer Anwälte, den man in Oslo für einen Eskimo hielte. Der Sprache aus dem indonesischen Zweig der malaio-polynesischen Familie nicht mächtig, merkt man sich madagassische Namen nur mit Mühe. Man schafft es, indem man sie leise vor sich hin

summt, eine Auswahl von Metren und Synkopen durch-
spielt, geduldig im Fond eines der vielen *Deux-chevaux*-
Taxis, die in den steilen Serpentinen der Hauptstadt —
kurz Tana — röchelnd die Rikschas hinter sich lassen.
Gut halben — nicht ganz direkten — Wegs zwischen Paris
und Kalkutta, hat für eine passende Kulisse die madagassische Architektur mit ihren Kreuzungen von Tessiner
Häusern mit Thai-Klöstern gesorgt.

Eigene Arten

Die vielen Kirchen haben etwas Stilles, in sich Gekehrtes.
Und den Gesang der hunderttausend Manifestanten, die
sich täglich auf der Place du 13 mai zu ihrem Gebet niedergelassen haben, trägt mehr asiatische Entrückung als
der zielstrebigere Eifer, der den Hochreligionen der mediterranen Welt eigen ist. Obschon neben dem Lenkrad
eine hübsche Gravur den Seufzer festhält: »*Aimer c'est
souffrir*«, scheiterten die portugiesischen Missionare im
16. Jahrhundert bei ihrem Versuch, die madagassische
Frömmigkeit für die Angst vor der Hölle fruchtbar zu
machen. Die ehemaligen Meeresnomaden kamen zwischen
den Bergen der »Großen Insel« auf ein eigenwilliges mysti-
sches Christentum zurück, das sich nicht allzuviel aus den
Nuancen der Konfessionen macht. Dem Pastor Richard
Andriamanjato gilt Gandhis gewaltloser Widerstand als
Richtschnur für den Aktivismus der oppositionellen
Forces vives, und der politischen Andacht seiner Anhänger ist eine Reinigung von Sünden fremd. Man hat teil an
der ewigen Herrlichkeit des Herrn: Die Blumenpracht
nebenan auf den Märkten ist überwältigend. Das Eiland
400 Kilometer vor der ostafrikanischen Küste hat sich
bereits um die Mitte des Tertiärs vom Kontinentalsockel
abgesetzt, und auch die Botaniker finden Arten, die man
sonst auf dem Planeten vergeblich sucht.

Gewiß, die »Große Insel« ist ordentliches Mitglied der
Organisation der afrikanischen Einheit. Doch »Afrika«:

Keiner auf Madagaskar käme auf die Idee, das könnte sich auch auf ihn beziehen. Von Afrika sprechen sie alle aus einer interkontinentalen Distanz, wie vielleicht Isländer von Amerika. Geregelte Kontakte zur nördlichen Hemisphäre unterhält die »Grande Île« schon doppelt bis dreimal so lange wie das Innere des Schwarzen Kontinents. Die Alphabetisierung, amtlich mit 67 Prozent ausgewiesen, nähert sich der Analphabetenrate des kontinentalen Nachbarn Moçambique, und sie liegt deutlich über der Rate Kenias. Doch Tanas Elite ist sich viel zu gut, auf ein madagassisch-afrikanisches Zivilisationsgefälle aufmerksam zu machen.

Kultur

So hat sich auch die Politik dieser anderthalb Dutzend Ethnien der Kultur ein Stück weit unterzuordnen. Gewalt braucht einen handfesten Anlaß. Der Präsident schießt, wenn eine Viertelmillion Gegner zu seinem Palast unterwegs sind. Sein Sohn sitzt nachmittags ohne Leibwache im Café und abends in einem der vielen Nachtlokale. Nicht sein zartes Alter ist es in dieser Weltgegend, was den Teenager schützt, der noch immer im verbarrikadierten Haus bei seinem Vater wohnt. »Aber nein!« sagt Nathalie, erschrocken und zugleich etwas amüsiert über die Frage des Europäers, den sie für kultiviert gehalten hat. »Niemand verwechselt ihn mit Didier«, mit Ratsiraka senior. »Die Leute mögen ihn.« In schwarzem Anzug, mit gesteiftem Kragen und einer schmalen Krawatte sitzt er an der Bar, umringt von Tanas schönem Geschlecht, das kurzgeschnittene Haar mit viel Brillantine pechschwarz zurückgebügelt, am Hinterkopf ein ganz kleines Pferdeschwänzchen, weinrot gefärbt.

POSTSKRIPTUM:
ABSCHIED RATSIRAKAS

Februar 1993

Bei den ersten freien Wahlen ihres Staatsoberhauptes haben Madagaskars gut sechs Millionen Wähler Präsident Didier Ratsiraka am Mittwoch, dem 10. Februar 1993, in den Ruhestand geschickt. Den Berichten aus Antananarivo zufolge ergeben die langsam eintröpfelnden Resultate nach Auszählung in knapp der Hälfte von insgesamt 14000 Wahlbüros mit 67,5 Prozent der Stimmen einen entscheidenden Vorsprung für den Oppositionskandidaten der Forces vives, Albert Zafy. Nach dem Ausgang der ersten Runde vom 25. November 1992, aus welcher Zafy unter acht Kandidaten mit 45,2 Prozent vor Ratsiraka mit 29,2 Prozent als Spitzenreiter hervorgegangen war, schien das Rennen gelaufen, zumal sich alle sechs ausgeschiedenen Bewerber gegen den seit gut siebzehn Jahren regierenden Ratsiraka aussprachen. Dem endgültigen Resultat, das nicht vor Monatsende erwartet wird und mit dem Eingang der Ergebnisse aus der entlegenen Provinz den Anteil Zafys eher etwas nach unten korrigieren dürfte, ist als Vorgabe für die bevorstehenden Parlamentswahlen einige Bedeutung beizumessen. Die im August vom Volk gutgeheißene neue Verfassung beschneidet die exekutiven Befugnisse des Staatschefs, und es ist nicht ausgemacht, ob seine Forces vives in der Nationalversammlung über jenes Gewicht verfügen werden, wie Zafys vorläufige Zweidrittelmehrheit bei der Präsidentschaftswahl es suggerieren könnte.

Bei der Abwahl »Radidys« handelte es sich gewissermaßen um einen Akt der Ratifikation. »Didier Ier«, wie ihn der Volksmund weniger liebevoll auch zu betiteln pflegt, hat sich im Frühjahr 1991 in seinem Amtssitz verbunkert, von wo er zunächst einen halbjährigen Generalstreik beobachtete und sich mit den demokratischen

Begehren vertraut machte, an die ihn monatelang fast täglich hundertausend Demonstranten erinnerten. Nebst seiner Kapitulation bestand in bald zwei Jahren seine einzige Amtshandlung von Bedeutung darin, daß er durch seine Palastwache etwa hundert Manifestanten erschießen ließ, als sich deren Masse kurz nach Beginn der zivilen Revolte einmal in seine Richtung in Bewegung setzte. Die eineinhalb Jahrzehnte seines sozialistischen Experiments brachen den bei seinem Antritt einst gefeierten Volkshelden erst zu Fall, als er gemäß Strukturanpassungsrezepten von Weltbank und Währungsfonds den Schaden zu beheben suchte. Der Erfolg, den westliche Donatoren erfreut verzeichneten, wollte den breiten madagassischen Massen durchaus nicht einleuchten. Das wirtschaftliche Erbe, das der fünfundsechzigjährige Chirurg Albert Zafy anzutreten hat, ist durch die Selbstbehauptungsversuche des ehemaligen Fregattenkapitäns Ratsiraka noch um einiges drückender geworden.

MEER DER KONTRASTE

Mutsamudu, Februar 1994

Im Indischen Ozean, dem kleinsten der drei großen Weltmeere, wäre außer ganz Eurasien noch Südamerika unterzubringen, und noch in der kleinen westlichen Randzone vor dem Schwarzen Kontinent, deren vier Inselstaaten der Organisation der afrikanischen Einheit (OAU) angehören, geben die Distanzen zu spüren, daß 70,8 Prozent der Erdoberfläche Salzwasser ist. Von der somalischen Küste südwestwärts nach Mahe, der Hauptinsel der Seychellen, sind es gegen 1400 Kilometer, von dort nach Mauritius im Süden gut 1800 Kilometer, und von Mauritius in kürzester Linie über den madagassischen Hafen Toamasina zur mosambikanischen Küste ist es annähernd ebenso weit.

Madagaskar soll sich eingangs der zweiten Hälfte des Mesozoikums, vor vielleicht 130 Millionen Jahren, vom afrikanischen Festland losgelöst haben, um sich seitdem rund 400 Kilometer davonzumachen — in Richtung Sonnenaufgang ihren malayo-polynesischen Zuzüglern von dereinst entgegen. Die große Mehrzahl der kleineren Inseln sind vulkanischen Ursprungs, so auch Mauritius, das benachbarte französische Réunion und der Archipel der Komoren im nördlichen Ausgang der Straße von Moçambique, die Madagaskar vom Festland trennt. Die Seychellen dagegen, die einzigen hochmaritimen Granitinseln, bilden ein erdgeschichtliches Unikum. Eng übereinander gedrängte Schirmakazien, aus der Ferne wie Züge eines organischen Schiefers, kleiden mit ihren hellen Dächern die Rinnen zwischen den dunkel bewaldeten Abhängen aus. In diesen stillen Hügeln, bewehrt mit den Korallenriffs vor den weißen Stränden, erblicken Geologen das einzige insulare Relikt von Gondwanaland. Der hypothetische Urkontinent der Südhalbkugel soll als geschlossene Landmasse Südamerika, Afrika, Vorderindien, Australien und die Antarktis umfaßt haben, ehe er im früheren Mesozoikum auseinanderbrach.

Der Indische Ozean ist auch der vernachlässigte Ozean genannt worden. Anders als Atlantik und Pazifik, die zu ihren Anrainern die weltgeschichtlichen Mächte des Okzidents, der »Ersten Welt«, zählen, liegt der Indische Ozean zu einem weitaus größeren Teil in der südlichen Hemisphäre, und bei seinen bewohnten Küsten handelt es sich, von der Westküste Australiens abgesehen, um Dritte Welt. Verglichen mit den benachbarten Anrainern finden sich die Inselstaaten alle privilegiert. Dies gilt nicht nur für Mauritius und die Seychellen als die zwei reichen unter den vier OAU-Mitgliedern im Indischen Ozean, es gilt, gemessen an afrikanischen Maßstäben, auch für die Komoren, und im Vergleich zu Moçambique oder auch Tansania gilt es sogar für das Armenhaus Madagaskar. Trotzdem leben die zwölf bis dreizehn Millionen Madagassen und auch die gute halbe Million Komorer eher noch in der »Vierten Welt« als in der Dritten. Im Zeitalter des Jumbos bewegen sich im Indischen Ozean wenige Reisende von Insel zu Insel. Wer die Gelegenheit hat, vergewissert sich, daß Kontraste kaum stärker wirken können als die Kontraste zwischen Entwicklungsländern. Das mag mit deren summarischer Bezeichnung zu tun haben.

Afrikanischer Reichtum

Annektiert 1756 von Mahé de Labourdonnais, dem französischen Gouverneur auf Mauritius, und benannt nach dessen Schatzmeister Jean Moreau des Séchelles, nahm der Archipel der Seychellen 1770 die ersten festen Siedler auf — fünfzehn Weiße, sieben Sklaven, fünf Inder und eine farbige Frau, heißt es in einer populären Darstellung. Der kreolische Sproß, der wie auch Mauritius in Folge der napoleonischen Kriege unter die britische Krone gewechselt hatte und bis heute zu einem souveränen Staatsvolk von 70000 Häuptern gewachsen ist, kam ein Jahr nach der Unabhängigkeit von 1976 durch einen Militärputsch unter die leninistische Parteidiktatur France-Albert Renés. Die zweijährige Prozedur des Übergangs zur parlamentarischen Demokratie ist unter Aufgebot einer kräftigen Portion Kontinuität, aber unblutig abgewickelt worden. Das Budget 1992 sah für den neuen Parteienpluralismus einen Etat von elf Millionen seychellischen Rupien vor (gut zwei Millionen Dollar), davon 9,6 Millionen Rupien für die Regierungspartei, für die sieben Oppositionsparteien je 200000 Rupien. In der Folge ist René aus den Wahlen vom Juli 1993 als gewähltes Staatsoberhaupt hervorgegangen.

Den Badegästen, die rund ein Drittel zum seychellischen Volkseinkommen beitragen, dürfte der politische Systemwechsel nicht ins Auge gefallen sein. Nicht nur am Strand, auch in der Hauptstadt Victoria fehlt ihnen eine Basis für den Vergleich zwischen den revolutionären und den postrevolutionären Seychellen, denn obschon auch Aeroflot Mahe noch immer anfliegt, kommen laut offiziellen Angaben nur sieben Prozent der Besucher ein zweites Mal. In der Rezession der Tourismusbranche seit dem Golfkrieg drückt die massiv gestörte Preis-Leistungs-Balance die Konjunktur auf den Inseln empfindlich, und als erfolgreichste Thunfischer im Indischen Ozean planen die Seychellen nunmehr, diese zweite Devisenquelle durch Großinvestitionen in die Crevettenzucht zu verstärken. Nicht abgeschlossen sind währenddessen die einheimischen Kontroversen, ob das Ferienparadies dank oder trotz dem planwirtschaftlichen Abstecher es so weit gebracht hat, daß es derzeit unter allen 52 Mitgliedsstaaten der OAU mit Libyen um das höchste Einkommen pro Kopf der Bevölkerung konkurriert. Dieses liegt in der Größenordnung von 5000 Dollar, etwa doppelt so hoch wie in Südafrika, gut zehnmal so hoch wie auf den Komoren, vielleicht vierzigmal so hoch wie in Tansania.

Kreolische Spannkraft

Auch Mauritius bewirtet Besucher in einem Aufkommen, das 1993 vermutlich erstmals ein Drittel der Einwohnerzahl überschritten hat. Doch die entsprechenden Einnahmen machen bisher nicht mehr als ein Zehntel des Bruttoinlandproduktes aus. Die 1,1 Millionen Mauritier haben es mittlerweile zu annähernder Vollbeschäftigung gebracht und mit südostasiatischen und südafrikanischen Investitionen unter EG-Protektion das Kunststück vollbracht, die ehemalige Zuckermonokultur zu diversifizieren und sie vor allem um eine einträgliche verarbeitende Textilindustrie zu ergänzen. Auch im unabhängigen Mauritius, das sich 1993 der britischen Krone als seiner dekorativen Staatsspitze entkleidet und die Republik aus-

gerufen hat, steigerte sich — zur Hauptsache in den achtziger Jahren, Afrikas verlorenem Jahrzehnt — das Jahreseinkommen pro Kopf von unter 1000 auf gegen 3000
Dollar. Es scheint kein Zufall zu sein, daß sich die Insel
mit Botswana, Gambia und Senegal zu Afrikas ältesten
Demokratien zählt, die im Fall von Mauritius seit der
Unabhängigkeit von 1968 ohne schwerwiegende Inter-
mezzi funktionierte.

Die Madagassen sehen sich weniger als Afrikaner. Aus
einem unbekannten Grund scheinen sich einige durch ihre
Frankophonie in dieser Abgrenzung bestärkt zu fühlen.
Der Wirt in Port Louis dagegen, ein Franko-Mauritier
seiner Hauptstadt, erklärt mit der Bestimmtheit eines
südafrikanischen Buren, er sei ein weißer Afrikaner. Seine
Familie ist seit mehr als 200 Jahren hier. Den Inseln
blieben Konflikte südafrikanischen Musters erspart. Auf
den Seekarten der portugiesischen Ostindienfahrer tauchte
Mauritius schon 1502 auf, und vor der französischen
Annexion 1715 betrachteten sich während eines Men-
schenalters Holländer als Herren der Insel. Vor der Ankunft der Europäer war sie wie die Seychellen unbewohnt.
Während die indirekte britische Verwaltung Kultur und
Wirtschaft der maritimen frankoafrikanischen Siedlerelite
unangetastet ließ, fanden sich im späteren Verlauf des
letzten Jahrhunderts die befreiten afrikanischen Sklaven
großenteils durch Arbeitsimmigration vom indischen Sub-
kontinent verdrängt. Auf Mauritius liegt der asiatische
Bevölkerungsanteil heute bei gut 70 Prozent — etwa drei
Viertel davon Hindus, ein Viertel Muslime. Wie auf den
Seychellen hat auf Mauritius das Französische als Bil-
dungssprache dem Englischen als der Verwaltungssprache
standgehalten, was sich unter anderem dadurch erklärt,
daß an beiden Orten das jeweils eigene, auf dem Französischen basierende Kreol älter ist als die britische Präsenz.

Kurs MK 536 von Port Louis nach der komorischen Hauptstadt Moroni und von dort nach Nairobi verkehrt nur einmal wöchentlich. Air Madagascar, welche Air Mauritius gehört, kann diesmal wegen eines Sturmtiefs über der Grande Île die Maschine in Antananarivo nicht zwischenlanden lassen und bringt die Reisenden deshalb fast direkt auf den Kontinent und in seine große Geschichte zurück. Unter jüngeren afrikanischen, madagassischen und subkontinentalen Ablagerungen greift der Archipel der Komoren mit seinen arabischen und persischen Wurzeln und mit der Genealogie seiner zahlreichen, gegeneinander wohlabgegrenzten Sultanate tief hinter die Zeiten der europäischen Expansion bis ins letzte Jahrtausend zurück. Die Altstadtkerne von Mutsamudu und Domoni auf Anjouan sind kleine Auslagerungen von Sansibars historischer Stonetown, nur etwas baufälliger noch. Von den Muslimen der südlichen Suaheliküste trennt die Komorer nur der an sich zufällige Umstand, daß sie — halben Wegs zu den malayo-polynesischen Madagassen — Ende des letzten Jahrhunderts unter französische Kolonialherrschaft gerieten und damit neue Impulse zur Vertiefung des *savoir-vivre* erhielten.

Von den vier größeren Inseln harrt eine, Mayotte, weiterhin zwischen den Welten aus. Ihre 70 000 bis 80 000 Einwohner, die sich nach Kräften gegen einen Anschluß an die République fédérale islamique des Comores wehren, finden darin französische Unterstützung nur so weit, als ihr Territorium betroffen ist. Während Frankreich dieses unter einem Sonderstatus behält, bleibt den Insulanern die französische Staatsbürgerschaft vorenthalten. Zumindest soviel verbindet sie mit den komorischen Staatsangehörigen. Da diese zu ihrem geschäftlichen Fortkommen außer auf Vanille, Nelken, Ylang-Ylang und die übrigen Essenzen ihrer berühmten Parfumproduktion nur auf internationale Hilfe zurückgreifen können, handelt es sich bei ihnen fast ausnahmslos um Politiker — in ihrer Tätigkeit verwandt den Bettlern, die in den Straßen dem Fremden die letzten zwei Jahre ihrer Arbeitslosigkeit schildern. Geeint fanden sie sich unlängst in einem Schritt: dem Beitritt zur Arabischen Liga, deren 22. Mitglied sie seitdem stellen. Darauf angesprochen, lächeln sie. Wenigstens ihren Bedeutungsverlust als Drehscheibe für südafrikanischen Nachschub an Moçambiques Renamo-Guerilla sollten sie damit kompensieren. Die südlichste Peripherie der islamischen Welt, die auch in Moçambiques entlegenem Norden und in Malawi noch einige Angehörige weiß, ist dadurch ihrem Zentrum insofern eine Spur näher gerückt, als sich die Hilfe auch der Golfstaaten an die Komorer etwas erhöht hat.

FLÜCHE ÜBER DEM INSELPARADIES

Moroni, Februar 1994

Auch der rundliche *Directeur de l'information* im gleichnamigen Ministerium läßt nichts vermissen an komorischer Liebenswürdigkeit. Es ist Regenzeit in der Straße von Moçambique, wo auf der Grande Comore der Karthala mit seinem gelegentlich auch noch speienden Krater sich 2631 Meter hoch in die Elemente einer großen Waschküche erhebt. »Wir haben den Himmel auf dem Kopf«, so sagt man auf den Komoren zu dieser Zeit, und eine hochtropische Langsamkeit, eine ozeanische Bedächtigkeit, verleiht der komorischen Liebenswürdigkeit eine mächtige Portion Herz. Die einschlägige Nummer der amtlichen Wochenzeitung *Al-Watwan* — »das Vaterland« — ist bei der Auflage von 400 Exemplaren vergriffen, und leider nein, *Monsieur le Directeur* bedauert, mit den Resultaten der Parlamentswahlen, die zum Jahreswechsel publiziert wurden, kann auch das Informationsministerium nicht dienen. Der

Archipel empfängt nur selten auswärtige Pressevertreter. Ausnahmen aus Frankreich wenden sich an ihre Ambassade, nebst der chinesischen und der südafrikanischen die einzige Vertretung mit einem Botschafter, und an die Hinterbliebenen der ehemaligen Kolonialherrschaft verweist jetzt auch der *Directeur de l'information*.

Informationspolitik

Bei der französischen Botschaft ist der Archivar ebenso freundlich und hilfsbereit wie der Gendarm an der Pforte. Er hat nur noch auf die Genehmigung des Presseattachés gewartet, der sich »in einer Sitzung beim Chef« befand. Eine der Photokopien, die er bereits angefertigt hat, behält er: »Versuchen Sie sich das hier zu besorgen, es ist ja noch nicht lange her«, und er schreibt die Nummer des Pariser Magazins *Jeune Afrique* auf den Rand eines der kopierten Berichte aus dem amtlichen *Watwan*. »Das ist sehr interessant«, fügt er hinzu, »ich darf es Ihnen nicht geben.«

Nicht nur jeder französische Diplomat auf den Komoren, auch »*chaque comorien est un politicien*«, sagt ein komorisches Wort. Politische Parteien gibt es viele. Ein Dutzend davon sind in der neu bestellten Assemblé nationale vertreten. Erst der Ausgang der Wahlen vom Dezember hat neun von ihnen zum Zusammenschluß in einem oppositionellen Forum zu bewegen vermocht. Dem Urnengang, dem wegen mehrfacher Verschiebungen keine internationalen Beobachter beiwohnten, waren im Frühjahr 1992 eine nationale Konferenz aller Kräfte und im darauffolgenden Herbst Wahlen vorausgegangen, die ein erstes Mehrparteienparlament, darin aber keine beschlußfähigen Mehrheiten hervorbrachten. Bei einem regulären Verlauf hätte Präsident Saïd Mohamed Djohars Rassemblement pour la démocratie et le renouveau (RDR) auch diesmal keine Aussicht auf eine Mehrheit gehabt, wie sie sich die neue Regierungspartei nun mit exakt 22 von 42 zu sichern verstand.

Die Methoden des staatlichen Sicherheitsapparates schlossen notfalls die Verhaftung aussichtsreicher Oppositionskandidaten ein. Nachdem von lediglich fünf direkt vergebenen Sitzen im ersten Umgang nur ein einziger dem RDR zufiel, erlaubten sich die Behörden nicht nur nachträgliche Eingriffe ins Wahlregister. Auf Anjouan, der zweitgrößten Insel, erschienen am Tag des Urnengangs Verbände der Armee, wechselten in den Wahlbüros Aufseher aus, und während sich die unabhängige Wahlkommission kaltgestellt fand, verkündete eine zweite, von der Regierung dirigierte *Commission d'homologation* unverzüglich die vorbereiteten Ergebnisse. Die Wahlkommission dagegen wies in einem Communiqué zehn Sitze Oppositionskandidaten und acht RDR-Vertretern zu; in den übrigen Wahlkreisen hat ihr gemäß keine ordnungsgemäße Stimmabgabe stattgefunden.

Im kurzen Bericht von *Jeune Afrique* heißt es, ein Mann namens Mohamed Saïd Mchangama, ehemaliger Finanzminister, habe sich einem internationalen Haftbefehl wegen zahlreicher Betrügereien nur zu entziehen vermocht, indem er der Partei seines Schwiegervaters, des Präsidenten Djohar, den Weg an die ungeteilte Macht ebnete. Den vierundsiebzigjährigen Djohar soll sein Schwiegersohn dank eines magistralen Sittlichkeitsdeliktes im festen Griff halten. In der Eröffnungssitzung der Assemblé wurde Mchangama Mitte Januar umgehend zum neuen komorischen Parlamentspräsidenten gewählt. Die Rolle der Pariser Diplomatie, die in *Jeune Afrique* keine Erwähnung findet, beschränkte sich nicht auf Anerkennung. Im Rahmen eines Verteidigungsabkommens bilden französische *coopérants militaires* die komorischen Streitkräfte aus, deren Führung den RDR-Wahlsieg sichergestellt hat.

Bei den drei Staatsstreichen in den achtzehn Jahren der
komorischen Unabhängigkeit hatten jedesmal französische Söldner die Hände im Spiel, zweimal unter dem
berühmten Bob Denard. Der französische Staat scheint
Konsequenzen gezogen zu haben und einschlägige Aufträge nicht mehr an Privat zu vergeben. Von der komorischen Diaspora, die auf 80 000 Köpfe geschätzt wird, soll
sich etwa die Hälfte in Marseille aufhalten, und auch auf
den schwarzen heimatlichen Lavagestaden, am Fuße der
palmenbestandenen Steilhänge, bleibt die komorische
Politik im atmosphärischen Bann eines Agententhrillers,
der nicht nur mit ganz misanthropischen Anekdoten aufwartet. Von einem Angehörigen eines der letzten paar
unter den stetig wechselnden Kabinetten hieß es, nach
seiner Ernennung habe er beim *lycée* seine Anmeldung
zum *baccalauréat* annulliert und sich damit als designierter
Umweltminister dem Risiko entzogen, ein drittes Mal
durchzufallen . . .

Noch bestich auf den Komoren die entspannte Freund-
lichkeit. Vor der Herberge stehen stundenlang unbeauf-
sichtigte Gepäckstücke, und kein Fremder sorgt sich,
wenn er auf einem größeren Tagesausflug feststellt, daß er
kein Ausweispapier bei sich trägt. Mit ungefähr 30 politischen Häftlingen ziehen die Komoren kein übermäßiges
Interesse von Menschenrechtsorganisationen auf sich. Im
afrikanischen Vergleich ist die runde halbe Million Komorer auch nicht sonderlich schlecht bei Kasse. Im Zug der
Abwertung der frankoafrikanischen Gemeinschaftswährung des Franc CFA ist auch der Franc comorien abgewer-
tet worden, dank der Standfestigkeit der eigenen Zentralbank allerdings nur um 25, nicht wie in den anderen CFA-
Ländern um 50 Prozent; doch auch hier schwinden die
flüssigeren Mittel des Staates in der Hand des Verbrau-
chers. Als weltführender Vanilleproduzent leidet die République fédérale islamique des Comores verstärkt unter

madagassischen Schmugglern, die mit ihrer Dumpingware an der halbharten Währung des Archipels schmarotzen.

Metropolitane Begriffsstutzigkeit

In den vergangenen Jahren lagen die Exporteinnahmen der Komoren noch immerhin in einer Größenordnung von 50 Dollar pro Kopf und Jahr — deutlich mehr als das Zehnfache der entsprechenden Einkünfte eines großen Landes wie Äthiopien. Gemäß einer Aufstellung der OECD für 1991 belaufen sich die Zuschüsse aus westlichen Finanzspritzen auf etwa das Zweieinhalbfache der komorischen Außenhandelsaktiva. Die Fremdmittel stammen zu wenig mehr als einem Drittel aus der ehemaligen Kolonialmacht; das übrige stammt zur Hauptsache aus multilateralen Fonds, und unbeeindruckt durch Vorlieben der Pariser Politik schütten auch EG-Quellen mehr als halb soviel aus wie französische. Mit 120 bis 130 Dollar internationaler Hilfe pro Kopf und Jahr erhalten die Komorer etwa sechsmal soviel wie die Äthiopier oder viermal soviel wie die Ugander und belegen unter den ostafrikanischen Empfängern hinter Djibouti den zweiten Rang. Auch hinsichtlich humaner und sozialer Entwicklung belegen die Komoren auf den Ranglisten von Uno und Weltbank keine besonders schlechten Plätze. Dennoch bietet der Archipel kein Musterbeispiel gerechter Verteilung, und zumal das Geschäft zu etwa drei Vierteln aus Hilfe besteht, winkt das beste Geschäft in der Politik.

Doch die sich demokratisch nennende Mehrheit der Mouvance présidentielle hat heute eindeutig eine Bevölkerungsmehrheit gegen sich, insbesondere in den wichtigsten Zentren, in der Landeshauptstadt Moroni und in Mutsamudu, der Hauptstadt von Anjouan. Die Folgen für die Stimmung der ehemaligen Kolonialmacht gegenüber liegen auf der Hand, und Komorer äußern Verwunderung darüber, daß dies auf der französischen Botschaft anscheinend nicht zur Kenntnis genommen werde.

Französische Diplomaten auf den Komoren sind nicht die einzigen in dieser Lage. Zu den verhängnisvollen Entwicklungen in Togo vor und nach der Wahlfarce vom August 1993 äußerte der französische Entwicklungsminister und ehemalige Geheimdienstler Roussin kürzlich in einem Fernsehgespräch, er habe die Bedingungen für eine freie und faire Präsidentschaftswahl als günstig eingeschätzt und sich hierin geirrt, was kein zweites Mal zu erwarten sei. In Paris, dessen gemeinsame sozialistische und gaullistische Afrikapolitik auf dem Schwarzen Kontinent tatkräftig ein halbes Dutzend Despoten an der Macht hält, macht ein Regierungsmitglied mit solchen Äußerungen wenig Aufhebens. Eigentlich alarmierte Stimmen erschallten in der französischen Presse bisher einzig angesichts eines ungewohnten Spektakels im ehemaligen Mandatsgebiet Kamerun, wo der ehemalige Botschafter des Quai d'Orsay seit seinem Altersrücktritt als persönlicher Berater des Autokraten Paul Biya wirkt. Als in den Qualifikationsrunden zur Fußballweltmeisterschaft Frankreich aus dem Rennen geworfen wurde, war dies in Yaoundé und Douala Anlaß zu einem Volksfest, und man hört, daß seitdem das führende Personal französischer Holzgesellschaften in Kamerun die persönlichen Sicherheitsdispositive ausgebaut hätte.

VIII In anderer Nachbarschaft

SAMBIAS PARADOXE HÖFLICHKEIT

Ndola, August 1992

»Wir vom MMD schauen einer echten politischen Heraus-
forderung erwartungsfroh entgegen«, versichert ein Di-
striktsekretär des Movement for Multi-party Democracy.
Der Funktionär am Sitz der Regierungspartei in Ndola,
der Hauptstadt der Bergbauprovinz Copperbelt, gibt mit
seiner Beteuerung Auskunft auf die Frage, ob die Aussichten der jungen Demokratie in Sambia nicht vor allem
davon abhingen, ob die Losung seiner Partei — der *Multi-
partism* — auch politische Wirklichkeit werde. Das MMD,
das im Herbst 1991 als geeinte Kraft unter Frederick
Chiluba der ehemaligen Staatspartei Unip (United National Independence Party) eine vernichtende Niederlage
beigebracht hat, herrscht seitdem ohne nennenswerte
Opposition. Der Unip des gedemütigten Kenneth Kaunda,
die auf weiteres vornehmlich mit dem eigenen Desaster
beschäftigt scheint, traut kaum jemand eine Erholung zu.
Die sambische Vielfalt neuer Parteien ist über zwei Dutzend klingende Namen noch nicht hinaus gediehen. Einzig ein gewisser Pluralismus innerhalb des MMD zieht
breitere Aufmerksamkeit auf sich, und während Chiluba
gleichzeitig Führungsschwächen vorgeworfen werden,
fordern wichtige Kräfte seiner Partei Verfassungsänderungen: einen Abbau der präsidialen Befugnisse durch
Schaffung eines Premierministeramtes.

Die Trennung von Staat und Wirtschaft, die das MMD
in Angriff genommen hat, ist in Sambia ein risikoreiches
Unterfangen. Chilubas Partei findet sich dabei in einem
Dilemma, aus dem weder die Eindeutigkeit ihres Mandats
noch ihr liberales Programm einen Weg weist. Wirt-

schaftliche Interessen sind naturgemäß partikulär, und für *checks and balances*, wie sie eine leidlich konfliktfreie Veräußerung der schwergewichtigen Staatsunternehmen von der politischen Führung verlangt, kann eine einzige Partei mit erdrückender Mehrheit auch im besten Fall nur beschränkt Gewähr bieten. Von daher läge es nahe, zentrifugalen Tendenzen im Movement for Multi-party Democracy freien Lauf und die Chance zu geben, selber herzustellen, was der Name propagiert. Doch war es nicht die Einheit im Kampf gegen das alte Regime, was dem MMD die reiche Belohnung durch den Wähler einbrachte? Einheit der staatstragenden Kraft zeigt andere Folgen als Einheit in der Opposition. Aber vorderhand dominiert die Furcht vor einer unschönen Aufführung: Spaltungen, die nicht unbedingt elegant vonstatten gingen, müßten bei der Basis zuviel Vertrauen zerstören — zumal der Erfolg der schmerzhaften Wirtschaftsreformen weitgehend von diesem Vertrauen und der berühmten Geduld der Sambier abhängen wird.

Tücken der Einheit

So beschreibt auch ein Dissident wie der unlängst zurückgetretene Minister Baldwin Nkumbula das Dilemma des MMD, dessen sich manche seiner Exponenten bewußt sind. Auch in Chilubas ehemaliger Oppositionsbewegung, bei der es sich noch immer nicht um eine Partei im engeren Sinne handle, könnten sich Erbteilungen seiner Meinung nach nur an ethnische Linien halten und tribalen Konflikten, die unter Sambias gut 70 Stämmen seit langem eine untergeordnete Rolle spielten, dennoch zu Nahrung verhelfen. Ein Rezept sieht er nur in verbesserter Pflege der Demokratie innerhalb der Bewegung, was offenere Diskussion von Interessengegensätzen verlange. Auf dem MMD lastet zudem die Hypothek der Scharen von Unip-Politikern, die heute in der Partei Chilubas kaum weniger zahlreich sein sollen als in der abgehalfterten Staatspartei Kaundas. Heiterkeit erntet in Sambia der Ausspruch eines simbabwischen Oppositionspolitikers, dessen demokratisches Forum womöglich ähnlichen Zukünften entgegengeht: Es sei die Natur einer jeden politischen Organisation auf der Welt, Jungfrauen und Verbrecher zusammenzubringen. »Denken Sie nur einen Augenblick an die Kirchen!« hatte er hinzugefügt, aber damit ist in Sambia nicht zu spaßen. In einer der ersten Amtshandlungen hat Chiluba das neue Sambia zu einem christlichen Staat erklärt, wo Vergeltung und Rache nichts zu suchen hätten. Nach Jahrzehnten des Sozialismus ist die ebenso breit wie tief verankerte Religiosität vielleicht die wichtigste Quelle der sambischen Geduld.

Unheimlicher Kapitalismus

In der Umstellung der sambischen Wirtschaft auf den Kapitalismus werden, obschon sich niemand dagegen ausspricht, weit herum erhebliche Gefahren gesehen. Beispiele wie Ägypten etwa, wo Nassers Direktor der größten staatlichen Baufirma über Nacht durch Sadats Reformen zum reichsten Privatmann des Landes wurde, lassen hier aufhorchen; und niemand weiß zu sagen, was das MMD an vorbeugenden Maßnahmen erwägt. Über 90 Prozent der Exporteinnahmen stammen aus dem Minensektor, wobei Zambia Consolidated Copper Mines (ZCCM) für den produktiven Teil fast allein aufkommt. Die Regierung äußerte Privatisierungsabsichten, wobei ihr eine Teilung des Giganten in drei Einheiten und sukzessive Erhöhung privater Anteile vorschwebt, die jetzt schon bei 40 Prozent liegen. Während auch im Bergbauministerium von Fristen von nicht unter drei Jahren die Rede ist, spricht Paul Kafumbe, stellvertretender Generalsekretär der Mineworkers Union of Zambia (MUZ), von »wahrscheinlich vielen Jahren«. Seine Gewerkschaft vertritt die Interessen von 54000 ZCCM-Angestellten, einer Arbeitskraft in Größenordnung von fünfzehn Prozent aller sambischen Lohnempfänger, und der Sekretär räumt ein, daß sich die MUZ nicht an den Studien zu Privatisierungsprojekten beteiligen möge, welche die Regierung voranzutreiben verspricht.

Obschon die Kupferproduktion wieder einen gewissen Aufschwung verzeichnet, bleibt der Finanzbedarf groß. Verlassen von ihrem obersten Gewerkschaftsboß Chiluba, der in die Rolle Frau Thatchers übergewechselt ist, schauen Sambias Miners einer gewiß nicht ganz vertrauten Zukunft entgegen. Doch sie haben offenbar noch nicht vergessen, daß zum Auftakt der neunziger Jahre sie die Avantgarde des demokratischen — sprich: kapitalistischen — Wandels in Sambia stellten. Schließlich wurde der Minensektor erst 1970, sechs Jahre nach der Unabhängigkeit des früheren Nordrhodesien, verstaatlicht. Künftige Schrecken könnten die Depressionen der vergangenen zwanzig Jahre mit Sicherheit nicht übertreffen, meint Kafumbe.

Unbill der Natur

Wie Simbabwe und andere Länder im südlichen Afrika fand sich Sambia nach Jahresbeginn 1992 von der schwersten Dürre seit Menschengedenken heimgesucht. Die letzte Maisernte brachte gerade ein Siebentel bis ein Sechstel des Ertrags guter Jahre auf den Markt. Die erforderlichen Importe werden das Land mit seiner üblicherweise positiven Handelsbilanz mindestens 250 bis 300 Millionen Dollar kosten. Dessen ungeachtet erscheint das Vertrauen der Geber intakt. Laut dem *Economist* erhielt Sambia mit seinen gut acht Millionen Einwohnern und einem Schuldenberg von rund acht Milliarden Dollar im Frühjahr 1992 Finanzhilfe von mehr als 1,3 Milliarden Dollar zugesprochen, was in jedem afrikanischen Vergleich als sehr viel gelten muß.

Längerfristig stehen die Zeichen außerhalb des Bergbausektors nicht schlecht. In dem Land mit einer der höchsten Verstädterungsquoten Afrikas — über 50 Prozent — trägt die verarbeitende Industrie etwa ein Viertel zum Marktanteil des Bruttoinlandproduktes bei. Die Landwirtschaft, der zur Selbstversorgung Sambias schon jetzt wenig fehlt, ist voller Entwicklungsmöglichkeiten. Weniger als zehn Prozent der urbaren Fläche sind kultiviert, und von dem bebauten Land sind 80 Prozent nicht voll genutzt. Entsprechend groß soll das Interesse unter südafrikanischen und simbabwischen Farmern sein; eine staatliche sambische Agentur in Johannesburg nehme täglich rund 70 Anfragen entgegen.

Treue zur Wahlurne

Das Erntedesaster, dessen unmittelbare Folgen erstaunlich gut bewältigt wurden, dürfte die wirtschaftlichen Anpassungsvorhaben trotzdem um ein Jahr oder auch mehr zurückwerfen. Denkt man an die Bevölkerungszunahme von 3,5 bis 4 Prozent, dann erscheint nach drei Jahren negativer Zuwachsraten das Ziel realen Wirtschaftswachstums pro Kopf für 1994 hoch gesteckt. Die Kuren von Weltbank und Währungsfonds schicken auch Sambias Reformer auf sämtliche Köpfe der Hydra gleichzeitig los: Im Zuge von Preisliberalisierung, radikalem Subventionsabbau, Abwertung und Schuldenrückzahlung hätten sie nebenbei eine Inflation von über 100 Prozent zu bändigen, zugleich Zehntausende von Staatsbesoldeten zu entlassen und die sozialen Folgen zu lindern. Die Ressourcen an sambisch-christlicher Geduld und Leidensfähigkeit sind schwer abzuschätzen. MMD-Politiker äußern die in Afrika hochmoderne Auffassung, dafür gebe es keinen anderen Gradmesser als die Urne. In vier Jahren habe sich das Movement for Multi-party Democracy wieder zu stellen, und auch erst dann könne sich klären, ob Sambia — der Losung seiner Regierungspartei folgend — mehreren Parteien Macht zuteilen wolle.

SIMBABWISCHE NARBEN

Bulawayo, Juli 1992

Es kann sich als recht schwierig erweisen, in Matabeleland von Politikern, zumal von oppositionellen, über das Verhältnis zwischen der simbabwischen Minderheit der Ndebele und der Mehrheit der Shona Grundsätzlicheres in Erfahrung zu bringen. Ein oppositioneller Rechtsanwalt, der in Bulawayo, der Hauptstadt von Matabeleland North, dem regionalen Zweig der neugegründeten demokratischen Forumsbewegung vorsteht, will sich nicht von Fragen nationaler Programmatik abbringen lassen. Seine Reaktion illustriert ein schweres Dilemma, in welchem sich Oppositionspolitiker in Afrika mancherorts finden. Gerade als Repräsentanten vernachlässigter Regionen droht ihnen, wenn sie deren Anliegen aufgreifen, die Falle, sich als Regionalisten — sprich: als Tribalisten — zu desavouieren und dies gegenüber einer Zentralregierung, die sich genau dasselbe Vergehen zuschulden kommen ließ. Eine Politik der Verdrängung ethnischer Konflikte, die diese unterschwellig natürlich verstärkt, ist in Afrika oft nur unter ernsten Desintegrationsgefahren mit einer Politik zu kontern, die das Potential ebendieser Konflikte freizusetzen riskiert — und wäre es auch nur, indem sie Wiedergutmachung langjährigen Unrechts einklagt. Der Rechtsanwalt in Bulawayo verwahrt sich gegen Gelüste von, wie er es nennt, *revenge*, Rache. Im Fall Simbabwes sieht er auf beiden Seiten latente Desintegrationstendenzen, die entsprechende Behutsamkeit geböten.

Keine Verzeihung

Es braucht eine fast ungehörige Insistenz, mehrmals wiederholte Beteuerungen, man sei nicht um der nationalen, sondern um der Perspektive Bulawayos willen hergereist, und was er sage, bekomme man auch in der

Hauptstadt Harare zu hören, bis der Anwalt schließlich ausatmet und in einem knappen Satz zu verstehen gibt, an der tribalen Front sei im wesentlichen alles noch wie vor zehn Jahren. Das hat zuvor auch der hiesige Korrespondent der oppositionellen Wochenzeitung *Financial Gazette* gesagt. Gewiß gibt es, wie beide ergänzen, eine einfache Ndebele-Identität ebensowenig wie eine einfache Shona-Identität. Doch die Vereinigung von Robert Mugabes Zanu (Zimbabwe Africa National Union) und Joshua Nkomos Zapu (Zimbabwe African People's Union) war 1987 über den Massengräbern in Matabeleland zustande gekommen. Erst im ersten Halbjahr 1992 sind wieder einmal neue Spuren vergangener Schrecken unter Mugabes 5. Brigade entdeckt worden. Verziehen ist wenig oder nichts, ergibt sich der Eindruck, den man mitnimmt.

Seit Mugabe Mitte Juli 1992 den Ndebele-Politiker Dumiso Dabengwa aus Bulawayo als Innenminister in sein ansonsten mehr altes als neues Kabinett berufen hat, fühlt sich Matabeleland in Harare etwas besser vertreten als nur durch den dekorativen Veizpräsidenten Joshua Nkomo, der von der Shona-Mehrheit als einer der reichsten Privatmänner im Land politisch ruhiggestellt wurde. An seinem privaten Geschäftssitz in Bulawayo versichert Dabengwa, der Präsident sei bei seinem Besuch kürzlich von Ansässigen gefragt worden, warum auch im neuen Kabinett nur zwei Minister die rund zwanzig Prozent Ndebele verträten. Der Staatschef habe geantwortet, fachliche Eignung und nicht Stammesangehörigkeit sei das Kriterium seiner Auswahl. Angesichts massiver und breiter Kritik gerade an der Kompetenz von Teilen seiner Mannschaft konnte dieser Bescheid in Matabeleland kaum mit Applaus rechnen.

Wasser

Mit der katastrophalen Dürre im südlichen Afrika ist das chronische Wasserproblem Matabelelands wieder einmal äußerst akut geworden. Seit längerer Zeit setzt sich der Auszug produktiver Betriebe fort, was mit Arbeitslosigkeit und verstärktem Migrationszwang die sozialen Spannungen nährt. Daß zwölf Jahre seit dem Triumph über das geächtete Regime von Ian Smith nicht genügt haben, um Matabele Wasser zu bringen, wird von der Bevölkerung als Beweis einer ganz bewußten Strategie der Vernachlässigung aufgefaßt. Dabengwa sagt, Bulawayo werde »ausgelöscht«, wenn nicht das Wasserproblem demnächst doch eine Lösung finde. Notmaßnahmen wurden ergriffen: 90 Grundwasserzapfstellen sind gebohrt, weitere sind vorgesehen, es wird an Mikrodämmen gebaut, und zwei große Dammprojekte sind in Ausführung gegangen. Die Not in der Stadt mit ihrer strengen Rationierung hat sich noch nicht gelindert, gepumpt wird noch nicht.

Um eine Lösung handelt es sich bei den getroffenen Vorkehrungen nicht. Die Grundwasservorräte konnten laut Dabengwa bisher nicht eingeschätzt werden, und Dämme stauten nur Wasser, soweit es vom Himmel falle. An dem alten teuren Projekt einer Pipeline vom Sambesi nach Matabeleland führt offenbar kein Weg vorbei. Der neue Innenminister, der vor Amtsantritt in Europa möglichen Geldgebern, vor allem in Deutschland, seine Sorgen unterbreitete, gibt sich recht optimistisch. Auch im Kabinett in Harare stünden die Zeichen für sein Anliegen günstiger. Die Führung Mugabes sieht sich durch die Not und ihren politisch erschütterten Stand womöglich zum Handeln gedrängt. Erwogen wird eine Linie vom Sambesi zum Damm von Gwayi Shangani, an dem etwas über 250 Kilometer nordwestlich von Bulawayo gebaut wird. Die Kosten des Verbindungsstückes von 100 bis 150 Kilometer Länge veranschlagt Dabengwa mit eineinhalb Milliarden Zimbabwe Dollar, etwas unter 400 Millionen Franken.

Die Dürre und ihre politischen Auswirkungen liefern, was
überschaubare Zeiträume betrifft, dem Land das wesentlich brennendere Thema als etwa das neue Landgesetz,
das in den ersten Monaten des Jahres in Simbabwe und
auswärts für Schlagzeilen sorgte. Gut fünf Millionen
Hektar Land der 4500 fast ausschließlich weißen Farmer
sind zur Enteignung gegen Entschädigung freigegeben
worden. Doch bei ihrem mehr als doppelt so großen
Gesamtbesitz findet sich, wie man von Fachleuten hört,
auf absehbare Zeit mehr als genug Brachland, als daß
jemand einem Zwangsverkauf genutzter Fläche ent-
gegenzublicken hätte.

HOHES ALTER

Livingstonia, im März 1994

Sie schütteln sich alle vor Lachen. Neun oder vielleicht
elf sind es, die es sich alle so bequem wie möglich gemacht
haben, teils die Füße auf der Erde und der Hintern auf
der Kante aufruhend, teils schwergewichtig niedergelassen
auf den schmalen rohen Tischen, die sich der Tür gegenüber zu einem breiten Hufeisen schließen. Dahinter, im
Halbdunkel des frühen Abends, stapeln sich die mehrheitlich leeren Kisten. Auf dem Plateau von Livingstonia ist
die Bierschenke das erste Haus, das die Straße nach den
spitzen Kurven die 800 Höhenmeter vom Lake Malawi
herauf erreicht. In dem Bau mit seinem einen bescheidenen Raum sündigt die Zechrunde gewissermaßen *extra
muros*. Außer hier werden in der hundertjährigen Mis-
sionssiedlung nur Coca-Cola und andere süße Wässerchen
verkauft, und in den beiden kircheneigenen Herbergen
gibt es nur Tee. Wir wollen hier Bier kaufen, aber zuerst

werden wir empfangen. »Hier hat alles angefangen! Ja, tatsächlich, das elektrische Licht und noch vorher die Wasserleitungen; von hier aus«, erklärt der Wortführer, und wieder schütteln sich alle vor Lachen, während er seine Arme weit und visionär öffnet: »Von hier aus hat sich Afrika ausgebreitet.«

Geist des Zeitlosen . . .

Nach Malawi? Wo ist das? In der allseitigen Wiederholung, in der europäischen Reisenden zu Hause die Frage gestellt wird, spricht sie für ihre Berechtigung, und ein zweifelnder Unterton darin markiert womöglich gewisse Grenzen der Neugierde. Das war anders zu der Zeit, als David Livingstone auf der Suche nach den Nilquellen den Sambesi hinauf ins Innere Afrikas vorstieß. Seine erste Entdeckung war — etwa 400 Kilometer von der Ostküste — der Lake Malawi, der in Moçambique und Tansania, den beiden anderen Anrainern, über Malawis Unabhängigkeit von 1964 hinaus den Namen Lake Nyasa behalten hat. Unter dem Motto von Livingstones drei großen »C« — *Christianity, Civilization and Commerce* — folgte dem großen Missionar und Arzt die Free Church of Scotland. Durch die Feindseligkeit Eingeborener nach Norden gedrängt, ortete sie 1884 über dem obersten Viertel des 570 Kilometer langen Sees ein sicheres Quartier, dem Himmel fast näher als den malariaverseuchten Ufern. Rund um die 1896 gegründete Theologische Fakultät wurde die Station ab der Jahrhundertwende energisch ausgebaut: 1902 das kühne Straßenprojekt in Angriff genommen, 1905 die fünf Kilometer Rohre der zentralen Wasserversorgung verlegt und bereits auch ein kleines Kraftwerk installiert, 1908 bis 1911 das Gordon Memorial Hospital erbaut. Livingstonia blieb Sitz der zweiten Synode neben der von Blantyre, der Wirtschaftskapitale im Süden, die den Namen von Livingstones schottischem Geburtsort trägt.

Mit etwas weniger als der dreifachen Fläche der Schweiz zwängt sich Malawi zwischen die sambische Grenze und den See, über dessen Südspitze hinaus etwa ein Drittel des gegen 900 Kilometer langen Landstreifens nach Moçambique eindringt. Die Bevölkerung eines solchen Gebildes kann auch unter ethnischen Gesichtspunkten nicht homogen sein. Als Afrikas südlichstes Sprengsel der islamischen Welt findet sich darunter etwa ein Siebtel Muslime — Abkommen autochthoner Söldner des ostafrikanischen Sklavenhandels, gegen den Livingstone ins Feld gezogen war. Unter der etwas größeren christlichen Hälfte der heute neun bis zehn Millionen Malawiern hängen kaum weniger dem Katholizismus als den protestantischen Konfessionen an. Doch obschon der Calvin verpflichtete schottische Presbyterianismus im ehemaligen Nyasaland nicht die einzige christliche Botschaft blieb, hat er mit seinem viktorianischen Standvermögen zumindest auf die politische Kultur des direkt verwalteten Protektorats den nachhaltigsten Einfluß behalten. Auch über die britische Zeit hinaus behauptete sich im Land viel von jenem Puritanismus, der trotz seinem weltzugewandten Progressismus den Fortschritt in manchen seiner Gestalten nicht mit derselben Bestimmtheit begrüßt, mit welcher er manche seiner Begleiterscheinungen mißbilligt.

. . . und das »System Kamuzu«

Die Church of Scotland verdankt ihre Wirkung nicht nur den Vorsprüngen im Bildungssektor, der hier wie in etlichen europäischen Besitzungen bis gegen die Unabhängigkeit unter fast unangefochtenem kirchlichem Monopol blieb. Auch Dr. Hastings Kamuzu Banda, das greise Staatsoberhaupt auf Lebenszeit, besuchte schottische Missionsschulen, ehe er sich als Halbwüchsiger auf seine vierzigjährige Odyssee durch südafrikanische Minen, amerikanische Hochschulen, Schottland, Liverpool und die Vorstadt Londons begab, wo er mit den Insignien der University of Edinburgh anfangs des Zweiten Weltkriegs eine seiner Arztpraxen unterhielt. Banda, der sich in den USA Diplome auch in Philosophie und politischer Wissenschaft erworben hatte, war Elder der Church of Scotland. Sein Regierungsstil zeigte entsprechende Züge. Einer seiner Biographen führt zur Illustration die folgende Äußerung an: »Malawis System ist das, was Kamuzu sagt. So ist es, und die Angelegenheit ist erledigt. Ob es diesem oder jenem mißfällt, es wird dabei bleiben ... Man kann nicht jedermann darüber entscheiden lassen, was zu tun ist.« 1968 wurde die Verfassung ergänzt um die präsidiale Befugnis, nach eigenem Dafürhalten Bürgerrechte zu suspendieren. Die Organe des Staates und die Malawi Congress Party fungierten als exekutiver Apparat einer Person.

Niemand hat dem flammenden Nationalisten Banda ehrbare Motive und echte Sorge um das Schicksal seines Landes abgesprochen. Ein Dach über dem Kopf, anständige Kleidung und tägliches Brot hießen die drei Versprechungen, die sein Parteistaat bei schwieriger Ausgangslage auch weitgehend hielt. Das Land sticht nicht durch ein alarmierendes Maß an manifestem Elend hervor. Malawi mit einem Bruttoinlandprodukt von etwas über 200 Dollar pro Kopf und Jahr läßt sich zwar nicht mit Armenhäusern wie Äthiopien oder Tansania vergleichen, zählt aber dennoch zur Gruppe der ärmsten afrikanischen Länder und kam auch im letztjährigen Human Development Report der Uno nicht über den Rang 153 unter 173 Ländern hinaus. Doch stets gingen beträchtliche Posten des Entwicklungsbudgets in vergleichsweise dauerhafte Errungenschaften, wenn auch vielleicht weniger im Bildungswesen als in den Sektoren Gesundheitswesen, Energie und Verkehr.

Die geläufigen Wirtschaftsindikatoren machen an einem Beispiel wie dem malawischen deutlich, wie wenig sie im Kontext afrikanischer Unterentwicklung zu besagen vermögen. Für 1993 beziffert die Weltbank Malawis Wachstum mit 11,1 Prozent, gegenüber einer Schrumpfung von 7,9 Prozent im Vorjahr. Bei einem Bevölkerungszuwachs von ungefähr 3,5 Prozent ist die Resultante für die zwei Jahre klar negativ. Hinter solchen Werten verbergen sich die heftigen kurzfristigen Ernteschwankungen: Sprünge von 50 bis zu gut 70 Prozent bei den Kleinproduzenten. Zwischen 90 und 95 Prozent der Malawier sind in der Landwirtschaft tätig, davon wenig mehr als fünf Prozent in Lohnarbeit. Von den landbesitzenden Bauern in dem dichtbevölkerten, kleinen Land bearbeiten rund 85 Prozent weniger als zwei Hektar. Dieser Löwenanteil der Agrarproduktion ist kaum nennenswert über die Subsistenzwirtschaft hinaus gediehen, worin noch immer das strukturelle Problem der malawischen Volkswirtschaft liegt.

Trotz allem ist Bandas System nicht in erster Linie durch unbefriedigende wirtschaftspolitische Noten zu Fall gekommen, und entsprechend lange hielt sich die internationale Gebergemeinschaft zurück, bis sie sich durch die Menschenrechtsbilanz des Polizeistaates doch zu einschneidenden Reaktionen genötigt fand. Die Frage ist alt, ob sich in Abstrichen bei den Menschenrechten ein diskutabler Preis für eine Diktatur der humanitären Art Bandas erblicken läßt. Das triftige Argument gegen die Idee einer nationalen Erziehungsdiktatur weist auf den unversöhnlichen Widerspruch zwischen dem Ziel und den Mitteln hin. Diktaturen unterbinden in aller Regel die Prozesse politischer Reifung, die sie zu fördern vorgeben. Sie betreiben allem voran ihre Verewigung und fallen dabei unweigerlich der institutionellen Sklerose anheim. Selbst was die höchste

Moral betrifft, gilt die Erkenntnis der antiken Griechen, wonach alle ethischen Tugenden eine Frage des Maßes sind. Aktuell bleibt diese Frage auch für den Konservatismus, der mit einem Übermaß seine Grundlage zerstört.

Frühe und spätere Anfänge

In Malawi waren nicht nur die Staatsspitze und der Parteivorsitz Ämter auf Lebenszeit. Wenn mit der Lebensfrist des Stifters auch der Bestand eines Staatswesens wie des »Systems Kamuzu« begrenzt ist, so hat das Ursachen in diesem System und liegt nicht einfach daran, daß Banda eine Regelung der Nachfolgefrage stets verhinderte. Auch die Gefahren für die Stabilität des Landes im überfälligen Übergang zur Demokratie sind eine Hinterlassenschaft dieses Systems. Im Bierhaus am Rande von Livingstonia, zwischen den Anhängern der oppositionellen Alliance for Democracy, die hier im Norden unangefochten ist, meldet sich ein Findling aus der im Süden führenden United Democratic Front. Ist dieser Pluralismus in dieser Zechrunde kein Problem? »Aber woher denn!« klärt der Wortführer auf. »Hier hat alles angefangen, und jetzt sind wir alle frei!« An diesem Samstagnachmittag schütteln sich nochmals alle vor Lachen.

IX Im Inneren

HUTU ODER TUTSI

Bujumbura, Juli 1991

Die drei Gepäckstücke auf dem Flugfeld von Entebbe sind identifiziert, und Kurs PB 701 von Air Burundi sticht hinaus über die Myriaden der Inseln im Lake Victoria. 40 Minuten später, in geringer Höhe über der Mündung des Kagera, schwenkt die Twin Otter nach Westen, steigt sanft über den tansanischen Küstenstreifen hinauf zum Grenzgebiet Rwandas und Burundis. Eine Stunde holpern wir über grüne Buckel, ehe jenseits am Tanganyikasee die Flughafenbelegschaft von Bujumbura die zwei Passagiere an der Luke empfängt. Vollzählig stehen sie auf dem Rollfeld: ein Grenzpolizist, ein Zöllner und der Diensttuende der Wechselstube. Genau ein Taxi wartet am Ausgang, um Reisende in die burundische Kapitale zu bringen — eine Stadt etwa der Größe Basels.

Distinguiertes Pflaster

Fracht von Mombasa nach Bujumbura kostet das Doppelte des Transports von New York an die ostafrikanische Küste; und von der Westküste des Tanganyikasees zum Atlantik brauchte 1871 Henry Morton Stanley, ohne freiwillige Aufenthalte, neun Monate. Sie leben abgeschieden, die sechs Millionen Barundi und die siebeneinhalb Millionen Banyarwanda, die beide ihr Land — je etwa zwei Drittel der Fläche der Schweiz — »das Land der 1000 Hügel« nennen. Hier, tief genug im Inneren, fühlt man sich schon fast wieder außerhalb Afrikas, in diesem Auf und Ab lichter Mischwälder, einer diskreten

Kulturlandschaft, die auch den beiden Hauptstädten Bujumbura und Kigali ein gepflegtes Äußeres verleiht. *»Excusez-moi s'il vous plaît, Monsieur, désiriez-vous un tout petit café?«* lautet hier im Straßencafé, was sonst in Ostafrika *»What do you want?«* heißt. Die dünne Elite der mausarmen Länder, die sich gerne ihre Hochschulbildung in Leuven, vielleicht auch in Lausanne, einverleibt hat, kultiviert — in ihrem Spagat über den Klüften zwischen den Hemisphären — sehr anforderungsreiche, leicht antiquierte Lebensart. Schon diese Fassade stimmt ein auf die Schwierigkeiten, in das Maskenspiel dieser Gesellschaft einzudringen, die sich der grauenvollsten Massaker im nachkolonialen Afrika als fähig erwies.

La question de l'unité nationale heißt in Burundi das Erbe von drei Jahrzehnten ethnischer Aufstände, niedergeschlagen unter Hekatomben von Todesopfern. Die Spaltung, die mit der fraglichen »nationalen Einheit« dezent angesprochen ist, geht so tief, daß sich unter Barundi und Banyarwanda auch Schweizer, entwicklungspolitisch und auch pastoral stark engagiert, in Hutu und Tutsi scheiden. Es handelt sich bei den zwei Kleinstaaten, auch darin Sonderfälle in Schwarzafrika, nicht um Schöpfungen auf dem kolonialen Reißbrett, sondern um Königreiche, die Jahrhunderte währten und mit den sich geringfügig unterscheidenden Landessprachen Kirundi und Kinyarwanda auch nationale Kulturen hervorgebracht haben. Eine feudale Elite der Tutsi — nomadisierende Nilohamiten, die vor rund einem halben Jahrtausend von Nordosten eingedrungen waren — herrschte über die erdrückende Mehrheit der Hutu — die seßhaften Bantu mit einem Bevölkerungsanteil, der vor den Wellen des Tutsi-Exodus aus Rwanda in beiden Ländern mit 85 Prozent beziffert wurde.

Heute im Zusammenhang mit dem feinen Unterschied
den Begriff der Rasse zu verwenden erscheint so abwegig
wie etwa im Falle des europäischen Judentums. Europäer, die seit 30 Jahren im Land sind, haben zuweilen ihre
Zuordnung mehrjähriger Bekannter zu korrigieren. Die
genealogischen Mystifikationen, um deren historischen
Kern es den völkerkundlichen Migrationstheorien zu tun
ist, betreffen kaum ein biologisches, sondern ein kultu-
relles Phänomen, das Einheimische aufgrund von Be-
rufsständen, Karrieren, Lebensgewohnheiten und Ver-
haltensmustern aufzuschlüsseln vermögen. Die Tradition
der Höfe hatte im »gemeinen Volk«, wo Mischehen eine
Seltenheit, aber nicht unbekannt waren, keinen allzu
großen Unterschied zwischen Hutu und Tutsi gemacht.
Die belgische Kolonialverwaltung, welche 1916 die beiden
Monarchien von Deutsch-Ostafrika übernommen hatte,
unterminierte mit ihren rationaleren Vorstellungen die
sakral legitimierten Throne, ohne auf die Vorbereitung
der Unabhängigkeit von 1962 viel Energie zu verschwen-
den. Als fatal in der Geschichte Burundis erwies sich
1962 die Ermordung des Thronfolgers und Regierungschefs Louis Rwagasore, der als charismatische Integra-
tionsfigur kurz zuvor seiner Partei bei den ersten Wahlen
zu 58 der 64 Sitze verholfen hatte.

Die Entmachtung der Höfe gab jener Polarisierung
Raum, die fortan republikanischen Diktatoren als ein
politisches Passepartout diente. Sie begriffen, daß einem
Konflikt — auch als einem Instrument — erst das Tabu
zu seiner ganzen Macht verhilft. Die Worte »Hutu« und
»Tutsi« kamen jahrzehntelang nicht über wohlerzogene
republikanische Lippen, und unter Barundi und Banyarwanda transportiert seither jeder Satz hinter seiner aus-
gesprochenen Bedeutung eine unausgesprochene, hinter
dem *»dit«* ein *»non dit«*. Unterdessen kämpften die Behörden beider Staaten, je unter ihren spiegelbildlichen Vor-

gaben, mit Kampagnen der »Sensibilisierung« gegen die übermächtige Gefahr der »Intoxikation« ihrer Bürger, die allesamt entweder »Defaitisten« oder »Vigilants« waren, in jedem Fall Kombattanten im offiziell inexistenten, da längst überwundenen ethnischen Konflikt.

Traumatisierung

Die Entwicklungen in den beiden unabhängigen Staaten sind nur als gemeinsame Geschichte des Konflikts von Hutu und Tutsi zu begreifen. Unter den beiden fünf-hundertjährigen Tutsi-Monarchien — veritable National-staaten und als solche Ausnahmen in Afrika — wurde die rwandische oft als die schon in vorkolonialer Zeit brutalere Herrschaft gebrandmarkt. Zur Festigung ihrer Kontrolle hat die ultrazentralistische belgische Kolonial-verwaltung die drei traditionellen kommunalen Insti-tutionen des Land-Oberhauptes, des Vieh-Oberhauptes und des Oberhauptes der Krieger in Personalunion eines einzigen Chiefs zusammengeschlossen. Die feudale Tutsi-Elite verwandelte sich dadurch in eine moderne Admini-stokratie, die fortan nicht nur etwa in Gestalt der drako-nischen Steuereintreiber der Fremdherrschaft in Erschei-nung trat, sondern in deren Diensten zudem die äußerst billigen Arbeitskräfte des bevölkerungsreichen Klein-staates in die zairischen Bergbauzentren deportierte. 1959 wurde der Thron in Kigali, noch unter den Belgiern, in einem Hutu-Aufstand hinweggefegt. Aus höheren Ämtern verschwand rund die Hälfte der Tutsi, und ihre fortschreitende Elimination auch unter der gewählten Regierung Präsident Kayibandas erreichte den Höhe-punkt im Dezember 1963, als in der Folge einer militäri-schen Attacke von Emigranten, unweit der burundischen Grenze bei Kanzenze, über 10000 Tutsi massakriert wur-den und Hunderttausende aus dem Land flohen.

Größere Aufmerksamkeit zogen außerhalb der Region die Auswirkungen der rwandischen Revolution in Burundi auf sich. Versuchen des isolierten Tutsi-Regimes in Bujumbura, den ethnischen Konflikt durch politische Beteiligung der Hutu einzudämmen, machte 1965 ein Putschversuch von Hutu-Gendarmen ein Ende. Erfahrungen der rwandischen Tutsi in den Nachbarländern, wo viele zu Reichtum gelangten und — ein bekanntes Los exilierter Eliten — starke Antipathien auf sich zogen, schürten Panik unter burundischen Tutsi, die das physische Überleben des Volkes gefährdet sahen. Fortan rechtfertigte der Zweck ihrer Machterhaltung schlechterdings jedes Mittel. Nachdem 1965 praktisch die gesamte Hutu-Elite Burundis liquidiert worden war, fielen 1972 der Reaktion auf eine weitere Rebellion zwischen 100 000 und 200 000 Hutu zum Opfer, im Sommer 1988 nochmals — Angaben gehen je nach Quelle weit auseinander — zwischen 10 000 und 20 000.

Alternative

Der Hutu-Staat Rwanda, der bei seinem strukturellen Übervölkerungsproblem im Unterschied zu Burundi nie ernsthafte Anstalten zeigte, sein enormes Flüchtlingsproblem zu lösen, blieb im Schatten des Mordens der Nachbarn. In Kigali herrschen seit der Unabhängigkeit Angehörige der ethnischen Mehrheit, und Rwanda ist der einzige Staat auf dem Kontinent außer Südafrika, welcher Volksgruppenzugehörigkeit als Rubrik in Ausweispapieren verankerte. Weniger wohl für die rwandischen, dafür aber für die burundischen Hutu galt der rwandische Hutu-Staat als die Einlösung ihres legitimen Emanzipationsanspruchs. Die internationale Gemeinschaft — und kräftig auch die Schweizer Entwicklungszusammenarbeit — trug zur Festigung dieser Illusion bei, indem sie unter zwei Diktaturen jener der selbstermächtigten Mehrheitsvertreter Rwandas automatisch die besseren Noten gab und recht beharrlich einen despotischen Hutu-Clan mit den Hutu verwechselte.

Oppositionelle Rwander — nicht nur Tutsi — sehen in den Massakern von 1963 den Beginn eines langen »Krieges«, der in den vergangenen drei Jahrzehnten eine Diaspora von einer halben bis zu einer ganzen Million großenteils noch immer staatenloser Tutsi hervorbrachte. Im Herbst 1990 ist dieser Krieg in nördlichen Grenzgebieten wieder aufgeflammt. Seither kämpfen Exilrwander im *Front patriotique rwandais* gegen den Clan des Staatschefs Habyarimana, dessen Repression unter der Gefolgschaft der zivilen einheimischen Opposition ungefähr gleich viele Menschen das Leben kostet wie der Buschkrieg.

HASSLIEBE ZUM REBELLEN

Kigali, Juli 1991

Nachts ab zehn Uhr herrscht in Kigali Ausgangssperre. Auch tagsüber darf niemand ohne Spezialbewilligung die Préfecture der rwandischen Hauptstadt verlassen. Seit einem Jahr sind die Hochschulen geschlossen. Teurer wurde das Leben schon vor dem Ausbruch des Bürgerkriegs. Inzwischen liegt die Wirtschaft im argen, auch wenn der Handelsminister François Nzabahimana keines der wirtschaftlichen Probleme des Landes als »gravierend« bezeichnen möchte. Die Armee, deren Bestand laut Diplomaten von 5000 bis 6000 auf über 30000 Mann erhöht wurde, bereitet nicht nur finanziellen Aufwand. Ohne den Angriff der Rebellen des *Front patriotique rwandais* (FPR) im vergangenen Herbst — so sagt ein belgischer Geschäftsmann, der seit fünfzehn Jahren regelmäßig im Land zu tun hat — wäre Präsident Juvénal Habyarimana nicht mehr an der Macht. Bei dem Belgier ist nicht ein entsprechender Wunsch Vater dieses Gedankens, sondern offensichtlich eine Befürchtung. Anders sein Chauffeur, der weniger im FPR als in der Regierung das Problem des Landes sieht. Madame Spérancie freilich, die Chefin der Haus- und Parteipresse des Staatschefs, sieht — auf unverfängliche Fragen hin — überhaupt kein Problem. Alles nehme nun seinen festen Lauf zur Demokratie unter dem zweifellos wiedergewählten Präsidenten.

Exponenten der Führung machen eine empfindliche öffentliche Meinung geltend, die ihr nicht erlaube, den Rebellen weitere Zugständnisse zu machen. Man sei schon gefährlich weit gegangen. Die Suche nach Anhängern dieser amtlichen Auffassung bleibt weitgehend erfolglos. Gewiß hatte die Invasion am 1. Oktober 1990, als die Rebellen bis 70 Kilometer vor Kigali vordrangen, zunächst Panik ausgelöst. Kaum jemand hätte die mit Kalaschnikows zurückkehrenden Flüchtlinge willkommen geheißen, nachdem das Regime über deren Probleme und Anliegen jahrein, jahraus wenn etwas, dann Fehlinformation verbreiten ließ. Aber Solidarität einer Mehrheit mit dem Regime folgt daraus nicht.

Hartnäckige Versäumnisse

Das Urteil der Weltöffentlichkeit hatte Habyarimana zunächst nicht zu fürchten. Die Hauptmacht des FPR stellten 3000 bis 4000 reguläre Angehörige der ugandischen Armee, die desertierten, um wohlausgerüstet in ihre einstige Heimat zurückzumarschieren. Die Zahl der rwandischen Tutsi, die seit Ende der fünfziger Jahre vor dem Hutu-Regime in Kigali nach Uganda geflüchtet waren, werden auf um die 200000 geschätzt. Registriert waren 1985 110000, und man kann in diesem Fall, wo sich der Exodus über drei Jahrzehnte erstreckte, vom Doppelten ausgehen. Unabhängige Experten nennen teils noch höhere Zahlen. Die Flüchtlinge mengten sich unter Landsleute — Banyarwanda, die durch die Grenzziehungen der Berliner Konferenz von 1884/85 zu einer ugandischen Minderheit geworden waren und deren Zahl irgendwo zwischen einer viertel und einer halben Million liegt.

Neuerdings auf der Flucht vor ugandischen Soldaten Milton Obotes, versuchten bereits 1982 zahlreiche exilierte Rwander in ihr Heimatland zurückzukehren. An der Grenze wurden sie von der rwandischen Armee zurückgetrieben. Präsident Yoweri Musevenis National Resistance Army, die damals in einer Buschguerilla gegen Obotes Despotie in Kampala kämpfte, nahm die vertriebenen Nachbarn in beträchtlicher Zahl auf, und aus der exilierten Elite stiegen etliche in höchste Positionen auf. Gemäß den Gerüchten hatten sie von Anfang an die Zusicherung, sich eines Tages ungehindert der eigenen Belange annehmen zu können. Wer, fragt die zivile Opposition in Kigali, ist für diese Entwicklung verantwortlich zu machen? Habyarimana hätte es während vieler Jahre in der Hand gehabt, mit einer aktiven Repatriierungspolitik zu beweisen, daß viele Exilierte, vor allem wohlhabende und einflußreiche in Übersee, kaum in das arme Land zurückzukehren beabsichtigen.

Ugandische Verwicklungen

Juvénal Renzaho, Chef der politischen Abteilung der rwandischen Präsidentschaft, sieht dagegen erwartungsgemäß den Schlüssel zu einer Beendigung des Kriegs in Uganda. Natürlich stellt sich die Frage nach Musevenis Verantwortung. Beide Varianten, er habe von der Invasion vom 1. Oktober 1990 nichts gewußt, oder aber er habe sie nicht zu verhindern vermocht, sind für ihn wenig schmeichelhaft. Der Schaden für sein internationales Ansehen ist beträchtlich. In Kampala dagegen ist Schadenfreude gegenüber dem rwandischen Regime nicht zu verkennen, und damit mischt sich Ranküne gegen das politische Gewicht der Banyarwanda im Land. Alles läßt vermuten, daß Museveni die Flüchtlingsfrage vom Hals haben wollte.

Sowenig jemand glaubt, Museveni habe im Herbst 1990 von der geplanten Invasion nichts gewußt, glaubt in

Kigali jemand, Habyarimana habe davon nichts gewußt. Andernfalls, so hört man allenthalben, hätte dies für die Führung der Sicherheitsdienste schwerwiegende Konsequenzen haben müssen. In der Nacht vom 4. auf den 5. Oktober, bevor am Morgen belgische Fallschirmtruppen und französische Legionäre eintrafen, gingen vor dem Stadtrand von Kigali große Feuerwechsel mit schwerem Geschütz vonstatten, worauf aber weder irgendein Opfer noch Schaden zu beklagen war. Man hört von dem sonderbaren Vorfall — Begleitmusik der ungefähr 8000 Inhaftierungen in den Tagen nach der Invasion — schon auf dem Weg vom Flughafen ins Zentrum, und wer sich darauf ansprechen läßt, bestätigt ihn. Vier Minister wurden in einer Pressekonferenz gefragt, wann über jene »Inszenierung« die Wahrheit gesagt werde, und der einzige, der antwortete, erklärte, er sei nicht dagewesen.

Wer will mehrere Parteien?

Das alte Lied afrikanischer Diktaturen, Opposition sei Luxus urbaner Eliten, auf dem Land aber sei Pluralismus synonym mit Zwietracht oder Anarchie, wurde durch eine Erhebung des unabhängigen rwandischen Entwicklungskoordinationszentrums Iwacu eindrücklich widerlegt. Die Bauern sagten, wenn es mehrere Parteien gäbe, dann fände vielleicht eher eine davon einen Weg zum Frieden. Da die neuen Parteien, wie die Regierung betont, keinen Anspruch auf Repräsentanz erheben könnten, es auch nicht tun, verlangen sie eine Nationalkonferenz, die Gewerkschaften, Berufsverbände und unabhängige Kooperativen einbeziehen soll. Die Vorstellung Habyarimanas, mit den frisch gekürten Parteipräsidenten allein die neuen Modalitäten auszuhandeln, um anschließend in baldigen Wahlen seine Chancen zu wahren, ist für die Opposition inakzeptabel. Darüber hinaus wittert sie beim Staatschef ein Interesse, um seiner eigenen Unentbehrlichkeit willen den herrschenden

Belagerungszustand aufrechtzuerhalten. Der Patriotischen Front auf der anderen Seite werfen Oppositionspolitiker vor, sie zu umgehen und die Sache mit dem Regime allein ausmachen zu wollen. Die Forderung nach Demokratie sei zudem keine Erfindung des FPR, sondern älter als der Krieg, der nun Fortschritte blockiere.

Anhänger des FPR in Kampala und Bujumbura lassen sich informell weit weniger militant verlauten als die »Vigilants« im Umkreis des Präsidenten. Diese, während es ihnen nicht recht gelingen will, das Problem der exilierten Tutsi vom Bürgerkrieg zu trennen, unterstellen dem *Front patriotique* jeden erdenklichen Maximalismus: Die extremistischen Tutsi suchten die Feudalherrschaft der fünfziger Jahre wieder aufzurichten. Auf die Frage, warum die im Waffenstillstand vereinbarten Verhandlungen nie zustande kamen, sagt ein Kabinettsmitglied, man kenne den Gesprächspartner nicht. Wer demnach hätte den Waffenstillstand unterzeichnet? Während, wie Diplomaten sagen, die Konzentration der Reichtümer in den Händen des präsidialen Clans von Gisenyi weiter rapide voranschreitet, ist nicht zu sehen, zu welcher Konzession der Opposition gegenüber die Regierung sich durchzuringen vermöchte.

Haftreibung der Macht

Bei politischen Konflikten obliegt die Suche nach einer Lösung jener Partei, die vom Zwist weniger profitiert; von der Gegenseite kann sie entsprechende Anstrengungen nicht erwarten. »Sicher!« ruft Madame Spérancie aus — Habyarimanas Sonderbeauftragte aus Gisenyi hat keine Zweifel: »Wir sind es, die davon weniger profitieren!« Und sie räumt bei diesem Wiedersehen auf gezieltere Fragen hin schließlich ein, seit einiger Zeit sehe auch sie keine dritte Möglichkeit mehr zwischen einer Nationalkonferenz und drakonischer Repression. Da, wie sie betont, jedermann im Land weiß, was die zweite Variante mit sich brächte — »Wissen Sie, bei uns handelt es sich um sehr, sehr harte Leute« —, hält auch sie eine politische Verständigung für unumgänglich.

Es bleibt abzuwarten, ob der Präsident es ebenso sieht. Wie sein politischer Berater Renzaho einräumt, verfolgt er durchaus das Ziel, die Macht zu behalten. Das Parlament hat Anfang Juni eine neue Verfassung verabschiedet, die den Militärs Parteiangehörigkeit untersagt. Zudem verlangt sie die Einsetzung eines Ministerpräsidenten. Der Staatschef amtiert nach wie vor als Regierungschef, Parteichef und als Oberkommandierender der Armee. Er beruft sich auf einen Artikel, wonach alle Funktionäre bis zum Abschluß der Demokratisierung im Amt bleiben sollen. In Kigali hält es jedermann außerhalb des engeren Kreises der Macht für fraglos, daß ein einstimmiges Wort der westlichen Diplomatie für Habyarimana bindend wäre. Die allgemeine Einschätzung unter Rwandern, daß er von seinen Interessen so lange kein Jota abrücken wird, als ihn dazu niemand zwingt, folgt einer einfachen politischen Grundregel.

BURUNDISCHE KOEXISTENZ?

Bujumbura, Juli 1991

Jede Äußerung zur jüngeren Entwicklung in Burundi setzt mit dem Hinweis auf die letzten Massaker bei Ntega und Marangara von 1988 ein. Die unbeschreibliche Repression in der Folge des Aufstands der Hutu von 1972 hatte in Pogromen der Armee zwischen 100000 und 200000 — wenn nicht noch mehr — Todesopfer gefordert. Eineinhalb Jahrzehnte danach brachte die Ermordung einiger hundert Angehöriger der Minderheit der Tutsi, welche die Regierung stellen, die Spannungen nochmals zu einer gewaltigen Explosion. Die Bedeutung von »Tutsi« und »Hutu« hatte sich nicht dadurch neutralisiert, daß die Vokabeln unter dem ein Jahr zuvor gestürzten Staatschef Jean-Baptiste Bagaza geächtet waren. Die Armee, fast ausschließlich Tutsi, metzelte im August 1988 nochmals Tausende von Hutu nieder — 5000 nach offiziellen Angaben, nach unabhängigen Schätzungen zwischen 10 000 und 20 000. Die Schockwelle, die über das »Land der 1000 Hügel« — der ungezählten Massengräber — hinwegfegte, verhalf der Frage zum Durchbruch, ob die Geschichte Burundis nicht doch eine Wende nehmen, ob die Fortsetzungstragödie ihrer *»drames consécutifs«*, wie die Barundi es nennen, nicht doch ein Ende finden sollte.

Burundi hat zwar nicht das strukturelle Übervölkerungsproblem und den endemischen Hunger des insgesamt wohlhabenderen Nachbarstaates Rwanda. Aber das Land gehört zu den ärmsten der Welt und steht als ein entwicklungspolitisches Experimentierfeld mit dem weltweit höchsten Pro-Kopf-Bezug niedrigverzinslicher Weltbankkredite unter der Überwachung aller möglichen internationalen Organisationen. Der dreiundvierzigjährige Präsident Pierre Buyoya, der rund ein Drittel seines Lebens in Europa verbracht hat, müßte sich als Liebling westlicher Diplomaten über den Erfolgszwang seiner Reformen im klaren sein. Seit Oktober 1988 leitet ein Hutu, Premierminister Adrien Sibomana, eine paritätisch zusammengesetzte Regierung. Buyoyas Militärjunta von 1987 wurde letztes Jahr durch den Conseil national de sécurité ersetzt, in dem fünf Hutu sechs Tutsi gegenübersitzen. Neben dem Staatschef — zugleich Verteidigungsminister und Oberkommandierender der Armee — finden sich in dem Rat allerdings der Innenminister und der Chef der Staatssicherheit: beide Tutsi und die Leiter zweier Ressorts, die der Rat eigentlich zu kontrollieren hätte.

Eine seit 1988 von einer paritätischen Kommission aus-
gearbeitete »Charta der nationalen Einheit« erhielt bei
einem Referendum im Februar 1991 die Billigung von
89 Prozent der Stimmenden. Seitdem arbeitet eine
wiederum paritätische Kommission an einer neuen Verfassung, die nach einer weiteren Volksbefragung ab März
1992 Oppositionsparteien legalisieren soll. Parteipro-
gramme haben jeglicher Reverenz an Ethnien, Religion,
Regionen und Clans zu entsagen. *»Multipartisme oui,
multiéthnisme non!«* Die Charta und das Verfassungs-
projekt werden jahrein, jahraus unter Repräsentanten
der lokalen Bevölkerung diskutiert, in einem an Exer-
zitien gemahnenden Betrieb, wo Beteiligte sich zunächst
in der gegenseitigen Wiederholung ihrer Äußerungen
üben. Für eine behutsame Gangart äußern sich vor allem
auch Vertreter kirchlicher Kreise, dank ihrem Monopol
auf die höhere Schulbildung mancher Generationen eine
nicht zu unterschätzende Macht — in Burundi ebenso wie
in Rwanda. Der Konflikt zwischen Hutu und Tutsi und
die historische Feindschaft zwischen Kigali und Bujumbura geben der Kirche Gelegenheit, die unvergleichliche
politische Elastizität des Katholizismus eindrücklich
unter Beweis zu stellen.

Erstaunlicherweise haben die Hekatomben der Tutsi-
Militärs in Bujumbura keine der rwandischen vergleichbare burundische Diaspora hervorgebracht. Anders als
die Tutsi mit ihrem nomadischen Vorleben stehen die
Hutu als Pflanzer in einer Tradition der Seßhaftigkeit.
Die Flüchtlinge von 1988 sind bis auf wenige Ausnahmen
binnen Jahresfrist zurückgekehrt. Die Regierung hat
versprochen, auch den ungefähr 200000 in Tansania
lebenden Hutu die Rückkehr zu ermöglichen. Der Druck
auf Buyoya ist mit dem rwandischen Buschkrieg gewachsen. Eine Eskalation im Nachbarstaat müßte seine
offizielle Neutralität auf eine harte Probe stellen und

zugleich unter den 85 Prozent Hutu im Land Militanz
schüren.

Palipehutu

Der verbotene Parti pour la libération du peuple hutu
(Palipehutu) hat durch Spaltungen in gemäßigte und
extremistische Gruppen seine Hörner etwas abgewetzt.
Er genießt — wie die rwandischen Rebellen in Bujumbura — die diskrete Unterstützung des Nachbarstaates
Rwanda. In Burundi schmückt der Palipehutu nachts
ganze Landstriche mit seinen Emblemen, und auch in
anderer Form meint man von ihm zu hören. In Bujumbura zirkulieren handgeschriebene Listen mit zehn
Namen, welche — wie Namen in Kirundi ganz allgemein
— die Bedeutung von Aussagesätzen haben: 1. »Die
kleine (kostbare) Sache ist nicht verschwunden«, 2. »Sie
haben Eifer«, 3. »Ich bin in aller Mund (in aller Kopf)«,
4. »Man gibt nicht auf«, 5. »Sie lachen über mich«, 6. »Er
wird nicht gekauft«, 7. »Sie machen Schwierigkeiten«,
8. »Sie wird von dort drüben kommen«, 9. »Wir sind zahlreich«, 10. »Es wird nicht gespielt«.

RWANDISCHE KREUZWEGE

Nyacyonga, März 1993

Schwarzbraun bis knapp unter die grünen Kuppen hinauf
setzen sich die brandgesäuberten Flanken um jede Tal-
biegung fort, in dem diesigen Licht eigenartig gespren-
kelt. Beiderseits des breiten Flußbettes, das sich — einge-
faßt von den zwei Straßen — da und dort für einen Augenblick verengt, ziehen sich die feinen milchigen Spritzer
über die rutschenden Terrassen hoch. Was die oft merk-
würdig regelmäßigen Zwischenräume füllt, ist erst aus
der Nähe auszumachen. Nur etwa ein Drittel, nur das

Drittel der schon mehrmals Vertriebenen, verfügt über den reflektierenden, weithin sichtbaren Fetzen Bauplastik, der den aus Stauden und Blattwerk aufgerichteten Unterschlupf überdeckt. Binnen Tagesfrist überzieht ein Heer neuer Ankömmlinge einen weiteren unter den schwächer genutzten Hügeln. Die industriellen Zuckerrohrfelder hier unten auf der Talsohle sind abgegrast, wogegen an den Hangpartien zwischen den Lagern die Pflanzungen ansässiger Kleinbauern noch wenig Schaden erkennen lassen. Noch sind kaum irgendwo Latrinen aufgestellt, die ungenügende Wasserversorgung vollzieht sich von Hand und zu Fuß, und die organisatorischen Probleme der Nothilfeverteilung sind kaum in Angriff genommen. Noch ist es trocken, obschon sich die Sonne nicht zeigt. Die ersten Güsse sind überfällig, und der Einbruch der Regenzeit kann nicht lange mehr auf sich warten lassen.

Wir befinden uns beim Flecken Nyacyonga am gleichnamigen Fluß, kaum fünfzehn Kilometer nördlich der Stadtgrenze von Kigali. Die rwandische Kapitale, von vereinzelten Detonationen scheinbar wenig gerührt, geht äußerlich nach wie vor ihren wohlgeregelten Gang, breitet abends friedlich ihr durchfurchtes Lichtermeer aus und stellt mühelos ihre interkontinentalen Fernsprechverbindungen schon beim ersten Versuch her. Es handelt sich weder um Somalia noch um Liberia. In Kigali funktioniert sogar die Botschaft Zaires. Aufgehalten durch rwandisch-französische Sicherheitssperren, haben sich außerhalb der Stadt Zehntausende um Zehntausende — um Nyacyonga allein 70000, 80000, 100000? — einstweilen entlang der geteerten Überlandstraße und in umliegenden Hügeln niedergelassen. Aufgrund der vorläufigen Resultate der Volkszählung vom Sommer 1991 errechnet das Internationale Komitee vom Roten Kreuz (IKRK), daß die Guerilla des *Front patriotique rwandais* (FPR) mit ihrer neuen Offensive vom 8. Februar etwa eine Million Menschen aus ihren Gebieten vertrieben hat

— etwa ein Siebtel der Landesbevölkerung. Die Frage nach Rezepten angesichts des administrativen Vakuums, worin sich die jüngste rwandische Völkerwanderung abspielt, hinterläßt bei allen Experten vorderhand nichts außer Ratlosigkeit.

Französische Verpflichtungen

Nachdem Habyarimanas Staatspartei im Sommer 1991 mit dem Machtmonopol auch die Pflichtmitgliedschaft für sämtliche Staatsbürger aufgegeben und Oppositionsparteien zugelassen hatte, gab sie auch sich selber einen neuen Namen. Sie heißt nicht mehr MRND: Mouvement révolutionnaire national pour le développement, sie heißt jetzt MRNDD: Mouvement républicain national pour da démocratie et le développement. Aber weder von dem Bedeutungswandel im »R« noch von dem an erster Stelle eingeschobenen zweiten »D« hat irgendwer Kenntnis genommen, weder unter den Gegnern noch gar innerhalb des MRND. Der Staatschef und seine Umgebung haben es verstanden, die fragilen Verhandlungen zwischen der gemischtparteilichen Regierung unter Dismas Nsengiyaremyé und dem FPR leerlaufen zu lassen. Nachdem sich die vier in der Regierung vertretenen Oppositionsparteien mit dem FPR auf einen Schlüssel zur neuen Ämterverteilung in Exekutive und transitorische Legislative geeinigt hatten, gaben sich Extremisten des präsidialen Umfelds postwendend neuen Massakern hin, denen keineswegs nur Angehörige der Tutsi-Minderheit, sondern auch oppositionelle Hutu zum Opfer fielen. Bilanz: rund 300 Tote. Die Folge: die neue Offensive des FPR.

Auf erneute Vorwürfe hin, französische Truppen griffen an der Seite der Armee aktiv in Kampfhandlungen ein, wurden in Paris wieder einmal die Propagandatrommeln mobilisiert: gegen die eigentlichen rückwärtigen Feinde im anglophonen Uganda, ohne die es vielleicht den FPR nicht gäbe, die halbe bis ganze Million vertriebener rwandischer Tutsi aber nicht aus Ostafrika verschwände. Ihre hochdisziplinierte Guerilla wurde aus französischen Geheimdienstquellen mit Anklagen schwerer Menschenrechtsverletzungen bedacht, die sich das Außenministerium unverzüglich zu eigen machte und die auch in der französischen Presse zu wenigen Rückfragen Anlaß gaben. Weder das IKRK, das auf beiden Seiten operiert, noch Journalisten, die unter Flüchtlingen in Uganda und auf FPR-Gebiet recherchierten, vermochten substantielle Hinweise im Sinne jener Anschuldigungen zu entdecken.

BURUNDIS »SIEGREICHE« MEHRHEIT

Juni 1993

Die Wahlniederlage des burundischen Präsidenten Pierre Buyoya vom Dienstag, die sich schon weniger als zwanzig Stunden nach der Schließung der Stimmlokale deutlich abzeichnete, hat sich bestätigt. Das burundische Innenministerium verkündete offiziell den Sieg Melchior Ndadayes, der mit ungefähr 60 Prozent der Stimmen — gegenüber 39 Prozent für Major Buyoya — einen komfortablen Vorsprung aufweist. Der geschlagene Staatschef akzeptierte die Niederlage, während an seiner Seite der Stabschef Michel Mibarurwa das Bekenntnis der Armee zur Demokratie erneuerte. Das Verdikt in Burundis erster freier Präsidentschaftswahl richtet sich weniger gegen Buyoya, den Architekten des neuen Mehrparteienstaates, als gegen das dreißigjährige Monopol seiner Partei Uprona, die seit dem Sturz der Monarchie von 1966 ihre Herrschaft auf die Streitkräfte stützte. Auf die Niederlage ihres Chefs hin droht nun der Uprona in den folgenden Parlamentswahlen eine vernichtende Schlappe.

. . .

Das massive Votum für den Wechsel hat das Gewicht des ethnischen Faktors drastisch in Erinnerung gerufen. Die große Unbekannte für die Zukunft bleibt die Armee als die wichtigste Bastion der Tutsi, deren führende Kreise den Hutu bisher kaum Einlaß gewährten. Die Versicherungen des Stabschefs Mibarurwa können einen friedlichen Übergang nicht vorwegnehmen. Dieser bliebe sehr bemerkenswert,

. . .

SCHERBEN

Oktober 1993

Der burundische Generalstabschef Jean Bikomagu hat die Ermordung des am 1. Juni gewählten Präsidenten Melchior Ndadaye bestätigt und schon am Tag zuvor die blutigen Aktionen von Teilen seiner Armee verurteilt. Er offerierte der gestürzten Zivilregierung ihre Wiedereinsetzung um den Preis einer Amnestie für die Putschisten. Im selben Sinne äußerte sich über Radio Burundi François Ngeze, der von den Putschführern als ziviler Politiker an die Spitze ihres provisorischen Exekutivrates, des Comité national de salut publique, berufen worden war. Der ehemalige Innenminister, der bereits Anfang Juli mit Putschvorbereitungen in Zusammenhang gebracht worden war, beteuerte, er sei von den Militärs gegen seinen Willen zur Kooperation gezwungen worden. In einem ersten Korrespondentenbericht der BBC aus Bujumbura wurde ein weiterer ranghoher Militär mit der Versicherung zitiert, wonach der Putschversuch als gescheitert zu betrachten sei. Der größere Teil der Streitkräfte habe sich gegen die Putschisten gestellt.

. . .

Frankreich, Belgien, Deutschland und die USA haben den Staatsstreich aufs schärfste verurteilt und eine Zusammenarbeit mit den neuen Machthabern ausgeschlossen.

. . .

STUNDE NULL

Bujumbura, April 1994

Kamenge ist nicht ein einziges großes Waffenlager blutrünstiger Milizionäre, wo von allen Dächern auf alles, was sich bewegt, geschossen wird. Richtig ist, daß Kamenge Burundis Inbegriff des Quicklebendigen war, und das Gespenstische ist, daß das Viertel noch ruhiger ist als leer. Eines der Probleme Kamenges ist dennoch, daß es all seiner Wirklichkeit zum Trotz aufs Haar einem libanesischen Palästinenserlager der mittleren achtziger Jahre gleicht. Das Bild erlaubt keine Korrektur, und im pluralistischen Wildwuchs der burundischen Presse malen an diesem Bild auch die sich »unabhängig« nennenden Blätter. Sie tun ihre Wirkung. Bei Tutsi und Hutu sind die Weltbilder die Welt — zwei gänzlich verschiedene Welten. In diesem Land muß es sich selbst bei den himmlischen Heerscharen um ungefähr 85 Prozent Hutu und 15 Prozent Tutsi handeln. Drei Jahrzehnte des Terrors und seiner infektiösen Zerrüttung der Phantasie ergeben ein Ganzes mit Burundis politischer Hochkultur der Lüge. Etwas von deren Wurzeln reicht vielleicht tief hinab in einen aristokratischen Kult, den burundische und andere Tutsi seit alters dem Geheimnis und insbesondere dessen Wahrung geweiht haben. Das Französisch im Novotel Bujumbura mag das beste Französisch sein, das auf der Welt gesprochen wird, doch man versteht es kaum. In keiner Stadt der Welt wird leiser geredet.

25 000 bis 50 000 Tote, so lautet bei einem internationalen Hilfswerk die Bilanz des Staatsstreichs vom Oktober 1993. 50 000 ist fraglos zu tief angesetzt, heißt es aus einer der bestdokumentierten kirchlichen Quellen, deren detaillierte Erhebungen allein für die Diözese Gitega 15 000 Tote ergaben. »120 000 wäre eine zu hohe Zahl, aber gegen 100 000 ist realistisch.« Es gibt fundierte kriegspsychologische Annahmen, wonach militärische Menschenführung versagt, wenn die Verluste einer Streitmacht binnen einer bestimmten Zeitspanne einen bestimmten Anteil übersteigen. Ein beträchtlicher Teil der Bevölkerung Bujumburas hält sich derzeit im Buschwerk der Hügel über der Stadt versteckt, und auch innerhalb der Stadt haben die Leute nur mehr recht verworrene Vorstellungen davon, wo sie leben. Aufgrund der letzten Volkszählung wurde die Bevölkerung von Bujumburas sechs nördlichen Vororten, zu denen Kamenge gehört, mit schätzungsweise 130 000 beziffert. Vertreter von Kirchen glauben, daß davon seit dem letzten Oktober etwa 100 000 verschwunden sind. Was übrigblieb, hat sich entmischt. Noch immer sind die Kriterien etwas komplizierter als die rein ethnischen. Nebst Arm und Reich und nebst Hutu und Tutsi scheiden sich in Burundi Tutsi von Tutsi, die Dreiviertelmillion der einheimischen von der Viertelmillion der exilierten rwandischen, und von der seit Jahrhunderten geknechteten Mehrheit der Hutu scheiden sich die »Hutu de service«, die unter der Tutsi-Herrschaft kollaborierten. Die vielen Zairer haben das Weite gesucht.

Kamenge ist die letzte vorstädtische Hochburg nicht nur der Hutu, sondern auch ihrer Partei, des Front pour la démocratie au Burundi (Frodebu), der ein Vierteljahr vor dem Staatsstreich in den ersten freien Wahlen die Präsidentschaft und rund 80 Prozent der Parlamentssitze erobert hatte. Madame Kamikazi — Kirundi; auf deutsch:

»kleine Königin« — hat in Nairobi das Visum binnen zwei Stunden ausgestellt, doch vor dem Besuch in Kamenge sind zwei Tage der Vorabklärungen empfohlen. Taxifahrer sind fast alle Tutsi, und nach Kamenge begibt sich kein Tutsi. Zwei Weiße vorn und im Fond eine Hutu-Frau, die den Weg weist — mit dieser Besetzung passiert ein Auto einige von Bujumburas unsichtbaren Abmarkungen, wenn auch gewiß nicht alle. Die Frau hat für den Ausflug ein Sonntagskleid angezogen, ein unscheinbares wie beim Kirchgang. Vielleicht betet sie in ihrem geduckten Gang zum Wagen, den Kopf und die Schultern eingezogen wie ein schuldbewußtes Schulkind. An ihrer Seite stellt sich ein Gefühl dafür ein, daß man in ihrer Lage, 24 Stunden am Tag mit Kindern und Großeltern an Leib und Leben bedroht, nach einigen Monaten in seinen Sinnen nicht mehr beisammensein kann. Es gab Wochen, als an jeder Straßenecke die halbwüchsigen Mörder mit den Macheten aufwarten konnten, und falls nachts die betrunkenen Gangs sich überhaupt um Adressen scheren, verwechseln sie diese leicht. Als das Auto ins Labyrinth von Kamenges 1000 Barrikaden eingedrungen ist, scheint die Frau wieder ein wenig zu atmen.

Herrengeist

Premierminister Kanyenkiko, ein Tutsi, welcher der sogenannten Opposition, genauer der ehemaligen Staatspartei Uprona angehört, hat vorletzte Woche Truppen nach Kamenge geschickt. Als auf sie geschossen wurde, kehrten sie mit Panzern wieder, und mit dem Auftrag, Milizen des Frodebu zu entwaffnen, mordeten sie während acht, neun Tagen unter der Bevölkerung. Laut Hilfswerken kamen mehrere hundert, laut in Kamenge tätigen Klerikern kamen mindestens tausend Menschen um — auf einem Gebiet von weniger als einem Quadratkilometer. Niemand hätte gehört, daß jemand entwaffnet worden wäre. »Wenn es hier hundert Bewaffnete gibt, ist es viel«, beurteilt ein italienischer Pater die Stärke der Frodebu-Miliz, die in der besagten »unabhängigen« Presse als Armee von 1500 wohlausgebildeten Kämpfern portraitiert ist. »Wären sie mehr, gingen sie hinüber nach Cibitoke und griffen die Tutsi dort an.«

Wenigstens in Bujumbura gibt es keine Hutu-Macht mehr, die sichtbar aufzubegehren vermöchte. Schließlich liegt Bujumbura auch außerhalb. Burundi fängt erst mit den ersten Hügeln hinter der Küstenebene des Lac Tanganyika an, und anders als im übrigen Land, das in der feinen Bildung des hauptstädtischen Kolonisten »l'intérieur du pays« genannt wird, stellen in Bujumbura traditionell die Tutsi die Mehrheit. Ist das kein zureichender Grund zu regieren, so bleibt für Tutsi etwas anderes jedenfalls undenkbar. Man braucht sich nicht etwa zu einem Befehl oder zu einer Instruktion zu versteigen. Eine zurückhaltende Wortwahl ist weit angemessener: Der sinnfälligste Begriff des Menschenunmöglichen lautet für einen burundischen Tutsi, von einem Hutu eine Anregung entgegenzunehmen.

Überforderte Wahlurne

Unter solchen Voraussetzungen bargen das Demokratisierungsprojekt des letzten Tutsi-Diktators Buyoya und die zugehörige Verfassung von 1992 die denkbar schwersten Mangel. Auch den Heerscharen westlicher Diplomaten und Entwicklungshelfer — ebenso wie den Geldgebern — fehlte die dafür erforderliche Aufmerksamkeit, und es besteht der Eindruck, daß der gute Wille zum Beistand nicht immer nur an afrikanischen Partnern scheitert. Ohne einen Gedanken an konstitutionelle Garantien für eine angemessene Partizipation der Tutsi-Minderheit, ohne Aussichten in freien und fairen Wahlen, ließ das alte Uprona-Regime sich abwählen, bevor sich bei der angestammten Elite ein Bewußtsein für die Folgen regte. Die Hutu-Mehrheit, bei welcher gemäß der Verfassung nun alle Macht war und zudem auf ewig bleiben würde, hielt Einzug in hohle Institutionen, wo sich kein einziges Machtmittel fand. Alle Macht war bei der Armee geblieben. Von Recht oder Gesetz gab es in Burundi seitdem keinerlei Reste, und Schuldige wird es auch nicht geben. Es gab nur die Gewalt, und nach ihren Maßgaben allein gibt es eine gewisse Ordnung, und wenn etwas die Gewalt einzuschränken vermochte, dann war es außer ihren beschränkten Ressourcen nur die allseitige Angst.

Bedeutet das Wort »Staatsstreich« soviel wie Machtergreifung mit verfassungswidrigen Mitteln, dann ist der Staatsstreich vom Oktober 1993 ein halbes Jahr später nunmehr als allmählich abgeschlossen zu betrachten. Das Messer extremistischer Tutsi am Hals, hat der Frodebu, der laut dem demokratischen Buchstaben regieren sollte, ein Abkommen unterzeichnet, wonach in Regierung, Verwaltung und Diplomatie die Opposition künftig mit einem Anteil von 40 Prozent, in den Ordnungskräften und im Geheimdienst von 50 Prozent vertreten sein muß. Die Armee mit ihren 95 Prozent Tutsi blieb als gesondertes Dossier zukünftigen Verhandlungen vorbehalten. Bei dem Druckmittel der radikalen Oppositionskräfte handelte es sich um den Alptraum der in den vorausgegangenen Monaten mehrfach wiederholten »actions ville morte«: in vornehmer Tutsi-Wortwahl »Empfehlungen« zum Generalstreik, welche auf den Straßen nur ein Gemenge von Militärs und Jugendgangs übrigließen und die Leute sogar noch zu Hause in Panik versetzten. Die sich moderat gebenden Oppositionskräfte, die sich verbal von den Putschisten des letzten Oktobers distanzieren, fahren die Ernte dieser Terrorstrategie ein.

Nur eine Sprache, aber ...

Dennoch ist es nicht ausgemacht, ob nicht nur in Rwanda, sondern auch in Burundi alle Zeichen vom Schlimmsten auf Schlimmeres deuten. In Burundi folgten bisher die

drei Schritte stets demselben erprobten Muster: a) Provokation der Hutu seitens der Tutsi, b) Reaktion der Hutu in
einem Aufstand, c) massivste Repression durch die Tutsi-
Armee. Es gibt wenige begründete Zweifel daran, daß
auch dem letzten Massenmorden mehr Hutu als Tutsi zum
Opfer gefallen sind. Dennoch halten es Kenner erstmals
für eine offene Frage, welches der beiden Völker als Ganzes
härter getroffen wurde. Aus dem Land geflohen sind diesmal im großen Rahmen auch Tutsi, und im Landesinneren
kehren Tutsi aus den Lagern nicht zu ihren blutgetränkten
Hügeln zurück. In der Armee mit ihrem Ruf, daß sie nur
Frauen und Kinder zu töten imstande ist, haben unifor-
mierte Tutsi erlebt, daß auch auf sie geschossen werden
kann. Nach der letzten Runde ihres Selbstbehauptungs-
deliriums, so glauben geübte Beobachter, sind unter den
Tutsi Zeichen einer neuartigen Verunsicherung und Angst
zu erkennen.

Ihrem Exodus aus Rwanda durfte nicht ihr Exodus aus
Burundi folgen, und die einzige Alternative zum Untergang ihres Volkes in der Diaspora sahen sie in ihrer abso-
luten Alleinherrschaft. Eine bewaffnete Intervention zur
Wiederherstellung der Ordnung lehnt die Opposition ab,
gewisse Teile von ihr mit dem drastischen Verweis, sie
hätten darin eine Kriegserklärung zu erblicken. Es kann
sich nur um die Befürchtung handeln, daß unter dem
Schutz einer auswärtigen Sicherheitsmacht der Frodebu
seine verfassungsmäßige Rolle wiederzuerlangen vermöchte. Allein und nur mit den Hutu finden Burundis
Tutsi sich offenbar aber nicht zurecht und bleiben auf
Hilfe Dritter angewiesen. Auch die beste Hilfe gewährt
keine Gewißheit, höchstens etwas mehr Hoffnung, daß
sich im fünfhundertjährigen Staat Burundi noch recht-
zeitig die Idee einer Koexistenz entwickelt, worin sich der
Emanzipationsanspruch der Hutu und der Selbstbehaup-
tungsanspruch der Tutsi nicht länger ausschließen. Sie
sprechen die gleiche Sprache, aber noch verfügt keine der
beiden Seiten über eine Logik, in der neben den eigenen

Problemen und Ansprüchen auch die Probleme und Ansprüche der anderen unterzubringen wären.

EXITUS

Bujumbura, April 1994

Auf dem gemeinsamen Rückflug von einem regionalen Gipfeltreffen in Dar es Salam sind sowohl der rwandische Präsident Juvénal Habyarimana wie auch sein burundischer Amtskollege Cyprien Ntaryamira ums Leben gekommen. Im Anflug auf den Flughafen der rwandischen Hauptstadt Kigali, ungefähr um neun Uhr abends, explodierte die Militärmaschine mit den beiden Staatschefs an Bord. Die näheren Umstände des Vorfalls sind ungeklärt. Während das rwandische Radio sogleich von einem Abschuß der Maschine sprach, sperrten Einheiten der rwandischen Präsidialgarde den Ort des Geschehens ab und verwehrten Angehörigen des in Kigali stationierten Uno-Kontingents den Zugang zur Absturzstelle.

. . .

X Apokalypse

GEISTERSTADT IM KANONENDONNER

Kigali, Juni 1994

Sie fügen es beiläufig hinzu, so daß man es den Neben-
sätzen entnimmt: »Das war am Tag, als sie meine Frau
töteten.« Oder: »Wir waren eingeschlossen gegenüber dem
Kino, dessen Direktor mein Bruder war.« Die meisten
hier haben sich als Einzelgänger wiedergefunden. Viele
wissen genau Bescheid, und für andere ist es mittlerweile
fast sicher, daß von den Familien niemand oder fast niemand übrig sein kann. Natürlich kennen sich viele, und
die meisten der Ankömmlinge treffen sogleich auf jemanden, der sie in die Arme schließt. Jedes Wiedersehen
scheint dafür Grund genug zu sein. Es war eine Hutu-
Siedlung, etwa fünfzehn Kilometer östlich der rwandischen Hauptstadt an der Straße nach Rwamagana. Die
Leute, die hier lebten, sind alle vor den Kämpfern der
Patriotischen Front geflohen, wahrscheinlich nach Tansania. Zur Zeit dienen die Häuser als improvisiertes Auf-
fanglager für Tutsi, welche die Uno tröpfchenweise aus
der Stadt evakuiert hat. Der *Front patriotique rwandais*
(FPR) wird für ihren Transport weiter nach Osten oder
nach Norden sorgen.

Fata Morgana

Auch in Kigali trifft einen immer wieder das eine oder
andere Streiflicht aus jener anderen Welt, für die der
Begriff Normalität gilt und die hier untergegangen ist.
Meist sind es nur bizarre Schlieren in einer Fata Morgana,
wie die fabrikneuen Handwägelchen, die vor dem rampo-
nierten Flughafengebäude fein säuberlich aufgereiht ste-

hen, oder wie auf dem Flugfeld die bewegliche Abschrankung mit der weißen Kordel und einem Schild, links an der Stütze: *Passengers only*. Kaum 200 Meter von der Front, in dem von der Uno requirierten Méridien, offeriert am zweiten Abend Madame Thérèse, die selbsternannte rwandische Directrice, eine Flasche Bordeaux, Domaine Baron de Rothschild. Der Hotelkasten, der immer wieder im Artilleriedonner erbebt, trägt den einheimischen Namen Umubano: etwa »Zusammenhalt« oder auch »Eintracht«.

Die Leichenberge sind im Straßenbild nicht mehr allgegenwärtig; man müßte sie eigens aufsuchen, und dazu nimmt niemand Umwege in Kauf. Wegen der Beschießungen durch den FPR ist die Stadt für unbeteiligte Ausländer heute gefährlicher als noch in den Wochen des ganz großen Mordens. Niemand vermag anzugeben, wie viele von den ehedem etwa 350000 Einwohnern Kigalis sich noch in der Hauptstadt aufhalten. Laut den Schätzungen der Uno und des Internationalen Komitees vom Roten Kreuz (IKRK) dürften es kaum mehr als 30000 bis höchstens 50000 sein, zur Hauptsache Militärs sowie Angehörige der Gendarmerie, teil mit Familie. Dazu kommen noch immer einige tausend Tutsi und oppositionelle Hutu, die in Kirchen und Hotels eine prekäre Zuflucht vor den Schlächtermilizen gefunden haben.

Nach der Frontpassage, an der Hauptstraße hinauf nach Nyarugenge ins Stadtzentrum, tauchen die ersten Zivilisten auf. Sie befinden sich auf dem Weg hinunter ins Industriegebiet von Gikondo — in der Hoffnung, in diesem gefahrvollen Niemandsland letztes Plündergut aufzuspüren. Weiter oben am Hang, auf der ausladenden Rondelle der Place de l'unité nationale, zeigt sich ein Bus, eine Art Ufo im Schrittempo. Es fragt sich, was er bezwecken mag, denn außer mit Uno-Flagge sind sonst keine zivilen Vehikel unterwegs. Auf solche würde auf der Stelle geschossen, womöglich von beiden Seiten, denn in allen Fällen könnten sie nichts Erlaubtes an Bord haben.

Erst zwei Tage später wird bei der Kirche Ste-Famille die nächste Granate einschlagen, die fünfzehnte. An diesem Vormittag stehen die 200 Reisewilligen in Einerkolonnen hinter den Uno-Camions. Es herrscht eine Disziplin übermenschlicher Art, wie vielleicht unter Leuten, die einen Aufenthalt im Jenseits hinter sich haben. Mit einem Megaphon ruft der Priester Name um Name auf, während Offiziere der Uno und rwandische Gendarmen sie auf ihren Listen abhaken. Es sind sowohl Tutsi wie Hutu, die in der Ste-Famille untergekommen sind. Die Tutsi werden in das Durchgangslager an der Straße nach Rwamagana gebracht. Unter den Hutu, denen es in ihren Häusern in der Stadt ebenfalls zu gefährlich wurde, ziehen manche es vor hierzubleiben, obschon es immer wieder tagelang nichts zu essen gibt. Ihre einzige Alternative wäre, sich von der Uno irgendwo westlich der Stadt absetzen zu lassen, wo Wege und Mittel des Weiterkommens ungewiß sind. Dazu kommt, daß ihrem Konvoi nur die Ausfallstraße nach Gitarama bleibt, die Route über die gefürchtete Ghadhafi-Kreuzung — ein Schauplatz der beständigen Artillerieduelle. Ein anderer Uno-Konvoi gibt auf jener Kreuzung auch an diesem Tag wieder Anlaß dazu, sowohl auf der Fahrt hinaus wie auf der Fahrt hinein, doch mit etwas Glück übersteht er es beidemal heil.

Die Bevölkerung der Ste-Famille fluktuiert in einem raschen Rhythmus. Stets ist von Tausenden die Rede, zuweilen von 2000, zuweilen von 8000; die Zahlen sind weniger wörtlich zu nehmen denn als Werte auf einer Skala der akuten Versorgungsnot. Noch immer kämen täglich neue, sagt der Priester, ein Hutu. Oft würden sie von Soldaten und Polizisten hierher eskortiert, ja sogar von Milizionären, und zwar nicht nur Hutu, sondern auch Tutsi. »Nur weil Krieg ist, vergißt man nicht Jahrzehnte der freundschaftlichen Nachbarschaft«, fügt er hinzu, und er behauptet, in manchen Fällen erfolge diese Dienstleistung gratis. Das ist seine Version. Man hört andere Versionen, wonach der Preis eines solchen Geleits derzeit bei 5 000 rwandischen Francs stehen soll — etwa 40 Dollar. Wer bringt dieses Geld auf, nachdem er sich in den zwei vergangenen Monaten das Überleben kaum nur einmal zu erkaufen gehabt hat?

Geschäft mit dem Sterben

Wie man hört, wurde in Rwanda während der letzten zwei Monate nicht nur für das Überleben bezahlt, sondern auch für tödliche Kugeln, für den Gnadenschuß, welcher den Tod unter Machetenhieben ersparte. Auf der Fahrt zum Spital des IKRK hat man sich immer noch den langwierigen Kontrollen durch Milizionäre zu unterziehen und dabei zu ihnen freundlich zu sein. Das Spital verarztet Verwundete auch unter den Milizen wie unter Soldaten der Armee — der Preis für die Genfer Organisation, im Lande bleiben zu können. Innerhalb der Spitalmauern sind die Kriegsopfer meist leicht von anderen zu unterscheiden. Die ersteren haben entweder Schußwunden oder Verletzungen von Granatsplittern, in diesen Fällen meistens an mehreren Körperpartien. Andere, wie zum Beispiel das zwölfjährige Tutsi-Mädchen im einen Bettensaal, tragen keine Spuren weiterer Verletzungen. Ihr sind unter den Knien beide Beine abgetrennt. Das dürfte eine Machete gewesen sein.

Das Schicksal zweier Tutsi-Knaben, beide weniger als zehn Jahre alt, ging bereits durch die Presse. Sie wurden vor ihrem Haus aufgegriffen und dem einen beide Füße, dem anderen beide Hände abgehackt. So wurden sie lebend gefunden. Einem Kollegen hat ein Milizionär voller Stolz geschildert, wie sie draußen im Land gewöhnlich vorgingen. Nachts entfachten sie an drei Stellen große Feuer und fingen an, in die Luft zu schießen. Wer sich bedroht fühlte, brach auf, weg von den Brandherden, panisch zum Zentrum des Dreiecks hin, wo sich vielleicht eine Kirche befand. Dort wurden die fliehenden Scharen mit den Macheten erwartet.

Schwadronen der Hölle

Eine amerikanische Menschenrechtsorganisation publizierte im Januar eine Dokumentation, einschließlich eines geheimen Projekts der Bewaffnung Ziviler, zu einem Zweck, der »Selbstverteidigung« genannt wurde. Das Projekt sah unter anderem die Verteilung von Schußwaffen vor, ein Gewehr auf zehn Haushalte. Unter der hypothetischen Annahme, daß vom Regime des umgekommenen Präsidenten Habyarimana nur ein Fünftel der Landesbevölkerung — etwa eineinhalb Millionen Menschen — als loyal eingestuft wurde, errechnet man bei einer hoch angesetzten mittleren Haushaltsgröße von zehn Häuptern eine Zielvorgabe der Rekrutierung von 15000 solcher »Selbstverteidigungskräfte« mit Schußwaffen. Diese waren nicht als der Kern, sondern als Verstärkung der straff organisierten Miliz der ehemaligen Staatspartei gedacht. Die Miliz, die gleichzeitig rasch ausgebaut wurde, hatte den Namen »Interahamwe« erhalten, was ungefähr soviel bedeutet wie »Die, die am selben Strick ziehen«. Das besagte Projekt dieser »Selbstverteidigung« datiert von 1991, und schon seit zwei Jahren war das ganze Terrordispositiv des Regimes kein Geheimnis mehr. Seither blieb Habyarimanas radikaler Entourage recht viel Zeit. Gegen Rwandas Demokratisierungsprozeß verteidigte sie ihre Macht, indem sie allen Gegnern genau das androhte, was sich in den letzten zwei Monaten in dem Land abgespielt hat.

Wie mag man von der Patriotischen Front erwarten, daß sie mit solchen Leuten einen Waffenstillstand eingeht und damit vielen der Schlächter auf Vorschuß Straffreiheit zugesteht? Was von der Seite der Armee immer wieder beteuert wird, bestätigen selbst Angehörige von Opfern: daß die Milizen nicht durch reguläre Militärs kontrolliert seien — da sie nämlich überhaupt nicht kontrolliert seien. Doch bisher ist kein Fall bekannt, daß Armeeangehörige, vor deren Augen die Milizen mordeten, irgend etwas zu deren Bändigung unternommen hätten. Aufgebaut, bewaffnet und instruiert wurden sie von der Armee. Für ihre Ausrüstung zuständig war ein Oberstleutnant namens Théoneste Bagosora, Chef de cabinet im Verteidigungsministerium, wo er dem Vernehmen nach unter Minister Augustin Bizimana weiterhin seines Amtes waltet. Die sich selber so nennende Regierung versteckt sich nur physisch, während ihre Politik weiter unter den Namen altbekannter Extremisten firmiert. Nirgendwo ist an maßgebender Stelle ein Repräsentant ihres Lagers ins Blickfeld getreten, der sich als moderat oder auch nur als moderater bezeichnen ließe.

Größter Massenmord seit dem Zweiten Weltkrieg?

Angeheizt durch den Sender *Radio Mille Collines*, der sich im Besitz von Verwandten Habyarimanas befindet, sorgen die Schwadronen des Grauens noch immer dafür, daß die Massaker weitergehen. Im Sprachgebrauch der ehemaligen Einheitspartei und der Armee wird dies immer noch »Selbstverteidigung der Zivilbevölkerung« genannt. So lautet die Wortwahl auch des von der Uno als »moderat« eingestuften Brigadegenerals Marcel Gatsinzi, des Leiters der Armeedelegation, die im Uno-Quartier mit dem FPR Waffenstillstandsverhandlungen führt. Die Gesamtzahl der Toten dürfte näher bei einer halben als bei einer viertel Million liegen. Für Kigali allein wird mit Zahlen von 60000 bis 70000 gerechnet. Zählt man lediglich die 20000 bis 30000 Leichen dazu, welche der Kagera während der letzten Wochen in den Victoriasee geschwemmt hat, dann steigt sie Summe bereits in die Gegend von 100000. Es handelt sich mit größter Wahrscheinlichkeit um ein Mehrfaches dieser Zahl, und schon seit Wochen ist vom größten Massenmord seit dem Zweiten Weltkrieg die Rede.

Die einzige auswärtige Organisation, die in Gebieten außerhalb der Kontrolle des FPR ihre Aktivitäten aufrechtzuerhalten vermochte, ist das IKRK. In Kigali spricht der Leiter der Operationen von neuen Fluchtbewegungen, die wenigstens Hunderttausende umfassen müßten und sich in ihrem Umfang zu Millionen auszuweiten drohten. Nachdem sich vor einem Monat der Osten des Landes in Richtung Ngara, Tansania, entleert hat, führt die Marschrichtung diesmal nach Westen: aus den Gebieten um Gitarama und um Butare nach Cyangugu sowie nach Kibuye und von dort aus weiter entlang dem Ufer des Kivusees nach Süden und nordwärts nach Gisenyi, der Heimatstadt der Clans um die ehemalige Präsidentenfamilie. Auch südlich der vom FPR belagerten Stadt Ruhengeri sollen sich laut Schätzung des IKRK rund 200 000 Vertriebene aufhalten. In Cyangugu am südlichen Ende des Kivusees haben zwischen 5 000 und 10 000 überlebende Tutsi in einem Stadion Zuflucht gesucht; derzeit treffen in der Stadt nun täglich Zehntausende von geflohenen Hutu ein, unter ihnen zahlreiche Milizionäre, die selber auf der Flucht sind.

»Es waren die Politiker . . .«

Im Durchgangslager an der Straße nach Rwamagana findet sich unter den evakuierten Tutsi auch ein Pakistaner, der in Rwanda geboren ist. Zwei Monate hat er mit seiner Frau, einer Tutsi, und den Töchtern in seinem Haus durchgehalten, ehe er sich mit ihnen ins Hôtel des Mille Collines durchzuschlagen vermochte. Immer wieder kaufte er seiner Familie die Mörder vom Hals, die ihm selber freies Geleit offerierten und ihn auslachten, weil er seine Angehörigen nicht dem Tod überließ. Etwas Nahrung erstand er von Plündernden, die gelegentlich bei seinem Haus vorbeikamen. Vor einigen Jahren, so sagt er wieder und wieder, habe es in diesem Land keinen Haß zwischen den Ethnien gegeben. »Das gab es nicht. Es waren die Politiker. Mit Gewalt haben sie es den Leuten in die Köpfe gehämmert.«

EUROPAS FRANZÖSISCHER ALLEINGANG

Kigali, Juni 1994

Wie auf dem Kontinent gemeinhin ist die französische Politik während der letzten Jahre auch in der ehemaligen belgischen Kolonie Rwanda eigenen Wegen gefolgt. Frankreich, wo sich in alter Tradition das Elysée die Angelegenheiten südlich der Sahara als präsidiale Spezialdomäne vorbehält, verband mit der rwandischen Diktatur unter Juvénal Habyarimana ein Verteidigungsabkommen geheim gehaltenen Inhalts. Das kontroverse französische Engagement geht auf die Rebelleninvasion des *Front patriotique rwandais* (FPR) vom Oktober 1990 zurück. Die Stärke der französischen Truppen, die in der Folge bis zu ihrer Ablösung durch die Uno im letzten Dezember in Kigali stationiert waren, schwankte zwischen 150 und 600 Mann. Unter ihren Aufgaben stand offiziell der Schutz von 400 bis 500 französischen Staatsangehörigen im Vordergrund. Daß im Rahmen des Verteidigungsabkommens auch Verpflichtungen der Zusammenarbeit etwa in Ausbildung und Materialbeschaffung nachgekommen wurde, bestritten französische Stellen nie.

Geheimmission und viele Waffen

Dagegen dementierten sie bei wiederholten Gelegenheiten kategorisch, auf der Seite der rwandischen Armee direkt in die Kämpfe eingegriffen zu haben. Mitglieder einer ersten Beobachtergruppe der Organisation der afrikanischen Einheit gaben gegenteilige Auskünfte. Daß auch auf anderen westlichen Botschaften in Kigali hinter diese Versicherungen große Fragezeichen gesetzt wurden, wäre zuwenig gesagt. Man erhielt Schilderungen von Operationen, bei denen niemand annehmen mochte, daß sie allein mit rwandischem Personal abgewickelt werden konnten. Als die Pariser Tageszeitung *Libération* schrieb, im Frühjahr 1992 habe die operationelle Führung der rwandischen Streitkräfte in den Händen eines französischen Oberstleutnants namens Chollet gelegen, war über diplomatische Kanäle zu erfahren, daß französische Botschaftsangehörige die Akkuratesse des betreffenden Berichts informell bestätigten. Während der französische Botschafter Marlaud seine Einschätzung äußerte, die rwandische Armee allein sei dem *Front patriotique* nicht gewachsen, wurde Oberst Cussac, sein Militärattaché, auf anderen westlichen Botschaften als ein Mann portraitiert, der für eine militärische Lösung eintrat. Darunter konnte man sich schon vor zwei Jahren schwerlich viel anderes vorstellen, als etwas der Art dessen, was sich seit dem 7. April in Rwanda abspielt.

Oberst Cussac war zugleich Chef von Frankreichs militärischer Assistenzmission in Rwanda, und das französische Engagement verstärkte sich in der Folge. Das Truppenaufgebot erreichte sein Maximum von etwas über 600 Soldaten auf neue Kämpfe vom Februar 1993 hin. Wie das Human Rights Watch Arms Project in seinem Bericht »Arming Rwanda« dokumentiert, sollten gemäß zwei Verträgen von 1992 in diesem und im folgenden Jahr aus Ägypten und Südafrika Waffen im Wert von je ungefähr sechs Millionen Dollar nach Rwanda gebracht werden — in zwei Jahren mehr als das Doppelte der ausgewiesenen Käufe während der acht Jahre von 1981 bis 1988. Die internationale Menschenrechtsorganisation sieht ausreichende Gründe zur Annahme, daß für die Verpflichtungen in Ägypten der staatliche Crédit

Lyonnais mit einer Bankgarantie einsprang, und dies bei hoher Ungewißheit der rwandischen Zahlungsfähigkeit. Während die Organisation dazu keine französische Stellungnahme erhalten konnte, beruft sie sich unter anderem auf eine direkte Bestätigung durch Rwandas damaligen Verteidigungsminister James Gasana.

Internationale Absenz

Sind auf einem Posten wie Kigali die Staaten der Europäischen Union mit lediglich drei Botschaftern vertreten, dann sorgt eine schwache Besetzung der deutschen Botschaft dafür, daß die EU nur noch in Form von Geld präsent ist, politisch aber vom Befehlsempfänger des Elysée allein vertreten wird. Die belgische Diplomatie fand sich im Lager einer Buschguerilla wieder, und ohne die amerikanische Rückendeckung ginge es ihr im großen Nachbarland Zaire leicht ebenso. Auch von der Uno ist nicht zu erwarten, daß sie für die inexistente Außenpolitik der internationalen Gemeinschaft einen Ersatz bereithält. Bei vollständiger Absenz einer Außenpolitik, die sich so nennen ließe, ist auch das internationale humanitäre Engagement zur Ohnmacht verurteilt. Die Weltorganisation in ihrem Auftrag der Friedenssicherung stößt nicht nur durch restriktiv gefaßte Mandate an Grenzen, sondern auch durch den Umstand, daß eine Feuerwehr gewöhnlich nicht präventiv in Einsatz tritt und daß eine Feuerwehr zum Feuerlöscherkonzept schwerlich von sich aus Alternativen entwickeln dürfte. Wäre es eine Aufgabe des Sicherheitsrates zu verhindern, daß seine fünf ständigen Mitglieder für mehr als 85 Prozent aller Waffenexporte in wirtschaftlich schwache Länder aufkommen?

Die französische Diplomatie mag auf ihr Engagement im rwandischen Friedensprozeß von Arusha hinweisen und dabei herausstreichen, daß es einzig ihr zuzutrauen war, Habyarimana zum Einlenken zu bringen. Ihn auf den Buchstaben des Abkommens vom August 1993 festlegen mochte oder konnte sie schließlich nicht. Auf anderen Botschaften war seit drei Jahren und noch mindestens bis Frühjahr 1993 dasselbe zu hören, worin sich auch Kigalis Oppositionspolitiker einig waren: daß sich der rwandische Staatschef samt seinem radikalen Anhang einem geschlossenen Auftritt der westlichen Diplomatie nicht zu widersetzen vermocht hätte.

Pariser Unbeirrbarkeit

In den gut drei Jahren seiner militärischen Präsenz hat Frankreich in Rwanda mehr als 2000 politischen Morden — etwa zwei im Tagesdurchschnitt — beigewohnt, ohne je eine einzige öffentliche Rüge an Habyarimana zu richten. Nichts erlaubt eine Annahme, die französischen Stellen in Kigali seien über den Aufbau der radikalen Parteimilizen, ihre ideologische Aufrüstung und über die Zivilbewaffnungsprojekte des rwandischen Verteidigungsministeriums nicht genau im Bilde gewesen. Aber noch im Streit um die Verwirklichung der Beschlüsse von Arusha, der sich seit Ende vergangenen Jahres so furchterregend zugespitzt hatte, blieb eine klare französische Stellungnahme aus. Eine nach außen erkennbare Distanzierung vom ehemaligen Parteiregime Habyarimana, dem übrigens auch niemand mehr Chancen in einer fairen Wahl gegeben hätte, erfolgte von französischer Seite nicht. Unterdessen war in Kigali eine Handgranate zum Preis von zwei Flaschen Bier zu kaufen.

Habyarimana hatte es verstanden, die Rebellion im Norden zu einem willkommenen Instrument im Abwehrkampf gegen eine interne Öffnung seines Regimes umzufunktionieren. Pro forma hatte er sie dennoch zu vollziehen, und um sie rückgängig zu machen, hat seine radikale Gefolgschaft, die mit aller Wahrscheinlichkeit auch seinen Tod auf dem Gewissen hat, zu anderen Mitteln gegriffen. Jahrelang drohte sie damit, jahrelang warnten alle Oppositionsparteien davor. Von diesen, die in der letzten Interimsregierung elf von neunzehn Ministerposten innehatten, ist sehr wenig übrig. Ihre Zerschlagung war das erstrangige Geschäft der Präsidialgarde schon während der ersten Nacht des Massenmordes. Die politischen Repräsentanten der radikalen Reste der alten Militärdiktatur wurden schon in den ersten Wochen der rwandischen Apokalypse im Elysée empfangen.

Patriotismus ohne Anfechtungen

Beobachtern des Einzelfalls entgeht gewöhnlich, daß die französische Afrikapolitik im selben Sinne System hat, und dies ungeachtet der Resultate — von Togo über Kamerun und Zaire bis nach Djibouti und den Komoren, wo Frankreich Wahlen sabotieren half, nachdem es sie mit Nachdruck gefordert hatte. Entsprechend selten wird die Frage gestellt, woran das liegen mag. Zum einen gilt die Verteidigung und Ausweitung der frankophonen Bewegung als strategische Maxime, deren Vorgaben wenigstens in Afrika durch keine weitere Abwägung relativiert werden. Zum andern wird über die Ausgestaltung der zugehörigen Politik im Elysée von einem so kleinen und unkontrollierten Personenkreis entschieden, daß im Hinblick auf konkret verfolgte Interessen ein Partikularismus so ungezügelt wie nur denkbar am Werk ist.

Geht es um Afrika, dann bleiben auch die Medien der *Grande nation* hoffnungslos staatsnahe, während die unabhängige Presse sich weitgehend auf die *Libération* in Gestalt des streitbaren Stephen Smith reduziert. *»On vous aime bien, les français!«* zitiert der Korrespondent des *Monde* Kigalis Schlächtermilizionäre, worauf er im nächsten Bericht schreibt, in diesem Land gebe es keine Unschuldigen mehr, denn getötet würde von beiden Seiten. Als befände man sich in einem Krieg, wobei der Massenmord die beidseits verschuldete Nebenfolge wäre . . .

Während der Uno-Generalsekretär Boutros-Ghali von einem Skandal sprach, an dem die ganze Welt Schuld trage, geben sich französische Verantwortungsträger Mühe, die Mitschuld für ihren besonderen Fall einzuschränken. Nach einem Besuch in Rwanda als Sondergesandter Präsident Mitterrands schilderte der ehemalige Minister Bernard Kouchner in einem Interview mit dem *Monde* die Tragödie in den vollen Ausmaßen. Auf die Frage nach der französischen Verantwortung antwortete er: »Man darf nicht übertreiben, Frankreich hat in Rwanda nicht nur die unterstützt, die zu Mördern geworden sind.« In einem Fernsehinterview auf Rwanda angesprochen, hatte zuvor schon Mitterrand selber erklärt: »Es ist nicht unsere Bestimmung, überall Krieg zu führen [. . .]. Die Uno, die sich dieses Problems angenommen hatte — angesichts der Gewalttätigkeit der Kämpfe, der Ermordung der beiden Präsidenten Rwandas und Burundis, angesichts auch des Vormarsches der Oppositionsbewegung, unterstützt von einem Nachbarland, Uganda, und das wegen ethnischer Verwandtschaften, hat sich die Uno zurückgezogen. *Eh bien*, wir haben nicht an ihre Stelle zu treten, das ist nicht unsere Rolle.« Hat jemals jemand den Eindruck geäußert, Rwandas militärischer Partner Frankreich habe mit dem Land je etwas zu tun gehabt?

BEI DEN OPFERN

Cyangugu, Juni 1994

Der Weg nach Cyangugu und weiter hinein in den Südwesten Rwandas führt durch die zairische Grenzstadt Bukavu. Dort, von der Avenue du Plateau, fällt der

Blick hinab auf die einspurige Brücke, die über den Ruzizi, den gestauten Abfluß des märchenhaften Kivusees hinweg, die so unterschiedlichen Nachbarstädte verbindet. »Von da oben aus konnten wir zuschauen«, sagt der Chef des zairischen Grenzpostens. Die Schreie, denkt man, müssen am steilen Abfall des Plateaus widergehallt haben. »Nein, eben nicht«, sagt der Grenzbeamte, »auch das ist so eine Besonderheit — die Rwander schreien nicht.«

Es mutet unwahrscheinlich an und bedarf der Erklärung, daß Rwandas selbsternannte Regierung und ihre auswärtigen Vertretungen der Einreise von Journalisten keine Hindernisse in den Weg legen, sie vielmehr mit amtlichem Stempel gutheißen. Irgendwie muß es ihnen gelungen sein, sich selber davon zu überzeugen, daß die Wahrheit der Außenwelt nicht bekannt sei oder mindestens daß es noch eine ganz andere Wahrheit gebe, welche die einfache Tatsache ihres Mordes an Hunderttausenden außer Kraft zu setzen vermöchte. Womöglich haben sie es zur Überzeugung gebracht, daß die Ereignisse sich in Wirklichkeit gar nicht abgespielt haben können, wie es der Fall war. Der erste Eindruck in Cyangugu könnte dem durchaus entgegenkommen, solange jemanden keine weiteren Fragen umtreiben. Die Läden sind geöffnet, ebenso die Restaurants, und auf den Höfen wenigstens der privaten Schulen herrscht der gewohnte muntere Betrieb.

Endlösung

Das Lager von Nyarushishi, wo die überlebenden Tutsi versammelt wurden, befindet sich etwa zehn bis fünfzehn Kilometer außerhalb der Stadt. Das Internationale Komitee vom Roten Kreuz (IKRK), welches diese Gemeinschaft mit Nahrung sowie sanitarisch und medizinisch versorgt, hat 7889 Lagerbewohner gezählt. Von ihnen wurden etwas mehr als zwei Drittel aus dem

Stadion von Cyangugu hierher evakuiert; die übrigen addieren sich aus Hundertschaften von Überlebenden unter jenen Abertausenden, die bei umliegenden Pfarreien, den *paroisses*, Zuflucht gesucht hatten. Laut ihren Aussagen haben sie nur überlebt, weil die Schlächter vor Erschöpfung buchstäblich umgefallen seien. Es gibt auch die Erklärung, daß den Tätern an einigen Zeugen gelegen war — um des kollektiven Gedächtnisses der Tutsi willen, die sich nach allem Initiativen wie die Rebelleninvasion der Patriotischen Front vom Oktober 1990 auf alle Zeiten hinaus besser zu überlegen hätten. Bei der Paroisse de Shangi sollen von rund 7000 etwa 350 überlebt haben, bei der Paroisse de Nyamasheke von 5500 ebenfalls einige hundert, und so läßt sich die Liste fortsetzen. In den letzten Junitagen wurde nur mehr der Zuzug von wenigen hundert erwartet. Aus der Präfektur von Cyangugu haben sich zwischen 2000 und 3000 Tutsi nach Zaire zu retten vermocht.

In dem Staate, wo sowohl Hutu wie Tutsi während langen Jahren von Geburts wegen der Einheitspartei des umgekommenen Diktators Juvénal Habyarimana angehörten, blieb zwar die administrative Apartheid der in den Ausweispapieren verankerten ethnischen Zugehörigkeit bis heute unangetastet, aber Bevölkerungsstatistiken, die präzise Aufschlüsse über die regionale Verteilung der beiden Volksgruppen gäben, existieren nicht. Die Tutsi, deren Anteil an der Landesbevölkerung im März vielleicht noch in der Gegend von zehn bis zwölf Prozent lag, sind im Süden Rwandas stärker vertreten als nördlich von Kigali, wo manche Gebiete fast ausschließlich von Hutu besiedelt waren. Für die Bevölkerung der südwestlichen Region von Cyangugu wird gewöhnlich die runde Ziffer von einer halben Million gegeben; die Zahl der Tutsi lag irgendwo zwischen 50000 und 100000. Die Zahl der Überlebenden, die in der Präfektur bisher zum Vorschein gekommen sind, liegt wenig über 10000. Der ivoirische Anwalt René Degni Segui, Beauftragter der Uno-Menschenrechtskommission, hat inzwischen die Vermutung geäußert, daß die Gesamtzahl der Massakrierten eine halbe Million beträchtlich übersteigen könnte. Es könnte weit weniger als die Hälfte aller rwandischen Tutsi sein, die diesen in der Geschichte Afrikas beispiellosen Holocaust überlebt haben.

Im Lager von Nyarushishi spricht ein Zürcher Arzt des IKRK von einer Art kollektiver Depression. Die Leute nähmen von den weiter anhaltenden Todesfällen im Lager kaum Notiz und beerdigten die Leichen erst auf nachdrückliche Anweisungen hin.

»Komplizen«

Bei den Hunderttausenden, die hingemordet wurden, handelte es sich im Sprachgebrauch der Milizen des rwandischen Rumpfregimes um die »Komplizen« des *Front patriotique rwandais,* und nachdem man es sich in der Präfektur drei Tage lang überlegt hatte, bevor nach vereinzelten Morden mit dem Massenschlachten begonnen wurde, fielen in diese Kategorie des »Komplizen« vom Säugling bis zur Urgroßmutter alle Angehörigen der Minderheit. »In diesem Land konnte sich stets nur abspielen, was die Autoritäten billigten«, sagt ein Tutsi von Cyangugu, und jenseits der Grenze trifft man auch Hutu, welche die feste Überzeugung äußern, daß die Milizen nicht spontan, sondern auf höhere Order gehandelt haben. Der zeitliche Verlauf ist ihnen dafür Beweis genug. In Kigali begann das Morden in großem Umfang eine halbe Stunde nach der Bruchlandung der Präsidentenmaschine, in Gitarama erst nach einer Bedenkfrist von einer Woche.

Ein junger Priesteranwärter, der heute für das IKRK arbeitet, hat bei einer der Pfarreien der Präfektur eines der großen Massaker miterlebt und ist dabei als ein Hutu auch selber den Macheten nur knapp entronnen. Er meint, daß in der Präfektur von Cyangugu verhältnismäßig nur sehr wenige oppositionelle Angehörige der Mehrheitsethnie umgebracht wurden. Politiker von Gewicht hätten sich mehrheitlich nach Zaire abzusetzen vermocht. Ihr Anhang sei fraglos stark gewesen, doch habe er sich in Luft aufgelöst, ohne daß sich Gewalttaten größeren Umfanges gegen ihn richten mußten. »Man hat an einem Tag das Land und das Leben darin geändert«, sagt er mehrmals, und seit dem großen Töten sei in dieser Gegend von einer Hutu-Opposition nie mehr die Rede gewesen. Je ein Drittel, lautete etwas vereinfacht die Formel der transitorischen Machtteilung, auf die man sich im Abkommen von Arusha im August 1993 geeinigt hatte: ein Drittel für das Lager Habyarimanas, ein Drittel für die Parteien der zivilen Opposition, ein Drittel für den FPR. In dem veränderten Rwanda bekundet das Rumpfregime nun seine Bereitschaft, nach einem Waffenstillstand mit den Tutsi über eine Teilung der Macht zu verhandeln — ausgehend von der proportionalen Stärke der beiden Volksgruppen.

BEI DEN TÄTERN

Gisenyi, Juni 1994

Es ist noch Tag, doch die Vorhänge sind vorgezogen. Der inquisitorischen Lichttechnik der beiden Videokameras zuliebe brennen keine Lampen im Konferenzsaal, und erlöschen die sengenden Halogenkegel vor den Gesichtern auf dem Podium, dann taucht die Versammlung aus dem tiefen Schatten wieder in eine diffuse Dämmerung auf, in der man bekannte Gesichter nicht sogleich wiedererkennt. Ist das da drüben mit den dicken Brillengläsern nicht Madame Spérancie Mutwe Karwera, vor drei Jahren Pressechefin des umgekommenen rwandischen Präsidenten Juvénal Habyarimana? Wir befinden uns im Hotel Méridien Izuba in Gisenyi, dem Sitz dessen, was sich selber Rwandas provisorische Regierung nennt. Was sich in dem Saal abspielt, war als Pressekonferenz angekündigt — nicht der größtenteils im Hotel untergebrachten Mitglieder des Kabinetts, sondern von führenden Vertretern dessen, was diese selber als *»les partis politiques rwandais«* bezeichnen.

Nach der physischen Liquidation der zivilen Opposition in Kigali, der nur wenige durch Flucht zu entkommen vermochten, hat die extremistische Entourage Habyarimanas den rwandischen Pluralismus durch ein Eigenfabrikat ersetzt, das die Namen all jener Parteien trägt, die bis zum Abkommen vom August 1993 an den Verhandlungen von Arusha beteiligt waren. Als Kriegsgegner fehlt einzig der *Front patriotique rwandais* (FPR), während einige neue »Parteien« hinzugekommen sind.

Exerzitien

»Was wird dem kanadischen General Dallaire vorgeworfen?« fragt einer der Journalisten. Als erste geben zwei Männer Auskunft: Matthieu Ngirumpatse, Präsident von Habyarimanas ehemaliger Einheitspartei, und Antoine Rutegeshe, Vizepräsident von deren radikaler Abspaltung namens Coalition pour la défense de la république. Der zweite führt aus, daß Dallaire, der Kommandierende der Uno-Mission in Kigali, vor ein internationales Gericht gebracht werden müsse, und dies wegen Beteiligung an Massakern unter Frauen und Kindern. In der Folge repetieren alle übrigen Parteichefs die Auskünfte der beiden Wortführer, einer nach dem anderen, einschließlich des Vorsitzenden einer Ökopartei, der einen Doktortitel trägt — alle eifrig bemüht, die Voten der Vorredner in Form und Gehalt zu übertreffen. Es handelt sich um ein Exerzitium der beklemmendsten Art, und die Aufmerksamkeit, die in dem Saal der einzige Vertreter der ausländischen Medien auf sich zieht, läßt das Ambiente nicht erträglicher werden.

Die Poeten des Grauens im Méridien von Gisenyi erfinden nicht frei; ihre Inspirationsquelle ist das vollbrachte eigene Werk, ist die Wirklichkeit jenes Schicksals, das mehreren hunderttausend zumeist ganz unbeteiligten Zivilpersonen durch die Parteigänger von Ngirumpatse und Rutegeshe widerfahren ist. Die Schilderungen sind detailliert die der Massaker, wie sie zum Beispiel im Tutsi-Lager bei der Missionsstation von Kabgayi von etlichen ausländischen Journalisten durch das Fenster mitverfolgt werden konnten. Nicht gehindert durch die Wachen der Armee, verschleppten Milizionäre Nacht für Nacht Dutzende aus dem Lager und brachten sie um. Laut der Runde im Saal soll sich genau das abgespielt haben, aber nicht in Kabgayi, sondern in dem von der Uno bewachten Amahoro-Stadion, wo sich am Stadtrand von Kigali mehrere tausend Hutu in Sicherheit gebracht hatten.

Liquidierte Wörter

In einem Communiqué dieser versammelten »Parteien« liest man den Satz: »Während die Tutsi des FPR ihre auf dem Schlachtfeld Gefallenen mit 500000 beziffern, weinen die Hutu um mehr als eine Million vom FPR massakrierter Männer, Frauen und Kinder und um dreieinhalb Millionen Männer, Frauen und Kinder, welche — umgetrieben von Tod, Hunger und Krankheit — vor den aus Uganda kommenden Mörderhorden des FPR fliehen.« Ein beigelegtes Arbeitspapier einer »Groupe de réflexion de Ruhengeri« merkt zum FPR an: »Nicht einmal die Bösartigkeit Hitlers erreichte denselben Grad.« Was die künftigen Aussichten der »provisorischen Regierung« in Gisenyi betrifft, will das Papier Ansätze von Zuversicht ausgemacht haben: »Es wäre erstaunlich, wenn Länder mit republikanischer und demokratischer Tradition wie Frankreich und die USA mit den demokratischen Prinzipien brächen und eine Minderheit unterstützten, welche der Mehrheit ihren Willen mit Waffengewalt aufzwingen will.« Der FPR und die Tutsi wollten die Macht im Staate Rwanda, und weil es sich um eine Minderheit handle, die als solche bei Wahlen stets nur verlieren könnte, sei es ausgeschlossen, daß Tutsi sich je auf demokratische Spielregeln verpflichten ließen. Dies ist die Formel des Demokratieverständnisses von Gisenyi, wo ein Begriff von Machtteilung fehlt, so daß es demzufolge in einem Staat mit einer Minderheit unmöglich Demokratie geben könnte.

»Ihre Suche wird vergeblich sein«, hat in der burundischen Hauptstadt Bujumbura der Conseiller der rwandischen Botschaft versichert. Früher waren auch unter den Parteigängern Habyarimanas sehr verschiedene Leute anzutreffen. Nicht alle wollten einen solchen Verlauf der rwandischen Staatsgeschäfte, einige versuchten nach Kräften, das Eingetretene zu verhindern. Nach den Ereignissen aber hätten Attribute wie »radikal« und »moderat« an einem Ort wie Gisenyi keine Verwendung mehr, erklärt der Conseiller lächelnd. Das Vertrauen, das der Besucher ihm mit einigen alten Visitenkarten von Beratern Habyarimanas einflößt, reicht sonderbar weit — offenbar kann es sich nur um einen der Freunde handeln, die man auf seiner Seite so bitter nötig hätte. Auch die sogenannten Minister im Méridien warten sehnlichst darauf, sich interviewen zu lassen, und ein britischer Kollege, dem Land und Leute neu waren, hat einige Tage zuvor den Mut aufgebracht, mehrere von ihnen auf ihre Zimmer zu bitten, um sie unter vier Augen zu sprechen. Doch auch dabei fand er die Voraussage des Conseillers durchwegs erhärtet.

Verzweiflung

In der benachbarten zairischen Grenzstadt Goma trifft man auf viele Rwander, nicht nur auf Tutsi, die zumeist

seit längerem im Reiche Mobutus Wohn- und Geschäftssitz haben, sondern derzeit auch auf Hutu — Unternehmer oder leitende Angestellte, die entweder zwischen den
beiden Städten pendeln oder in den Wirren der vergangenen Monate über die Grenze verschlagen wurden und
hier einstweilen der kommenden Dinge harren. Sind sie
zu zweit, geben sie in maßgeschneiderter Übereinstim-
mung die gleichen Ansichten zum besten wie die Partei-
führer im Méridien von Gisenyi. Den einen von ihnen, der
hier Herr Bizimungu genannt sei, kann man tags darauf
allein treffen, und hat man zudem das Glück, daß ein
gemeinsamer belgischer Freund ihm die Furcht zu nehmen
versteht, dann erläutert er zunächst, welche familiären
und gesellschaftlichen Bindungen seinen Begleiter vom
Vorabend auf seinen Standpunkt festlegen. Der Pate von
dessen Sohn war kein anderer als Präsident Habyarimana,
und deshalb gehört er zum Akazu, dem »Häuschen«, wie
die politische Großfamilie des ehemaligen Staatschefs
genannt wird. Sodann erklärt Herr Bizimungu, daß man
in Gisenyi mit einer abweichenden Meinung die Todesstrafe für die ganze Familie in Kauf nimmt.

Bereits der Conseiller in Bujumbura hat eingeräumt, im
Lager seiner »Regierung« gebe es in einem geringfügigen
Umfang Dissidenz, die automatisch Flucht bedeute.
»Das klingt sehr viel einfacher, als es ist«, seufzt Herr
Bizimungu. »Wer in Rwanda hat für die ganze Familie
Pässe und außerdem für eine geschlossene Ausreise ein
plausibles Motiv?« Die Grenzen erscheinen in vielen
Fällen weder über legale noch über illegale Wege erreichbar. Herr Bizimungu wurde vom Tod des Präsidenten
und den Folgen an seinem Arbeitsort in Kigali überrascht,
getrennt von seiner in Gitarama lebenden Familie. Vor
den anmarschierenden Verbänden des FPR suchte er sich
auf dem Flughafen in Sicherheit zu bringen, um ihn
später mit den fliehenden Angehörigen der Armee zu verlassen. Von seiner Familie hat er keine Nachrichten. In
seiner Lage finden sich, wie Herr Bizimungu sagt, viele

Hutu. Er sieht keine Möglichkeit, sich von den Massenmördern zu distanzieren, und mit Schweigen allein kann er sich des Vertrauens seiner Obrigkeit nicht versichern. »Haben Sie in Gisenyi drüben bei den Politikern auch irgend etwas Gutes gefunden?« fragt er, doch er selber erkennt bei der Gesellschaft im Méridien ebensowenig von einer Bereitschaft, Kräften Platz zu machen, die der Gegenseite einen gangbaren Rückweg zum Verhandlungstisch von Arusha zu öffnen vermöchten.

Wahn mit Schwachstellen

Obschon Herr Bizimungu für die Herrschaftsmethoden des »Häuschens« das Wort Faschismus für angemessen hält, ist er kein geheimer Parteigänger des FPR. In diesem Punkt machen eine Ausnahme offenbar nur Hutu, welche die Patriotische Front aus eigener Anschauung und direktem Umgang kennen. Es sieht alles danach aus, daß für die überwältigende Mehrheit der übrigen Hutu die Grundfrage nur eine Antwort zuläßt: Der Tutsi-Guerilla kann man unmöglich vertrauen.

Findet sich noch in der ideologischen Akrobatik von Gisenyi das unumgängliche wahre Körnchen, dann reduziert sich diese Wahrheit darauf, daß es ohne die Existenz des FPR zu dem Genozid an den Tutsi wohl eher doch nicht gekommen wäre. Was dieser Logik zufolge die wahnhaften Konstruktionen einer »Groupe de réflexion de Ruhengeri« zu tragen und den Mord an Hunderttausenden als Begleiterscheinung eines Krieges zu rechtfertigen hätte, ist die unhaltbare These, der FPR habe die Präsidentenmaschine abgeschossen, mit dieser Tat die Feindseligkeiten wiederaufgenommen und das Arusha-Abkommen vom Tisch gefegt. Wie schwer sich diese Theorie mit elementaren Anforderungen der Stimmigkeit tut, hat der besagte Vater des Patensohns Habyarimanas eindringlich vor Augen geführt. Die weithin geteilte Annahme, der Präsident sei von seiner Präsidialgarde umgebracht worden, sitzt einem Clanangehörigen wie ihm so tief in den Gliedern, daß er einem beinahe um den Hals fällt, wenn man anmerkt, bis heute stehe überhaupt nicht zweifelsfrei fest, daß auf das Flugzeug geschossen wurde. Falls aber doch nicht? Die Frage, was daraus für seine Theorie folgen müßte, erspart er sich.

AUCH EMERITA IST TOT

Kigali, Juni 1994

Sie war die einzige Taxifahrerin in Rwanda. Sie arbeitete auf eigene Rechnung. Ihr Toyota war ihr Eigentum wie auch ihr kleines Haus. Ihre Mutter, eine Tutsi, und ihr Vater, ein Hutu, waren nicht mehr am Leben. Sie war Hutu gemäß ihrem Personalausweis, sah aber aus wie eine etwas nicht ganz so magere Tutsi. *»Les Tutsi ne m'acceptent pas«*, erläuterte sie, »und auch bei den Hutu ist etwas mit mir nicht in Ordnung.« Man kannte sie auch zu gut, Rwandas einzige Taxifahrerin, die in manchem eine Einzelgängerin war. Sie war Ende zwanzig, und wie in Kigali jedermann kannte auch sie sich aus auf dem sinistren Pflaster der Politik. Bei drei Besuchen war ihr Toyota gebucht von der NZZ [Neue Zürcher Zeitung]. Sie stand der Opposition nahe und vermittelte wertvolle Kontakte. Sie holte den Paß mit dem Visum bei der zairischen Botschaft ab, und in allem war sie die Zuverlässigkeit in Person. Sie war es auch, die auf dem Markt dem NZZ-Korrespondenten die Tips für das Neueste an Musik aus dem großen Nachbarland gab. Sie war sehr religiös, und sie war jedesmal traurig, wenn sie beim gemeinsamen Mittagessen oder Abendessen zum wiederholten Male erfuhr, daß der Journalist aus der Schweiz noch immer nicht regelmäßig betete.

»Man kann in diesem Land nicht mehr leben«, versicherte sie im Juni 1992, »die allgemeine Unsicherheit ist total.« Sie sah sich um nach Möglichkeiten, Rwanda und damit wohl auch den Kontinent zu verlassen. Schon zuvor war sie einmal ferienhalber durch Nairobi gekommen, doch wie so oft war dort das Büro der NZZ für zwei oder drei Wochen verwaist. In den vergangenen drei Tagen in Kigali war es nicht schwierig, Aufschluß über ihr Schicksal zu erhalten. Der Uno-Konvoi, der am vergangenen Freitag ungefähr 200 Tutsi aus der Kirche Ste-Famille unterhalb des Zentrums von Kigali zu evakuieren vermochte, fuhr in eine kleine Agglomeration etwa fünfzehn Kilometer östlich der Hauptstadt — in ein Gebiet, das sich jetzt unter Kontrolle der Patriotischen Front befindet. Dort fanden sich auch einige Dutzend jener Tutsi, welche etliche Wochen im Hôtel des Mille Collines zugebracht hatten.

Das »Mille Collines« im Zentrum Kigalis steht mit seinem Schutzaufgebot von einigen wenigen Uno-Blauhelmen unter der Belagerung der rwandischen Schlächtermilizen. Vor diesem Hotel, wo nebst 200 bis 300 Zairern und anderen schwarzen Ausländern noch immer etliche Dutzend Rwander festsitzen, hatte Emerita immer ihren Toyota stationiert. »Ah, ça c'est sure, elle est morte«, und es geschah schon vor dem Krieg, wie es einer der Burschen genau weiß. Es war an einem Tag im Februar, kurz nach dem erfolgreichen Attentat auf Félicien Gatabazi, Minister des von Hutu dominierten oppositionellen Parti social démocrate. Emerita habe eine Dusche genommen, als durch das Badzimmerfenster eine Handgranate geworfen wurde.

XI Dinosaurier

*»Au Zaïre il n'y a que le
miroir qui refléchisse.«*

MOBUTUS ENDLOSER ABSCHIED

Kinshasa, Oktober 1991

Zairer haben eine enorme Geduld, sie haben sie ihrem Präsidenten Mobutu Sese Seko gegenüber unter Beweis gestellt. Mobutus Staatskapitalismus, das öffentliche Privatunternehmen seines erweiterten Familienverbunds, brauchte seinerseits Beharrungsvermögen, um die ebenso vielfältigen wie reichen Quellen seiner Raubwirtschaft zum Versiegen zu bringen. *»Mobutu a tué le pays!«* donnert, in seinem Sessel sich aufrichtend, Étienne Tshisekedi. Der bereits wieder entlassene Chef des *Gouvernement du salut public* hatte anfangs Oktober seine Nominierung mit der Bemerkung quittiert, beim Staatschef handle es sich um ein Monstrum ohne menschliche Züge. Bei solchen Qualifikationen handelt es sich um einen minimalen Tribut, den die Opposition von ihrem Führer für die Annahme der präsidialen Offerte verlangte. Mobutu präsentierte die Äußerungen seines neuen Premiers in vervielfältigten Reuter-Meldungen westlichen Diplomaten — mit der Frage, welcherart Zusammenarbeit mit solch einem Mann von ihm erwartet werden könnte. Keine, bestätigte Tshisekedi, der Mobutus Prärogative, *»garant de la nation«*, bei der Unterzeichnung aus dem Text des Mandats strich. Mobutu nannte dies einen Verstoß gegen die Verfassung, die er selbst 26 Jahre lang mit Füßen getreten hatte, und zog den Regierungsauftrag zurück.

»*Il a tué le pays*«: Wie vermöchte man begreiflich zu machen, daß es in der Macht eines Mannes liegt, ein Desaster dieser zairischen Ausmaße anzurichten? »Kennen Sie die Frage nicht aus dem Kontext des Dritten Reiches?« entgegnet Mobutus ehemaliger Premier Kengo wa Dondo, ein Pole mit rwandischer Mutter, der von 1982 bis 1986 und von 1988 bis 1990 an der Spitze des Kabinetts stand. Mobutus Reich, das sich — jedenfalls mit Gewalt — kaum zusammenhalten ließ, richtete seine Aggressivität nicht nach außen. Die hauchdünne Elite erhielt während Mobutus Vierteljahrhundert Zutritt zur Staatspfründe und bildete das unerläßliche Personal, die Erträge außer Landes zu schaffen. Von präsidialen Gnaden bestand eine gewisse Freiheit zur Beteiligung an dieser jahrzehntelangen Plünderung; sonst gab es keine, außer der, das Weite zu suchen. Nachdem schließlich die Angst vor dem Tyrannen gewichen war, verließen am 23. und 24. September 1991 die Elitesoldaten des Präsidenten ihre Kasernen und holten sich, verstärkt durch den Mob, in zweitägigen Plünderzügen den Rest von dem, was dem Volk gestohlen worden war. So äußert sich mit einer Beimengung von Genugtuung die Bitterkeit unter führenden Oppositionellen: Wie Kengo sind sie mit ganz wenigen Ausnahmen »Renegaten« mit sehr kurzer demokratischer Tradition, nachdem sie noch Anfang 1990 Mobutus Mouvement populaire de la révolution (MPR) angehört hatten.

Abseits der Welt

Noch sind die Leute auch in der Hauptstadt nicht akut von Hunger bedroht, die Ernährung ist in dem fruchtbaren Land nicht ein Grundproblem. Doch bereits ein Gedanke an die sanitäre Situation müßte den Schlaf rauben. Ein französischer Journalist will wissen, den

»Kinois«, den drei bis vier Millionen Einwohnern Kinshasas, sei als einzige Apotheke jene im Hotel Intercontinental geblieben. Cholera und Typhus sind ohnehin
endemisch, nun drohen Seuchen. Außerdem heißt es,
Plünderer hätten nicht nur Elektropianos für Schreib-
maschinen gehalten und Aids-Labors in Trümmer gelegt,
sondern aus Fabriken auch hochgiftige Chemikalien
abtransportiert.

Zaire unterhält derzeit keine geregelten Verbindungen
zur Außenwelt. Außer privaten Transportmitteln, einigen
kaum gewarteten Maschinen von Air Zaire und den
furchterregend rostenden Kongofähren, die seit den
Ereignissen vom September zwischen Kinshasa und
Brazzaville nur offizielle Reisende und speziell autorisierte
Einheimische befördern, läuft die Kommunikation per
Kurzwellen durch den Äther oder von Spezialstationen
direkt über Satelliten. In der Hauptstadt kommuniziert
man vorwiegend mit Walkie-talkies und mit portablen
Funktelephonen. Der evakuierte Chef der belgischen
Brauerei »Skol« schildert, wie seine Landtransporte im
Haut-Zaire zwanzig Kilometer pro Tag meisterten. Nach-
dem Straßen seit 30 Jahren nicht unterhalten worden sind,
werden jetzt auf völlig eingesunkene Camions elastische
Planken gelegt, so daß die Nachfolger dank dem Hindernis über die Löcher gelangen. Jenseits der östlichen
Grenze werden solche Darstellungen mannigfach bestätigt. »Gewiß gelangen Sie über die Grenze, irgendwohin«,
versichert ein Transportunternehmer in Burundi, »auch
zu den Berggorillas. Aber nach Zaire? Gibt es das noch?«

Ambivalenter Reichtum

Die Plünderer in Uniform werden nun, da nirgends Kaufkraft übrig ist, das um die Kasernen gestapelte Gut nicht
los. Zairisches Geld — 20 000 bis 30 000 Zaïres pro Dollar — ist seit den *énvènements* vom September auch

gegen Devisen kaum aufzutreiben. Mit Kühltruhen, Stereoanlagen, Reifen, Felgen und Motoren, mit manchem mehr, was nicht zwischen die Zähne geht, sind schwer Käufer anzulocken. Schon nach dem ersten Quartal 1991 meldeten Firmen etwa bei Margarine und Speiseöl Verkaufsrückgänge von fast 50 Prozent gegenüber dem Vorjahr. Kinshasas Spitäler sind zur Ernährung der Patienten auf Hilfe internationaler Organisationen angewiesen.

Der Kaufkraftzusammenbruch traf ein sehr fruchtbares Land, das mit seinen üppigen Kupfer-, Kobalt-, Zinn-, Gold- und Diamantenvorkommen zu den potentiell reichsten des Kontinents zählt. Der Export übertraf den Import noch 1990 um zwanzig Prozent, als der Bergbau — Zaires wirtschaftliches Rückgrat — bereits von schweren Kontraktionen gebeutelt wurde. Laut einer Schätzung von Tshisekedis letztem Vorgänger, Mulumba Lukoji, wurden zuletzt Diamanten und Gold in einem Wert von 400 Millionen Dollar jährlich aus dem Land geschmuggelt — eine Summe, die deutlich über der des legalen Exports liegt. Sie hat eine weitere Bezugsgröße in den 400 Millionen gegenwärtiger Zahlungsrückstände bei der Verzinsung der Auslandsschuld in Größenordnung von zehn Milliarden Dollar, wobei kontrovers ist, ob sie Mobutus Privatvermögen übersteigt oder umgekehrt. Auch in der oppositionellen »Rettungsregierung« erhielt noch ein Mann Mobutus das Bergbauministerium.

Geostrategische Holzwege

Nach einigen Versuchen, Mobutus Apparat minimale Haushaltsdisziplin zu lehren, haben Weltbank und Währungsfonds Kinshasa schaudernd den Rücken gekehrt, wenig geneigt, sich demnächst zu einer Fortsetzung dieses Rodeos hinreißen zu lassen. Nun liegt auch der ausgedehnte informelle Sektor darnieder, nachdem mit den

Libanesen, Griechen und Pakistanern auch das levanti-nische Handelskapital über den Kongo geflohen ist. Von einem Libanesen berichtet das Pariser Magazin *Jeune Afrique*, er habe seinen Safe mit 1,75 Millionen Dollar in bar und zwei Kilogramm Rohdiamanten bei der Flucht im Hafen wieder an sich gebracht, nachdem ihn Plünderer nicht zu öffnen vermocht hatten. Ein zairisches Blatt schreibt, ein Grieche, der über Fernbedienung in seinem Geschäft 30 Plünderer mit Giftgas tötete, sei kurz darauf gelyncht worden.

Während die zairische Oppositionspresse titelt, Präsi-dent Bush habe Mobutu in den USA zur *persona non grata* erklärt, verweigert laut einem Mitarbeiter von *Newsweek* die amerikanische Botschafterin in Kinshasa seit Monaten alle Presseauskünfte. Unter ihren europäischen Kollegen ist zu vernehmen, nach allem wolle das State Department es nun mit Mobutus Nachfolgern genauer nehmen; betre-ten und zweifelnden Gewissens beargwöhne man dort zunächst einmal Tshisekedi und überlege sich gründlich, Mobutu als Gegengewicht kurzerhand ganz fallenzulassen. Nachdem in Afrika von den Ablegern der »Kommunisti-schen Weltbewegung« nichts übriggeblieben ist, zeigen westliche Balanceakte in dem vom Kalten Krieg, aber noch nicht von seinen Rechtsdiktaturen befreiten Konti-nent bizarre Züge. Das Engagement für Jonas Savimbi im benachbarten Angola schloß für die Entwicklungen in der rückwärtigen Basis Zaire die Augen radikal, auch was den Umgang mit Menschenrechten betraf.

Multimobutismus

Noch 1990 hatte Mobutu amerikanisches, französisches, belgisches, westdeutsches, südafrikanisches, ägyptisches und israelisches Militärpersonal unter Vertrag, wobei laut westlichen Diplomaten die Israeli noch immer als Aus-bilder der *Division spéciale présidentielle* tätig sein sollen.

Die Fallschirmtruppen, welche die Plünderzüge anführten, erhielten Schulung durch französische Instruktoren, von denen auch nach der Kommandoübergabe im Juli 1991 einige diskret bei ihren Zöglingen geblieben sein sollen. Die Belgier, die sich schon seit 1988 mit Mobutus Regime immer tiefer zerstritten, dürften mittlerweile ihre Erbgänge in Kinshasa einem Abschluß nahe gebracht haben. In der Bar des Intercontinental — mittlerweile eine Art Raumstation, inklusive Mietwagen zu etwa 800 bis 900 Mark pro Tag — findet man sich unter belgischen Versicherungsagenten, die tüchtig dem Bier zusprechen und Visionen davon entstehen lassen, was dereinst außer Militärexperten, Rotkreuzpersonal und Journalisten die letzten Abendländer in Afrika zu suchen haben könnten.

Mobutu leistet weiterhin erbitterten Widerstand, und es steht ihm dabei eine Restmannschaft zur Seite, der ein härterer Aufprall droht als ihrem Chef. Die ehemalige Staatspartei MPR hat sich in aller Eile in den neuen Mantel der Forces démocratiques unies (FDU) gehüllt, die unter den rund 250 Parteien des zairischen »uneingeschränkten Multipartismus« zumindest die Hälfte der 120 bis 130 Ableger von Mobutus schwindender Hausmacht umfaßt. Sie behaften nach Kräften die Exponenten der oppositionellen *Union sacrée* auf der Vergangenheit, bezichtigen sie, diese »Vögel gleichen Gefieders«, der Hypokrisie und propagieren unter unermüdlicher Beschwörung dieses dubiosen Aufrichtigkeitsvorsprungs sich selber als die wahren Demokraten. Im Sprachgebrauch der Opposition repräsentieren Politiker der FDU — dieser »Forces dictatiorales unies« — genau wie das MPR: *»maman, papa et le reste (de la famille)«*. Aus dem ehrlichen Befund, daß in Zaire jungfräuliche Politiker rar seien, folge nicht, daß an Mobutu etwas zu verlieren sei.

IM ZAIRISCHEN »SAINT TROPEZ«

Goma, Juni 1992

»Adresse in Goma?« — »Monsieur Popol erwartet uns.«
Das Paßwort taugt. Der Diensthabende, der vielleicht
niemandem mehr untersteht, notiert in dem großen Buch
auf dem Schreibtisch der »Immigration« unsere Berufe:
»Philosoph« bei meinem Begleiter, »Poet« bei mir. Er
stellt — bei soviel gutem Grund, Zaire zu besuchen —
keine weiteren Fragen. Hinter ihm im amtlichen Por-
trait, mürrisch über seinem vollen Namenszug, Mobutu
Sese Seko Kuku ngbendu wa za Banga — »Der großartige
Krieger, der über alle Hindernisse triumphiert und alle
Hennen deckt«. Nach den Visagebühren seiner Botschaften zu schließen, spazieren wir nun durchs Tor von Eden.

Moderne

Nicht Médicins sans frontières, wie vorgesehen, dafür hat
der World Wildlife Fund, der sich im Parc des Virunga
der Berggorillas annimmt, uns am rwandischen Grenz-
posten abgesetzt. Er wird uns drüben wieder aufladen.
»*Ça va?*« Die ersten Passanten eingangs der hiesigen
»Champs Elysées«, als Gomas deregulierte Geschäftsader
besser noch unter dem Namen »Wallstreet« bekannt, sind
beim raren Anblick weißer Fußgänger stehengeblieben.
»*Messieurs, non*«, erwidert einer den schüchternen Gruß,
»*ça ne vas pas.*« Nicht einmal hier in Kivu? Nicht einmal
in Zaires Kornkammer, wo Getreidewirtschaft, Gemüse
und Tausende von Hektar besten Kaffees die schwer-
beladenen Bananenpflanzungen in den Lac Kivu hinaus-
schöben, wenn dort nicht in den verwilderten Parks
endlose Reihen von Villen die Uferzüge des lieblichsten
Sees Afrikas verteidigten. Es handelt sich hierbei um die
Wochenendausstattung des berühmten »Multimobutismus«, der seit dem, was 1990 auch in Zaire »demokratische

Öffnung« genannt wurde, in 100 bis 200 regimetreuen Parteien politisch seine neue Gestalt fand. Der Sitz des Staatsoberhauptes, das — vielleicht inspiriert durch seinen Freund, den marokkanischen König — seine Paläste überall im Lande verteilen ließ, wartet seit Jahren auf seinen Herrn. Ein Helikopter setzt dann und wann auf, und bei diesem Ereignis heißt es im Kreis der letzten geschäftsfreudigen Kongobelgier, der verbliebenen *»Belgolais«*, Mobutus Kämmerer suche nach Eiswürfeln.

Die Bauarbeiten sind nicht, wie es scheinen mag, vorgestern stadtweit eingestellt worden. Das gilt womöglich an der Place du Président Mobutu, wo gegenüber dem flämischen Bau der Hauptpost der Hauptsitz der Banque de développement économique des pays des Grands Lacs als Betongerippe altert, während der Aufsichtsrat sich im Guesthouse Nyira Madame Mitzis französische *haute cuisine à la belgolaise* auftragen läßt. Im anmutenden Rahmen der Communauté économique des pays des Grands Lacs, der C.E.P.G.L., offerierte Mobutu den beiden Partnern Rwanda und Burundi das pekuniäre Zentrum, die in afrikanischen Wirtschaftsgemeinschaften unvermeidliche Entwicklungsbank. Unweit davon erheben sich Gomas weitflächige Rohbauten, welche die Belgier vor 32 Jahren ihrem Schicksal überließen. Nicht immer das Angefangene fertig, aber sichtlich viel wurde hier seitdem gebaut. Popol baut, wie wir hören, ein neues Haus am See — vielleicht nicht zur passenden Zeit? Wenn alles doch gutgeht, dann kommt nie wieder eine bessere. Er ist nicht der einzige, der zur Zeit investiert.

Weite Wege

»Oui, c'est Popol«, meldet sich im Wagen prompt über Ultrakurzwellen die Stimme, *»il n'y a pas de problèmes«*, und Monsieur Popol empfängt am gegenüberliegenden Ausgang der Stadt in seinem Büro. Auf der anderen Seite der Ausfallstraße erstreckt sich der Internationale Flug-

hafen Goma. An manchen Tagen landen und starten hier ein halbes Dutzend große Düsenmaschinen, so viele wie in einer Woche auf dem Flughafen der burmesischen Hauptstadt Rangoon, der ein Volk von über 40 Millionen an die Außenwelt anschließt. Zumeist sind es die Boings privater Fluggesellschaften. »Einzig Air Zaire fliegt nicht«, bemerkt Popol. Die Crevetten *chez Mitzi*, die von der Atlantikküste des Bas-Zaire stammen, werden noch immer täglich frisch eingeflogen und sind in Goma weit billiger als in Zürich. Der Gegenverkehr ist prekär. Ein 100-Kilo-Sack Bohnen, *pièce de resistance* in Zaire, kostet hier zwischen zwölf und fünfzehn Dollar; der Transport von Kivus Überschüssen nach Kinshasa — ab Goma 1600 Flugkilometer — verteuert ihn um hundert Dollar.

Das Fabelhafteste an Zaire, das annähernd drei Viertel der Fläche Indiens umfaßt und als einziges afrikanisches Land in einer Zeitzone nicht unterkommt, sind vielleicht seine Transportprobleme. Seit dem Verlust der Benguela-Bahn durch den angolanischen Krieg führt von den Bergbauzentren Shabas der einzige Weg nach Westen per Bahn nach Ilebo am Kasai, von dort auf dem Fluß nach Kinshasa, per Bahn zum Kongohafen Matadi knapp 150 Kilometer vor der Mündung. Von Kolwezi im ehemaligen Katanga bis zum Atlantik sind es so vielleicht 2500 Kilometer. Onatra, das *Office national de transport*, hätte den Schiffsverkehr auf 12200 Kilometern Wasserwegen unter sich, und das *Office des routes*, unter Zairern das »*Office des trous*«, wäre zuständig für 140000 Kilometer Straßen. Die Aufschwünge der Luftfahrt haben den Zusammenbruch dieses erdgebundenen Verkehrs ebenso begünstigt, wie Äther und Satellit die Liquidation der konventionellen Telekommunikation vorantrieben — beides schon lange bevor Mitte 1990 im östlichen Zaire jene Erosion der politischen Kontrolle einsetzte, die in der Zwischenzeit davon kaum etwas übriggelassen hat.

Zu genau nahm man es hier nie. Viele der auswärtigen Unternehmer lebten und wirkten hier viele Jahre ohne Niederlassung; die Interessen des unumgänglichen einheimischen Partners sorgten für Gütlichkeit. In Kivu, wo man im Vergleich zu durchgreifend geplünderten Städten wie Kisangani oder Lubumbashi bisher viel Glück hatte, behauptet sich der informelle Hochbetrieb — schlecht und recht. »Was tun Sie«, fragt der ansässige deutsche Metzgermeister, »wenn Sie mit Schecks bezahlt werden und von einem Tag auf den anderen die Babynahrung um 500 Prozent aufschlägt? Und wenn das ständig so weitergeht?« Das Auftragsvolumen der Luftfrachtfirma, die Popols Kaffee-Großhandel angeschlossen ist, hat sich binnen einem Jahr halbiert. An keiner Tankstelle gibt es Treibstoff, doch innerhalb Gomas rollt noch der Straßenverkehr. Seit Mobutu die Verstimmung der westlichen Partner mit der Drohung quittierte, er wende sich nun also Libyen zu, kauft man Benzin »*chez les Ghadhafis*«: bei den Heerscharen, die es an allen Straßenecken aus dem Kanister feilbieten. Den Literpreis vermochten sie bis jetzt noch nicht über einen Dollar zu treiben.

Hinaus, auch soweit die Straßen noch führen, fährt man oft besser nicht. Den Rückkehrer erwarten vielleicht »Fakire«, die Maß nehmen und ihn nur entsprechend erleichtert wieder hineinlassen. Nähern sie sich im größeren Verbund, die »Fakire«, wie Mobutus Soldaten in Anbetracht ihres Kalorienhaushalts genannt werden, dann vermag die Abordnung, die ihnen entgegenzieht, sie noch immer mit einer Aufbesserung des Soldes dahin zurückzuschicken, wo sie herkommen. Der lokale Oberkommandierende, dessen Sold Anfang 1992 200 Dollar pro Monat betrug und seither rasch wieder zerfiel, ist kein zuverlässiger Schutzpatron. Die Aufgabe überläßt man gern etwa einem Bischof der katholischen Kirche. Doch man sitzt auf einem Pulverfaß. »Man wußte nicht: War es unser Vulkan, oder war es Mobutu?« erzählt der deutsche Metzger. »Dabei war es nur ein Schraubenschlüssel. Sie reparierten da drüben und ließen ihn liegen. Durch den Kurzschluß flog die ganze Transformatorenstation in die Luft.« Bis jetzt wurde Goma nur im Oktober zweimal kurz heimgesucht, mit halber Entschlußkraft, wie die Expatriierten nach jeweils wenigen Tagen bei ihrer Rückkehr aus dem benachbarten rwandischen Gisenyi feststellen durften. Jüngst erhielten sie bei Unruhen dort, in der Hochburg des rwandischen Diktators, Gegenbesuch von ihren Landsleuten unter dessen bröckelnder Hoheit.

Tippu Tibs Rückkehr nach Osten

Was sie hier seit Anbruch der neunziger Jahre erlebten, nennen die *Belgolais* gerne *le retour aux temps de Tippu Tib*. Sie meinen damit nicht einfach eine Rückkehr in vorkoloniale Verhältnisse des letzten Jahrhunderts. Tippu Tib, der geschäftstüchtigste unter den arabischen Sklavenhändlern, der in fortgeschrittenen Jahren in Leopolds Kongo-Freistaat von dem generalbevollmächtigten Stanley als Gouverneur über große Gebiete des Ostens eingesetzt wurde, hatte von Sansibar aus die Region Kivu für seinen Handel erschlossen, dessen Wege weiter zur afrikanischen Ostküste führten. Goma steht im Begriff, nach Ostafrika zurückzukehren.

Verbindungen nach Westen, zum eigenen Land hin, reißen nach und nach ab. Alle Geschäftsleute hier unterhalten einen Ableger in Gisenyi, wo sie ihren postalischen und elektronischen Fernverkehr abwickeln. Die schwindende Sicherheit im kleinen östlichen Nachbarland hebt deshalb die Stimmung in Goma nicht. Dennoch harren hier und in Bukavu, am Südende des Kivusees, etliche *Belgolais* aus, nachdem größtenteils ihre Kompatrioten den sinkenden Monsterkahn verlassen haben. Für manche von ihnen steht außer Kopf und Kragen alles auf dem Spiel, was wiederum in manchen Fällen nicht wenig ist.

Der schwunghafte Privathandel mit den zairischen »Unbezwingbaren«, wie die vulgärlateinische Etymologie die Diamanten auszeichnet, ist an einer intakten Schleuse zur Außenwelt interessiert.

Ein Virus

Und dann gibt es da jenes Virus, parawissenschaftlich bekannt unter dem Namen »Kongo-Virus«. Es scheint, als hätte zur Zeit Lumumbas auch die amerikanische Central Intelligence Agency eine Prise davon geschnupft. Manche, vor allem befallene Belgier, halten an seiner Unkurierbarkeit fest: In diesem unheimlichsten Land, wo jeden Augenblick die Natur alle Kultur mit einemmal zu verschlingen droht, bemißt sich der unerschlossene Reichtum in Hunderten über Hunderten von Milliarden von Dollar. Mobutu besitzt hundert solche Milliarden, sagt ein Wallone, dem das Virus den Unterschied zwischen Dollar und Belgischem Franc ausgetrieben hat. Und beim Blut, das in hiesigen Adern fließt, könne es an der Spitze dieser Gesellschaft etwas anderes als Mobutus nie geben. »Hört ihnen nicht zu lange zu«, rät leise Popol in leidlichem Deutsch, »für sie ist zuviel abgefallen beim großen Fressen.« Sie haben oft wenig übrig für halbe Sachen, und ihre Art von Rassismus — vielleicht auch etwas von ihrem Selbstverständnis — tun sie kund auf die Frage, warum hier verspätete Hippies, besonders unentwegte unter den europäischen und amerikanischen Blumenkindern, noch immer so ungestört wie begeistert landauf und landab pilgern: »Die Eingeborenen halten arme Weiße nicht für richtige Menschen.«

Zu gewissen Kreisen Kinshasas zählte lange nur, wer am Samstag in Rio ins Kino ging. Und wenn er in seinen knappen Worten erzählt von der einheimischen Initiation, die nur richtigen Dieben Aussicht auf anständige Mannbarkeit läßt, dann spürt man auch beim nervigen Popol — nein, nicht Begeisterung, aber — ein gewisses Behagen.

»*Le vrai Maire de Goma*«, wird er, nachdem auch wir es längst wissen, uns noch einmal vorgestellt. Die Frage, seit wann er hier sei, war peinlich genug. »Ich bin hier geboren.« Die neokolonialen Parvenus um ihn herum aber wissen von dem »Virus« in Wirklichkeit nichts, pflegen auch in Goma ihre Art Provinzialismus. Auf dem Treppenaufgang zur Post spielen, im schwindenden Abendlicht, Halbwüchsige zairisches Musik-Ensemble. Jeder sein imaginäres Instrument in den Händen, in der Faust zuvorderst das Mikrophon, räumen sie auf mit unschuldigen Fragen, wie und womit Mbilia Bel, Seigneur Rochereau, Franco und Koffi Olomide den ganzen Kontinent in Vibrationen versetzen.

KATANGA-FRAGE

Likasi, März 1993

Zwischen den feinen Schattenrissen der Hochspannungsmasten, die den Strom vom Tshangalele-Werk bis hinunter zu den Victoriafällen und weiter nach Bulawayo exportieren, liegt etwas Gespenstisches auf diesem glatten Asphalt. Zumindest auf der östlichen Hälfte des Kontinents gibt es Straßen dieses erstklassigen Zustands nur im südlichen Afrika, in Simbabwe womöglich oder im angrenzenden sambischen Copper Belt, den der belgische König Leopold II. einst auf kräftigen Druck hin der britischen Krone abtrat. Doch über eine Strecke von 120 Kilometern besteht der ganze Gegenverkehr aus zwei havarierten und einem fahrenden Lastwagen. Selbst in den Tanks des zairischen Minengiganten Gécamines lagert vor allem Hohlraum. Die vielleicht 800 000 Einwohner von Lubumbashi bekommen Benzin in aller Regel nur aus den Kanistern der *Ghadhafis*, die als Zwischenhändler der Kommandanten die strategische Reserve der Armee versilbern. Findet sich Treibstoff, ist Likasi ohne Eile in weniger als eineinhalb Stunden zu erreichen.

Am Bahnhof

An den meisten einstöckigen Häusern, etwas zurückgesetzt im Grünen, springen die Zerstörungen nicht sogleich ins Auge. Was haften bleibt, sind nur die Bilder der abgedeckten Verschläge eines verlassenen Marktes, die bei der Einfahrt nach Likasi am Wagenfenster vorüberziehen. Mit der Spannung des Vakuums auf der Landstraße mag sich für einen Augenblick auch die Aufmerksamkeit gemindert haben, bis unser Wagen in Bahnhofsnähe unvermittelt in einem enormen Fußgängeraufkommen steckenbleibt. Befremdlich bleibt die autofreie Sonntagsambiance und ein bißchen auch der Kontrast dieses Gedränges zur mondänen Kulisse der Bergbaustadt. Wer nichts von den schweren Auseinandersetzungen im Herbst 1992 gehört hätte, wähnte sich dennoch im Alltag, vielleicht auf Afrikas größtem Trödelmarkt, auf einem Ausläufer des Mercato von Addis Abeba oder des Roque Santeiro von Luanda. Auf dem Platz zwischen den wuchtigen Klötzen der *Gare de Likasi* und des *Office national des postes et des télécommunications du Zaire* ist zwischen Marktständen, gestapelten Kisten und Möbelpyramiden schwer auszumachen, was als Notbehelf einer Behausung dient.

Auf dem gesamten Areal diesseits der Gleise, auch jenseits rund um den Güterbahnhof, hat der betroffene Teil der Bevölkerung die verschiebbare Habe zusammengetragen und in die Höhe getürmt. In einem Streifen lichten Waldes, der von der Gare aus der Trasse folgt, hat das Handwerk Quartier aufgeschlagen. Unter anderem Alteisen werden auch ausgediente Schienenstücke geschmolzen und im Lehm des Bahndammes zu Pfannen gegossen, nebenan Blechkisten mit Hilfe von Schweißbrennern zu kleinen holzkohlegefeuerten Kochherden umgearbeitet.

Schreiner überholen das Mobiliar. Sogar auf dem Bahnsteig, wo sich Wertvolles unter den Massen an Umzugsgut zwischen den Betonpfeilern des Regendaches reiht, finden Besucher tagsüber leicht einen Weg, denn die Bahnhofsbevölkerung geht draußen auf dem Vorplatz ihren bescheidenen Geschäften nach. Alte, Blinde und andere Invalide harren zwischen den Fässern in ihren Schlupfwinkeln aus, wo sie seit manchen Wochen auf den nächsten Zug warten. Warum nicht in irgendeinem der Gebäude, die in der Umgebung zahlreich sind? In einer Lagerhalle von vielleicht 500 Quadratmetern sind bereits 70 Familien untergebracht, etwa zehnmal so viele Personen. Es ist alles voll belegt, vom letzten Schuppen bis zum letzten Güterwaggon.

Ultima ratio

Zu ersten Zwischenfällen kam es schon Anfang 1992, nachdem Mobutus damaliger Regierungschef Jean Nguz a Karli I Bond auf die Plünderungen von Lubumbashi im Oktober 1991 hin den Gouverneursposten der Region mit Gabriel Kyungu wa Kumwanza neu besetzt hatte. Mitte August wählte die Nationalkonferenz in Kinshasa Étienne Tshisekedi, den Spitzenpolitiker des benachbarten Kasaï, für die Übergangsperiode zum Regierungschef. Kyungu, unterstützt von Nguz und gedeckt durch Mobutu, verweigerte der provisorischen Zentralregierung die Anerkennung und erklärte in der Folge seine Entlassung durch Tshisekedi für nichtig. Während natürlich auch hier die starke Minderheit der Kasaïens die Wahl Tshisekedis feierte, zogen Banden aufgehetzter Jugendlicher fortan mit Kyungus Schlachtruf »Le Katanga aux katangais!« gegen die Kompatrioten, deren Familien zumeist schon vor Generationen aus dem Kasaï zugewandert sind, und trieben sie aus ihren Häusern, die zum Teil in Brand gesteckt, zum Teil von Autochthonen in Beschlag genommen wurden. Am Amtssitz des Gouverneurs in Lubumbashi wird die Zahl jener, die in den Zusammenstößen das Leben ließen, mit gut 40 beziffert; die Opfer demgegenüber, die sich im *Comitée des sinistrés kasaïens de Likasi* organisiert haben, sprechen von etwa 100.

Nicht weit hinter den Gleisen beginnen die grünen Plastikzeltstädte. Kleinere Gruppen campieren außerhalb der Stadt unter mißlicheren Bedingungen, können den Weg ins Zentrum nur unter Gefahren für Leib und Leben zurücklegen und werden zuweilen an Transport und Beerdigung ihrer Toten gehindert. In einem Feldlazarett der belgischen Médecins sans frontières (Msf) absolviert eine belgische Ärztin mit einem einheimischen Kollegen und elf Krankenschwestern wöchentlich rund 4000 Konsultationen und verteilt im selben Zeitraum 15000 Aspirin- und 22000 Malariatabletten. Aufgrund ihrer Befunde, was Mangelernährung betrifft, verteilt das Komitee vom Internationalen Roten Kreuz (IKRK) im *Cercle hellénique* Nothilfe — halbe Rationen, solange die Opfer noch über eigene Ressourcen verfügen.

Wohin?

Zur Zeit sind noch zwischen 60000 und 70000 Obdachlose zu betreuen, unter ihnen auch autochthone Katanger, Opfer von Racheakten, deren Anteil laut Schätzungen der Hilfswerke aber deutlich unter zehn Prozent liegt. Ungefähr 30000 Kasaïens haben den Weg über die Grenze Katangas geschafft. Den Zuzug aus der Umgebung in Rechnung gestellt, summiert sich die Zahl der *sinistrés* auf etwa ein Drittel der Stadtbevölkerung von ehedem ungefähr einer Viertelmillion. Wie stark unter den Obdachlosen die Mortalität gestiegen ist, läßt sich nicht eruieren; für drei Monate zählte ein kirchliches Hilfswerk 493 Tote, die Zahl für den gesamten Zeitraum der Unruhen dürfte dem Doppelten näher kommen.

Der fahrplanmäßige wöchentliche Zug von Lubumbashi nach Kananga, der gut 1100 Kilometer entfernten

Hauptstadt der Nachbarprovinz Kasaï occidental, fährt seit bald einem Jahr nicht mehr. Im Dezember organisierte Gouverneur Kyungu ein halbes Dutzend Kompositionen zu je einem Dutzend Waggons, ohne Sitzvorrichtungen. Auf die halbwöchige Reise wurden jeweils exakt so viele Passagiere geschickt, daß im Inneren und auf dem Dach eines solchen Gefährts kein weiterer Passagier unterkam. Militärs, welche die leeren Züge von Lubumbashi bis nach Likasi eskortierten, knöpften den erfolgreichen Kandidaten vor ihrer Evakuation das verbliebene Geld ab. Die Straße bietet keine Alternative: Ein Platz auf einem Lastwagen kommt einen Minenarbeiter auf einen guten Monatslohn — kaum eine Lösung für Familien, abgesehen von den Sicherheitsproblemen, welche Kasaïens vor dieser Variante zurückschrecken lassen. Sie sitzen fest.

Friedliches Volk

Mufulu Kabasu, Präsident des *Comitée des sinistrés*, geht mit dem Gouverneur und dessen zuständigen Beratern in dem einen Punkt einig, daß die Kasaïens von Likasi in erster Linie Transporthilfe benötigten. Alle wollten sie weg von hier. Doch der Chef der IKRK-Delegation in Kinshasa zählt Beihilfe zu Kyungus *ethnic cleansing* in Katanga nicht zu den Aufgaben seiner Organisation. Die belgische Ärztin, die in der Evakuation nach dem Kasaï zumindest kurzfristig keine Lösung sieht, weckt mit ihren Äußerungen unter den Betroffenen nur sehr schwachen Widerspruch. Am anderen Ende des Zuges, der nicht mehr kommt, lebten jene, die einen Platz darauf zu erobern vermocht hätten, unter mehr oder weniger gleichen Bedingungen. Spanische Schwestern bestätigen nach mehrmonatigem Einsatz in Kananga diese Darstellung allerdings nicht.

Ein kolossaler Wolkenbruch hält uns für eine Weile in einem Zelt des Msf-Lazaretts fest. Ein belgischer Techniker von Gécamines, der seinen kaum benutzbaren Arbeitsplatz einmal als Journalistenbegleiter verlassen hat, fordert die Diskussionsrunde der *sinistrés* mit der Bemerkung heraus, von Widerstand hätten sie bisher noch gar nichts gezeigt, Mobutu und seine Schergen würden sie nie los, solange sie sich nicht anders zur Wehr setzten. »Er hat recht«, übertönt einer das Gewirr der entrüsteten Stimmen, »wir sind ein furchtsames Volk.« Ein Vierteljahrhundert Despotie Mobutu hat entschieden mehr Leidensfähigkeit als Bereitschaft zum Widerstand entwickelt. Und bei der überwältigenden Mehrheit der Zairer handelt es sich tatsächlich um profund friedfertige Leute. In Nigeria reicht ein Mißverständnis auf dem zentralen Markt einer mittleren Stadt, um einen einzigen Tag mit 300 Todesopfern zu beschließen. In Zaire hat der beispiellose Niedergang der vergangenen Jahre selbst in der Viermillionenstadt Kinshasa nicht die Kriminalität mancher Großstädte des Kontinents hervorzubringen vermocht.

EXPERIMENTE IN TRIBALISMUS

Lubumbashi, März 1993

»Es kann nicht wieder sein wie zuvor, diesmal«, sagt Monsieur Loshi, *Chef des relations publiques* beim zairischen Minengiganten Gécamines, auch er ein Kasaïen und ein nüchtern wirkender Gesprächspartner. Gouverneur Kyungu wa Kumwanza, von Mobutus letztem Premier Nguz a Karl I Bond eingesetzt, reklamiert katangische Rechte angesichts einer vorgeblichen Gefahr auswärtiger Dominanz. Nach dem Vorbild von Nguz gebärdet er sich dabei als legitimer Erbe der autonomistischen Tradition Moïse Tshombes und der nach Angola exilierten Katanga-Gendarmen. In Wirklichkeit hat sich mit der neuen Sezession unter nationalistischem Deckmantel nur einfach Mobutus alter bürokratischer Apparat der provisorischen Zentralgewalt in Kinshasa gegenüber für selbständig erklärt.

Kolonialgeschichte

Leicht entzündbarer Konfliktstoff fand sich immer wieder in der Bergbauprovinz, deren demographische Gegebenheiten exemplarisch erhellen können, was in afrikanischen Kontexten die politische Tagespublizistik mit dem eingängigen Schlagwort »Stammeskonflikt« oft mehr verdunkelt. Katangas Geschichte, wie sie Historiker, Soziologen und mit großem Detailreichtum die belgischen Patres erzählen, zeigt ein einfaches Grundmuster. Ab der Jahrhundertwende drangen die Missionare mit ihren Schulen vom Atlantik her vor, was dem Bildungswesen im Kasaï einen folgenreichen Vorsprung von zwei Generationen einräumte. In der nachrückenden Kolonisation erforderte die Erschließung der katangischen Bodenschätze massiven Zuzug von Arbeitskraft. Der Rückgriff auf die autochthone Bevölkerung verbot sich, da deren Agrarproduktion bei wachsendem Bedarf die Ernährung sicherzustellen hatte. Während die immobile Landbevölkerung den traditionellen Lebensformen stärker verhaftet blieb, förderte in den entstehenden urbanen Zentren außer dem Bildungsvorsprung auch die Erfahrung der Migration das Adaptionsvermögen der Zugewanderten. So ist leicht einzusehen, daß in Katanga seit einem Menschenalter großenteils Kasaïens die technische und unternehmerische Elite stellten. Privilegiertere Kreise der Alteingesessenen fanden dagegen im Zug der Emanzipation vom kolonialen Joch eher in der Verwaltungsbürokratie ihre Posten.

Das Bevölkerungskonglomerat der katangischen Bergbaustädte ist natürlich an Facetten ungleich reicher. Die von ihren ungestümen Entwicklungsschüben geprägte Region zog außer Glücksrittern aus allen Teilen des belgischen Kongo auch viele Rwander, Sambier, Angolaner und Tansanier an, deren Nachkommenschaft sich recht umstandslos vermengte. Wer originärer Katanger ist und wer nicht, ist nebenbei auch deshalb eine akademische Frage, weil die Provinzgrenzen mehrmals geändert wurden. Das umrissene Grundmuster birgt gleichwohl jene halbe Wahrheit, die in fataler Weise den Demagogen die Anhaltspunkte für ihre mörderischen Simplifikationen liefert. Dem tribalistischen Eigenbräu von Abstammung und Lokalpatriotismus, wie er sich aus den Organen von Kyungu und Nguz über ihr Publikum ergießt, nimmt der imaginäre Charakter der beschworenen genealogischen Authentizität nichts von ihrer Wirkung. Der einfache Grund dafür ist, daß die giftige Mixtur viel weniger entlang ethnischer als entlang sozialer Fronten mobilisiert.

Schreckenslogik

Die gewalttätigen Stoßtrupps hat, wie in diesem Spiel üblich, die ehemalige Einheitspartei unter jugendlichen Analphabeten verelendeter Vorstädte bereits mobilisiert. Ihnen verspricht nun ein Mann wie Kyungu mit seinem Schlachtruf *»Le Katanga aux katangais!«* das Erbe der ins Visier genommenen Elite. Eine delikate ethnische Komponente kommt durch den Umstand hinzu, daß wie auch im Kasaï hier in Katanga vor den Lunda, Bemba und Tshokwe die Luba die Bevölkerungsmehrheit stellen. Daß es sich um einen Bruderzwist wie etwa zwischen Bayern und Preußen handelt, begünstigt nicht unbedingt seine Abkühlung, denn nahe Verwandtschaft kann Inferioritätskomplexe zusätzlich aufladen. Von Baluba, deren Stammbaum ins Kasaï zurückführt, hört man am Bahnhof von Likasi, die Schlimmsten unter ihren autochthonen Feinden gehörten zum katangischen Brudervolk, zu den »Balubakat«.

»Was hindert die Katanger, zum Bahnhof von Likasi zu gehen und die dort versammelten Kasaïens umzubringen?«

möchte in Lubumbashi der *Directeur de Cabinet du Gouverneur* wissen. Die Unverfrorenheit, in der er über seine Argumente stolpert, ist unglaublich. Statt der Auskunft, daß jedenfalls sein Chef Kyungu sie daran nicht hindert, sieht er in seiner rhetorischen Frage den Beweis dafür, daß sich die Obdachlosen zu Unrecht bedroht fühlen. Auf seiner Karte steht »Prof. Dr. Gaspard Mugaruka bin Mubibi«, was auf seine Herkunft vom Tanganyikasee schließen läßt. Prompt ergänzt er seine Erläuterung, wonach in dem sinistren Haus keine Xenophobie walten soll, um den Hinweis, er selber sei aus dem Süd-Kivu. Dagegen können Kyungu und Nguz, der selbsternannte »Leader katangais«, die unaussprechliche Tatsache gar nicht billigen, daß es sich bei ihnen bestenfalls um halbe Katanger handelt. Dies mag zu ihrer besonderen Militanz beitragen wie außerdem auch der ironische Befund, daß es sich demgegenüber bei führenden Vertretern von Tshikedis Union pour la démocratie et le progrès social, die hier sehr gefährlich leben, um waschechte Eingeborene handelt. Wie auch deren nationaler Vorsitzender Kibassa ist Isidor Kabwe, Katangas Président fédéral der UDPS, ein »Balubakat« — vielleicht der Grund, daß der arbeitslose ehemalige Repräsentant von General Motors darauf nicht allzuviel gibt.

Zairische Musterkarriere

Ansonsten ist unkontrovers einzig der alte Name der Bergbauprovinz, die Mobutu in Shaba umgetauft hatte. Nicht nur die neuen Sezessionisten nennen sie wieder Katanga, auch die Souveräne Nationalkonferenz in Kinshasa wollte es so, und selbst der Staatschef erklärte sich in diesem Punkt zum milden Schüler des Volksmundes.

Wie es heißt, soll Kyungu seine Karriere aus einem ganz ärmlichen Milieu lanciert haben. Bevor er in Lubumbashi die einmalige Chance zu einer unerhörten Bereicherung erhielt, war er einst Gründungsmitglied von Tshisekedis

UDPS, als deren Repräsentant er später nach Katanga kam. Er gehörte zum erlauchten Kreis der dreizehn Parlamentarier, die 1980 in einem offenen Brief dem Despoten den Kampf angesagt hatten. Heute verbietet er der UDPS alle öffentlichen Auftritte, während er selber auf Versammlungen von Nguz a Karl I Bonds Uféri-Partei in kaum verschlüsselten Worten zur Liquidierung seiner ehemaligen Parteigenossen aufruft.

LIQUIDATION DER SCHATZKAMMER

Lubumbashi, März 1993

Das amerikanische Konsulat in Lubumbashi hat seine Aktivität auf die Veräußerung der Möbel gedrosselt. Melissa Wells, Washingtons Botschafterin in Kinshasa, soll nach dem letzten Besuch in ihrem Bericht zum Fazit gekommen sein, es gebe hier in Katanga wohl *»beaucoup de chaleur«*, aber *»très peu de lumière«*. Claude Funes hat zwar unlängst in Belgien eine Wohnung gekauft, aber noch zögert er, sich nach Hause abzusetzen. Er hat 26 Jahre für Gécamines gearbeitet, wäre in zwei Jahren pensionsberechtigt, und ihm braucht sein Nachwuchs keine Sorgen mehr zu bereiten. Die hiesige belgische Schule hat als letzte in Zaire noch nicht zugemacht, aber sie ist, durch die Umstände bedingt, auch für viele Expatriierte unerschwinglich geworden. Die meisten haben ihre Familien bereits vorausgeschickt, und unter den Verbliebenen herrscht Aufbruchstimmung.

Ökonomische Endzeit

Vielen Ausländern boten die Plünderungen vom Oktober 1991 noch keinen hinreichenden Anlaß zum definitiven Auszug. Zu den Zeiten der Sezession Moïse Tshombes von 1960 und wieder während der beiden Invasionen der

Katanga-Gendarmen von 1977/78 hatte man in der Provinz schon anderes gesehen. Seit Mitte 1992 ist es ein anderer Typ von Ereignissen, deren Strudel die Umzugsvorbereitungen vorantreibt. Die rasante Talfahrt bei Gécamines hat schon 1990 eingesetzt. Nachdem ein blindwütig forcierter Kupferausstoß in den Jahren 1986/87 mit einer halben Million Tonnen die Kapazität der Anlagen überstiegen und zugleich deren Sanierung sträflich vernachlässigt hatte, folgte im Spätsommer 1990 die Quittung mit dem Einsturz der Mine von Kamoto, der größten in Zaire.

Die offiziellen Produktionsziffern beim wichtigsten Exportgut Kupfer nähern sich einem Wert in der Gegend eines Viertels der Spitzenergebnisse; für das erste Halbjahr 1992 rechneten Fachpublikationen noch mit etwas über 70000 statt der anvisierten 120000 Tonnen, während die Zahlen von Gécamines an einem Jahresausstoß zwischen 150000 und 180000 Tonnen festhielten. Die Wirklichkeit mag sich um einiges finsterer ausnehmen: Privat sprechen Mitarbeiter von deutlich weniger als 100000 Tonnen. Die apokalyptisch gestimmte Schwarzseherei solcher Darstellungen gerät leicht in den Sog der Selbstüberbietung, auch das Gegenteil einer Bonanza verführt zum Fabulieren; doch es ist daran zu erinnern, daß die anfänglich um mehr als die Hälfte höheren Zahlen für 1991 in der Zwischenzeit nochmals um etwa 30000 Tonnen reduziert wurden. Die politische Führung unter Gouverneur Kyungu wa Kumwanza hat in dieser Lage die letzte Schubkraft der katangischen Wirtschaft mit der Gravitation parallelgeschaltet und den ehedem freien Fall spürbar beschleunigt.

»C'est déjà volé, Patron«

Gouverneur Kyungu setzte in seiner Provinz die fatalen Fünfmillionenscheine entschlossen in Umlauf. Mobutus präsidialer Privatdruck, von der Übergangsregierung

Tshisekedis mit dem Bann belegt, ließ binnen wenigen Monaten den Kurs dieser großen Noten auf ein Viertel der alten kleinen Stückelung sinken, welche in atemraubendem Tempo die abtrünnige Provinz floh. Das entsprechende Schicksal traf die einheimische Kaufkraft mit der Folge, daß heute ein Minenarbeiter an dem täglichen Diebstahl eines Liters Benzin wesentlich mehr verdient als sein reguläres Gehalt von 50 bis 100 Millionen Zaïres — sechs bis zwölf Dollar — pro Monat. Der Preis des Zentnersacks Maismehl pendelt um 150 Millionen Zaïres, falls das Importgut von der sambischen Grenze bis nach Lubumbashi durchfindet. Kyungus zahlreiche Arten von Sicherheitskräften treiben an den Straßensperren die Kosten in solche Höhen, daß der vom Gouverneur vorgeschriebene Preis keinen Profit mehr zuläßt und außer dem bestohlenen Konsumenten nun auch den Händler zwingt, die privaten Taschen der politischen Führung zu füllen.

Durch die Legalisierung des traditionellen Privatgeschäfts mit der kobalthaltigen Schlacke der Kupferöfen hat sich Kyungu einen direkten Zugriff auf letzte Ressourcen der Gécamines gesichert, indem er dieses Geschäft faktisch monopolisiert hat und laut gutinformierter Quelle sich des Rohstoffes kostenlos bemächtigt. Überfordert durch ihre Verpflichtungen, mußte die Gécamines schon im Frühjahr 1991 erstmals *force majeure* erklären. Seit Kyungus Antritt handelt es sich um die höhere Gewalt organisierter Krimineller, welche die wichtigste zairische Devisenquelle systematisch ausplündern. In den Magazinen von Gécamines, so Monsieur Funes, lautet die gängige Auskunft: *»C'est déjà volé, Patron.«*

Ein Begriff des Absurden

»Das Hauptproblem«, wiederholt Monsieur Funes immer wieder, »ist die Sicherheit.« Die Unsicherheit hat zuviel

System. Gibt es für einmal an einer Tankstelle Benzin, steht an der Zapfsäule ein Militär, kassiert bei jedem Kunden zehn Millionen Zaïre und verdient an einem Tag vielleicht vier oder fünf Monatslöhne eines Arbeiters. Das ist die *raison d'être* der vier oder fünf Sparten öffentlicher Sicherheit, der Garde civile, der Verbände der Division présidentielle, der Landarmee, der Gendarmerie ... Sie alle tun nichts anderes, als ihren verelendeten Schutzbefohlenen das Verbliebene abzuknöpfen.

Das makabre Spiel des Trios Mobutu, Nguz und Kyungu ist in den Konsequenzen absurd. Ein Unfall in einer Schmelzerei, wo eine Equipe von Kasaïens an der Arbeit war, kann nur Sabotage sein. Die Equipe wird für einige Wochen inhaftiert. Anschließend stellt sich heraus, daß es sich bei der nächsten Equipe, die reparieren soll, wieder um eine Equipe von Kasaïens handelt. Ist der Schaden demnach nicht zu beheben? Leidet Kyungus privates Kobaltgeschäft? Aber natürlich handelt es sich auch bei seinen privaten Geschäftspartnern mit Vorliebe um Kasaïens. Auch importierten Mais, den er bei der geschwundenen Kaufkraft und wegen der illegalen Abgaben hier nicht mehr los wird, exportiert er mit Hilfe von Kasaïens ins Kasaï.

XII Domäne der *Grande Nation*

ZENTRALAFRIKANISCHE STREIFLICHTER

Bangui, September 1993

Nach letzten Verzögerungen hat das Höchste Gericht in der zentralafrikanischen Hauptstadt Bangui die Resultate der ersten Runde der Präsidentschaftswahl bekanntgegeben. General André Kolingba, seit seinem Militärputsch von 1981 diktatorisch regierendes Staatsoberhaupt, findet sich mit einer schallenden Ohrfeige aus dem Rennen befördert. Unter den acht Bewerbern kam er mit 12,1 Prozent der Stimmen nicht über den vierten Rang hinaus. Kolingba, der vor bald zweieinhalb Jahren der Zentralafrikanischen Republik mit ihren gut drei Millionen Einwohnern eine pluralistische Zukunft versprochen hatte, ließ seitdem nichts unversucht, seinen Abgang hinauszuzögern. Die Wahlen, die der Präsident nach einem farcenhaften Anlauf vom Oktober 1992 um ein volles Jahr verschoben hatte, wurden auf französischen Druck um zwei Monate vorverlegt. Beobachter und westliche Diplomaten teilen den Eindruck, daß der Urnengang bei unvermeidlichen Mängeln insgesamt ordnungsgemäß vonstatten ging. Nachdem Kolingba in einem letzten Störmanöver mit zwei Verfügungen einen Aufschub der Bekanntgabe der Resultate und eine Überprüfung der Zuständigkeit des Verfassungsgerichts angeordnet hatte, setzte Frankreich jede Zusammenarbeit mit seiner Regierung aus.

»Zentralafrikanerinnen und Zentralafrikaner«, ertönte daraufhin schließlich am Sonntag abend Kolingbas müde Stimme aus den Transistorradios zwischen den Paraffinlichtern auf den Straßen Banguis, und der Präsident

erlöste sein undankbares Volk von einem bangen Wochen-
ende, indem er abdankte. Auf dem mächtigen Ubangui,
der die Hauptstadt der vollständig heruntergewirtschaf-
teten Urwaldrepublik vom zairischen Niemandsland
trennt, glitten die Pirogen daraufhin noch etwas lautloser
unter den Bretterverschlägen der Bierschenken vorbei.

Gnade für Kaiser Bokassa

Nur Stunden vor der Bekanntgabe seiner vernichtenden
Niederlage, aus Anlaß des zwölften Jahrestags seiner
Machtergreifung, stellte Kolingba — wie amtlich ver-
lautete — noch einmal »die Qualität seines Herzens,
seinen Großmut und Humanismus« unter Beweis. Im
Rahmen einer Generalamnestie schenkte er dem ehemaligen Imperator Jean Bédel Bokassa die Freiheit. Bokassa — vor dem Sturz ein zwielichtiger Schützling von
Valéry Giscard d'Estaing — war 1979, während er außer
Landes weilte, von französischen Truppen entmachtet
worden. Nach siebenjährigem Exil, beschuldigt des
Kindermordes, verfolgt von Gerüchten des Kannibalis-
mus, kehrte er 1986 freiwillig nach Bangui zurück. Das
Todesurteil der Justiz wurde von der Regierung in eine
zwanzigjährige Haftstrafe umgewandelt, deren Rest ihm
nach siebenjähriger Buße Kolingba nunmehr erlassen hat.

Bokassa sprach nach seiner Freilassung von einem
Tag Gottes und seiner Gnade, von einem Tag der Glorie.
Jesus, dessen Kind er sei, getauft 1970 im Vatikan in
Rom, habe auch viele Feinde gehabt. Und auch heute
habe niemand Gewißheit darüber, daß nicht die, welche
ihn verurteilt hätten, eines Tages selber verurteilt würden.
Aber Präsident Kolingba habe heute alle Zentralafrikaner, die sich in Gefangenschaft befunden hätten, befreit,
und dafür »schulden wir alle ihm Dank«.

Der Exkaiser wie auch eine allgemeinere Verwirrung
durch die Amnestie könnten durchaus nochmals für
Störungen des weiteren Wahlverlaufs sorgen. Der Ver-

dacht drängt sich auf, Kolingbas Akt sei auch an die
Franzosen adressiert, welche die Freilassung Bokassas
reserviert aufgenommen haben.

BIMBO ODER
DER RAND DER SINKENDEN OASE

Bimbo, September 1993

»Aber nein, wir sind schon in Bimbo!« ruft Adamou aus.
Rechter Hand haben wir die Sendestation von Radio
Bangui hinter uns gelassen. »Das alles wird Bimbo
genannt, nicht erst die Dörfer am anderen Ufer des
M'Poko.« Hat das Wort »Bimbo« eine Bedeutung? Nein,
»Bimbo« ist nur ein Name, glaubt Adamou. Der Name
rückt vielleicht eher das Bild eines Dorfes als das Bild
einer Stadt vor Augen. Im Falle Bimbos sind die Unterschiede nicht sogleich augenfällig, und sie sind durch
manches verwischt. Dörfliche Züge prägen auch Bangui,
die zentralafrikanische Hauptstadt, ein weitläufiges
Gewucher verträumter und etwas verwahrloster Garten-
anlagen, wo außerhalb des Zentrums viel Grünes die
fortgeschrittene Karies der Bausubstanz verbirgt. Doch
auch diese Kapitale hat ihre Industriezonen, wozu Teile
Bimbos gehören. Zumindest die Brauerei Castel zur
Linken ist noch in Betrieb. Das Frauengefängnis ist leer
wie sämtliche Gefängnisse im Land, seit Präsident Kolingba am 1. September, am Tag der offiziellen Bekanntgabe seiner Wahlniederlage, allen Häftlingen die Freiheit
geschenkt hat. Von den Gebäuden eines Sägewerks sind
nur Skelette übrig. In dieser Branche besteht kein Grund
zur Sorge, daß von solchen Anlagen nicht die eine oder
andere wiederaufgebaut würde. Doch das geschieht weiter
draußen, näher beim großen Wald und seinen Ressourcen,
nicht hier in Bimbo, am Stadtrand von Bangui.

»*Vouz voulez partir?*« hat der Diensthabende der *Sûreté présidentielle* im Wachhaus vor der Brücke gefragt. »Und wohin, bitte?« Ein Land, das außer an den kongolesischen Urwald und an Kamerun nur noch an das Chaos Tschads, des Südsudans und Zaires grenzt, trägt den Namen Zentralafrika zu Recht. Wo schon sollten wir hinwollen? Nur bis nach Zilla, zum Chef Sikpo; wir bleiben in Bimbo und sind bald zurück. Wie es sich an den 10000 Binnengrenzen in den 53 Ländern des Kontinents zu oft beobachten läßt, hat die Gendarmin im Büro nebenan Zeit. Sie mag Adamou nicht ohne weiteres passieren lassen. An diesem Stadtrand gehört ein Taxifahrer wie er zu den ganz wenigen, die über etwas Kleingeld verfügen. Adamou, bis vor zwei Jahren noch Aktivist in General André Kolingbas Einheitspartei, hat sich aus den Debatten um die politische Kursführung verabschiedet und sich ganz ins Geschäft hinter dem Steuer zurückgezogen. »Hier hinaus fuhren wir früher mit 150 Stundenkilometern«, wettert er über den Schlaglöchern. Die Ausfallstraße durch Bimbo in Richtung Bérengo — bis 1979 eine der kaiserlichen Residenzen in Bokassas Herkunftsregion — war einst die bestunterhaltene im Land. Bei mehr als doppelter Größe Italiens verfügt die Zentralafrikanische Republik über knapp 500 Kilometer Straßen, die einst einmal asphaltiert worden waren.

Brennholzfuder, Manioksäcke und Bananenstöcke kriechen daher, oft so hoch aufgetürmt auf dem Wagen, daß nichts zu sehen ist von den Burschen, die ihn in der feuchten Hitze vor sich her schieben. Oft sind es Fahrradanhänger, und sie lassen an die unschätzbaren Dienste denken, die in großen Teilen Asiens, auf dem Land wie in der Stadt, die Fahrräder leisten. Warum nur sieht man in Afrika so wenige Fahrräder? Warum handelt Adamou nicht mit Fahrrädern? »Kein Mensch würde sie kaufen«, sagt er mit großer Bestimmtheit. — »Aber warum nicht?«

— »Weil niemand sie kaufen würde«, schließt Adamou, und die Frage bleibt in der Tat schwer zu beantworten. Während die Männer schieben, tragen die Frauen ihre Lasten auf den Köpfen. Auf dem Kopf einer afrikanischen Frau scheint ihre gesamte bewegliche Habe Platz zu finden. Ohne zusätzliche Anstrengung erlaubt ihr der haushälterische Gang, wenn man Physiologen glaubt, über große Distanzen ein Drittel ihres Körpergewichts auf dem Kopf zu tragen. Jetzt, am frühen Nachmittag, ist der Gegenverkehr stadteinwärts stark. Die Bewegung der Güter mag falsche Vorstellungen wecken. Eine afrikanische Hauptstadt, deren Einwohnerzahl nicht mehr wächst, sondern in letzter Zeit eher abnimmt, ist womöglich kein Unikum mehr, doch mit dieser Entwicklung zählt Bangui gewiß noch immer zu einem kleinen Kreis von Ausnahmen.

Abschied vom Geld

Auf dem Boulevard du Général de Gaulle, der Uferpromenade am mächtigen Ubangui, ist es wesentlich ruhiger als noch vor zwei Jahren. Der Überlebenskampf in Bangui ist zu hart geworden. Während das Sexkino an der Place de la République und die Diskotheken zugemacht haben, findet man sich auf den Straßen beim alten Hafen noch immer im gleichen temperamentvollen Supermarkt wie vor zwei Jahren. Rund um die offenen Küchen unter den Bäumen erfüllt der Betrieb aller Handwerksbranchen ganz die Erwartungen an ein afrikanisches Stadtzentrum. Der öffentliche Sektor dagegen, der in einer ehemaligen französischen Kolonie nie klein sein kann, befindet sich in einem Generalstreik, der in den drei Jahren von Sommer 1990 bis Sommer 1993 während insgesamt mehr als zwanzig Monaten das ganze Land in Mitleidenschaft zog. Ausnahmen beschränkten sich auf einige Regierungsstellen sowie auf Fernsehen und Radio. Laut Jacquesson Mazette, Sekretär beim Dachverband der Gewerkschaften, haben sich die Schüler aller Stufen auf das dritte verlorene Jahr eingestellt. Von einer öffentlichen Gesundheitsversorgung ist kaum etwas übrig. Gehälter wurden zwölf Monate keine ausgezahlt. Auch hier gab es Ausnahmen: Als im Mai der Staatschef Kolingba an seinem Amtssitz von der eigenen Präsidialgarde als Geisel genommen wurde, machte er ein Viertel des Soldes flüssig, der seit acht Monaten ausstand.

Das Privileg Banguis, einer von Afrikas teuersten Städten, ist einzig der Fluß, der dank der Schnellen beim Hotel *Sofitel* nur bis hier für größere Boote schiffbar ist. Doch die Stadt hat kein Rezept dagegen, daß das Geld aus der zentralafrikanischen Wirtschaft zusehends verschwindet. Der Ertrag aus dem Tropenholz verzeichnet einen rasanten Schwund, und traditionelle, marktgängige Agrarprodukte wie Baumwolle und Kaffee fallen kaum noch ins Gewicht. Der legale Anteil am Diamantengeschäft, dessen Volumen auch hier auf etwa das Doppelte geschätzt wird, steuert mittlerweile mehr als die Hälfte der ausgewiesenen Exporteinkünfte bei, die ein Niveau von jährlich gut 100 Millionen Dollar kaum mehr übersteigen dürften. Im Umgang mit Diamanten ziehen sich afrikanische Staaten allzugern aus der Öffentlichkeit zurück und verwandeln sich — ohne Einbuße an Standvermögen — zu jenem besonderen Teil des informellen Sektors, der den Profit außer Landes zu schaffen versteht. Die offizielle Rechnung für Importe, die eine verschwindende Minderheit erreichen, wird auch im zentralafrikanischen Fall mit Finanzhilfe des wichtigsten Lieferanten Frankreich beglichen — wohin somit die Mittel postwendend zurückfließen.

Rurale Renaissance

In dieser Lage hat das Landleben seine Vorzüge wieder zur Geltung gebracht. Das Dorf, wo man wenig Ernährungsprobleme kennt, ist auf die Stadt kaum angewiesen.

Was man von auswärts braucht, ist denkbar wenig, außer einem Minimum an Textilien eigentlich nur dreierlei: Salz, Seife und Streichhölzer. Der Straße zugewandt, sitzt Chef Sikpo am Tisch vor dem Gericht von Zilla, einer kleinen, niedrigen Hütte mit Strohdach, die durchlässigen Wände aus dichtgefügten jungen Zedernstämmen. Bimbo ist Stadtrand. Die mondäne Nachbarschaft hat abgefärbt, und vielleicht tut die verstärkte Rückkehr aus der jüngeren Generation ein übriges. Chef Sikpo verlangt von der Regierung ultimativ den Anschluß Zillas an die hauptstädtische Strom- und Wasserversorgung. »Was sie brauchen«, faßt auch Adamou zusammen, »ist Urbanisierung!« Vor Jahren noch mochte der Tag der Erfüllung solcher Wünsche wesentlich näher scheinen als heute. Doch nicht nur das weite Land, sondern schon die Peripherie von Bimbo blieb trotz Bokassas Straße von urbanen Errungenschaften weitgehend unberührt. Die Dörfer verdanken es einer barmherzigen Seite dieser Nachlässigkeit, wenn sie sich im Vergleich zu Großstadtslums als höchst gepflegte Idyllen auszeichnen.

IM *HÔPITAL GÉNÉRAL*

Bangui, September 1993

Der Direktor des *Hôpital général de Bangui* sitzt in seinem Büro. Da sitzt er seit eineinhalb Jahren. Die ersten zwei Monate, nachdem er seinen Posten im März 1992 angetreten hatte, wurde im Spital gearbeitet. Seitdem war das Personal nochmals für knapp drei Monate zur Stelle. Die übrige Zeit wurde gestreikt. Auch der Direktor ist seit zehn Monaten ohne Salär. »Aber wenn man Verantwortung trägt, kann man nicht einfach davonlaufen«, sagt er. Niemand hat gezählt, wie viele Personen sich noch im Spital aufhalten. Wer andernorts unterzukommen vermochte, hat das Weite gesucht. Der Direktor rechnet mit einer Belegung von »vielleicht noch 20 bis 25 Prozent«, bei einer ursprünglichen Kapazität von 700 Betten. Nein, zu verbergen hätten sie nichts. »Der Chefaufseher macht mit Ihnen einen Rundgang.«

Barmherzige Architektur

In vielen Krankensälen herrscht Leere. Halbwegs intaktes Mobiliar wurde in die belegten zusammengetragen. Die vier rechtwinklig aneinandergebauten Haupttrakte bilden im Grundriß ein großes W. Um den gesamten Komplex ziehen sich, unterbrochen von den offenen Treppenaufgängen, auf jeder Etage breite Balkone. Die Türen der Krankensäle führen nach beiden Seiten an die frische Luft. Führten Treppen und Korridore durch das Gebäudeinnere, dann wären sie wohl kaum mehr begehbar. Schon auf gewissen Abschnitten der Balkone, wo Angehörige Tee für die Kranken kochen, hält man sich nur mit Mühe im Gleichgewicht. Der Gestank, der einem die Kehle zudrückt, fährt durch die Magengrube hinab in die Beine. Die Latrinen, die sich in vorgelagerten Schächten an der Außenseite der Balkone befinden, sind seit Monaten ungereinigt, kaum zugänglich. Da und dort sickern die Exkremente heraus, den Türen der Krankensäle entgegen.

Zeitweilig unterhielt das hauseigene Personal einen Minimaldienst. Die übrige Zeit holten Freiwillige des Zentralafrikanischen Roten Kreuzes die Toten ab. Wie einige andere Abteilungen verfügt auch die Morgue, das Leichenhaus, über einen Benzingenerator, so daß die Kühlanlage noch funktioniert. Die zentrale Stromversorgung unterliegt den Launen höherer Gewalten. Wie der Aufseher sagt, wird das städtisch gespeiste Netz des Spitals immer wieder schwarz angezapft — eine in Afrika weitverbreitete, keineswegs gefahrlose Praxis, die auch als Ursache vermutet wurde, als kürzlich der zentrale Markt der malischen Hauptstadt Bamako in Flammen aufging und nahezu vollständig ausbrannte. Das einheimische Rote Kreuz hat auch in der Küche eine Equipe von Nothelfern auf die Beine gestellt, die einmal pro Tag eine einfache Mahlzeit kocht und verteilt. In einem Lagerraum nebenan stehen große Kühltruhen — noch in Originalverpackung, vor drei Jahren geliefert.

Informeller Sektor

Wie die medizinische Intensivstation sind auch die Operationssäle verwaist. Hie und da sollen noch Eingriffe vorgenommen werden, wobei Chirurgen teils mit eigenem Material arbeiten. Vor einem der Krankensäle treffen wir auf einen Arzt, umgeben von Angehörigen seiner Patienten. Er ist im zwölften Monat ohne Salär. Die meisten Ärzte, erklärt er, haben die ganze Zeit ihre Visiten fortgesetzt, auf privater Basis und etwas reduziert womöglich. Die medizinische Versorgung ist an Banguis informellen Sektor übergegangen. Was außerdem sollten hier Ärzte sonst tun? Einige wenige von ihnen unterhielten Privatpraxen, doch auch dort könnten die Patienten nicht zahlen. Bestenfalls zahlten sie eine erste Konsultation, um Aufnahme in den Kreis der Schutzbefohlenen zu erlangen. Vielleicht zahlen sie später wieder etwas, wenn sie noch leben. Immerhin, so weit wie in der zairischen Hauptstadt Kinshasa ist man hier nicht: Mittellose Patienten, deren Zustand sich im Spital nicht verschlechtert, sondern wider Erwarten verbessert, werden dort oft gewissermaßen als Geiseln und dabei auf schmaler Kost behalten, bis sich irgendwer findet, der sie freizukaufen vermag.

Das größte öffentliche Spital der zentralafrikanischen Hauptstadt wurde 1958 gebaut. Geplant wurde damals für eine Einwohnerzahl von 80 000. In der Zwischenzeit hat die Bevölkerung einen Umfang in Größenordnung von einer halben Million erreicht. An eine Sanierung der

Anlagen denkt kaum jemand mehr. Mit vielem muß hier von vorn begonnen werden. Mit rascher und effektiver Nothilfe rechnet man nicht. Dazu müßte zuerst ein Krieg ins Land. Die Präsenz der Franzosen, die in der Zentralafrikanischen Republik zwei ihrer wichtigsten Militärbasen unterhalten, vermindert immerhin diese Wahrscheinlichkeit. Außer dem *Hôpital général de Bangui* sind von der öffentlichen Gesundheitsversorgung der Hauptstadt zwei kleinere Spitäler übrig, in besserem Zustand, hoffnungslos überbelegt. Aber nicht nur dort, auch hier geht der Lauf der Dinge in seiner Weise weiter. »Wenn man aufhört, ist das Land tot, und das ist nicht möglich«, sagt der Direktor.

BEI DEN UREINWOHNERN

Am Lobaye, September 1993

Doch, da sind sie, die Pygmäen, ihrer zwei Dutzend auf einmal, und — was soll man nun zu ihnen sagen? Wüßte es die Berufskollegin, die die Pygmäen unbedingt einmal sehen möchte? Die durchschnittliche Größe der Männer, heißt es, sei ein Meter fünfzig. Die Kinder drängen sich zu einem kichernden Knäuel hinter einer der Frauen, die, zwei Finger an der Unterlippe, in einem wundersamen Grinsen erstarrt ist. Ein amüsanter Anblick, die vier Besucher, zweifellos; doch dieses Lächeln, mit dem sie dem Wagen entsteigen, und diese Bewegungen, mit denen sie sich im Lager jetzt zuerst nach rechts, dann nach links wenden und untereinander Blicke austauschen ... Der Pygmäe vorhin am Straßenrand, der, reglos auf seinen Speer gestützt, dem vorüberschaukelnden Auto nachschaute, schien nicht an sich selber zu denken. Hier, zwischen den Zwergbehausungen aus Ruten und

Blattwerk, greift das Verklemmte und Linkische im Auftritt der Fremden auch auf sie über. Sie harren der Dinge,
als hielte etwas die Zeit an. Diese Ratlosigkeit gibt dem
Gruppenbild eine Blöße, als wären sie mit einemmal ihrer
Nacktheit inne.

»Zivilisationsgrenzen«

Der Besucher mag, weit gereist, im Geist zum Urbildungs-
gut seiner ersten Malbücher und in die Vorzeit des eigenen
Analphabetismus zurückfinden, und die zum Gruß hingestreckten lehmigen Hände, die er gedankenversunken
drückt, wecken im dunklen Grund seines Gedächtnisses
womöglich ganz unverhofft eine Erinnerung an Großonkel Max, der ihm einst darlegte, daß die Pygmäen nicht
einmal Neger seien. Großonkel Max kannte sie aus
dicken Büchern über das dunkelste Afrika, wo sie, vor
gut 100 Jahren erst, mit ihren Giftpfeilen die frühen
Kongoexpeditionen Gruseln und Grauen lehrten. Hier,
etwa 150 Kilometer südwestlich der zentralafrikanischen
Hauptstadt Bangui, wissen die Pygmäen inzwischen,
wozu heutzutage Besucher kommen. Sie kommen, sie
anzuschauen. Sie kommen und tuscheln über ihre Kup-
pelhütten, zu niedrig oft, um sich darin aufzusetzen, und
kriecht ein Gast hinein, kichern die Bewohner selber, als
wüßten sie, daß er sich mehr wie in der Wohnburg eines
Bibers fühlt als wie unter einem Obdach von Menschenhand. Der touristische Blickwinkel der Berggorilla-
Safari, unter dem solche Exkursionen in die Steinzeit vonstatten gehen, entspricht nicht der Einstellung bei einer
Begegnung mit Artgenossen. Und auch der Mann der
Berufskollegin, die die Pygmäen unbedingt einmal sehen
möchte, sagt, ihm wäre das schrecklich peinlich.

Von dem, was über sie in Büchern steht, entstammt
wenig ihrem Mund. Sie werden zu den Nachfahren der
paläolithischen Urbewohner des Kontinents gezählt, wie
die Hottentotten und die Buschmänner im südlichen

Afrika. Wie diese werden sie als negroid, als »negerähn-lich«, beschrieben, gehören aber weder zu den negriden Völkern noch zu einem der drei anderen großen Rassen-kreise der Europiden, Indianiden und Mongoliden. Im Zuge der großen südwärts gerichteten Wanderbewegung der Bantustämme, die den Theorien gemäß um die Mitte des ersten Jahrtausends südlich des Tschadsees einsetzte, wurden sie in den äquatorialen Regenwald abgedrängt. Heute sind sie noch in acht oder neun Ländern anzutref-fen: je einige zehntausend in Grenzgebieten Kameruns, der Zentralafrikanischen Republik und Kongos, einige zehntausend verstreut in den Weiten Zaires, in Burundi und Rwanda, kleinere Gruppen in Uganda, in Äquatorial-guinea und eventuell in Grenzgebieten Gabons. Als Jäger und Sammler ernähren sie sich vom natürlichen Reichtum des Urwalds, kennen weder Tierhaltung noch Feldbau, noch dauerhafte Siedlungsformen. Die Männer jagen, die Frauen und Kinder pflücken.

»Austausch«

In manchen Gegenden unterhalten sie seit Menschen-gedenken Handelsbeziehungen mit seßhaften Pflanzern. Im Austausch gegen Fleisch, Kräuter und die wilden Früchte des Urwalds versorgen sie sich mit Salz und dem Eisen für Pfeil- und Speerspitzen. Etwas Maniok, den sie schätzen, blieb für manche Generationen das einzige Luxusgut. Ebenfalls seit Menschengedenken hat sich die zwanglose Koexistenz in diesem Verkehr immer wieder in Verhältnisse eigentlicher Sklaverei pervertiert. Als Heere von Erntehelfern fanden sich manche Pygmäensippschaf-ten ihrem traditionellen Erwerb nur zu rasch unwider-ruflich entfremdet.

In der Malaise der Folgen wurden die kleinen Leutchen zur wehrlosen Beute von Missionaren der urtümlichen Prägung, in deren schrumpfenden Reservaten noch eigene Vorstellungen von Emanzipation galten. Die Väter und

Schwestern sind vor einigen Dutzend Jahren gekommen, mit der Fähre vom anderen Flußufer, wo hinter den Baumkronen aus einem Sägewerk dicke Rauchsäulen in den Himmel steigen. Im Rücken liegt die Nordgrenze Kongos, wo Holzgesellschaften wichtige Wege mit großen Toren abgesperrt haben. Oft sind die Väter und Schwestern Amerikaner, doch hier im zentralafrikanischen Distrikt Lobaye, am gleichnamigen Zuträger des Ubangui, ist es eine ältere Französin, die den Pygmäen ihre überlieferten Jagdgesänge austreibt. Auf Pirsch und auf Suche nach Pilzen und den Delikatessen aus der Insektenwelt stimmen sie nunmehr abendländische Kirchenweisen an.

Büstenhalter und Zigaretten

Eine der Frauen, die einzige, deren Brüste in einem rosa Büstenhalter den natürlichen Kräften der Gravitation trotzen, hat zum Ausgleich die synthetischen Shorts gegen ein richtiges Basträckchen vertauscht. Ohne daß der Sippenälteste Bedingungen gestellt hätte, wird zuerst zu Ehren der Gäste eine Weile getanzt, ohne Gesang. Die zwei Trommeln sind weit zu hören. Vielleicht haben sie jene mürrische ältere Frau aus dem benachbarten Dorf zur Stelle gerufen, angeblich die Ehefrau eines Funktionärs der Partei David Dackos, die hier am Lobaye das Sagen hat. Die Zuständigkeit für die Verteilung aller Geschenke liege bei ihr, sagt sie, nur so sei im Lager der Streit zu vermeiden. Der Sippenälteste hat keine Einwände gegen die Anordnungen der Funktionärsfrau vom Stamm des Eximperators Bokassa. Die Mitbringsel hat Lucien ausgesucht, ein Jungakademiker, der sich nach einem Studienaufenthalt in Paris arbeitslos in sein Geburtsdorf am Lobaye zurückgezogen hat und dort alle paar Wochen Fremde zu den Pygmäenlagern führt. Die Funktionärsfrau, die den Schnupftabak und die fünf Schachteln Zigaretten an sich nimmt, bleibt mißgelaunt, während der Sippenälteste freundlich bekräftigt, daß er sehr gerne einige Fragen beantwortet.

Die Pygmäen bedienen sich auch untereinander überall entweder der Sprache der seßhaften Nachbarn oder eines Pidgin davon — hier ein Pidgin des Zongho, der zentralafrikanischen Verkehrssprache, in der sie Babinga heißen. Sie selber nennen sich BaAka. Während die Buschmannssprachen im südlichen Afrika Sprachwissenschaftler mit ihren archaischen Schnalz- und Zischlauten erfreuen, sollen von ursprünglichen Pygmäensprachen nur residuale Elemente übrig und kaum erforscht sein.

Zurück in den Wald?

Nein, sagt der Sippenälteste, Konflikte zwischen ihnen und den Bauern im Dorf gebe es nicht. Lucien, der sich als kleiner Junge stets bei den Pygmäenkindern im Waldesinneren aufgehalten haben will, übersetzt. Über Ungerechtigkeiten im Tausch von Wild gegen Maniok und Zigaretten beklage sich niemand im Lager. »Wenn es uns nicht mehr paßt, gehen wir zurück in den Wald.« Er glaubt nicht, daß es für ihn einen Unterschied macht, wer in Bangui regiert. Sie hörten nur das, was ihnen die Leute hier am Lobaye sagten. Am Unterricht der französischen Schwester, die hie und da für den Transport eines Kranken ins Spital von Mbaiki sorgt, hat er ebenfalls nichts auszusetzen. Ob die Jungen, einmal aus der Schule zurück, nicht alles an ihrem Leben ändern wollten? Das habe er schon gesehen. Ob er das akzeptieren könne? Er habe es schon gesehen. Unterricht, lernen, sei immer gut. »Und wenn es uns nicht mehr paßt, gehen wir zurück in den Wald.« Aber jetzt will er doch ein wenig Geld. Am Abend will er nämlich etwas Maisschnaps trinken.

KAMERUNS UNBESIEGBARE AUTOKRATIE

Yaoundé, August 1993

Taxifahrer in Afrika zählen keineswegs zu den unter-privilegierten Schichten, deren Bauch zuerst und am heftigsten knurrt. Wenn in ihrem Stand — gleichviel ob in Douala, Yaoundé oder Bafoussam — vier von fünf gegen den Staatschef Paul Biya vom Leder ziehen und seinem Regime jede Glaubwürdigkeit absprechen, dann schafft sich darin nicht so sehr der Groll jener Luft, die von Kameruns schwerer Wirtschaftskrise unmittelbar und besonders stark betroffen sind. Es handelt sich um eine andere Erfahrung, mit welcher die Organe des Staates Bürger konfrontieren, zu deren Dasein häufige Fortbewegung gehört. Auf das verregnete Land, in der südlichen Hälfte ein grandioses Wunder an Fruchtbar-keit, hat sich die bleierne Ambiance der tausend Check-points niedergesenkt. Die Landesgrenzen mit all ihren Gattungen und Arten von uniformiertem Schutz haben sich landeinwärts zu einem Streifen von wenigstens 200 Kilometern verbreitert, und auch im Landesinneren wird jedermann pausenlos kontrolliert. Samt den Waren werden den Leuten, wenn sie nicht nochmals teuer bezah-len, die ordentlichen Papiere und Quittungen abgenom-men. Da auf mutmaßliche Täter neuerdings scharf geschossen wird, steht auf Schmuggel nicht mehr wie früher eine gesetzliche Strafe, und damit ein ordentliches Verfahren durch unbefristete Sicherheitshaft mit Folte-rungen ersetzt wird, bedarf es eines Vergehens wie etwa unerlaubter Waffenbesitz.

Schwieriger Pluralismus

Wie es das Interesse an Ausnahmesituation und Notstand gebietet, ist über Kamerun die sanktionierte Willkür des

Unrechtsstaates heraufgezogen, auf daß dessen Folge, die um sich greifende öffentliche Unsicherheit, um so drängender nach einer härteren Hand verlangt. Eine effektive Gewaltenteilung ist der kamerunischen Verfassung fremd; diese legt praktisch alle Macht dem Präsidenten in die Hände, und selbst eine Mehrheit im Parlament könnte der Opposition in Entscheidungsprozessen keine echte Partizipation garantieren. Ihre politische Rolle reduziert sich, bei straffer amtlicher Kontrolle der elektronischen Medien, auf die Verbreitung gedruckter Verlautbarungen und auf teils verbotene Aktionen zivilen Ungehorsams. Versucht sich die legale Opposition an konstruktiven Beiträgen, indem sie sich etwa lokalen Stammesstreit zu schlichten bemüht, dann wird sie von den Ordnungskräften daran gehindert. Der unabhängigen Presse ist die erstaunliche Vitalität noch nicht ausgetrieben, aber genau wie Funktionäre legaler Oppositionsparteien, von denen keine zum Rechtsbruch oder gar zu gewaltsamem Widerstand aufgerufen hat, leben unbotmäßige Journalisten mit einem Bein im Gefängnis.

Kamerun hat Wahlen wohl hinter sich, aber obschon diese außer in Frankreich bei keinem Partnerland Anerkennung fanden, stehen bis 1997 keine mehr bevor. Anstelle einer Nationalkonferenz aller politischen Kräfte, wie sie die Opposition seit mehr als zwei Jahren fordert, hat Präsident Paul Biya der Opposition nun Beteiligungen an seinen eigenen nationalen Debatten offeriert. Es handelt sich dabei um ausschließlich konsultative Foren, deren Ratschlüsse den Staatschef zu nichts verpflichten. Er hat im Gegenteil wissen lassen, daß die Verfassung während seiner neuen Amtszeit in Kraft bleibe. Nachdem sich der Präsident vor seiner Bestätigungswahl der Loyalität der Streitkräfte keineswegs sicher fühlen konnte, ist heute aus den Reihen der Opposition Frustration darüber zu hören, daß sich offenbar auch die Armee geringfügigen Privilegien zuliebe als Personal des Autokraten einspannen läßt. Ob deshalb die Union for Change, die oppositionelle Allianz unter Führung von John Fru Ndi und seiner Social Democratic Front, an Mobilisationspotential eingebüßt hat, bleibt vorderhand eine offene Frage.

Kassen ohne Boden

Kameruns Wirtschaft zeigt negative Wachstumsraten, die sich in den fünf Jahren von 1988 bis 1992 zu einer Schrumpfung von etwa zwanzig Prozent summieren — bei einem jährlichen Bevölkerungszuwachs von kaum unter drei Prozent. Die Einnahmen aus dem Erdölexport sind gegenüber den gut 1,1 Milliarden von 1990 um ein rundes Drittel zurückgegangen. Im Unterschied zu Nigeria, Angola, Gabon und Kongo verzeichnet Kamerun als einziger der fünf größeren Produzenten südlich der Sahara eine rückläufige Produktion. Die bestätigten Reserven sind bei den gegenwärtigen Fördermengen binnen acht Jahren erschöpft. Nach Jahren der wiederkehrenden Finanzskandale gibt der Staatshaushalt unlösbare Probleme auf. Der Verwaltungsapparat von ungefähr 185000 Gehaltsempfängern gehört bei einer Bevölkerung von knapp dreizehn Millionen zu den übergewichtigsten auf dem Kontinent, und der hohe städtische Anteil von wenig unter 40 Prozent läßt Stellenabbau und massive Lohnkürzungen um so riskanter erscheinen.

Biyas Kraftakt bei den Wahlen vom Oktober 1992 hat das Land weit über die Hälfte der westlichen Entwicklungshilfe gekostet, die sich 1990 auf fast 700 Millionen Dollar belief. Außer vom runden Drittel, das Frankreich beisteuerte, ist nebst direkter Projekthilfe kaum etwas geblieben. Im Sommer ist Frankreich zum zweiten Mal dieses Jahr für kamerunische Verpflichtungen bei der Weltbank eingesprungen. Nach einer ersten Rettungsaktion, welche die *Caisse française de developpement* 600 Millionen Francs gekostet hatte, wuchsen binnen sechs Monaten die Rückstände erneut auf 460 Millionen Francs.

Mit sogenannter technischer Assistenz versucht Paris, Biyas Staatskasse und einige Kernbereiche der kameruni-schen Wirtschaft, vor allem den Bankensektor, unter direkte Kontrolle zu bringen. Im Finanzministerium wurde Anfang des Jahres ein Franzose zum *Inspecteur des finances à la direction du Trésor* ernannt. Mehrere Groß-banken und Finanzgesellschaften befinden sich unter französischer Führung, ebenso die staatliche Fluggesell-schaft Cameroon Airlines.

Man hört vage Gerüchte, wonach auch in Paris gerne etwas kamerunische Reformkosmetik gesehen würde. De-zentralisierung aber, wie sie vor allem in den beiden ang-lophonen Provinzen der ehemaligen Föderation und in der Wirtschaftskapitale Douala — aber nicht nur dort — gefordert wird, ist ein Wort, das unter französischen Diplomaten die gleichen Abwehrreflexe aktiviert wie im kamerunischen Präsidialamt. Biya hat seine Gründe, wenn er nicht im Ausgleich, sondern einzig in der Kon-frontation Aussichten sieht, seine prekäre Stellung zu konsolidieren. Entsprechend eng bleiben die Spielräume einer besänftigenden Einflußnahme durch Frankreich.

JOHN FRU NDI UND DIE ZWEI-SCHNEIDIGE WAFFE DER WAHLURNE

Bamenda, August 1993

Den Aktivisten der Social Democratic Front ist nicht entgangen, daß sich ein weiterer Mann in den Kreis der Wartenden gesetzt hat. Aber zunächst unterbricht nie-mand das Gespräch mit Nfor Nfor, dem Vorsitzenden des Komitees für Verfassungsfragen. Erst als dieser sich an den unauffälligen Ankömmling wendet und ihn mit leisem Nachdruck als Mister Chairman anspricht, ist auch dem Gast klar, wer sich da neben ihn in die Ecke der Sitzgruppe gesetzt hat — in einer Flanellhose und Sandalen, über dem offenen Hemd eine leichte Windjacke, auffällig höchstens als der Schmächtigste und vielleicht auch der Kleinste in der Runde. Wer noch nicht die Bilder in seinem Büro gesehen hat, worauf Gesprächspartner wie Präsident Clinton und dessen Gattin seine zierlichen Maße zur Geltung bringen, wer Kameruns großen Volkstribun nur aus dem Fernsehen kennt, erkennt Ni John Fru Ndi nicht sogleich wieder. In Afrika ist er ein Held von Dakar bis zur Westgrenze des Sudans. In Kamerun, in der politischen Hauptstadt Yaoundé kaum weniger als in der Wirtschaftskapitale Douala, im heißen trockenen Norden kaum weniger als bei ihm zu Hause im kühlen, verregneten Westen, ist er unter den einfachen Leuten »der Mann, der die Wahlen gewonnen hat«. Laut seiner Partei hat »*Le Chairman*« auch bei Kameruns 80 Prozent Frankophonen so viele Stimmen gemacht wie Präsident Paul Biya.

Demokratie ist eine Staatsform

Im Unterschied zu Daniel arap Moi in Kenia, der ohne Aussichten auf eine Wählermehrheit eine Stichwahl ebensowenig riskieren durfte, vermochte sich Biya nicht allein durch den mehr als nur fragwürdigen Modus des einen und einzigen Durchgangs zu retten. Bei der Wahl, worin bei sechs Kandidaten das relative Mehr der größten Stimmenzahl entschied, hatte sich Biya zunächst mit über 50 Prozent an die Spitze gesetzt, um seinen Anteil Schritt für Schritt bis auf 39,9 Prozent zu reduzieren — gegenüber 35,9 Prozent für Fru Ndi. Dessen Social Democratic Front kam in eigenen Rechnungen auf 49 Prozent für den Chairman, gegenüber 31 Prozent für Biya, und gewichtige Stimmen der internationalen Presse, nicht etwa nur der *Economist*, erachteten ein Mehr für Fru Ndi als durchaus wahrscheinlich.

Demokratie ist die Form eines Staates mit einer entsprechenden Verfassung und Einrichtungen wie einer glaubwürdigen Gewaltenteilung, so lautet John Fru Ndis Überzeugung. Nachdem die Social Democratic Front die Parlamentswahlen vom Sommer 1992 boykottiert hat, interessiert er sich auch heute kaum für eine Neubestellung der Assemblé nationale, wie sie als Trostpflaster für die Opposition dem Staatschef in Paris nahegelegt worden sein soll. Unter der geltenden Präsidialverfassung sieht der Chairman beim Parlament weder Befugnisse noch Verantwortlichkeiten. Dasselbe gilt für die Exekutive. Entsprechend abschlägig war daher auch Fru Ndis Bescheid auf den Vorschlag, unter Biya eine Regierung der nationalen Einheit zu bilden — eine Anregung, mit der nach dem Wahlfiasko Erzbischof Desmond Tutu zu vermitteln suchte.

Arroganz

Das Gedankengut der SDF und Biyas prekärer Stand in der Wahl vom Herbst 1992 kosteten John Fru Ndi fast ein Vierteljahr Hausarrest in seiner Provinzhauptstadt Bamenda. Nachdem auf den Urnengang hin über die Provinz North West für zwei Monate der Ausnahmezustand verhängt worden war, fanden sich Hunderte seiner Anhänger zunächst in Haft, teils nach Yaoundé deportiert und systematischen Mißhandlungen ausgesetzt. Der Chairman genoß die nachdrückliche Unterstützung Washingtons und einer Mehrzahl der übrigen westlichen Staaten. Biya konnte von Fru Ndi nicht gut verlangen, entgegen dem eindeutigen Verdikt der internationalen Beobachter das Wahlergebnis anzuerkennen. Die Emissäre des Staatschefs suchten ihn mit anderen Ansinnen auf, »doch ich kann nicht in einer vorgelegten Deklaration mit meiner Unterschrift der Gewalt abschwören, wenn ich nie dazu aufgerufen habe«, bemerkt der Chairman. Ebensowenig könne er sich mit Appellen gegen den Boykott französischer Importwaren zur Wehr setzen, wenn es sich dabei nicht um eine Maßnahme der SDF, sondern um eine spontane Reaktion in der Bevölkerung handle.

Es ist in Kamerun oft zu hören, daß ein solcher Boykott seitens des schwergewichtigen Nachbarn Nigeria — auch für Frankreich der größte Markt in Schwarzafrika — die einzige Sanktion wäre, die mit der französischen Regierung auch Präsident Biya in Bewegung zu bringen vermöchte. Doch Nigeria hat zu viele eigene Sorgen, und dazu kommt, daß man dort notfalls alles schädigt, aber sicher nie ein Geschäft.

Durchsichtige Beweggründe

Weder bei der oppositionellen Koalition der Union pour le changement, die nur bei Kameruns anglophonem Fünftel Union for Change heißt, noch bei der Social Democratic Front als ihrer führenden Kraft handelt es sich um regionale Kräfte. Die Breitseiten über Spaltungen der SDF entfließen zur Hauptsache einem Wunschdenken im Lager des bedrängten Staatschefs Biya, der sich einer überraschend disziplinierten und in fast allen Landesteilen wohlverankerten Formation gegenübersieht. Ihre Einheit erstaunt um so mehr, als es außerhalb der Union pour le changement keine nennenswerte Kraft gibt, die ernsthaft das Attribut oppositionell in Anspruch nehmen kann. Dieses Urteil Fru Ndis ist stichhaltig darum, weil sich rivalisierende Gruppierungen wie etwa die Union nationale pour la démocratie et le progrès unter Maïgari Bello Bouba vom Präsidenten mit Ämtern abfinden lassen, ohne aber dadurch auch an Entscheidungen beteiligt zu sein.

Was an der Gestalt des Chairman die Gegner so sehr verängstigt und auch französische Diplomaten vor eigentlichen Diffamierungskampagnen nicht zurückschrecken läßt, ist der Umstand, daß im zweisprachigen Kamerun ausgerechnet einem Exponenten der anglophonen Minderheit das Kunststück gelingen konnte, den Unmut im

Land politisch zu kanalisieren. Angesichts einer Mehrheit von 80 Prozent Frankophonen könnte die Unpopularität des Regimes Biya und der französischen Mentoren kaum einen drastischeren Ausdruck finden. Offenbar erschreckt in Paris die Vision eines demokratischen Machtwechsels zugunsten eines Anglophonen so sehr, daß in der Alternative eines schleichenden Übergangs zur offenen Militärdiktatur das kleinere Übel gesehen wird. Was das Sensorium der wirtschaftlich maßgebenden Teilhaber betrifft, so überhören sie John Fru Ndi nicht, wenn er sagt, auch bei Kamerun handle es sich zunächst um ein Volk und erst in zweiter Linie um ein Reservoir der Bodenschätze und Forstwirtschaft.

Kostspielige Bauernfängerei

»Trotz des massiven Betrugs, der sich in allen Begleitumständen im voraus abzeichnete, und trotz der bedingungslosen Unterstützung aus Paris, einer fürchterlichen Waffe in diesem Teil der Welt, stand Paul Biya im Begriff, die Präsidentschaftswahl vom 11. Oktober 1992 zu verlieren, was ihn nicht hinderte, sich zum Wahlsieger zu erklären.« So liest man im *Messager*, dessen Herausgeber Pius Njawe, Kameruns bekanntester unabhängiger Journalist, zwischen Aufenthalten im Gefängnis und im Exil kürzlich den Pressefreiheitspreis des Internationalen Zeitungsverlegerverbands erhielt. Die Frontseite der frankophonen Tageszeitung, die eine ganze Nummer der Fragwürdigkeit von Wahlen in Afrikas undemokratischen Staaten widmet, hält in großen Lettern fest, daß die Urne nicht mit ihrem Gebrauch zu verwechseln sei.

Außer in Kamerun haben Präsidentschaftswahlen auch in Burkina Faso und Djibouti gelehrt, daß sich entschlossene Autokraten nicht durch den Wähler in den Ruhestand setzen lassen, ob sie sich dabei in einer illusionären Hoffnung auf demokratische Legitimation enttäuscht finden oder nicht. Ein Fall wie Togo, wo die Farce der

Bestätigung Eyadémas laut Regierungsangaben rund 100 Millionen Francs gekostet haben soll, wirft eindringliche Fragen nach dem Sinn derartiger Wahlen auf. Daß daraus nicht auf eine spezifische Untauglichkeit der Demokratie für Afrika zu schließen ist, dafür stehen auch im frankophonen Teil des Kontinents noch immer sämtliche Länder, wo ein starker Mann sich doch aus dem Amt befördern ließ: Benin, Madagaskar, Mali, Niger — und auch in der Republik Kongo sind trotz besorgniserregender Rückschritte die demokratischen Aspirationen noch nicht begraben.

Nationalkonferenz ohne Präsident?

In afrikanischen Staaten mit Präsidialsystem nach französischem Vorbild, nur ohne konstitutionelle Vorkehrungen, welche sie von Wahlmonarchien im strengen Sinn unterscheiden würden, kann Reform nur eine Änderung der Staatsform bedeuten. John Fru Ndi hat in Interviews oft wiederholt, daß ein großer Teil seines Anhangs auf den Ruf zu den Waffen warte. Von ihm werde er nicht zu vernehmen sein. Er sieht keine andere Möglichkeit, als das Projekt der seit langem geforderten Souveränen Nationalkonferenz auch ohne Beteiligung der Staatsmacht wiederaufzunehmen. Vorbereitungen wie die erforderlichen Kontaktaufnahmen seien im Gang. Der zivile Ungehorsam in Form der »villes mortes« soll fortgesetzt und erneut verstärkt werden. Das Regime, dem der Schrecken ob dieser hochwirksamen Aktionen noch in den Gliedern sitzt, hat wöchentliche Demonstrationen verboten, vermag aber nichts gegen Generalstreiks. Soeben erst hat ein Ausstand Douala wieder fast vollständig lahmgelegt.

Während dem Regime die größten Gefahren aus der schweren ökonomischen Depression erwachsen, klagt Biyas Presse larmoyant, es sei nicht nur unpatriotisch, sondern auch undemokratisch, dem Geldbeutel des kleinen Mannes noch weiter zuzusetzen. Nach mehr als einem Jahrzehnt der flagranten Mißwirtschaft empfiehlt sich der autokratische Urheber weiterhin als das Rezept dagegen, während er die Folgen des eigenen Tuns John Fru Ndi und der demokratischen Opposition anlastet.

ABSCHIED VOM DOYEN

7. Dezember 1993

Am Dienstag, dem 7. Dezember, dem Nationalfeiertag von Côte d'Ivoire, ist Präsident Félix Houphouët-Boigny gestorben. Premierminister Alassane Ouattara bestätigte am Mittag in Abidjan, was einige Stunden zuvor schon aus familiärer Quelle in Yamoussoukro — Houphouëts Geburtsdorf und nominelle Hauptstadt — bekanntgeworden war. »Kein Mensch wird so alt wie ein Stein«, lautet ein afrikanisches Sprichwort, gegen dessen subversive Kraft Afrikas Doyen sich lange Zeit aufzulehnen schien. Ivoirisches Staatsoberhaupt seit der Unabhängigkeit von 1960, befand sich Houphouët gemäß der von ihm dekretierten offiziellen Version im 89. Lebensjahr. Doch Spezialisten nehmen an, daß er in Wahrheit noch im letzten Jahrhundert geboren ist. Vor einem halben Jahr hatte er sich einer Krebsoperation an der Prostata zu unterziehen und mußte in der Folge wiederholt in Frankreich und der Schweiz hospitalisiert werden, ehe er vor drei Wochen in seinen Palast zurückkehrte. Er erholte sich nicht mehr.

Houphouëts Karriere, deren natürliches Ende das Land in Kontroversen um seine Nachfolge zurückzulassen droht, begann nicht erst mit der Unabhängigkeit, an deren Vorabend der »Vater der Nation« sich als größter einheimischer Landbesitzer der französischen Musterkolonie empfohlen hatte. Seit über 50 Jahren prägte er die Geschichte des frankophonen Afrika. Als die tragende Formation der frühen westafrikanischen Unionsprojekte hatte er Ende des Zweiten Weltkriegs das Rassemblement démocratique africain gegründet, von dem nur einige nationale Zweige übrigblieben — außer in Mali und Burkina Faso auch der Parti démocratique de Côte d'Ivoire (RDA-PDCI), dessen *président fondateur* Houphouët bis zu seinem Tod blieb. 1945 wurde er in Paris in die Verfassunggebende Versammlung und im Jahr darauf als *député ivoirien* ins Parlament der Vierten Republik gewählt, wo er sich große Verdienste um die gesetzliche Abschaffung der Zwangsarbeit in den französischen Besitzungen erwarb. Ab 1956 und seit 1958 unter de Gaulle in der Fünften Republik hielt er Ministerposten in sechs französischen Regierungen.

»Aufgeklärter Autokrat«

1985 hatte Houphouët sich mit 100,0 Prozent der gültigen Stimmen in seinem Amte bestätigen lassen. Bis um die Mitte der achtziger Jahre verdankte Houphouët es Westafrikas gepriesenem wirtschaftlichem Modellstaat, daß seine Autokratie das Attribut »aufgeklärt« behielt. Ein megalomaner Personenkult und die berühmte Kopie des Petersdomes in seinem Geburtsort, wo er seine letzte Ruhe finden wird, taten dem Ansehen des *»Vieux sage«* wenig Abbruch. Doch seit der ökonomische Niedergang auch Côte d'Ivoire ereilte, fand er sich zunehmender Kritik und wachsendem Druck von der Straße ausgesetzt. 1990 beugte er sich der Forderung nach Parteienpluralismus, um in der Folge der Demokratie aber weniger Pflege als Gegenwehr angedeihen zu lassen. Um Positionskämpfen im Hinblick auf seine Nachfolge vorzubeugen, hatte er 1985, nach 25 Amtsjahren, das Amt des Vizepräsidenten abgeschafft. Ein Verfassungszusatz von 1990, der für die restlichen zwei Jahre von Houphouëts 7. Fünfjahresmandat das höchste Staatsamt dem Parlamentspräsidenten, derzeit Henri Konan Bédié, überträgt, wird für Reibereien sorgen, denn im Lauf der vergangenen Jahre ist ein Großteil der exekutiven Befugnisse des Präsidenten fest in die Hände des Regierungschefs Ouattara übergegangen.

AFRIKANISCHE GRANDEUR ODER TYRANNISCHE EINHEIT DER MÜNZE

Bangui, Oktober 1991

Die Währung der *Communauté financière africaine,* der Franc CFA, ist seit bald zehn Jahren Gegenstand heftiger Kontroversen. Die *Zone franc,* welche die Einheit der Sprache durch die der Münze vertieft, umfaßt die ganz unterschiedlichen Länder Benin, Burkina Faso, Côte d'Ivoire, Mali, Niger, Senegal und Togo als Angehörige der *Union monétaire ouest-africaine* (UMOA) sowie Äquatorialguinea, Gabon, Kamerun, Kongo, Tschad und die Zentralafrikanische Republik, zusammengeschlossen in der *Union douanière et économique del l'Afrique centrale* (UDEAC), ferner die Komoren. Mit der Auflage, daß 65 Prozent ihrer Devisenreserven in französischen Francs bei der Pariser Staatsbank zu deponieren sind, garantiert seit 1948 der französische Staat den vierzehn Angehörigen der CFA — zumindest theoretische — Konvertibilität ihrer gemeinsamen Währung zu einem festen Kurs von 50 Francs CFA zu 1 französischen Franc.

Verändertes Milieu

Für die gesamte *Zone franc* ergibt ein grober Überschlag ein Bruttosozialprodukt in der Größenordnung von 40 bis 45 Milliarden Dollar. Laut derselben Quelle, der

Afrikanischen Entwicklungsbank, nähert sich die öffentliche Verschuldung der Zone einem Total von 40 Milliarden Dollar. Der Raum mit seiner Gesamtbevölkerung von 75 bis 80 Millionen auf einer Fläche von 6,5 Millionen Quadratkilometern — knapp das Zwölffache Frankreichs — weist beträchtliche interne Ungleichgewichte auf. Die beiden Flaggschiffe Côte d'Ivoire und Kamerun tragen — bei einem Bevölkerungsanteil von zusammen rund 30 Prozent — etwa je ein Viertel zum Gesamtprodukt der CFA bei. Der Pro-Kopf-Anteil am Bruttosozialprodukt variiert zwischen den Extremen um einen Faktor 15 bis 20: In Gabon übersteigt er 3000 Dollar, in Tschad liegt er irgendwo zwischen 150 und 200 Dollar.

Die wirtschaftlichen Folgen der krassen Überbewertung des Franc CFA hielten sich während der sechziger und siebziger Jahre in Grenzen, zum einen dank der im Vergleich zum Dollar wesentlich schwächeren französischen Währung. Wichtiger war freilich der Umstand, daß die meisten übrigen west- und zentralafrikanischen Währungen — etwa die nigerianische Naira, der Zaïre, der ghanaische Cedi — ebenfalls künstlich auf einem viel zu hohen Niveau gehalten wurden. Als ab den frühen achtziger Jahren Nachbarn außerhalb der Zone vermehrt sich Strukturanpassungsmaßnahmen gemäß Empfehlungen von Weltbank und Währungsfonds unterzogen, führten deren dramatische Abwertungen in der CFA zu schweren Beeinträchtigungen der Konkurrenzfähigkeit. Ende des vergangenen Jahrzehnts hatte laut dem *Economist* das jährliche Defizit in der Zahlungsbilanz der *Zone franc* Höhen von vier Milliarden Dollar erreicht und seither vermutlich überstiegen. Getragen wird es zur Hauptsache vom französischen Fiskus. Ein Total in vergleichbarer Größenordnung pflegt Paris für seine Beiträge zur afrikanischen »Entwicklungshilfe« auszuweisen, im Mittel der letzten Jahre etwas über 3,5 Milliarden Dollar.

Im veränderten west- und zentralafrikanischen Kontext steht es um die Exportwirtschaft der CFA-Länder seit mehreren Jahren sehr besorgniserregend. Und auch die Verlockungen haushaltspolitischer Erleichterungen schienen seit letztem Jahr einigen gewichtigen Mitgliedern, etwa Côte d'Ivoire, den Gedanken an eine Abwertung näher zu bringen, den sie traditionell weit von sich zu weisen pflegten. Ihre restriktive Geldpolitik trieb die Regierungen zusehends tiefer in Liquiditätskrisen, begleitet von vermehrten Kollapsen lokaler Finanzinstitute, welche die Konvertibilität des Franc CFA ohnehin nur in sehr bescheidenem Rahmen auch praktisch zu gewährleisten vermögen. Äußerst geringe, teils negative Inflationsraten erwiesen sich als schwacher Trost angesichts rückläufiger Beschäftigung und ausstehender Löhne im öffentlichen Sektor. Im Milieu holpriger Demokratisierungsversuche mit Unruhen und Streiks verstärkten sich Fluchttendenzen einheimischer Anlagen, begünstigt außerdem durch niedrigere Preise für allerart Luxusgüter in der Metropole Paris und durch eine allgemeine Nervosität in Erwartung einer Abwertung, die sich demnächst trotz allem als unausweichlich erweisen müßte, zumal auch der Druck der Bretton-Woods-Institute zunahm.

Ende April in Ougadougou, in der jährlichen Runde der CFA-Finanzminister, ließ Bérégovoy im Namen der französischen Regierung zur Frage der Abwertung erneut ein dezidiertes »Non, non, non!« verlauten. Eine Woche später erhielt er die gewünschte Deckung vom Präsidenten der EG-Kommission, der in der senegalesischen Hauptstadt Dakar verkündete, weitere europäische Integrationsschritte könnten die *Communauté financière* und ihren Franc in keiner Weise berühren. Auch förmliche Kontraktionen des französischen Exportüberschusses im Handel mit den vierzehn Schutzbefohlenen — 1990 noch 0,5 Milliarden Francs gegenüber 2,5 Milliarden

1989 — konnten die französische Regierung nicht von der Notwendigkeit einer Abwertung überzeugen. Statt dessen ergriff Paris eine Art Flucht nach vorn, indem die Konferenz von Ougadougou für den Binnenmarkt der Zone beschleunigte Integrationsschritte ins Auge faßte, vor allem Tarifharmonisierung und weiteren Zollabbau. Bei ihrer empfindlichen Abhängigkeit von Zolleinnahmen — durchweg ein Hauptproblem für afrikanische Integrationsbestrebungen — werden sich dadurch die Haushaltsprobleme der CFA-Mitglieder kaum verringern lassen.

Mutter Natur

Während in fruchtbaren Ländern wie Kongo und der Zentralafrikanischen Republik die Bevölkerung, weitgehend in Naturalienwirtschaft, von den Bäumen in den Mund lebt, viele von ihnen seit Monaten ohne Löhne, gehören zentralafrikanische Kapitalen zu den teuersten Städten der Welt. In Brazzaville kostet ein Ferngespräch mit Europa zehnmal soviel wie in umgekehrter Richtung, und die Kongolesen bezahlen in ihrem unlängst noch volksdemokratischen Ölscheichtum für das eigene Benzin 300 Francs CFA, etwa zwei Mark pro Liter: mehr als das Zwanzigfache des Preises in Nigeria. Dies vermittelt vielleicht eine Vorstellung der Schmuggelanreize an den Grenzen zwischen der Zone und ihren von Paris nicht »gestützten« Nachbarn. Air Afrique verlangt auf einer einstündigen Teilstrecke soviel wie die makellose Ethiopian Airlines für einen Flug von Nairobi nach Kairo, und am Preis einer Rundflugkarte Nairobi-Abidjan-Paris-Zürich-Nairobi macht der Abschnitt Abidjan-Paris die Hälfte aus — mehr als das Doppelte des Abschnitts Zürich-Nairobi.

Bangui — wo man überall schlechter, aber nirgends billiger ißt als in der Zürcher *Kronenhalle* — ist die Hauptstadt eines Landes, dessen Wirtschaftskraft ein Standardnachschlagewerk mit einem Bruttosozialprodukt von 390 Dollar pro Kopf und Jahr beziffert. Man bezahlt in den Restaurants für das günstigste Dessert — eine Scheibe Ananas — sechs Dollar, für einen Tomatensaft acht Dollar und für den Kir Royal des Gesprächspartners 25 Dollar. Und während man noch an die Blanchisserie denkt, die in dem muffigen Novotel für drei Garnituren Leibwäsche 70 Dollar auf die Rechnung setzt, fragt man sich mit Blick auf den Nebentisch, wo so gut gelaunt zugegriffen wird, wer die vier bleichen Nordländer bezahlt. Eine andere Sprache als das Französische wird hier nicht gesprochen. Man fühlt in sich Verständnis wachsen für die gemischten Gefühle des *Wallstreet Journal* bei der Betrachtung der Brüsseler Eurokraten, und auf Abhilfe — wenigstens soweit es dabei auf Paris ankäme — wagt man nicht recht zu hoffen.

»Gäste« unter sich

Die erdrückende Mehrheit der betroffenen Afrikaner kommt, vom Suppenwürfel, einem Stück Seife und den Streichhölzern vielleicht abgesehen, an keinem Punkt in Berührung mit diesem *»Coopération«* genannten Kreislauf, in dem der französische Staat das Geld seines Steuerzahlers über den Schwarzen Kontinent seiner auftragsbedürftigen Exportindustrie zuführt. Die Stagnation in der *Zone franc* braucht die Regierung des Mutterlandes nicht allzusehr zu kümmern, solange in dessen eigener Ökonomie der Widersinn der afrikanischen Umwege nicht zu flagrant wird. Es sind höhere Werte im Spiel. Die »Großmacht« Frankreich fürchtet mit der strikten Kontrolle über den Franc CFA das straffe Kommando über die Zone zu verlieren. Die Kosten der luxuriösen frankoafrikanischen Währung bilden den Preis dieser strategischen Katastrophenvermeidung. Die *Grande nation* entrichtet ihn, gedeckt durch die EG, an sich

selber. Die afrikanischen Partner bezahlen mit vollständiger Abhängigkeit und Bankrott.

SELBSTBEZOGENE PRIORITÄTEN

Yaoundé, September 1993

Im Vorfeld des letzten frankoafrikanischen Finanzmini-
stertreffens vom 21./22. September 1993 in Abidjan ist
die Zukunft des CFA-Franc, der Gemeinschaftswährung
der *Communauté financière africaine* (CFA), mit neuer
Eindringlichkeit in Frage gestellt worden. Den akuten
Anlaß dazu boten die beiden Zentralbanken der CFA
Anfang August mit ihrem Beschluß, eigene Noten, soweit
sie die vierzehn Mitgliedstaaten der Franc-Zone verlassen
hatten, nicht länger zurückzukaufen. Dieser Schritt
entzog der französischen Nationalbank die Grundlage
ihrer Konvertibilitätsgarantie, und die vorhersehbare
Folge war, daß an europäischen Bankschaltern — auch
in Paris — der CFA-Franc bestenfalls noch in beschei-
densten Taschengeldmengen gehandelt wird. Innerhalb
der Zone regelt den Umtausch seitdem der Papierkrieg
um einschlägige Geschäftsnachweise. Der CFA-Franc,
der für respektheischende 45 Jahre im Kurs von 50:1 an
den französischen Franc gebunden war und es vorläufig
bleibt, hat damit seinen Weg auf die Schwarzmärkte
angetreten. Im anglophonen Gambia, das von senegale-
sischem Gebiet und damit von Territorium der Zone
eingeschlossen ist, soll man dafür noch die Hälfte des
Nennwerts erhalten. Entsprechend hart fällt die Rache
aus: In einem regierungseigenen Hotel in Kamerun erhält
man für einen Dollar 200 Francs CFA, für eine Mark 90
und für einen Schweizer Franken 80 Francs CFA — statt
200. Bei einer französisch geführten Bank, in der Filiale

einer Provinzhauptstadt, vereinnahmt der Umtausch von 300 Dollar zwei bis drei Stunden.

Kapitalbewegung im Jetstream

Mit Hinweis auf die großen Unterschiede der CFA-Länder bezeichnen Ökonomen die Währung als 20 bis 60 Prozent zu hoch bewertet. Sowohl die artifizielle Stärke der Währung wie die seit Jahren nie mehr verstummenden Gerüchte, wonach das Schicksal der Abwertung nicht ausbleiben könne und obendrein näher rücke, haben die Flucht aus dem CFA-Franc in einer Weise beflügelt, daß sie sich unmöglich als Hartwährung zu behaupten vermochte. Über das Volumen des Kapitalabzugs aus der Zone kann es nur Mutmaßungen geben. Für die letzten Jahre rechnet der *Economist* mit einer Flucht von mehreren hundert Milliarden Francs CFA jährlich, das heißt von etlichen Milliarden französischen Francs. Anschaulichkeit vermittelt eine Schätzung des anerkannten französischen Spezialisten Olivier Vallée: Aus den sieben westafrikanischen CFA-Ländern, die in der *Union monétaire ouest-africaine* (UMOA) unter der *Banque centrale des états de l'Afrique de l'ouest* (BCEAO) zusammengeschlossen sind, hätten 1992 ein Drittel aller im Umlauf befindlichen Banknoten den Kontinent verlassen. Dieser Abfluß hat sich weiter beschleunigt. 1993 werden bereits für das erste Halbjahr Ziffern von fünf Milliarden französische Francs aufwärts genannt.

Doch was in der Zone »Integrationsbestrebungen« genannt wird, erschöpft sich großenteils in bürokratischem Leerlauf legislativer Harmonisierungen — ein Papiertiger, der nicht darüber hinwegtäuscht, daß es sich um eine politische Gemeinschaft handelt. Wirtschaftlich könnten die Kontraste kaum schroffer sein. Sie finden ihren Ausdruck nicht nur darin, daß der Pro-Kopf-Anteil am Bruttosozialprodukt zwischen Gabon und Tschad um einen Faktor 15 bis 20 differiert, die Gegensätze sind vielmehr struktureller Art. Exportorientierten Volkswirtschaften wie jenen der Erdölproduzenten Gabon, Kamerun und Kongo und dem weltgrößten Kakaoproduzenten Côte d'Ivoire stehen Länder mit einem erdrückenden Überhang an Importen gegenüber, wo Exporteinkünfte fast vernachlässigbar sind: Burkina Faso, Mali, Niger, Tschad. Diese Gegensätze erschweren die Suche nach einem einheitlichen Rezept enorm, was freilich allein noch kein Argument zugunsten des Status quo darstellt.

Das höhere Gut, das mit der CFA-Währung geschützt werden soll, trägt in Paris den Namen »Stabilität«. Doch ungeachtet der Handelsbilanz liegt bei allen CFA-Mitgliedern der Staatshaushalt im argen. Ein träger öffentlicher Sektor leidet zusätzlich unter aufgeblähten Verwaltungsapparaten, die nur in Ausnahmefällen wie Kongo und Benin eine Hinterlassenschaft sozialistischer Planwirtschaft, im Regelfall französisches Kolonialerbe sind. In der Zone ist kaum ein Staat auszumachen, der den Beamten die Gehälter auszurichten vermag. Die Gefahr weiter um sich greifender Unrast bei unvermeidlichen weiteren Ausgabenkürzungen ist nicht geringer als ebendiese Gefahr bei nachhaltigen Inflationsschüben, wie sie Gegner für den Fall einer Abwertung voraussagen. Dem halten Befürworter entgegen, daß der Unterschied zwischen wertlosem Geld und gar keinem Geld geringfügig sei.

XIII Relikte Bismarcks

UNSELIGE ERBTEILUNGEN

Buea, August 1993

Kamerun ist offiziell ein zweisprachiges Land. Von zehn Provinzen sind zwei — North West und South West — anglophon. Ihr Anteil an der Gesamtbevölkerung beträgt rund ein Fünftel. Die Amtssprachen Französisch und und Englisch ergänzt im informellen Verkehr das Weskos. Das nach der West Coast benannte Kreol ist weit über das Litoral hinaus gebräuchlich und hat auch dem Oppositionsführer John Fru Ndi bei seinem Wahlkampf vom Herbst 1992 unwägbare Dienste geleistet. Die Zahl der afrikanischen Sprachen Kameruns, eines ethnisch entsprechend fragmentierten Gebildes, wird mit ungefähr 200 beziffert.

»Zweisprachigkeit«

Wer Kamerun in der Erwartung besucht, daß das Attribut der französisch-englischen Zweisprachigkeit nicht nur auf das Land, sondern auch auf die Leute zutrifft, findet sich enttäuscht. In Yaoundé bedeutet Kameruns Zweisprachigkeit, daß an den Kiosken auch englischsprachige Zeitungen zu kaufen sind. Doch wer auf englisch dazu eine Auskunft erbitten wollte, käme entschieden weniger weit als in Zürich mit einem entsprechenden Versuch auf französisch. Erst gut 300 Kilometer von der Hauptstadt, das Bamileken-Zentrum Bafoussam im Rücken, erreicht man in der gebirgigen Provinz North West ein Land, wo ein großer Teil der Leute im Unterschied zu den 80 Prozent Frankophonen beider Amtssprachen mächtig ist.

Obschon mit einem Akzent, der Amerikanern zur Ehre gereichen kann, sprechen manche Anglophonen das Französische fließend. Für sie ist das kein Luxus, denn der Administrator, der in der Provinzhauptstadt Bamenda die Zentralgewalt vertritt, ist meistens ein Frankophoner, ebenso wie eine Mehrheit der Ordnungshüter von Polizei, Gendarmerie, *Sûreté territoriale* und so weiter.

Dasselbe Bild ergibt sich an der Küste nach der Provinzgrenze zu South West, wenige Kilometer außerhalb der Handelsmetropole Douala. Buea, bis 1916 die Hauptstadt des deutschen Protektorats Kamerun, verwandelte sich in eine englischsprachige Stadt, bevor sie mit den übrigen anglophonen Gebieten ab den frühen sechziger Jahren — und später verstärkt — unter den Einfluß der zentralen Verwaltung kam. Heute ist Buea in dem Sinne *bilingue* wie in der Schweiz Fribourg, Biel oder Murten. Doch die einzige zweisprachige Universität Kameruns, welche die Zentralregierung der Stadt und der anglophonen Minderheit versprochen hatte, gab sich in der Folge mehr als frankophone denn als anglophone Institution zu erkennen.

Geteilte Treuhänderschaft

Es ist oft zu hören, daß die Hinterlassenschaft der kolonialen Grenzen zu Afrikas Grundübeln gehöre. Demgegenüber lehrt die Geschichte, daß spätere Eingriffe fatalere Folgen zeitigten als im allgemeinen die ursprüngliche Aufteilung des Kontinents. Kamerun war nie eine französische Besitzung. Unter der Uno-Treuhänderschaft, zu der das geteilte französisch-britische Mandat des Völkerbundes umgewandelt worden war, erhob Paris den frankophonen Osten in den Rang eines assoziierten Territoriums der Französischen Union und unterstellte es seiner direkten Verwaltung. Im anglophonen Westen blieb nach britischem Prinzip der indirekten Herrschaft die lokale Administration in den Händen der traditionellen Chiefs. Nach einem Plebiszit im Westen, bei dem sich 1961 die Northern Cameroons für Nigeria entschieden, föderierten sich die Southern Cameroons mit Ostkamerun, das Frankreich ein Jahr zuvor nach schweren Konflikten in die Unabhängigkeit entlassen hatte. Der französisch inspirierte Unitarismus in Yaoundé setzte sich rasch durch, und 1972 wurde die kamerunische Föderation durch einen starken Zentralstaat abgelöst.

Die Folge für die anglophone Minderheit war eine neue einheimische Bevormundung durch den frankophonen Osten, die sich vor allem durch eine systematische Vernachlässigung auszeichnete. Bis heute hat North West ein einziges knapp 50 Kilometer langes Stück geteerter Überlandstraße — von Bamenda in Richtung Bafoussam und Yaoundé. In South West sieht es nur wenig besser aus. Forderungen nach Dezentralisierung, wie sie in letzter Zeit manchenorts auf dem Kontinent Gehör finden, bleiben in Kamerun tabu. Seit in der Gestalt John Fru Ndis ein Anglophoner landesweit große Teile der Opposition hinter sich zu einen vermochte, ist das Thema heikler denn je.

British Togoland

In einem zweiten Fall, der heute wieder für Schlagzeilen sorgt, geht gefährlicher Konfliktstoff ebenfalls zu Lasten eines geteilten britisch-französischen Mandats. Auch das deutsche Protektorat Togo wurde 1914 vom Völkerbund geteilt, und British Togoland, ein schmaler Streifen zwischen der heutigen Westgrenze und dem Volta-Fluß, kam unter die Administration der Goldküste. Mit dem Gebiet fand sich auch Togos größte Volksgruppe der Ewe geteilt; östlich der neuen Grenze schrieben sie sich fortan Evé, westlich davon Ewe. Dort nahm 1954 der Togoland Congress seinen Kampf für eine Wiedervereinigung mit dem französischen Togo auf. Doch die Bevölkerung des Togoland entschied sich zwei Jahre später bei einem

Plebiszit für den Verbleib in der Kronkolonie, der Wiege von Kwame Nkrumahs panafrikanistischer Befreiungsbewegung, die 1957 das Land unter dem Namen Ghana in die Unabhängigkeit führte.

Im frankophonen Togo, das 1960 in die Unabhängigkeit entlassen wurde, blieb das Küstenvolk der Evé mit einem Bevölkerungsanteil von etwas über 40 Prozent wohl die numerisch stärkste Ethnie. Doch nachdem 1963 der Wachtmeister Étienne Éyadéma den ersten Präsidenten Sylvanus Olympio ermordet hatte, standen die togolesischen Evé bis heute unter der Gewaltherrschaft nördlicher Minderheiten. Setzte sich Sylvanus Olympio einst für die Wiedervereinigung von Ewe und Evé unter Togos Hoheit ein, so befindet sich heute sein Sohn Gilchrist Olympio im ghanaischen Exil und kämpft von dort aus gegen die Diktatur desselben Éyadéma, der sich in der Zwischenzeit den »authentisch« afrikanischen Vornamen Gnassingbé sowie den Rang eines Generals verliehen hat. Olympio junior unterhält beste Beziehungen zum ghanaischen Präsidenten Rawlings — seinerseits halber Schotte und halber Ewe. Als Mentor des unterdrückten Volkes im Nachbarland unterstützt die ghanaische Regierung heute Kräfte, gegen deren irredentistische Ansprüche sie sich traditionell zur Wehr setzen mußte. Der Sprengstoff in dieser Situation, die das Prädikat »paradox« verdient, wird als gefährlich betrachtet. Die ghanaische Grenze streift die Außenquartiere der togolesischen Hauptstadt Lomé, und sollten in Togos politischem Tauziehen auf beiden Seiten Waffen zum Einsatz gelangen, dann zögen die Evé mit ihrer rückwärtigen Basis fast zwangsläufig ghanaisches Gebiet in den Konflikt mit hinein.

HOTEL THÜRINGER HOF SÜDWEST

Windhoek, November 1993

Das reguläre »Ostpreußen-Treffen« im namibischen Hotel Thüringer Hof zu Windhoek ist verpaßt und seit einer Stunde vorbei. Was unter afrikanischen Königsbergern, vielleicht auch in Oberschlesien und Hinterpommern Südwest die Gemüter bewegt, bleibt hier im dunkeln. Zu Recht, denn Klischees wie das vom Südwester Parade-preußen sollten in der Regel bereits von sich aus vor dem verfehlten Einstieg warnen. Im Falle von »Deutsch-Süd-west« verrät das Klischee seinerseits eine ortsunkundige deutsche oder, wie einige hier sagen, eine »deutschländi-sche« Urheberschaft. Wer südlich der Sahara, aber weiter nördlich, in einem afrikanischeren Afrika lebt, hat erhebliche Schwierigkeiten, in Namibia statt einem ihm unbekannten gemischtrassigen Neuseeland noch den ihm vertrauten Erdteil wiederzuerkennen. Dennoch weiß er sich auf dem Schwarzen Kontinent und wird sich hüten, sich durch die Sprache an die Oder versetzen zu lassen. Auf diesem südwestafrikanischen Boden wöge er andernfalls in deutscher Sprache geäußerte Worte mit falschen Waagsteinen.

»Typisch« — wofür ?

Mit Vorliebe sind es deutsche Namen oppositioneller Vertreter der Democratic Turnhalle Alliance (DTA), die in dem sonst recht heiter entspannten Ambiente des Parlaments unter dem Signet »DTA-AWB« Erwähnung finden. Deutschstämmige Namibier seien Rassisten, will es das besagte Klischee des deutschen Reiseführers, ganz nach dem Sinne gewisser Abgeordneter der South West Africa People's Organisation (Swapo). Falls die Gescholtenen nachts im Traum darob mit den Zähnen knirschen, lassen sie es sich tagsüber nicht anmerken. Nicht weniger irreführend als der Wink mit dem südafrikanischen Rechtsextremismus der Afrikaanse Weerstandsbeweging (AWB) ist an solchen Stigmatisierungen der Hang zu stillschweigender Gleichsetzung mit teutonischen Spezifika. Was hört man unter diesen »Südstaatlern«, in der Bar des deutschen Restaurants Alte Feste, über ihre schwarzen Kompatrioten? Übersetzt in die entsprechenden Sprachen, unterschiede es sich kaum von Verlautbarungen im spanischen Klub von Tanger, an Stammtischen hinterbliebener Kongo-Belgier in Lubumbashi oder französischer Legionäre in der zentralafrikanischen Hauptstadt Bangui.

In der nördlichen Hemisphäre ist das Engagement für die Dritte Welt von starken Reflexen gegen moralische Ernüchterung geprägt. Aber die Schönheit engagierter Seelen liefert keine rückwirkende Nachhilfe für einen gefälligeren Empfang europäischen Zuzugs in Afrika. Es war stets weniger der Geist aufgeklärter Pedanterie im Bürokratismus der Kolonialadministration, stets weniger die Rationalität ökonomischer Expansion in den Handelskontoren, es waren weniger solche noch wenig geläuterten Elemente europäischen Fortschritts, wozu sich unter der schwarzen Bevölkerung gewisse Affinitäten entwickelten. Es war vielmehr ebender unfehlbar erzkonservative Schädel des Siedlers, der mit eigenen Händen in Afrika afrikanischen Boden bebaut hat. Das Privileg dieser größeren Intimität teilen sich Erben südwestafrikanischer Breslauer mit Erben der Analphabeten aus dem nordostportugiesischen Tras os-Montes, mit den raren Erben der Straßenbauheere Mussolinis in Abessinien und auch mit den Erben der Transvaal-Buren vom Großen Treck. Südwester heben sich allerdings dadurch heraus, daß es wirtschaftlich niemand so weit gebracht hat wie sie, die jetzt mit vielleicht 25 000 Seelen wieder etwa so viele zählen wie 1919, bevor die Briten rund die Hälfte von ihnen deportiert hatten. Es dürfte kaum viel weniger als ein Drittel der namibischen Privatwirtschaft sein, was sie bei ihrem Bevölkerungsanteil von gut eineinhalb Prozent kontrollieren.

Undeutsch fern vom Staat

Auch unter Ostafrikas halbnaturalisierten Briten geht das Wort, auf diesem Kontinent wäre viel besser als jede Regierung gar keine. Der Staat war auch nie die Sache deutschstämmiger Südwestafrikaner, die nun seit dem 21. März 1990 Namibier sind. Sie legen viel Gewicht auf ihre Treue zum Buchstaben, wonach weder sie noch ihre Vorfahren je Kolonisatoren waren. Was waren sie? Ab 1884 — und ab 1909 mit begrenzter Selbstverwaltung — waren sie Siedler unter der Protektion der Berliner Reichsregierung, welche Bismarck für die Erwerbungen des Bremer Kaufmanns Franz Adolf Lüderitz erwirkt hatte. Vier Jahre nach der Kapitulation der deutschen Schutztruppe von 1915 übertrugen die Briten die Verwaltung unter einem Völkerbundsmandat an die Südafrikanische Union. Dieser Rahmen, der nach dem Zweiten Weltkrieg die Gestalt einer völkerrechtlich nicht länger sanktionierten Besetzung annahm, verlieh ihnen als europäischen Siedlern in der südafrikanischen Kolonie den Status von Colons, von Kolonisten, vergleichbar etwa den italienischen oder spanischen Kolonisten in Algerien. Auch die Deutsch-Namibier pflegten die Schulbildung der Schwarzen nicht zu fördern, sich eher dagegen zu wehren. Aber es stimmt, was der konservative Parlamentsabgeordnete Peter Kayser sagt, sie haben in »Südwest« keine Apartheid erfunden.

»The mess that we have inherited« — das Schlamassel, das wir geerbt haben, werden die Swapo-Abgeordneten im Parlament nicht müde zu sagen. Als die South West Africa People's Organisation gegen die Besetzungsmacht Krieg führte, haben die Deutschstämmigen den südafrikanischen Widerstand gegen den Kommunismus und gegen die Uno-Generalversammlung, wo die Meinungen

der Weltöffentlichkeit entspringen, mitgetragen. Zum großen Glück für alle Namibier haben sie gerade so lange ausgehalten, bis in Berlin die Mauer abbruchreif war. So sehen sie es — gewiß ganz anders als ein Landsmann wie Gerhard Tötemeyer, Professor für Politikwissenschaft und Director of Elections im Premierministeramt. Entsprechend tief reicht die ideologische Polarisierung auch in die deutschstämmige Gemeinschaft hinein, die schließlich auch in der Swapo Ableger hat. Diese setzte das Tüpfchen aufs i, indem sie — mit dem Fall der Mauer über Nacht reformiert — der Turnhalle-Allianz das wirtschaftspolitische Programm entwendete. Vielleicht überfüttert die Swapo die emanzipationsbestrebten Massen doch noch mit der süßen Mär ihrer tausendundein Versprechungen und schafft damit etwas mehr Raum für politische Gegner. Doch da sich vorläufig die Aussichten der kapitalistischen Opposition beklagenswert ausnehmen, herrschen bei ihr starke Neigungen, sich aus der Politik in den behaglichen Schmollwinkel des erfolgreichen Geschäftsmannes zurückzuziehen.

Deutsch-»deutschländische« Verständigungsprobleme

Und was haben sie, die »Südwester«, schließlich — in jedem afrikanischen Vergleich — der Swapo nicht für ein großartiges Land hinterlassen?! In der Tat! Und sagt einmal jemand auch dies? Im Gegenteil, man fordert sie auf, sich zu versöhnen. Am allerliebsten hören sie das von den Abgesandten der Bonner Bundesregierung. Obschon die Swapo nicht mehr über den sozialistischen Luxus und diplomatischen Spielraum einer zweiten deutschen Vertretung aus Ostberlin verfügte, erblickte das Auswärtige Amt auch dem unabhängigen Namibia gegenüber seine Aufgabe in der Herstellung und Pflege guter zwischenstaatlicher Beziehungen. Damit waren die Reibungen zwischen den Bonner »Deutschländern« und ihren südwestlichen Vettern programmiert, und auch die eine oder andere Bemühung um Abwiegelungen seitens der Botschaft hatte in der Folge einen Fehlschlag zu gewärtigen. Nichts besser macht etwa die Anmerkung eines deutschen Diplomaten, so schlimm sei dies alles nicht, denn der deutsche Aspekt sei an Namibia nicht der einzige. Bonner Zungen vermochten in Sensibilität mit Südwester Ohren öfter nicht gleichzuziehen, und in der Wiederholung schlagen wohlmeinende Anregungen vom Rhein die felderprobten Mimosen am Südatlantik mit dem Ruch einer afrikanischen Zurückgebliebenheit: kultureller, ja fast unumwunden geistiger Art. Wer allerdings — und womöglich noch unaufgefordert — sich gegen dergleichen zur Wehr setzt . . .

Zu diesem mehr ästhetischen Aspekt gesellt sich der ethische, denn noch wirkt zumindest als Legende fort, den schwarzen Namibiern sei bis zur Unabhängigkeit historisches Unrecht widerfahren. Daß die gesetzliche Rassentrennung ein administrativer Import war, dieser unbestreitbare Tatbestand allein kommt in der Frage der Verantwortung noch nicht einem Freispruch für die Deutschstämmigen gleich. Doch weit gefehlt, daß sie auf dergleichen warten würden — weder könnten sie dies, noch könnten sie es kraft ihrer Position auch nur können wollen. Sie erscheinen ungleich tiefer verstrickt in das Paradox dieser neuen Rolle historischer Verantwortungsträger, die ihnen zuvor weder vom Kaiser noch von Pretoria jemals eingeräumt wurde. Sie weisen eine solche Rolle mit Verve zurück und setzen sich damit auf genau die Anklagebank, auf der sie ebendiesem ihrem Protest gemäß keinesfalls sitzen können.

Unbill des Geschmähten

Die Demütigung mag bei gewissen Südwestern Neigungen stärken, sich einiges von der Schmach auch noch abzuverdienen. Vergaß man nicht am Ende, sie um ihre Meinung zu Details der deutschen Wiedervereinigung, zum Grenzvertrag mit Polen und dergleichen zu bitten? Oder, nicht zu vergessen, auch etwa zur deutschen Asylfrage, die seitdem an Aktualität gewann? Solche Versäumnisse können heimgezahlt werden, und in der Tat wundert man sich, mit welch vernünftigem, aufgeklärtem Windhoeker Kollegen man soeben zu sprechen glaubte, wenn man während seines Ferngesprächs im Nebenraum plötzlich die deutschen ausländerfeindlichen Flugschriften am Brett hinter seinem Schreibtisch entdeckt. So wird auch bei der Deutschen Botschaft geklagt, die *Allgemeine Zeitung* und Chefredakteur Hans Feddersen pflegten in namibisch-deutsch-deutschen Angelegenheiten nicht jenen Geist, den man am Rhein sich gewünscht haben möchte . . .

Gewiß, vor allem in der deutschesten namibischen Stadt Swakopmund gibt es auch sie, die Devotionalienhändler unter dem Hakenkreuz. Aber abgesehen davon, daß man diese in Deutschland ebenfalls kennt, führt hier Aufmerksamkeit für solche Fossilien wiederum in die Irre. Denn an der Kaiserstraße in Windhoek, die seit 1990 Independence Avenue heißt, führte auch in diesem Jahrhundert noch ein wilhelminischer Geist Regie, der vom Hitler-Reich nur fernere, durch die Distanz gedämpfte Echos zu Bewußtsein steigen ließ. Die Rumpfgemeinschaft des Protektorats kam mehrfach in den Genuß von Auffrischungswellen, weniger direkt aus dem geschlagenen Nazi-Deutschland als in den frühen fünfziger Jahren durch Auswanderer, die keinen Glauben in den Wiederaufbau zu fassen vermochten.

Glückliche Ohnmacht der Ideen

Krause Aspekte des Deutschlandbilds in »Südwest« erfuhren in diesem Zuge Ergänzung in der Wahrnehmung eigener Dinge. Auf Sichtweite des Parlaments steht vor der Alten Feste, dem Quartier einst der Deutschen Schutztruppe, ihr Ehrenmal. Wenn die Swapo als Sieger

dem Verlierer nicht ganz seine eigene Geschichtsschrei-
bung überläßt, so doch alle Stätten des ehrenden Anden-
kens. Niemanden scheint zu sehr zu stören, daß in Windhoek dunkel bleibt, welche Gemeinschaft hier zu Füßen
des deutschen Ritters welchem Herero-Aufstand ihr
Andenken widmet. Das Gedenken, das hier weniger einer
Bewältigung der Vergangenheit als ihrer Hege gilt, vergißt, daß schon damals ein Hanseat wie Lüderitz nicht
in allen Punkten die Ansichten des kaiserlichen Hofes
teilte und daß auch etwas später die martialischen Direktiven des Generals Lothar von Trotha nicht nach dem
Sinn des Gouverneurs Theodor von Leutwein waren. Die
militärische Niederschlagung des Aufstands von 1904,
die mehr als drei Viertel der 80 000 Herero ins botswa-
nische Exil oder in den Tod trieb und Tausende in Lagern
das Leben kostete, erwies sich als Desaster für alle. Eine
bizarre Ironie verzerrt das deutschstämmige Gedächtnis:
Während britische Historiker zu Lasten des Reichs und
seiner Truppen die lokale Verwaltung und auch die Siedler schonen, waschen deutschstämmige Nachgeborene
heute den Kaiser rein. Die zurückgekehrten Herero
ihrerseits sind politisch auf dem Weg, sich zu Namibias
Zulus zu mausern.

Man ist gut beraten, den Giftküchen des Ideellen den
Rücken zu kehren. Sogleich verfliegen die dräuenden
Elemente, und das politische Klima gleicht sich Namibias
freundlichen meteorologischen Tendenzen an. Es bleibt
der allseitige Konsens, daß die ersten vier Jahre Swapo-
Regierung alle Erwartungen hoch übertroffen haben und
daß auf Regierungsebene der Umgang aller mit allen an
pragmatischer Vernunft sehr wenig zu wünschen übrigläßt. Für niemanden besteht Unklarheit in der Frage,
wieviel in Namibia alle zu verlieren haben, und was nochmals den AWB betrifft, so stößt man in Namibia auf gar
kein Interesse an Unfrieden in Südafrika. Hier faßt den
Kern des allseitigen Konsenses der Satz, daß in diesem
Land nie wieder ein Schuß fallen darf. Wer bringt den

Deutsch-Namibiern nicht einige Augenblicke Geduld entgegen, ehe er von ihnen mehr verlangt? Tiefer im Inneren des Kontinents, einige Tage später im Flugzeug zwischen Addis Abeba und Nairobi, wendet sich Harald Ganns nochmals um. Von Deutschstämmigen viel bekrittelt als Deutschlands erster Botschafter in Windhoek, steht er seit seiner Ablösung im August 1993 an der Spitze des Bonner Afrikareferats. Er scheint im kurzen Gespräch etwas Wichtiges vergessen zu haben: »Tun Sie ihnen nicht Unrecht!« Unnötige Mahnung an einen Besucher, dem zum Abschied bei einem Südwester Jäger und Sammler zwischen seinen Trophäen und Steinen etwas von seiner Liebe zum Land aufgegangen ist.

XIV Nigeria sondergleichen

LASTEN DES REICHTUMS

Abuja, Oktober 1992

Nicht bloß die Probleme des nigerianischen Staates, auch
die Ausmaße seines Versagens richten sich nach den
Dimensionen des Landes. Seit dem Frühjahr 1992 glaubt
man darüber wieder etwas mehr zu wissen, nachdem die
erste Volkszählung seit fast 30 Jahren die Schätzungen
von Uno und Weltbank um rund ein Viertel nach unten
korrigiert hat. Demnach ist nicht mehr jeder vierte,
sondern nur mehr jeder fünfte oder sechste schwarze
Bewohner des Kontinents im Besitz der nigerianischen
Staatsangehörigkeit. Die 88 Millionen gezählten Nigerianer, deren Armut ihr beträchtlicher Schwund offenbar
kaum spürbar zu lindern vermochte, sprechen nicht wie
etwa die Äthiopier gut 70, sondern 395 wohlunterschie-
dene Sprachen, worunter laut der britischen wissenschaft-
lichen Quelle rund 60 nochmals klar distinkte Mundarten
aufweisen. »Ja«, meint der Kleinunternehmer David in
seinem Lagos Pidgin, das über keine Vokabel für »einander« verfügt: »*Thats why we can't understand ourself*« —
»darum verstehen wir uns selber nicht.«

Sozialer Vulkanismus

Doch die Leistungen der Kommunikation, die weltweit
nicht weniger beeindrucken als ihre Schwierigkeiten,
grenzen vor allem in Afrika an Wunder. Das Pidgin
English überwindet jeden ethnischen Graben unter
Nigerianern — nicht nur im vulgären Verkehr, sondern
ebenso in den elektronischen Nachrichtenmedien, im

politischen Kabarett, im sozialkritischen Theater und in Nigerias »subversiver« Musik. In ihrem Land, das kleiner ist als etwa die vier Sahelstaaten Tschad, Niger, Mali und Mauretanien, nicht halb so groß wie Zaire oder der Sudan, leben sie auch nicht besonders weit auseinander; die Bevölkerungsdichte ist fast der Frankreichs vergleichbar. Es ist eines der Grundprobleme der nigerianischen Föderation, daß sie im Unterschied zu den meisten afrikanischen Staaten kein Zentrum hat, seit Dezember 1991 auch keine Hauptstadt mehr. Die Frage wird noch etliche Jahre offenbleiben, ob am neuen Regierungssitz Abuja dereinst tatsächlich organisches Leben einkehrt. Vorläufig handelt es sich um eine Art ausgedehntes futuristisches Tempelfeld, dessen enormer Finanzkonsum etwas von dem rabiaten Verfall und dem Elend in den alten Städten erklärt. Dort ist es die Nähe, was den Konfliktstoff ballt, auch wenn es teils die zentrifugalen Tendenzen des Vielvölker-Kolosses sind, die sich darin Ausdruck schaffen.

In den nördlichen Städten Katsina, Kano, Kaduna, Bauchi schürt der Antagonismus zwischen Islam und Christentum einen latenten religiösen Bürgerkrieg, dessen periodische Eruptionen alle Jahre Hunderte, manchmal Tausende von Todesopfern fordern. Erpicht, dabei ihren Anhang zu messen, schauen politische Verantwortungsträger oft untätig zu, wie Fanatiker unter den dominanten Muslimen Christen massakrieren, deren minoritärer Selbstbehauptungskampf auch keine Laxheit der religiösen Überzeugung fördert. Religiöse Fronten decken sich oft mit ethnischen, wo im Kontext einer langen Geschichte von Wanderbewegungen Autochthone ihre traditionellen Rechte Zuzüglern gegenüber in blutigen Schlachten einfordern. Zwischen Herbst 1991 und Frühling 1992 fielen im östlichen Staat Taraba mehrere tausend Menschen der jüngsten Episode eines jahrzehntealten Kräftemessens zwischen autochthonen Jukun und zugewanderten Tiv zum Opfer, wobei über hundert Dörfer

vollständig zerstört und Zehntausende zur Flucht gezwungen wurden. Es ist normal, wenn von solchen
Exempeln auch ein vollamtlicher Afrikakorrespondent
außerhalb Nigerias nie eine einzige Nachrichtenzeile zu
Gesicht bekommt. Im Niger-Delta zerstören die Ölgesellschaften die Lebensgrundlage ansässiger Minderheiten,
und wenn bei einer Demonstration gegen diese Politik ein
paar Steine fliegen, erschießen Sicherheitskräfte vielleicht
80 Manifestanten.

Verbrechen und seine »Bekämpfung«

»Hier müssen Sie Ihre europäische Bedeutung des Wortes
›Polizei‹ vergessen«, sagt ein hiesiger Kollege. »In Lagos
sind Polizeiuniformen Handelsware, fast wie gestohlene
Uhren. Doch auch einen rechtmäßigen Träger kann niemand von einem Kriminellen unterscheiden, wenn es sich
nicht zum Beispiel um seinen Bruder handelt.« Von
Rechtssicherheit ist in Nigeria kaum der Name bekannt.
Unbefristete Sicherheitshaft erfordert keine Bekanntgabe
von Gründen. »Jemand trägt zum Beispiel eine Leder-
jacke«, schildert ein Menschenrechtsaktivist die Situation,
»aber eine Quittung für den Kauf der Jacke trägt er nicht
mit sich herum. Also verschwindet er für zwei Wochen
in Polizeigewahrsam.« Vor zwei Monaten erschoß die
Polizei in Lagos fälschlicherweise einen Oberst der Streitkräfte, worauf ihr Generalinspektor das gesamte Aufgebot
von den Straßen pfiff. Laut ihren eigenen Angaben sprang
daraufhin in der Metropole die Zahl gemeldeter bewaffneter Überfälle auf 1250 binnen Monatsfrist, gegenüber
150 im Vormonat. Allein für den Juni 1992 verzeichnet
eine Beschwerde ans Außenministerium 28 Angriffe
auf Angehörige des Diplomatischen Corps. Bewaffneter
Raub wird in Nigeria automatisch mit der Todesstrafe
geahndet, und von mancher Seite ist die Ansicht zu
hören, unter Tätern erhöhe dies bloß die Neigung, mög-
liche Zeugen zu beseitigen. Auch in manchen ländlichen

Gegenden Nigerias ist ein Radwechsel auf einem Pannen-
streifen lebensgefährlich, so daß ein apokalyptischer Wolkenbruch, der auch Banditen bremst, für einmal pünktlich
als himmlische Gnade herniederfährt.

Legales und anderes Geschäft

Die Londoner *Financial Times* brachte kürzlich einen
Bericht, wonach Nigeria zur weltführenden Drehscheibe
im ostwestlichen Heroinverkehr avanciert ist. In den
letzten drei Jahren zählte die britische Polizei unter ver-
hafteten Drogenschmugglern mehr Nigerianer als Angehörige aller anderen Staaten zusammengenommen; und
der Zollbehörde der USA zufolge trügen 40 Prozent all
ihres abgefangenen Heroins die Spuren nigerianischer
Absender. Laut der Presse von Lagos bieten Gefängnis-
aufenthalte im Westen nigerianischen Schmugglern den
zusätzlichen Anreiz einer fabelhaft gesteigerten Lebens-
qualität. Die Geldmengen, die im Spiel sind, entwaffnen
offenbar jede nigerianische Behörde, auch die Nigerian
Drug Law Enforcement Agency, die vom Staat natürlich
keine adäquaten Mittel erhält. Wohlfundierte Gerüchte
um die hiesige Drogenkorruption schließen höchste Füh-
rungskreise ein.

Die nigerianische Außenhandelsbilanz wies — unter
anderem wegen des Golfkonflikts — für 1990 Exportüber-
schüsse von fast acht Milliarden Dollar auf, und Schätzungen für 1991 ergeben noch immer wenigstens vier
Milliarden. Das Land ist durch fast jederart natürliche
Reichtümer begünstigt. Doch jede Staatsführung bisher
schuf viel mehr Probleme, als sie löste. Zehn Jahre der
Milliardeninvestitionen in eine höchst kontroverse Schwer-
industrie ohne Ansätze eines entsprechenden einheimischen Marktes haben, abgesehen vom petrochemischen
Bereich, bisher immer neue Verzögerungen und Verteue-
rungen der Projekte, aber kaum greifbare Erfolge gezei-
tigt. Der ambitiöse Stahlsektor ist, soweit seine Bruch-

stücke fertiggestellt und übergeben sind, trotz üppiger nigerianischer Vorkommen weitgehend von Rohstoff- importen abhängig. Das Baugewerbe genießt in Abuja mit weit über 20000 Beschäftigten ungebrochene Hoch- konjunktur — wie auch auswärtige Zuträger. Ein kurzer Augenschein auf einigen Baustellen lehrt, daß auch das letzte Möbelstück, daß einschließlich Türklinke, Glüh- birne, Rolladen und Vorhang so gut wie alles eingeführt wird. Für eine neue nigerianische Hauptstadt kommt schließlich nur das Beste und — wegen der Kommissio- nen — meist nur das Teuerste in Frage.

Mittleres und tieferes Elend

Ein angesehener nigerianischer Journalist, der in einem der drei Hotels von Abuja absteigen will, bezahlt dort für eine Nacht einen Monatslohn — ohne Extras, für die er bei der Ankunft etwa drei Monatslöhne Bürgschaft hinter- legt. Von rund 1000 Dollar mittlerem Jahreseinkommen pro Kopf 1980 waren gemäß Rechnungen der Weltbank zehn Jahre später bei stark verteuerten Lebenskosten noch etwa 350 Dollar übrig. Lohnempfänger sind in Schwarzafrikas Führungsmacht brotlos, das Monats- gehalt eines Universitätsprofessors liegt heute bei 100 Dollar. »Wem«, fragen Akademiker, »wollen die Militärs nach neun Jahren Herrschaft ihrer Dekrete die Schuld an dem allem geben?« Im Informationsministerium arbeitet die Abteilung für die auswärtige Presse ohne Telephon, und der ganze Papierkrieg der Akkreditierung, die fünf- zehn Monate in Anspruch nimmt, muß zwei Straßenecken weiter in einem privaten Studio photokopiert werden: zuhanden der Immigrationsbehörde. Dort schnarcht die halbe Belegschaft vernehmlich, einer hat zwischen Pult und Kopf ein großes Kissen. »*Dee big man is at dee office at twef*«, sagt David, der Kleinunternehmer, »*so what do you expec dee smasmall man to do?*« Wenn der Große um zwölf zur Arbeit kommt, ja was erwartest du dann vom Kleinen?

Das Land präsentiert ein Bild, als hätte es in einem unabschließbaren Prozeß experimentell die Grenzen seiner Bewohnbarkeit zu erforschen. In Walter Michlers *Weißbuch Afrika* findet sich die Schätzung eines niederländischen Spezialisten, wonach ein Prozent der nigerianischen Bevölkerung von Lepra befallen ist. Demnach gäbe es in Nigeria gegen eine Million Lepra-Kranke. Die Kosten der Medikamente, welche die Krankheit stoppen, veranschlagt der Spezialist auf einen Dollar pro Person und pro Jahr. Für den nigerianischen Staat, dessen Jahreseinnahmen auf der Spitze des Erdölbooms 20 Milliarden Dollar überstiegen, erwies sich dieser Behandlungsaufwand offenbar als zu hoch.

ÖKONOMISCHE TÄNZE AM ABGRUND

Lagos, Juni 1993

Von 8,3 Prozent im Jahr 1990 hat sich Nigerias Wirtschaftswachstum 1992 auf 3,6 Prozent gesenkt. Dieser offizielle Schätzwert, der nur mehr ein halbes Prozent über der Bevölkerungszuwachsrate liegt, ist in seiner Bedeutung zu relativieren, da im Falle der nigerianischen Malaise die Ursachen nicht in der Wirtschaftskraft zu suchen sind. Das Erdölgeschäft, das für rund 95 Prozent der Ausfuhren aufkommt und an Volumen etwa das kuwaitische deutlich übertrifft, hat sich letztes Jahr knapp gehalten und läßt eine spürbare Steigerung erwarten. Mit wenig unter 12 Milliarden Dollar haben die Einkünfte aus dem Ölexport seit dem Tiefpunkt von 1986 um etwa 150 Prozent zugelegt. Trotz stetig zunehmender Importe zeigte die Handelsbilanz in den vergangenen beiden Jahren einen

Überschuß in der Gegend von 4 Milliarden Dollar — in Afrika ein außergewöhnliches Resultat. Die Landwirtschaft, die insgesamt besser auf den Eigenbedarf ausgerichtet ist als in Ländern mit massiven Schwerpunkten auf Exportprodukten wie Kakao oder Kaffee, vermochte die Erschütterungen auf den Weltmärkten meist relativ gut abzufedern. Auch daß die verarbeitende Industrie Hoffnungen auf nachhaltige Entwicklung bisher immer enttäuschte und derzeit bei einer Auslastung eines Drittels der Kapazität dahinsiecht, erklärt nicht, warum das Lebensniveau der großen Bevölkerungsmehrheit buchstäblich ins Bodenlose sank.

Furie des Verschwindens

Ansätze zu Roßkuren nach den Rezepten von Währungsfonds und Weltbank brachten keine Linderung, richteten im Gegenteil eher zusätzlichen Schaden an, und dies, weil von den Strukturanpassungsprogrammen nur zusammenhanglos einzelne Elemente zum Zuge kamen — vor allem Abwertungen. Die einst hoch überbewertete, inzwischen wohl aber unterbewertete Naïra sackte bis Ende 1992 auf 2,8 Prozent ihres Wertes von 1980 ab, worauf sie binnen Halbjahresfrist nochmals ein Drittel ihres Wertes einbüßte. Die Kursverluste drücken bleiern auf die Kaufkraft und auf das einheimische Unternehmertum, wegen entsprechender Abhängigkeiten ebenso auf die Industrie wie auf das Importgeschäft. Die Regierung dagegen blieb dank ihres direkten Zugriffs auf die Devisenquelle des Erdöls ungeschoren. Im neuen Sog der Inflation, die 1992 wieder auf etwa 50 Prozent anzog und laut vorsichtigen Schätzungen von Fachleuten bis zum Juni 1993 auf 80 bis 100 Prozent emporschoß, vermag sich nur der Gebieter über die Geldpresse auf den Beinen zu halten. Die Hartwährungsreserven, Ende 1991 noch bei 4 Milliarden Dollar, erfuhren binnen einem Jahr einen Schwund um drei Viertel.

Für den Skandal der nigerianischen Mißwirtschaft ist der Staat zur Rechenschaft zu ziehen. Die Metapher vom Faß ohne Boden ist zu harmlos. Ein Überschlag über Einkünfte und Auslagen dieser öffentlichen Hand ergibt für das Jahr 1992 ungefähr das folgende Bild. Einnahmen: Erdöl brutto 11,5 bis 12 Milliarden Dollar, netto 7,5 bis 8 Milliarden Dollar, übrige Quellen ca. 1,5 Milliarden Dollar, total 9 bis 9,5 Milliarden Dollar. Die Ausgaben: budgetiert ca. 3 Milliarden Dollar, überschritten um ca. 2 Milliarden Dollar, total ausgewiesen ca. 5 Milliarden Dollar. Ein Repräsentant der Weltbank, der weder bestätigt noch dementiert, schmunzelt angesichts dieser Rechnung. »Es klafft eine sehr große Kluft«, nickt er. Es gilt die Faustregel, wonach die Militärregierung in den letzten Jahren die Hälfte der Staatseinnahmen zum Verschwinden brachte.

»Frühkapitalismus« mit Fremdmitteln

»Wer den Arzt privat nicht bezahlen kann, stirbt heute in diesem Land«, sagt ein nigerianischer Wirtschaftsjournalist, der in seiner gefragten Stelle ein Monatssalär von 25 Dollar bezieht. Demgegenüber zitiert eine Korrespondentin des *Monde* einen Repräsentanten einer amerikanischen Bank, deren Niederlassung allein aus der Betreuung von zwei Dutzend Kunden einen Jahresprofit von 25 Millionen Dollar zieht. Elementare Infrastrukturen wie öffentliche Strom- und Wasserversorgung sind zur Unkenntlichkeit verkommen.

Was sich in Nigeria entwickelte, war die öffentliche Auslandsschuld, die im Zuge der wiederholten Einbrüche des Ölpreises während der achtziger Jahre auf über 30 Milliarden Dollar stieg, ehe sie sich laut dem Internationalen Währungsfonds Ende letzten Jahres auf 28,9 Milliarden Dollar senkte. Sie liegt damit über dem Bruttoinlandprodukt. Der Zentralbank zufolge kommt eine interne Staatsverschuldung in Höhe von gut 8 Milliarden Dollar dazu. Seit im April 1992 das letzte Abkommen mit dem IMF auslief, akkumulierten sich zudem Zahlungsrückstände, die mit 3 bis 4 Milliarden Dollar beziffert werden, woraus sich für 1993 zuzüglich der Zinsen Fälligkeiten von über 5 Milliarden Dollar ergäben.

Die heiligste Kuh

Der Liter Benzin, falls zum staatlich festgesetzten Preis aufzutreiben, kostet weiterhin 0,7 Naïra. Im Juni 1993 entsprach das zum Marktkurs 2,2 US-Cents. Die Verluste respektive die sogenannten Opportunitätskosten, die dem Staat aus dieser Art Preisstützung erwachsen, wurden für 1992 auf 3,5 Milliarden Dollar geschätzt — mehr als die gesamten budgetierten Staatsausgaben. Kein Politiker bisher wagte grundsätzlich an dieses Thema zu rühren. Der Umstand, daß durch den Schmuggel schätzungsweise ein Viertel des Eigenbedarfs dem Markt entzogen wird, da der Preis in Nachbarländern wie Tschad und Kamerun das Dreißigfache beträgt, hat daran nichts zu ändern vermocht. Nigerianer übernachten lieber auf Tankstellen oder kaufen in Randregionen ihr Benzin zu astronomischen Preisen aus Benin und Niger zurück. Was der breiten Bevölkerung auf Nigerias Talfahrt vom Ölsegen blieb, ist billiger Transport, wenn nicht in der Praxis, so wenigstens im Prinzip. Bei der dünnen Elite mit höherer Bildung, welche volkswirtschaftliche Erwägungen zuläßt, sticht gewöhnlich das Argument, daß Mehreinnahmen des Staates sowieso niemals an die Bevölkerung zurückflössen.

Es ist bemerkenswert, von einem Repräsentanten der Weltbank zu hören, daß entgegen allem, was darüber in der Presse zu lesen ist, eine Verständigung in der Frage des Benzinpreises weder als eine hinreichende noch auch nur als eine notwendige Bedingung für ein neues Abkommen mit dem IMF zu betrachten sei. Nach seinen Aussagen liegt das ungleich größere Problem nach wie vor in der haushälterischen Transparenz und Rechenschaft, wo ein echter Neubeginn alle Sachfragen neu zur Diskussion zu bringen erlaubte. Selbst für den Fall einer Einigung mit dem IMF rechnet die *Financial Times* mit einem nigerianischen Fremdmittelbedarf, der bis Ende der neunziger Jahre 2 Milliarden Dollar nicht unterschreiten dürfte. Nachdem Präsident Babangida mit denkbar fadenscheiniger Begründung die Präsidentschaftswahl vom 12. Juni annulliert hatte, erklärte er auf scharfe britische und amerikanische Proteste und die vorläufigen Sanktionen hin, das Verhalten der Gläubiger sei »unglücklich«. Nigeria gehöre zu den Ländern, wo der Führung bekannt sei, was sie zu tun habe.

RAFFINEMENT DER VERBOTENEN ART

Lagos, Juni 1993

Wer in Afrika nicht auf amouröse Abenteuer verzichten kann oder will, tut es besser nicht überall. Ein Holländer hat in einem Jazzclub von Lagos Bekanntschaft mit einer attraktiven Frau gemacht — europäisch gekleidet, die Manieren gepflegt wie ihr Englisch. Sie traf nicht die leisesten Anstalten im Verlauf der zwei Stunden, faßte nicht nach seiner Hand oder dergleichen. Sie führte ihm nur — weit gereist, wie sich herausstellte — schwärmend und lebensecht die Amsel mit ihren Grachten vor Augen. In ihrem Zauberkästchen fanden sich selbst ein paar Brocken Holländisch. Wie sie als Nigerianerin da hingekommen war? Ganz einfach, mit Nigeria Airways, wo sie als Stewardeß gearbeitet hatte. Nein, er gehörte nicht zu den Männern, die sie zu sich ins Hotel eingeladen hätten. Er verabredete sich mit ihr zum Tee, im Garten eines anderen Hotels, wo sie jetzt sitzen, sie diesmal in einer schlichten nigerianischen Nationaltracht, und seit ihrer Ankunft sind noch kaum zehn Minuten verstrichen.

Man mag sich den Auftritt ihres Ehemanns mit den drei Zeugen selber ausmalen. Auch die Polizei, brüllt er, und er selber mit seinen Gehilfen haben schon über zwei Wochen nach ihr gesucht. Doch jetzt kommt zuerst der Holländer dran — Entführung, Freiheitsberaubung, ehebrecherische Notzucht ...!! Klingt, auf Anhieb, die Geschichte des Kollegen der einheimischen Presse nicht ganz glaubwürdig? »Glauben Sie mir, Sie kennen Lagos nicht! Das trägt sich hier alle Tage zu, und unser Holländer bezahlt dafür teuer!« Was sollte er tun, falls er in der Aufregung einen klaren Gedanken zu fassen vermöchte? Die Frau blickt beharrlich zu Boden und sagt gar nichts. Es ist nicht damit zu rechnen, daß sie zu seinen Gunsten aussagen würde. Die vier Männer wollen die ganze Zeit nach der Polizei rufen, und nur weil es das Schicksal wollte, daß der Holländer zum zweiten Mal hier ist, stimmt er in diesen Ruf nicht ein. Einfach weglaufen geht auch nicht. Er bittet ziemlich verschüchtert, daß erst einmal ruhig geredet werde — und vielleicht dann auch alles gütlich geregelt. Nicht hier im Hotelgarten, beharren die vier. Von ihnen sich irgendwohin mitnehmen zu lassen wäre Todessehnsucht. Also doch hier? Mit dem bißchen Geld, das er bei sich trägt, ist daran nicht zu denken.

Die Polizei, dein Freund und ...

Also doch die Polizei, und da kommt sie tatsächlich, und tatsächlich führt sie ihn ab und setzt ihn in Haft. Die Polizei versteht es am besten, daraus eine überaus teure Geschichte zu machen, die andernfalls höchst unangenehm und sehr langwierig zu werden droht. »Glauben Sie mir!« schließt der Kollege, der für das angesehene Gesellschaftsmagazin *Times Weekly* arbeitet. *Times Weekly* ist keine schlechte Quelle, befindet sich in Regierungsbesitz, und wie die Polizei bezieht der Kollege seine 25 Dollar Monatsgehalt von diesem Staat.

Tags zuvor vermochte der Kollege die Verabredung nicht einzuhalten, weil ihm das hauseigene Sicherheitspersonal des französisch geführten Viersternehotels den Zutritt verweigerte. Die Herren im schwarzen Anzug mochten nicht ausschließen, daß in diesem Fall er es sein könnte, der sich mit seinen Komplizen zum Beutezug gegen einen armen Holländer oder Österreicher zu versammeln versuchte. Gelichter tröpfelt einzeln ein. »Aber woher denn!« protestiert der Kollege. »Der Holländer hätte sich ganz bestimmt nicht an das Hotel oder dessen Sicherheitspersonal wenden können. Die verteidigen bloß das Revier der eigenen Leute gegen die Konkurrenz. Der Holländer könnte Glück gehabt haben, vielleicht. Aber klug wäre es nicht, es darauf ankommen zu lassen.«

Was tut der Holländer in seiner Zelle? Uniformen sind käuflich, und Lokale aller Art lassen sich mieten. Ob es sich nun um echte Polizei oder um etwas anderes handelt, er autorisiert sie wahrscheinlich, im Hotel seine persönlichen Effekten einzuziehen. Dann zahlt er, so gut er kann. Er wird zögern, nach Beistand zu suchen. Bei seiner Botschaft wird man den Kopf schütteln, und vielleicht haben ihm seine Bewacher gesagt, man habe den Konsul verständigt. Aber niemand erscheint. Hat er auf diesem Weg besseren Erfolg, dann kommt es entweder zum angedrohten Rechtshandel, oder man läßt ihn frei, das hängt von seinen näheren Umständen ab. Sind so auch schon Ausländer verschwunden? »Von einem konkreten Fall habe ich nicht gehört«, sagt der Kollege.

Fortschritte im Anfängerkurs

Zur großen Mehrheit kommen nigerianische Betrügereien ganz wie umweglose Gewalttaten ohne Reverenz ans verführerische Geschlecht aus. Unter Opferkandidaten folgen einander in den Anfangsgründen die ersten Fortschritte meist rasch. Das dazu erforderliche Pech — oder, wenn man will, Glück — läßt kaum lange auf sich warten. Die erste Reifenpanne auf einer Stadtautobahn sollte reichen, damit man sich fortan Mietwagen und Fahrer kritischer auswählt. In Nigeria gibt niemand eine Kreditkarte aus der Hand, wenn der Abdruck nicht unter seinen Augen genommen wird. In Hotels sind im voraus Bürgschaften im Gegenwert von mehreren Übernachtungen zu hinterlegen, und meist ist es einfacher, man verzehrt auch zum Gegenwert. In der neuen Hauptstadt Abuja registriert die Minibar des Hilton die Konsumationen mit einem elektronischen System. Eine Rechnung, die der Etagenservice aufs Zimmer bringt, ist erst unterschriftsreif, wenn nicht nur das Total unten eingetragen, sondern zwischen ihm und dem Sandwich oben mit Sicherheit auch keine Leerzeile mehr offen ist.

Was Besucher schützt, ist der Umstand, daß sie dieses Pflaster nur in seltenen Fällen beim ersten Mal schon allein betreten. Die Botschaften verteilen allerlei Vademekums mit anschaulichen Müsterchen kleinerer wie auch der großen Fische. Am Flughafen von Lagos macht die freundliche Versicherung allein einen Mann noch nicht zum Taxifahrer, ebensowenig sein Auto zum Taxi. Wer ihm die Tasche überließe, gäbe sie in Gottes Hand — so auch sich selbst, wenn er ohne weitere Gewähr einstiege. Die nigerianische Militärherrschaft hat sich seit langem ohne allzuviel Scham von verschiedenen Seiten gezeigt: im Bedarfsfall auch von jener entblößten Seite, daß sich am internationalen Flughafen von Lagos kein Repräsentant irgendeiner Gattung von Sicherheitskräften aufspüren läßt. Vor einigen Monaten konnte dies eine ortskundige Diplomatin bezeugen. Vom Ausgang zum Auto, mit dem ihre Familie abgeholt wurde, waren es nur ein paar Schritte, genug, um unterwegs der Pässe verlustig zu gehen.

Dieselbe Komplikation und Schlimmeres, darunter die Verhaftung der Ehefrau als Spionin, droht an Übergängen der nigerianischen Landesgrenzen. Nebenbei sind dort, wenn jemand nicht in die Brieftasche zu greifen gewillt ist, allerhand Impfungen erforderlich, die niemand auf der Welt vornimmt. Am ungemütlichsten gestaltet sich die Adventszeit, wenn das nahende Weihnachten den Leuten Geld abverlangt. Als Ort der Verhandlung dient das stickige, aber nicht weniger offizielle Hinterzimmer eines Sicherheitschefs, dessen stark erhöhter Alkoholpegel ihn nicht umgänglicher werden läßt.

Schließlich sind auch die Direktionsetagen der staatlichen Nigerian National Petroleum Corporation ein Ort, wo gefälschte Erdölkontrakte in zweistelliger Millionenhöhe abgeschlossen werden — um den Preis von einigen hunderttausend Dollar für gefälschte Registraturformalitäten. Ein internationaler Rohwarenhändler hat vielleicht in der ersten Klasse eines Linienflugzeugs von Gulf Air mit einem Nigerianer Bekanntschaft gemacht. Dessen Angebot ist lukrativ: nigerianisches schwarzes Gold außerhalb der leidigen Opec-Quota und daher zu einem sehr vorteilhaften Preis. Der Händler fliegt nach Lagos, wird in einer Staatskarosse am Flughafen abgeholt und auf Bohrplattformen herumgeführt, bevor er im besagten illustren Dachgeschoß seinen Vertrag unterzeichnet. Er hat es versäumt, dort noch einmal von anderer Seite und in eigener Initiative vorstellig zu werden.

Die Pseudogeldwäscher

Ein florierender Zweig der nigerianischen Wirtschaftskriminalität ist spezialisiert auf die Ausschreibung fingierter Großaufträge, oft mit staatlichem Absender. Vielleicht werden nur Gebühren für die Ausschreibungsunterlagen kassiert. Vielleicht gelingt es mittels des Drucks einer fingierten Konkurrenz, Vorauslieferungen zu erwirken. Gefälschte Bankakkreditive sind in Nigeria nicht viel teurer als das Papier, auf dem sie stehen. Der Organisationsgrad der Branche ist hoch genug, daß ein Netz von Phantomfirmen in Lagos, London und New York den auswärtigen Partner auch im involvierten Zahlungsverkehr glauben macht, er stehe mit mehreren voneinander getrennten Unternehmen in Kontakt. Die Gegenprobe über alternative, selbstgewählte Geschäftswege ist in jedem Fall unabdingbar, und auch dann ist ein Geschäft mit Nigeria erst eines, wenn das Geld da ist. Strafrechtliche Belangung wäre in allen Fällen etwa so effektiv, wie der Instanzenweg sich für den becirdeten Holländer ausnehmen dürfte.

Außerhalb der Grenzen der schwarzafrikanischen Führungsmacht sind am berühmtesten jene Briefe, die wohl mit geringer Trefferquote, aber in Tausenderauflagen an international tätige Treuhänder, Anwaltskanzleien, auch an ein Verwaltungsratsmitglied der *NZZ* und an den Redakteur ihrer englischsprachigen Monatsbeilage gehen. Steigt ein Adressat ein, dann wird anschließend — wie bei der Ausschreibung von Aufträgen — mit einer längeren Korrespondenz das Vertrauen etwas aufgebessert. Geldwäscher, die aus ihrer Aktivität kaum ein Hehl machen, sind auf der Suche nach Bankkonti, auf denen sich wiederum zweistellige Millionenbeträge deponieren ließen. Die Gelder, die oft aus dem Drogenhandel stammen, sind meist als unausgewiesene Guthaben einer privaten oder staatlichen Großfirma qualifiziert. Ein Viertel oder ein Drittel davon wird dem Kontoinhaber in Aussicht gestellt. Im Gegenzug bittet Chief Dr. Innocent Nobis um abgestempelte und unterschriebene Blankobriefbogen mit Firmenkopf, nebst Nummern von Firmenkonti. Mit dieser Ausrüstung könnte dort direkt gezapft werden, aber dagegen schützt ein leeres Konto. Gefährlich droht es zu werden, wenn jemand kurz vor der versprochenen Überweisung sich schließlich doch noch zum unerläßlichen

Besuch in Nigeria hinreißen läßt. Dort ist er an Leib und Leben bedroht.

VOM FÜHRUNGSGEIST

»O Großartige Weltgrößte
Schwarze Nation!«

Kaduna, Oktober 1992

»Hört man nigerianische Führer, dann hört man häufig die Wendung ›this great country of ours‹.« Chinua Achebe, einer unter Nigerias Schriftstellern von Weltruf, zitiert als Beispiel eine Bemerkung von General Obasanjo, der von 1976 bis 1979 an der Spitze der weltgrößten schwarzen Nation gestanden hat: »Nigeria wird bis zur Jahrhundertwende unter die zehn führenden Nationen der Welt aufrücken.« Laut einem deutschen Almanach figurierte Nigeria zehn Jahre nach Obasanjos Abgang auf der Produktivitätsrangliste aller Länder der Welt an 148. Stelle. *Nigeria is not a great country*«, fährt Chinua Achebe in seinem Essay *The Trouble with Nigeria* fort. Nigeria »ist einer der korruptesten, abgebrühtesten, untüchtigsten Landstriche unter der Sonne . . . Es ist dreckig, schwielig, lärmig, hochtrabend, unaufrichtig und vulgär. Kurz, es gehört zu den unerfreulichsten Flecken auf dieser Erde!« Nigeria ist so fern wie möglich von irgendeinem Zweifel an seiner kontinentalen Führungsrolle.

Stärken der Ignoranz

Mit Ausnahme der Ereignisse im eigenen Land, mitunter in gewissem Grad noch bei den Nachbarn, ist das Interesse für Afrika in Afrika selber so groß wie vielleicht in Bukarest. Das Interesse afrikanischer Länder füreinander entspricht bestenfalls dem mittleren binnenkontinentalen Anteil ihres Außenhandels: fünf Prozent. Worum es geht, ist der Anschluß an die Große Welt. In der schwarzen Führungsmacht ist das Interesse für den Rest des Kontinents gleich Null. Beherbergt Nigeria an einem Gipfel der Organisation der afrikanischen Einheit (OAU) 30 afrikanische Staats- und Regierungschefs, dann buchstabiert die hiesige Presse nur in Ausnahmefällen wie dem Halbbriten Jerry Rawlings einen ihrer Namen hie und da korrekt. Solange Nigeria nicht wie letztes Jahr den Vorsitz führt, genießt die OAU selber in Nigeria ein Ansehen wie unter geschäftstüchtigen Hongkongchinesen irgendeine obskure Körperschaft mit Sitz in der nepalesischen Hauptstadt Katmandu. Mit einem siebzigprozentigen Analphabetentum oder Verwandtem hat das gar nichts zu tun, denn was Nigeria zuletzt nötig hätte, wären mildernde Umstände für irgendeine Ignoranz. Im Gegenteil ist es dieser hochbewußte Grad an Nichtachtung, was Nigerias Überlegenheit und mit ihr seinen Führungsanspruch definiert.

Ein solches Nationalbewußtsein färbt auf einzelne ab, wenn sie es in einem gewissen Maße mitzutragen haben. Alhaji Lateef Jakande, einer der Präsidentschaftsaspiranten der Social Democratic Party, hat überhaupt keinen Zweifel, daß unter regulären Bedingungen einzig er gewählt werden könnte. Denn für den — sehr kontroversen — ehemaligen Gouverneur des Gliedstaates Lagos steht außer Frage, daß bis heute kein Nigerianer Vergleichbares geleistet habe. Auch dem abgesetzten Vorsitzenden von Jakandes Partei, Alhaji Baba Gana Kingibe, braucht nur jemand zu schmeicheln, die Leute sagten, dank der Erlösung von seinem subalternen Amt sei jetzt er wieder der Mann, der die Partei in ihrer schweren Krise geeint hinter sich und ihr den Sieg bringen könne: »Das höre ich nicht zum erstenmal.« Die Frage, was sie mit der Macht — und das hieße in erster Linie mit der heillosen nigerianischen Wirtschaft — vorhätten, entlockt Aspiranten wenig Greifbares. Alhaji Adamu Ciroma, der als

Spitzenreiter der National Republican Convention recht aussichtsreich im Rennen liegt, verdammt wie alle Rivalen die Rezepte von Weltbank und Währungsfonds. Das Wort »Strukturanpassung« ist mittlerweile zu unpopulär. Von Alternativen spricht Ciroma nicht, seine Rivalen auch nicht.

Suche nach dem Zentrum

Erstes Gesprächsthema sind wieder einmal die gefährlichen Spannungen zwischen dem vorwiegend christlichen Süden mit seiner Wirtschaftsmacht und der politischen Vorherrschaft des Nordens mit seiner muslimischen Bevölkerungsmehrheit. Es handelt sich um das Erbe der kolonialen Verwaltungsstruktur, und seit dem Biafra-Krieg war es das unitaristische Regime der ebenfalls nördlich dominierten Streitkräfte, was diesen grundlegenden Konflikt in der nigerianischen Föderation zementiert hat. Die Aufmerksamkeit, welche Entwicklungen auf dem Balkan und in der ehemaligen Sowjetunion hier auf sich ziehen, dämpft diesen Antagonismus nicht, und es werden bereits umfassende Bürgerkriegsszenarien an die Wand gemalt. Die Frage, worin er einen präventiven politischen Beitrag des Nordens sähe, fertigt ein nördlicher Spitzenpolitiker wie Ciroma mit der Auskunft ab, das Problem sei nicht akut. Unterdessen hetzen staatsnahe Blätter im Norden gegen »Anarchisten« im Süden, wo Politiker, soweit sie sich als Realisten verstehen, auf ihre nördlichen Partner Rücksicht nehmen.

»Realpolitik« wird so — im christlich-animistischen Süden wie im islamischen Norden — an Nigerias politischer Gretchenfrage vorbei betrieben. Der Kontrast zwischen Lagos und einer nördlichen Stadt wie Kaduna ist sichtbar. Nicht nur die aufwendige Morgenaudienz, in der Ciroma seine alliierten Alhajis versammelt, läßt an den Betrieb in einem marokkanischen Palais denken, auch die spezifisch westafrikanische Ausprägung des Islam, der hier so tiefe Wurzeln haben will. Zwar schließt abends die Hotelbar um halb elf, aber um so lauter bestürmen in der Umgebung Madonna und Michael Jackson den Nachthimmel. In einem Bungalow des benachbarten Motels feiert, zwischen zahlreichen jungen Frauen, der beleibteste unter Ciromas Alhajis, der vor der Frühaudienz seines Chefs im Empfangssaal vernehmlich geschnarcht hat. Es handelt sich um Ciromas *Campaign Manager*. Mit dieser mondänen Sahel-Kultur konkurriert die kulturelle Prominenz in Lagos nicht. Man könnte denken, in Nigeria seien Süd und Nord an dem Tage versöhnt, an dem Fela Kuti, der weltberüchtigte Schöpfer des Afrobeat, in der neuen Hauptstadt Abuja sein erstes Konzert geben wird: nämlich nie.

Frontenübergreifende Verwandtschaft

Die vom Staat akkreditierten Politiker halten voneinander zumeist so wenig wie von sich selber viel. Wie Kingibe verrät, scheinen sie einander leichter als sich selbst zu erkennen, und wechselseitig stuft sich selbst nigerianischer Größenwahn als ganz minderwertig ein. In seiner Sicht liegt das Problem politischer Konkurrenz in Nigeria darin, daß sie außer einem Sieger auch zwanzigmal so viele Verlierer hervorzubringen hat. Für sie alle handelt es sich bei Vertretern der außerparteilichen Opposition um Hooligans und bei deren Einsatz für Menschenrechte um Radau. Menschenrechtsaktivisten ihrerseits halten das Establishment, welches nach dem Taktstock der Militärs mitspielt, trotz all seiner Geldmassen für insgesamt »hundertprozentig irrelevant«, sobald in Nigeria nur ein Minimum an Grundrechten gewährt wäre. Gerne möchte man dies einem Anwalt glauben, der seine Karriere lang einzig geltendem nigerianischem Recht Achtung zu verschaffen bemüht war und dafür von den Organen seines Staates unausgesetzt widerrechtlich bestraft wurde. Aber der Klang seiner Beteuerung, unter allen Menschen, die auf dieser Welt noch am Leben seien, könne kein einziger ärger gelitten haben als er, ruft in Erinnerung, daß sie aus einem nigerianischen Mund stammt.

Im Hang zum Superlativ zeigt das nigerianische Selbstbewußtsein immer wieder einen Aspekt, unter dem in »*this great country of ours*« für einmal auch Geld und Geist, Macht und Intellekt nicht vollends auseinanderfallen. Die so aufgeklärte Opposition, die seit mehreren Jahren auch in Nigeria eine »Souveräne Nationalkonferenz« als politischen Neubeginn fordert, interessiert sich ebensowenig wie ein Geschäftsbonze für das staunenswerte zairische Exempel in Kinshasa. Indifferenz vor allem zweiten und dritten Mächten in Afrika gegenüber steigert womöglich die Markanz nigerianischer Einzigartigkeit. So kann es sich auch bei der tausendjährigen Kultur Äthiopiens nur um retrovertierten Karsumpel, nur um ein Dekor von Unterentwicklung handeln, und den Parnaß von Lagos erobert ein ugandischer Schriftsteller wohl nie, viel eher erobert er London.

Resistente Realität

Fast ebensowenig wie für die Träger des Staates ist es für ihre Gegner eine Frage, daß das bedeutendste und beste Wochenmagazin der Welt nur das auflagenstärkste sein kann, nämlich *Time*. »Wir und die USA« ist Leitfaden einer gemeinsamen Orientierung. Es ist längst überdeutlich geworden, daß das Ausland in Nigeria an denkbar wenig außer an Geschäften Interesse zeigt. Doch naiver vielleicht als seine plutokratischen Exponenten, die den bankrotten Staat hemmungslos ausgeplündert haben, warten radikale Oppositionelle noch immer auf das Wunder, »der Westen« könnte demnächst geneigt sein, Nigerias Probleme zu lösen. Gewiß wird an Nigeria auswärts verdient, doch woher kommen die Aufträge? Und wer erläßt einem Staat Berge von öffentlichen Passiven, die sich als private Aktiven in der Hand seiner Verantwortungsträger finden? »Was tun Sie mit einem übergeschnappten Parvenu?« fragt ein bolivischer Geschäftsmann in Lagos. »Füttern Sie ihn, ehe Sie ihm sein Geld aus der Tasche gezogen haben?«

Ein gemeinsames Problem der nigerianischen Elite scheint tatsächlich im Bezug zur Realität zu liegen, den der ungeahnte Ölboom der siebziger Jahre gekappt hat. Bei der großen Masse hat sich dieser Bezug notgedrungen als robuster erwiesen: »Es gibt keine guten *leader* in *this country of ours*«, sagt — ohne den Schmuck des Adjektivs *great* — der Kleinunternehmer David. »Vielleicht können Sie das nicht verstehen, aber Politiker tragen bei uns alle nur für sich selber Sorge.« Seinem *leader* zum Trotz überlebt David mit seiner einundzwanzigköpfigen Familie in Lagos, und mit seiner unfaßbaren Energie hat er es dahin gebracht, daß heute sein Erstgeborener Medizin studiert. Bisher bekannte Gewohnheiten der Politiker kollidieren demgegenüber tatsächlich frontal mit Interessen daran, daß es der breiten Bevölkerungsmasse bessergeht. Was den nigerianischen Führungscharakter strapaziert, ist der Umstand, daß das höchste Staatsamt zuviel Macht in sich vereint und für den Inhaber materiell viel auf dem Spiel steht. Vorgebliches Bemühen, Regierungspolitik demokratisch auf die Zustimmung der Regierten abzustützen, wird so lange aussichtslos bleiben, als nigerianische Realitäten, wie sie die Regierenden bisher gestalteten, fern von jeder Zustimmungsfähigkeit sind.

XV Journal eines Machtwechsels

VON LANGER HAND

Lagos, Juni 1991

Die nigerianische Republik war auch in den ausgedehnteren Phasen militärischer Herrschaft nie eine klassische Diktatur. Eine solche hätte sich in dem Land nie zu etablieren, geschweige zu halten vermocht. Der Vielvölker-Koloß, in dem jeder vierte oder fünfte Schwarzafrikaner lebt, schlingerte die drei Jahrzehnte seiner Unabhängigkeit — unter nicht weniger als acht Staatschefs, sieben von ihnen noch am Leben — durch eine mehr oder minder gebändigte Anarchie. Den Organen der nigerianischen Föderation obliegt die Führung einer Gesellschaft, die eine politische Kultur in jener vollen Ausbildung aufweist, wie sie die westlichen Vorbilder liberaler Rechtsstaaten kennzeichnet — mit dem Unterschied, daß sie an ihrer Aufgabe bisher scheiterte. Zerstören ließ sich diese Kultur nicht; Repression wurde ihr kaum gefährlicher als die ungehemmte Entfaltung ihrer Kräfte.

Seit dem Biafra-Krieg (1967 bis 1970), auch schon zuvor, rangen die schwergewichtigen Bevölkerungsgruppen des Südwestens, Nordens und Ostens — Yoruba, Hausa-Fulani und Ibo — um die Dominanz über die Föderation, deren Sinn und Legitimität noch immer in Frage gestellt wird. Bevor das erste von bisher sechs Militärregimen die Föderation 1966 einem harten Zentralismus unterwarf, pflegte etwa der große Yoruba-Politiker Obafemi Awolowo den Namen Nigeria als eine »rein geographische Bezeichnung« zu charakterisieren. Erst im April 1990 wieder scheiterten in Lagos Putschisten, die sich offen für einen Alleingang des wirtschaftlich schwergewichtigen Südens aussprachen.

Die parteipolitische Topographie der »Ersten« und der »Zweiten Republik« (1960 bis 1966 respektive 1979 bis 1983) spiegelte getreu das von religiösen Spannungen überlagerte ethnische Gefüge. Mit Unterstützung der Ibo des Ostens — oder zumindest dank deren Neutralisierung — regierte der muslimische Norden die Föderation gegen den nur in Ansätzen christianisierten Südwesten mit den übergewichtigen Metropolen Lagos und Ibadan. Die konservativen Hausa des Nordens profitierten dabei immer auch von Spaltungen unter den Yoruba. Der liberale Südwesten vermochte sich nie darüber zu einigen, ob er um Machtanteile in einer Art Konkordat mit dem Norden oder gegen diesen um Vorherrschaft auf Bundesebene kämpfen sollte. Die zweite Tendenz, die überwog, verunmöglichte Allianzen mit den oppositionellen Kräften des übrigen Landes, so daß nach den unabwendbaren Niederlagen den Yoruba nichts übrigblieb, als ihre fünf Gliedstaaten gegen die Föderation zu regieren.

Um den Parteien die Rückkehr zur »Stammespolitik« zu verbauen, hat Präsident Ibrahim B. Babangida ihre Zahl auf zwei reduziert, ihre Gründung selber in Auftrag gegeben und die Programme mitgeliefert. Die NRC (National Republican Convention) hat einen Kurs »knapp rechts der Mitte« zu steuern, die SDP (Social Democratic Party) einen »Kurs knapp links der Mitte«. Während Ideologie in der nigerianischen Politik immer eine untergeordnete Rolle spielte, wäre fortan der regionale, ethnische und religiöse Wettstreit nicht mehr zwischen ihnen, sondern innerhalb der Parteien auszutragen. Parteienquerelen sollen nicht wieder die zivile Verwaltung lähmen, dieses Erbe der kolonialen »Administokratie«, in der nur eine Rechenschaft — jene nach oben, gegenüber dem Mutterland — bekannt war. An deren Stelle traten die Clanloyalitäten, nie aber eine Verantwortlichkeit nach unten, einer Basis gegenüber. Künftig soll interne Vielfalt die

Regierungspartei in der amerikanischen Kultur der *checks and balances* schulen und eine Rückkehr zur britischen Variante von *winner takes all* verhindern. Ganz abgesehen von den zugewiesenen rechts- und linkszentristischen Flanken schien freilich allein mit Bekanntgabe der Parteinamen geklärt, daß »N« (NRC) für Norden und »S« (SDP) für Süden steht.

Vage Basis

Derzeit beginnen die Probleme damit, daß sich nicht nur die beiden Reißbrettparteien erst noch zu konstituieren haben, sondern auch die Wählerschaft. Nigerias Bevölkerungsverteilung ist ein Politikum von einem Gewicht, daß Zählungen während Jahrzehnten unmöglich waren. Die Resultate des letzten Versuchs von 1973 sind für ungültig erklärt worden, und amtliche Schätzungen basieren noch immer auf der Zählung von 1963! Ein neuer Anlauf ist auf Oktober 1991 angesetzt worden; eine kleinere Hauptprobe im Frühling 1991, als auf Geheiß der Obrigkeit Leute der Reihe nach, Viertel für Viertel, zu Hause zu bleiben hatten, gibt noch immer Stoff zu Belustigung. Schätzungen der nigerianischen Bevölkerung differieren um zwanzig Millionen — 100 bis 120 Millionen.

Den beiden Parteien hat die National Electoral Commission zunächst je zehn Millionen Karten zur Mitgliederregistratur in Aussicht gestellt, später die Zahl auf je fünfzehn Millionen erhöht. Unterwegs zu den lokalen Parteisekretariaten verschwanden die Karten in sehr großen Mengen. Exponenten der alten Garde der »Zweiten Republik«, die kollektiv bis nach den Parlamentswahlen von 1992 aus dem politischen Leben verbannt sind, organisieren hinter den Kulissen ihre Rückkehr, indem sie Registraturkarten aufkaufen und sie unter ihrer Hausmacht verteilen. In den Dutzenden von Tageszeitungen und Magazinen der nigerianischen Presse tragen NRC und SDP nun ihre erste größere Schlacht aus über der Frage, welche der beiden Parteien sich bei der Mitgliederregistration weniger kompromittiert.

ENTGLEISUNGSGEFAHR

Lagos, Oktober 1992

Gemäß seinem eigenen Fahrplan hätte der nigerianische Präsident, General Ibrahim Babangida, am 2. Januar 1993 das höchste Staatsamt einem gewählten Nachfolger zu übergeben. Der Oberkommandierende der Armee und Vorsitzende des regierenden Armed Forces Ruling Council hätte damit nach knapp siebeneinhalbjähriger Amtszeit sein fünfjähriges Übergangsprogramm mit zwei Jahren Verspätung zum Abschluß und damit gut neun Jahre militärisches Diktat mit einem letzten Dekret zu einem Ende gebracht. Er hat seine Entschlossenheit zum termingetreuen Abgang bei zahlreichen Gelegenheiten bekräftigt — als Vorsitzender vor der Organisation der afrikanischen Einheit, vor den Vereinten Nationen und auch auf Staatsvisite in Washington.

Mit dem übergewichtigen Amt des nigerianischen Staatschefs, über dessen neue Besetzung ein Urnengang vom kommenden 5. Dezember entscheiden sollte, steht viel auf dem Spiel. Die vorgesehene Prozedur zur Auswahl der Kandidaten — *Party Primaries* nach amerikanischem Muster — versagte nicht minder gravierend als die Moral der 23 Aspiranten. »Manipulation« ist nicht das treffende Wort für das Verfahren, das in drei Durchgängen den Ausgang dieser *Primaries* bestimmte. Nur in Ausnahmefällen blieb eine Relation zwischen abgegebenen und ausgezählten Stimmen denkbar. Die zumeist phantastischen Mengen der letzteren waren Handelsware, die weit mehr in Form von Papier als von Wählern in Fleisch und Blut zusammengekauft wurde. Laut Schätzungen sollen dabei Geldmengen in einer Größenordnung von 600 bis 800 Millionen Dollar in Bewegung geraten sein. Die Militärführung annullierte kürzlich alle Resultate, und Babangidas Konstruktion des künftigen nigerianischen Zweiparteiensystems steckt samt beiden Parteien schon vor der Investitur in der ersten schweren Krise. Inserate der Armed Forces warnen die ungeliebte Presse vor unvorsichtigen Äußerungen.

»Freier Markt«

Es steht für jedermann fest, daß eine künftige zivile Führung nicht so sehr kraft Volkswillens als kraft bewaffneter Gnaden die Ämter bekleiden wird — falls es soweit kommt. Weniger fest stehen die Aussichten einer derart legitimierten Staatsspitze, sich von den militärischen Ziehvätern zu emanzipieren und diese an einer Rückkehr zu hindern, die allenthalben vorausgesagt wird. In seiner prunkvollen Residenz auf Victoria Island in Lagos gibt sich Alhaji Baba Gana Kingibe aufgeklärt. Der entlassene Vorsitzende der SDP, der dank seiner Amtsenthebung eventuell das Feld der Aspiranten bereichern wird, erläutert, auch beliebige Wiederholungen änderten an nigerianischen *Primaries* in dem Punkt nichts, daß ihr Ergebnis zwar nur sehr wenigen im voraus bekannt, deshalb aber um nichts weniger im voraus ausgemacht sei.

Nur zehn von 32 Jahren nigerianischer Unabhängigkeit haben zivile Politiker regiert, und meistenteils versagten sie. Die Zweite Republik war von ihnen zerstört und von der Armee nur begraben worden. Nach den letzten neun Jahren Militärherrschaft wird aber die Frage lauter und lauter, was denn die Militärs zustande gebracht haben, außer an gigantischen, oft höchst kontroversen Aufträgen ans Ausland sich selber enorm zu bereichern. Neun Jahre für einen geordneten Rückzug aus der Politik wird als viel Zeit betrachtet. Außerhalb von Babangidas beiden Staatsparteien gibt es keine legale politische Betätigung, die sich offen als solche definieren kann. Die kulturelle Intelligenz — Anwälte, Akademiker, Medienleute, Lehrer — trennt von der Macht ein Graben, der tiefer nicht denkbar ist. In ihrer Sicht, bei ihrer Brotlosigkeit den Erfahrungen der breiten Massen nicht fern, ist kein einziges Ding auszumachen, das nach sieben Jahren Babangida besser wäre als vorher. Die Militärs, heißt es, seien die Urheber der Instabilität, mit der sie zu ringen vorgäben. »Geht es weiter genug bergab«, lautet ein Scherz, »dann sieht man Babangida demnächst als Einheitskandidat beider Parteien.«

FINALE

Lagos, 10. Juni 1993

Die »wichtigste Woche in der Geschichte Nigerias«, wie das Titelblatt des angesehenen *African Guardian* diese Tage einstuft, scheint auf den Straßen von Lagos ereignislos zu verstreichen. Unabänderlich herrscht die atemraubende Lähmung infolge totaler Motorisierung. Es ist fraglich, ob längs der endzeitlichen Blechlawinen die Plakatwände den beiden Führungsanwärtern den besten Dienst erweisen, indem sie sie als derart erbarmungslose Standbilder vor Augen halten. Chief Moshood Kashimawo Olawale Abiola und Alhaji Bashir Othman Tofa, die beiden Kandidaten, eilen währenddessen auf dem Luftweg landauf und landab, wo der Wahlkampf allenthalben als Springflut der Versprechungen hereinbricht. Der Bau der meisten Fabriken des ganzen großen Landes und auch der meisten künftigen Gesundheits-, Bildungs- und Sportanlagen steht jetzt in den meisten Provinzstädten und Dörfern unmittelbar bevor. Der politischen Programmatik ließ Babangidas Zweiparteiensystem in den mitgelieferten Statuten der »linkszentristischen«

313

SDP und der »rechtszentristischen« NRC wenig Spielraum. »Es gibt da zwei Namen. Wie Sie sehen, gibt es da
also eine Differenz«, bemerken führende Vertreter beider
Parteien. Der Spruch wird jetzt auch auf das Paar der
Kandidaten angewendet — beide enge Freunde Babangidas.

Noch nie waren für die Yoruba des Südwestens die Aussichten so gut, die nördlichen Hausa-Fulani zum erstenmal
von der Spitze der nigerianischen Föderation zu verdrän-
gen. Der SDP-Kandidat Chief Abiola, ein muslimischer
Yoruba aus Abeokuta, hat mit dem Muslim Baba Gana
Kingibe einen professionellen Politiker aus dem nordöst-
lichen Gliedstaat Borno zu seinem Vize ernannt. Mit der
doppelten Muslim-Kandidatur streckt er die Hand nach
Norden aus, was ihm die Christen des Middle Belt und die
christlichen Yoruba im Südwesten nach anfänglichem
Mißfallen nun mehrheitlich zu verzeihen scheinen. Wohl
hat der NRC-Kandidat Alhaji Tofa aus dem schwergewichtigen nördlichen Gliedstaat Kano mit Sylvester
Ugoh einen christlichen Ibo zu seinem Partner erkoren.
Aber mit dem ehemaligen biafranischen Zentralbank-
gouverneur bietet Tofa den übrigen Christen schwerlich
eine Alternative, denn der muslimische Konservatismus
bleibt in Tofas NRC erheblich stärker als in Abiolas SDP.

Chance des Südens

Falls Babangida diesmal programmgemäß am 27. August
1993 die Schlüssel übergibt, wovon sich hier niemand überzeugen läßt, ehe der Akt vollzogen ist, dann wird nach
Nigerias wechselhafter Geschichte der Militärs und der
Verwaltungsbürokraten erstmals ein Geschäftsmann regieren. Chief Abiola, der als ehemaliger Vizeregional-
präsident der International Telephone and Telegraphe
Corporation für den Mittleren Osten und Afrika auch
unter dem Titel des *chief accountant* bekannt ist, hat sich
mit seinem legendären Reichtum zugleich in Nigerias

philanthropischer Tradition als leidenschaftlicher Wohl-
täter hervorgetan. Sein zweiter Name Kashimawo bedeutet etwa soviel wie »laßt uns sehen, was aus diesem da
wird«. In Biographien heißt es, unter 23 Geschwistern
habe er als einziger die ersten vier Monate des Erden-
daseins überlebt. Nachdem er sich einst das Schulgeld mit
Brennholzsammeln verdient hat, wird ihm heute attestiert, daß er als einer der wenigen Potentaten im Land
den Kontakt zur breiten Bevölkerung nicht verloren
habe.

Die SDP ist im Norden großenteils besser verankert als
die NRC in manchen Teilen des Südens. Weit herum
lautet denn auch die Prognose, daß Abiola gewinnt, wenn
die Wahl frei und fair verläuft. Dies aber steht keineswegs fest. Nachdem sich die Militärjunta zuvor ausdrück-
lich ermächtigt hatte, den Urnengang zu jedem Zeitpunkt
noch zu verschieben oder auch abzubrechen, ergingen
Anfang Mai neue Dekrete, welche Störungen des Über-
gangsprozesses als Aufwiegelung und Verrat unter Todesstrafe stellen. Das mehrt die Unsicherheit, die damit
bekämpft werden soll.

VERZAUBERTES LAGOS

Lagos, 13. Juni 1993

Man glaubt zu träumen auf den zwölfspurigen Hochstra-
ßen, die Victoria Island und Lagos Island mit den ausgreifenden Stadtteilen des Festlands verbinden und durch
die Industriegebiete von Ikeja weiter in die Vorstädte
südöstlich des Flughafens führen. Auch von den Brücken,
von wo man ganze Viertel überblickt, ist an diesem Wahl-
samstag nur hie und da in der Ferne ein einziges Auto auszumachen. In einer engen Straße von Surulere, wo sich
eine Wählerkolonne einen halben Meter zur Seite beque-

men muß, damit der Wagen durchfindet, prasseln Rügen auf den Chauffeur: »Hast du nicht gehört, heute arbeiten wir nicht! Geh wählen!« Die Leute sind angewiesen worden, bis nachmittags um vier Uhr außer zur Urne sich nicht aus dem Haus zu begeben. In der Stadt, wo es während zwölf Stunden für die fünf oder sechs Millionen Einwohner nichts zu kaufen gibt, hat selbst das Verbrechen für einen Tag Urlaub. Der einheimische Kollege bestätigt: »Heute können Sie überall spazierengehen«, und dies bei vollzähliger Absenz der Sicherheitskräfte. Nebst 200000 bis 300000 Wahlaufsehern der beiden politischen Parteien und gut 100 internationalen Beobachtern sind auch von Nigerias 140000 Polizisten über 120000 an den Wahllokalen postiert worden. Deren Zahl landesweit wird mit 110466 angegeben.

Routine

Laut den Berichten, die aus den 30 Gliedstaaten der Föderation eingingen, hat sich die Wahl im großen und ganzen friedlich und geordnet abgewickelt. Unter Nigerianern findet niemand an diesem Befund etwas Spektakuläres, im Gegenteil. Man versteht nicht recht, was es bei der simplen Prozedur zuzuschauen gibt. Nach den vielen Wahlen — Lokalregierungen, Legislativen und Gouverneure der Gliedstaaten, zuletzt den nationalen Parlamentswahlen — handelt es sich bereits um den vierten Urnengang binnen zweieinhalb Jahren. Es macht sich Routine bemerkbar. In Lagos, wo man längere Warteschlangen hartnäckig suchen mußte, war die Wahl für den Stimmbürger meist schon mittags um zwölf Uhr zu Ende. Aus anderen Städten wurden vereinzelt Verzögerungen gemeldet, was eine Verlängerung der Stimmabgabe über vier Uhr hinaus erforderte. Laut ersten enttäuschenden Schätzungen sollen es die knapp 40 Millionen registrierter Wähler an diesem außerordentlichen Feiertag der Familienzusammenführungen kaum über eine Beteiligung in der

Gegend von 30 Prozent hinaus gebracht haben. Der Augenschein in der sonst so chaotischen Metropole bestätigt dennoch wieder einmal die Vermutung, daß es nicht in erster Linie Verhaltensmuster der Basis sind, was die Demokratie in Afrika in manchen Fällen zum Scheitern verurteilt.

SUSPENDIERT

Accra, 16. Juni

Bei klarem Vorsprung von Chief Abiola hat Nigerias Wahlbehörde die Präsidentschaftswahl vom 12. Juni suspendiert. In Konsultationen mit der Militärführung General Babangidas erörterte die Wahlbehörde zuvor den Einspruch von verschiedener Seite. Eine Vereinigung namens Association for a Better Nigeria, die mit dem Spruch eines subalternen Gerichts beinahe die Durchführung der Wahl zu blockieren vermocht hatte, erlangte am Vorabend, als noch aus einem der 30 Gliedstaaten das Ergebnis ausstand, eine Verfügung gegen die Bekanntgabe des Resultats.

. . .

NERVENKRIEG

Accra, 20. Juni

Das Verwirrspiel um Nigerias Präsidentschaftswahl hat sich weiter zugespitzt. Laut einem Dekret, das die Militärführung vor dem Urnengang erlassen hatte, war die National Electoral Commission (NEC) angewiesen, das Wahlergebnis bis spätestens Sonntag zu verkünden, wonach es andernfalls hinfällig werde. Die NEC, welche die Veröffentlichung des Resultats — »bis auf weiteres«, wie es hieß — zurückgestellt hatte, wurde in der Folge von mehreren Gerichten aufgefordert, ihrem Auftrag nachzukommen und die Wahl mit der Bekanntgabe des Siegers abzuschließen. Laut einem weiteren Dekret wären für die Wahlbehörde keine gerichtlichen Entscheide bindend.

Mit seinem ersten öffentlichen Auftritt seit der Wahl sorgte Präsident Babangida für zusätzliche Verwirrung. Seine Versicherung, die Militärführung stehe zu ihren Versprechungen und wolle nach wie vor am 27. August zugunsten eines gewählten Staatschefs zurücktreten, brachte keine Aufschlüsse. Bei der Bereinigung der Lage hätten sich die Autoritäten an die Ordnung des Rechtes zu halten, lautete sein Bescheid, den niemand zu deuten wußte. Wäre damit der Abschluß der Wahl auf den Instanzenweg der nigerianischen Justiz verwiesen, dann wäre erneut mit einer Verzögerung von Monaten zu rechnen. Auch die Frage, ob mit Auslaufen der Frist am 20. Juni das Wahlergebnis oder aber das entsprechende Dekret hinfällig würde, klärte Babangida nicht.

Der Verlierer

Noch vor einer Woche versprachen beide Parteien, eine Niederlage zu akzeptieren, und bekräftigten ihren Konsens in dem maßgebenden Punkt, ihr vorrangiges Ziel sei nicht ein Wahlsieg, sondern der Abgang der Militärs und ein geordneter Übergang zu ziviler Herrschaft. Doch die Entwicklungen haben die NRC, die Partei des Verlierers Bashir Tofa, ohne Verzug in die Krise gestürzt. Der Parteivorsitzende Ahmed Kusamotu blieb dem Versprechen, eine Niederlage zu akzeptieren, treu und ermahnte bereits am Donnerstag die Wahlbehörde, Nigerias Rückkehr zur Demokratie nicht durch Verzögerungen zu gefährden. Tofa ließ dagegen umgehend verlauten, die Partei habe Kusamotu nicht zu solchen Äußerungen ermächtigt. Den frustrierten Tofa hinderte dieser Streit um Befugnisse nicht, die Annullierung der Wahl zu verlangen und damit ins Lager der zwielichtigen Association for a Better Nigeria zu wechseln.

Namens dieser privaten Vereinigung, die Babangida zu einem weiteren vierjährigen Verbleib im Amt auffordert, behauptet Chief Arthur Nzeribe neuestens, mehr als 25 Millionen Unterschriften gesammelt zu haben. Die Vereinigung verfügt über ein paar Dutzend, äußerstenfalls über wenige hundert Aktivisten. Bei einem Takt von 10 000 Unterschriften pro Tag hätte diese Unterschriftensammlung sieben Jahre gedauert, bei 100 000 Unterschriften pro Tag noch immer acht Monate. Vor zwei Wochen stand die Zahl von Nzeribes Unterschriften bei zwölf Millionen. Der BBC verriet er, in vier Jahren wolle er selber Präsident werden — »wie jeder Nigerianer«, fügte er hinzu.

ANNULLIERT

Nairobi, 23. Juni

Präsident Babangida hat die Präsidentschaftswahl vom 12. Juni und im selben Zug auch das Programm der Machtübergabe an eine gewählte Zivilregierung annulliert. Die Verlautbarung seines Militärrates wich im Ton von der zumeist recht unterkühlten Sprache der Junta auffällig ab. Der Rat folgte dem Gebot, »dieser lächerlichen Scharade«, welche die nigerianische Justiz dem öffentlichen Spott preisgebe, ein Ende zu bereiten. Aus einigen widersprüchlichen Verfügungen von Gerichten nigerianischer Gliedstaaten ist nicht leicht eine haltbare Rechtfertigung für den Abschied von achtjährigen Reformbestrebungen zu gewinnen, deren organisatorische Kosten nebenbei auf eine bis zwei Milliarden Dollar geschätzt werden. Bisher haben sich die regierenden Mili-

tärs auch von Hundertschaften von Richtern nie beeindrucken lassen. Es handelt sich mittlerweile um die vierte
Unterbrechung von Babangidas *transition program*,
deren Zeitpunkt und Begründung diesmal kaum schlechter gewählt sein konnten. Unter allen Beobachtern
herrscht Konsens darüber, daß Nigeria den bestorgani-
sierten und ordentlichsten Urnengang in der Geschichte
des Landes absolviert hat — eine Taufe für die 3. Republik, an die realistisch keine höheren Ansprüche zu stellen
waren.

PROTEST

Nairobi, 5. Juli

Auf den Aufruf oppositioneller Bürgerrechtsorganisatio-
nen hin ist es Montag in Lagos in etlichen Vierteln zu
Straßenprotesten gekommen. Obschon in Korresponden-
tenberichten auch von brennenden Barrikaden und vereinzelten Ausschreitungen gegen Unbeteiligte die Rede
war, sollen Gewalttätigkeiten zunächst nicht überhand-
genommen haben. Die Demonstranten forderten den
Rücktritt Ibrahim Babangidas und seiner Militärjunta
sowie einen fristgemäßen Amtsantritt Moshood Abiolas.
Die Manifestationen waren bereits vergangene Woche von
der Campain for Democracy (CD), einer Dachorganisation
mehrerer Dutzend oppositioneller Organisationen, angekündigt worden und sollen die ganze Woche fortgesetzt
werden. Am Montag tat ein kolossaler Wolkenbruch die
Dienste der Polizei, fegte die Straßen leer und löschte die
Brände.

. . .

MACHTÜBERGABE?

Nigerias Militärdiktator Babangida hat sich laut Meldungen aus Abuja mit Vertretern beider Parteien auf die Bildung einer neuen Interimsregierung geeinigt, die am 27. August die Geschäfte übernehmen soll. Einzelheiten sind nicht bekannt. Schon seit der Annullierung der *Party Primaries* im Spätherbst letzten Jahres liegen die Geschäfte der Exekutive bei einem *Transitional Council* unter Chief Ernest Shonekan, während der hohe Militärrat per Dekret die legislative Macht ausübt. Ob sich mit der neuen Regelung daran etwas ändern soll, ist unklar.

In Lagos rufen oppositionelle Bürgerrechtsbewegungen zu weiteren friedlichen Protestaktionen auf, während ihre prominentesten Führer Beko Ransome-Kuti und Gani Fawehinmi in Haft sind. Ein *Committee of Elder Statesmen* unter dem ehemaligen Staatschef Olesugun Obasanjo warnt vor Bürgerkrieg, falls nicht bald ein Ausweg aus der Krise gefunden werde. Der geprellte Wahlsieger Abiola, der sich noch immer gegen alle Kompromisse mit den Militärs ausspricht, besuchte am Donnerstag in Nigerias hohem Norden Ibrahim Dasuki, den Sultan von Sokoto, der Nigerias Supreme Court for Islamic Affairs präsidiert. Als traditioneller Herrscher von kontroversen Gnaden Babangidas versucht Dasuki an der Spitze eines Komitees religiöser Notabeln zwischen dem Staatschef und dem ausgemusterten *President-elect* zu vermitteln. Dabei könnte es auch um das viele Geld gehen, das Abiola in seinen Wahlkampf gesteckt hatte.

. . .

Nairobi, 21. August

Eine Woche vor dem Termin seiner versprochenen Macht-übergabe hat Präsident Babangida die nigerianische Öf-fentlichkeit noch nicht über seine Pläne aufgeklärt. Die dreimal erstreckte Frist bis zum Rücktritt seiner Militär-führung ist für dieses Mal um zwei Tage verkürzt worden. Doch über den Status der provisorischen Zivilregierung, die nun an Stelle eines gewählten Präsidenten eingeschwo-ren werden soll, herrscht noch immer die gleiche Unklar-heit wie über die Zukunft des Diktators.

Anläßlich eines lange erwarteten Auftritts vor dem gewählten und inaugurierten, aber noch zu keinen Be-schlüssen ermächtigten Parlament rühmte der Staats-chef noch einmal sein Reformprogramm, dessen Ziele zu 95 Prozent verwirklicht seien. Babangida versicherte, er habe den Kollegen in seiner Junta seinen Abschied sowohl von der Armee wie auch von der Staatsspitze offeriert — für den Fall, daß das Interesse an Frieden im Lande dies ratsam erscheinen lasse. Die Reaktion auf sein Angebot bleibe abzuwarten. Auf eine einfache Formel gebracht, heißt dies, daß der General seinen Rücktrittsvorschlag zwar sich selbst unterbreitet, diesen bisher aber nicht angenommen hat. Seine Erwägung eines formellen Aus-tritts aus der Armee gab sogleich der Vermutung Auftrieb, er wolle sich selbst an die Spitze der in Aussicht gestellten Zivilregierung setzen und in dieser Form die Macht an sich selbst übergeben.

Ihre Drohung mit der Verhängung des Ausnahmezu-stands, der praktisch seit bald zehn Jahren herrscht, untermalte die Militärführung mit einer Welle der Repres-sion gegen die Presse. Rund ein Dutzend Zeitungen und Magazine wurden verboten, darunter auch etliche aus dem Verlagsimperium Moshood Abiolas, des Siegers der annullierten Wahl vom Juni. Das Detail, daß es sich bei dem Milliardär Abiola nebenbei um Nigerias gewichtigsten privaten Zeitungs- und Zeitschriftenverleger handelt, ist oft mit einer gewissen Ironie vermerkt worden. Doch unbeschadet solcher nicht ganz zufälliger Konstellationen genießt die nigerianische Presse zu Recht den Ruf der einzigen politischen Errungenschaft, die den nigerianischen Führungsansprüchen auf dem Kontinent nicht Hohn spricht.

Der Druck auf die Junta ist weiter gestiegen. Eine dreitägige Aktion zivilen Ungehorsams, die zwar über den Südwesten mit den großen Ballungszentren Ibadan, Benin City und Lagos nicht hinausreichte, die Küstenmetropole aber allen Drohungen der Militärs zum Trotz weitgehend lahmlegte, läßt sich von der Opposition mit gutem Grund als Erfolg werten. Befürchtungen, die in den Tagen zuvor zu regelrechten Massenauszügen aus Lagos geführt hatten, erfüllten sich nicht, die Protestaktion verlief gewaltlos. Am Tag nach Babangidas Parlamentsauftritt forderte der nigerianische Senat in einer Konsultativabstimmung bei einer einzigen Gegenstimme und einigen Enthaltungen Babangidas fristgerechten Rücktritt. Nur Stunden zuvor hatte der mächtige Dachverband der Gewerkschaften, der Nigerian Labour Congress, zum erstenmal klar Stellung bezogen und dem Staatschef mit einem landesweiten Stillstand der Wirtschaft gedroht, falls er über seinen Termin hinaus im Amt ausharre.

ZWISCHENSTAND I

Douala, 28. August 1993

Babangida hat seine beiden Ämter an der Spitze des nigerianischen Staates und der Armee geräumt, ohne aber dabei über die künftige Rolle seiner Militärjunta Aufschluß zu geben. Es bleibt weiterhin unklar, ob der *National Defence and Security Council* als Nigerias höchstes

Gremium ebenfalls aufgelöst wird oder ob Chief Ernest Shonekan, der Vorsitzende der neuen — wie schon der alten — Interimsregierung, weiterhin einer entsprechenden Überwachung unterstellt bleibt, bis »irgendwann nächstes Jahr« neue Wahlen organisiert werden können. Der »zivilen« Interimsregierung gehören mehrere Militärs an.

. . .

ZWISCHENSTAND II

Nairobi, Anfang Oktober 1993

Nach der Zerreißprobe um den Abgang des Militärdiktators Ibrahim Babangida hat sich etwas vom Rauch über Nigerias politischer Arena verzogen. So schwer die Konstellationen der Kräfte in Afrikas bevölkerungsreichstem Staat mit seinen 400 Ethnien zu überschauen sind, so hoffnungslos sind in Nigeria alle Anliegen der Diskretion. Was Babangida mit seinen letzten Verwirrungen zu kaschieren suchte, nämlich böse Risse innerhalb seines obersten Militärrates, trat nach der Übergabe an Chief Ernest Shonekan vom 26. August binnen Tagen nur zu deutlich ans Licht. Was Babangida zur Kapitulation zwang, war die Opposition innerhalb der Armeeführung, die Sorge um ihr arg ramponiertes Gesicht, der wachsende Zorn über die Willkür des Oberkommandierenden und — wer weiß — vielleicht die Aussicht auf freie Posten. An die Spitze der Gefolgschaftsverweigerung stellte sich General Sani Abacha, als *Chief of Defence Staff* der Chef der Stabschefs, der in der Folge als Verteidigungssekretär in Shonekans Nationale Interimsregierung Einzug halten sollte. Er stützte sich dabei auf gewichtige Verbündete wie den Vizepräsidenten Augustus Aikhomu, dessen persönliche Rücktrittserklärung intern schon vorlag, als die Generale über Babangidas Absichten noch rätselten.

Mit derselben Ungnade, die der Staatschef bis zur letzten Minute seiner Umgebung widerfahren ließ, fand er sich schließlich selber aus der Hauptstadt Abuja nach seinem Domizil im benachbarten Minna eskortiert. In der Stunde vor der Vereidigung Shonekans erfuhren die Stabschefs, daß die ihnen gänzlich neue Nachricht von ihrer Zwangspensionierung bereits den Redaktionen vorlag. Zwei Tage später ließ der Privatmann Babangida aus Minna die Namen der Nachfolger bekanntgeben — inklusive des neuen *Chief of Defence Staff*. Diese Ernennungen wurden allesamt rückgängig gemacht, und auf Empfehlung des Hauptquartiers der Streitkräfte nahm in der Folge Joshua Dogonyaro, Abachas Nachfolger an der Spitze der Stäbe, seinen »freiwilligen« Abschied. Am tiefsten fiel Babangidas berüchtigter militärischer Geheimdienstkoordinator Halilu Akilu, der nun für Rekrutierung, Entlassung und Wiedereingliederung zuständig ist. Akilu soll unter anderem die Kampagnen dirigiert haben, mit der die sinistre Association for a Better Nigeria zuerst die Durchführung der Präsidentschaftswahl und daraufhin — mit Erfolg — die Verkündigung des Resultats hintertrieben hat.

Babangida erhöht die Zahl nigerianischer Exstaatschefs auf acht: ein herausstechendes Merkmal im afrikanichen Kontext, das Nigeria von einem Land wie Zaire unterscheidet und in gewissem Sinne von politischer Kultur zeugt, um so mehr, als bis auf einen alle am Leben sind und ihren Ruhestand in der Heimat genießen — wie ebenso Chief Chukwuemeka Odumegwu Ojukwu, einst Staatsoberhaupt Biafras, der niedergerungenen Sezessionistenrepublik.

Oberhaupt und Unterhaupt

Gemäß den Vereinbarungen sollte Shonekan sowohl als Haupt der Regierung wie auch als Oberkommandierender

der Armee eingeschworen werden. Doch im Text, den Mohamed Bello, der Chief Justice, anläßlich des Zeremoniells am 26. August verlas, fehlte der zweite der beiden Titel. Verteidigungsminister Abacha hat diesen Makel bisher nicht bereinigt, und dem Vernehmen nach soll Shonekan bei der Revision von Babangidas Abschiedsernennungen nicht konsultiert worden sein. Abacha zählt zu jenen, die Shonekan ausgewählt haben, und deshalb — so heißt es in Nigeria — kann dieser jenen nicht kontrollieren. Nigeria hätte damit einstweilen einen neuen Chef der Streitkräfte. Angesichts dessen, was materiell auf dem Spiel steht, bleibt Abacha starken Versuchungen ausgesetzt. *Nomen est omen* — auch für Nigerias *Who's who* gilt das Alphabet, und Abacha, der Hausa aus Kano, findet sich wenigstens dort bereits als der erste Mann.

Shonekan hat bisher überrascht und sich nicht in der Einfalt der Marionetten bewegt. Daß er für Februar neue Wahlen versprach, weckte wenig neue Erwartungen. Doch er ergriff Maßnahmen wie etwa die Auflösung der Direktorien der Nigerian National Petroleum Corporation und vier ihrer Subsidiargesellschaften — einer der tiefsten Sümpfe der gigantischen Korruption, der nun durch das professionelle Management ausgetrocknet werden soll. Im Gegenzug suspendierte er die Preiserhöhungen, mit denen Babangida in seiner letzten Amtswoche doch noch an die heiligste Kuh am Golf von Guinea gerührt hatte, und vorderhand bleibt Nigerias Benzin das günstigste der Welt — ob es aufzutreiben ist oder nicht. Sonst ein vehementer Verfechter der Strukturanpassung nach Weltbankrezept, machte sich Shonekan das Argument der Gegner zu eigen, wonach der Staat an den horrenden Subventionen nur dann rechtens einspart, wenn Gewähr besteht, daß das Surplus dem Volk zugute kommt und nicht wie bisher durch die staatliche Ölgesellschaft entweicht.

Bei der Bürgerrechtsbewegung vermochte der neue Regierungschef von Babangidas Gnaden wenig Vertrauen zu gewinnen. Dort bleibt es auch eine untergeordnete Frage, wieviel Vertrauen Shonekan wert sei. Es geht dort ebensowenig um Noten für General Abachas Erneuerung der Armeeführung, und entgegen dem Anschein geht es auch weniger um den Wahlsieger Moshood Abiola, sondern um das, worum es während der vergangenen acht Jahre unter Babangida ging: Rückkehr zur Demokratie. Das Volk hat gewählt, und die Interimsregierung ist eine illegale Kreation. Auch wenn sich kaum je in einer konkreten Forderung der reine Geist dieser nigerianischen Demokraten direkt durchzusetzen vermochte, darf ihre Bedeutung keinesfalls unterschätzt werden. Ihr Idealismus ist denkbar fern von Naivität, niemand ist mit der Widerständigkeit nigerianischer Realität gründlicher vertraut als sie. Ihnen und ihren Gefängnisaufenthalten verdankt das Land viel von dem, was es an politischer Kultur bewahrt hat.

Die Unterstützung für den Milliardär Abiola bröckelt — langsam, aber unverkennbar. Da der Nigerian Labour Congress, der mächtige Verband der Gewerkschaften, seit Anfang September wieder abseits steht, hat die Bürgerrechtsbewegung bei ihren Protestaktionen einen schweren Stand, und bei letzten Aktionen Ende vergangenen Monats blieb der erhoffte Erfolg aus. Der internationale Druck auf Babangida hat sich vorläufig nicht auf Shonekan übertragen. Westliche Bekenntnisse zur Demokratie in Ehren — es ist fraglich, wer in London und Washington den Vorzug genießt: Shonekan als überzeugter Schüler von Weltbank und Währungsfonds oder Abiola als »unberechenbarer Populist« und als prononcierter Gegner der orthodoxen Strukturanpassung.

Harare, 18. November

Angesichts wachsenden Drucks von der Straße hat Ernest Shonekan, Nigerias provisorisches Staatsoberhaupt, nach weniger als drei Monaten Amtszeit am Mittwoch das Handtuch geworfen und die Führung der Staatsgeschäfte dem Verteidigungsminister Sani Abacha übertragen. General Abacha, als Chef der Stabschefs Nigerias höchster Militär, hat noch am selben Tag seinen formellen Aufstieg zur Staatsspitze bestätigt.

Die jüngste Entwicklung kam wenig überraschend. Bereits bei der Machtübergabe von Ende August hatte hinter den Kulissen Abacha als der »Königsmacher« gewirkt, der die Schlüssel dem ehemaligen Militärdiktator Ibrahim Babangida aus der Hand nahm und sie Chief Shonekan überreichte. Das Kommando über die Streitkräfte — seit August eine formell nicht geklärte Frage — blieb faktisch bei Abacha, der als enger Weggefährte Babangidas 1983 einst offiziell dessen Machtübernahme verkündete. Wo im Falle einer Kapitulation Shonekans die Macht bleiben würde, war evident.

Benzin

Shonekan ist nicht durch die anhaltenden Proteste der demokratischen Opposition zu Fall gebracht worden, sondern durch die überfällige Benzinpreiserhöhung von letzter Woche, die den Nigerian Labour Congress (NLC) in die spannungsgeladene politische Arena zurückrief. Nachdem sich der mächtige Gewerkschaftsverbund bereits mit Babangidas einstweiligen Erben arrangiert hatte, war er nicht etwa durch die Bürgerrechtsbewegung oder durch das Gerichtsurteil zu mobilisieren, in welchem letzte Woche der High Court des Gliedstaates Lagos die Interimsregierung mit dem Akt ihrer Einsetzung für illegal

erklärt hatte. Erst auf die Versiebenfachung des offiziellen Benzinpreises hin, der umgerechnet in der Gegend
von fünf Pfennig pro Liter stand, warf der NLC mit
seinem Aufruf zum landesweiten, unbefristeten Generalstreik sein ganzes Gewicht auf die Waagschale von Shonekans Widersachern. Moshood Abiola, der von ihr unter-
stützte Sieger der annullierten Präsidentschaftswahl vom
Juni 1993, ist seiner Amtseinsetzung kaum näher. Statt
dessen geht zunächst Nigerias Militärherrschaft ins zweite
Jahrzehnt.

. . .

EISERNER BESEN

Windhoek, 19. November 1993

Nigerias neuer Militärmachthaber, General Sani Abacha,
hat sich in seiner ersten Fernsehansprache an die Nation
zum neuen Staatsoberhaupt und bei dieser Gelegenheit
nun formell auch zum Oberkommandierenden der Streitkräfte proklamiert. Die zivile Interimsregierung unter
ihrem am Mittwoch zurückgetretenen Vorsitzenden und
provisorischen Staatschef Ernest Shonekan wurde entlassen und eine neue Mannschaft in Aussicht gestellt. Darüber hinaus erklärte Abacha sämtliche demokratischen
Institutionen im Lande für aufgelöst, darunter die beiden
Kammern der nationalen Volksvertretung, das Repräsen-
tantenhaus und der Senat, die im Sommer 1992 gewählt
worden waren, wie auch die Parlamente der 30 Gliedstaaten, deren gewählte Gouverneure der General ebenfalls ihrer Ämter enthob. Auch die beiden politischen
Parteien, die sein uniformierter Vorgänger Ibrahim
Babangida ins Leben gerufen hatte, sind abgeschafft.
Nigerias Militärs haben damit ihre Herrschaft, von der
sie sich während des Intermezzos mit Shonekan zu kei-

nem Zeitpunkt getrennt hatten, ohne Einschränkung wiederaufgerichtet.

Präzedenzfall

Zunächst ohne Fristen zu nennen, beabsichtigt seinen vagen Versprechungen gemäß auch Abacha, die Suche nach einer dauerhaften Demokratie für Nigeria fortzusetzen und das nigerianische Staatswesen abermals einer institutionellen Generalrevision zu unterziehen. Er sprach von einer verfassunggebenden Versammlung, die er einzuberufen gedenke. Zum Auftakt des neuen Anlaufs wurde jede politische Aktivität im Lande verboten. Jeder Infragestellung der neuen Führung und ihrer Autorität werde entschlossen entgegengetreten. Vor allem in Lagos und anderen südlichen Städten waren starke Truppen- und Polizeiaufgebote dafür besorgt, den Worten des neuen Diktators Gewicht zu verleihen. General Abacha versprach bei seinem Fernsehauftritt, die sechshundertprozentige Benzinpreiserhöhung von letzter Woche zu überprüfen.

Bei den schweren Rückschlägen auf der Suche des Kontinents nach Demokratie ist das Exempel der westafrikanischen Führungsmacht Nigeria in seinem Gewicht und seinen regionalen Ausstrahlungen kaum zu überschätzen. Autokraten wie Biya in Kamerun, Déby in Tschad, Éyadéma in Togo, Compaoré in Burkina Faso oder Conté in Guinea könnte nichts gelegener kommen als diese Kehrtwende der Regionalmacht. Was die der Demokratie und dem Rechtsstaat verpflichteten westlichen Partner betrifft, so hat Nigerias demokratische Opposition von dieser Seite nicht allzuviel zu erhoffen. Der auswärtige Einfluß reicht in Nigeria erheblich weniger weit als andernorts auf dem Kontinent, und so weit er reicht, sind zwar markante Interessen wie die der Ölgesellschaften im Spiel, aber diese Interessen greifen zu punktuell und sind von zu wohleingehegter Art, um sich von den politischen Geschicken des Landes betreffen zu lassen.

XVI Westwärts

DAS »VENEDIG WESTAFRIKAS«

Ganvié, November 1992

Die Gondolieri sind hier, in den Kanälen von Ganvié, fast alle weiblich. Auf dem festgeknüpften Turban ein Korb oder eine Schale mit den bestgehüteten Kostbarkeiten, auf dem Rücken Nachwuchs, kommen sie auch draußen, zwischen den ausgedehnten Zuchtgründen der Lagunenfischer, sehr zügig voran in ihren Pirogen, die sie — sitzend zwar, aber doch beinahe nach venezianischem Vorbild — mit einseitigen Paddelschlägen vom Heck aus pfeilgerade auf Kurs halten. Auf der Wasserstraße nach Ganvié kommt morgens starker Gegenverkehr zum Festland auf, wo sich die Frauen auf dem Markt von Abomey-Calavi gegen den Erlös aus der Ernte ihrer Männer mit Feldfrüchten, mit Maniok, Yam und Hirse und mit dem übrigen Bedarf des Tages eindecken. Es sind die Waren, die außerdem auf dem schwimmenden Markt, dem Zentrum Ganviés, gefragt sind.

Wie alle Pfahlbauer wohl, wie einst auch die Ur-Venezianer vor den anstürmenden Hunnen und Langobarden, suchten im frühen 18. Jahrhundert unter der Führung ihres prophetischen Chiefs Agbogboe einige Sippschaften aus der Volksgruppe der Tofinu auf dem Wasser Sicherheit vor den Heerscharen der Könige von Abomey und Arda. Die »gerettete Gemeinschaft«, als die sie laut einer Mutmaßung der Name Gan-vie in der Fon-Sprache charakterisiert, hat sich in der Zwischenzeit zu einer Stadt von 20 000 bis 25 000 Einwohnern ausgewachsen. In vorteilhafter Lage, knapp zwanzig Kilometer von der Lagune von Cotonou, die den Lac Nokoué mit dem Hafen der beninischen Kapitale verbindet, erfreut sich die einst bedrängte Minderheit heute einer leidlichen Prosperität. Die Erträge des Sees, dessen Salzgehalt in Abhängigkeit auch vom Wasserstand während der Regenzeit abnimmt, reichen aus für nennenswerte Exporte ins Nachbarland Nigeria.

Ewige Jugend

Die touristische Ehre, die praktisch alle Besucher des kleinen westafrikanischen Landes Benin der Siedlung auf ihren Myriaden von Pfählen erweisen, hat den kosmopolitischen Sinn der Lagunengemeinschaft für das Geschäft mit der eigenen Attraktivität und mit den Souvenirs geschärft. Allein schon die Preise rechtfertigen Ganviés werbewirksames Epitheton »Venedig Westafrikas«. Im Unterschied zur großen Schwesterstadt an der Adria zeigt Ganvié nach einem Vierteljahrtausend kaum Alterserscheinungen, im Gegenteil. Bei dem fortgesetzten Wachstum der Stadt steigern die Außenbordmotoren den Puls ihrer bunten Betriebsamkeit. Abgesehen von weiteren Verjüngungen wie den Wegweisern zum Post- und Fernsprechamt, bleibt ihr Äußeres ganz den Traditionen des Einfachen verhaftet. Dem verdankt sie den pittoresken Charme, den — vielleicht nicht ohne jede Verwandtschaft mit den malerischen Zügen der Dekadenz in den Hochkulturen — die etwas abgerissene und so farbenfrohe Verpackung dem Mangel und der Armut im ländlichen Afrika verleiht.

Die gleißende Sonne läßt Ganvié mit seinem ganzen Umfang kopfüber im Spiegel der Lagune versinken. Auch die weiblichen Gondolieri sind, wie auf Spielkarten die Königinnen, unzertrennlich begleitet von einem *Alter ego*, das — an ihrem Allerwertesten hängend — grazil durch die Kielwellen tändelt. Der Zauber bleibt ein naturnaher, bar der exotischen Suggestivkräfte untergegangener Zeiten. Womöglich erkennt jemand in dem Lichterspiel auf den Kanälen auch etwas von den Brechungen im Marmor wieder. Aber Venedig . . . — Venedig ist schließlich nicht aus Holz.

VERUNGLÜCKTE TRANSATLANTIKFAHRT

Monrovia, April 1993

Wer sich beim Aufbruch nach Monrovia auf Zustände nach dem Muster Mogadiscios gefaßt gemacht hat, erlebt Überraschungen. Die gecharterte Tupolew der privaten Weasua Air Transport Ltd., die zwischen Freetown und Abidjan hin- und herfliegt und dabei mehrmals wöchentlich die liberianische Hauptstadt bedient, befindet sich untrüglich über Westafrika. Auch bei Start und Landung stehen im Mittelgang die überzähligen Passagiere wie im öffentlichen Bus. Die Maschine vermeidet noch immer die Schlaufe über den Sümpfen des Mesurado-Flusses, wählt statt dem technisch sichereren Anflug den direkten vom Meer her und setzt mit Rückenwind auf der Piste des Spriggs-Payne Airfield auf. Die Fluggäste in der linken Kabinenhälfte sehen nichts von den zerschossenen Häusern östlich des Flugfeldes, wo noch im November gekämpft wurde.

Lange Nächte

Wehe dem Greenhorn, das ohne viel Kleingeld von Bord geht oder, in Unkenntnis der Lage, Prinzipien hochhalten will. Wie sämtliche Behörden der bedauernswerten, ganz zahnlosen Interimsführung unter Präsident Amos Sawyer warten hier auch der Zoll, die Immigration, die Sicherheitspolizei und die Scharen des Hilfspersonals seit dem Januar auf einen nächsten Zahltag. Dies in Rechnung gestellt, zeigen sich alle von der besten Seite. Draußen stehen in Schlangen Taxis, und während der Fahrt hinaus auf die Halbinsel, nach Downtown Monrovia, trotzt der Schein von Alltäglichkeit auch dem zweiten Blick. Im El Meson an der Carey Street, einem von mindestens zwei Dutzend geöffneten Hotels, wird in der schicksten Beiruter Bar schon früh am Nachmittag getanzt. Über dem lückenlosen Flaschensortiment hinter dem Tresen laden die roten Lettern einer Laufschrift zum Geldspiel in einem Automatensalon und werben für allerhand andere mondäne Dienstleistungen, auch für ein Photolabor mit Einstundenservice. In den Läden und auf den Märkten ist alles zu kaufen. Laut Tony Hage, dem libanesischen Chargé d'affaires, liegt die Zahl seiner Landsmänner mit liberianischer Geschäftslizenz derzeit bei etwa 1000. In Monrovia gibt es Telephonverbindungen, sogar ins Ausland, und nur ihrer Kreditunwürdigkeit halber müssen sich fast alle Abonnenten dafür zur Zentrale begeben.

Kurz nach fünf Uhr leeren sich die Straßen. Öffentliche Verkehrsmittel gibt es keine, der Weg in die Vorstadt kann Zeit kosten. Auf eine baldige Lockerung der zwölfstündigen Ausgangssperre ab sieben Uhr hofft niemand. Wohl mehr als vor dem üblichen Großstadtgelichter fürchten sich Einwohner und Behörden vor den Armed Forces of Liberia (AFL), den Resten von Samuel Does nationaler Armee, die teils auf Stadtgebiet kaserniert sind, sich der Kontrolle der Interimsregierung aber entziehen. Die Friedensstreitmacht der Ecowas (Economic Community of West African States) braucht das Gros ihrer Truppen an der Front und kann in der Kapitale nur eine dünne Präsenz unterhalten. In der langen Nacht wird es sehr dunkel. Monrovias Glamour hängt wie alles übrige am Notstromgenerator, dessen Benzinbetrieb mangels Gästen auch im Hotel bald eingestellt wird.

Die Reparaturen an der zentralen Wasserzubereitungs-
anlage, die beim letzten Angriff von Charles Taylors National Patriotic Front of Liberia schwer beschädigt wurde,
sind noch nicht abgeschlossen, und solange leben große
Teile der Stadt aus dem Tankwagen. Neben Adetunji
Olurin, dem Field Commander der Friedenstruppe Eco-
mog (Ecowas Monitoring Group) ist der wichtigste Mann
in Monrovia Ross Mountain, der Spezialkoordinator der
Uno, die für die Versorgung mit Wasser und Grundnahrungsmitteln ebenso wie für medizinische Betreuung vorläufig zur Hauptsache aufkommen muß. Die Weltorganisation hat seit ihrer Ankunft nach dem Waffenstillstand
vom Herbst 1990 mit einem halben Dutzend Unterorgani-
sationen ihre Präsenz massiv ausgebaut und koordiniert
einen humanitären Großeinsatz, den in manchen Berei-
chen nebst international tätigen staatlichen und privaten
Organisationen auch zahlreiche einheimische Hilfswerke
mittragen. Ross Mountain ermutigen die Erfahrungen
dieser Zusammenarbeit.

Außerhalb der Stadt sind Vertriebene zu betreuen, die
während der letzten Kämpfe Downtown Monrovia über-
fluteten. Der Agrarproduktion ist aufzuhelfen und ebenso
nach Jahren verzweifelter Brennholzsuche dem Forst-
bestand. Spitäler und Krankenstationen sind neu auszu-
rüsten. Der Bedarf an orthopädischem Beistand ist groß.
Mit einheimischen Partnern resozialisiert Unicef zehn- bis
fünfzehnjährige Kindersoldaten. Die Erfolge übertreffen
die Erwartungen von Thomas Teage, dem Direktor des
liberianischen Children Assistance Program. Daniel Johnson — ein Bruder des im Oktober nach Lagos evakuierten
Rebellenführers Prince Yormie Johnson und seit kurzem
Monrovias Mayor — bemüht sich an der Spitze von 168
community leaders vor allem um die organisatorische
Sanierung der städtischen Administration.

Wenig läßt erwarten, daß der liberianische Bürgerkrieg bald zu einem definitiven Ende findet, und nichts bietet Gewähr, daß er nicht eines Tages nochmals die Hauptstadt erreicht. Aber nicht nur Doktor de Siebenthal wirkt in seiner Klinik weiter, beinahe wie eh und je. Zu den ganz wenigen Weißen, die im Sommer 1990 während vier Monaten vollständiger Isolation hier durchgehalten und dabei an Körpergewicht eingebüßt haben, gehört auch der Hamburger Horst Wallnitz, und wie der Genfer Arzt geht auch er nach 30 Jahren weiterhin seinem liberianischen Berufsalltag nach — als Geschäftsleiter der Zementfabrik von Caldwell. Dort, in der ehemaligen Hochburg Prince Johnsons, dessen Rebellenfaktion bei dem letzten Angriff weitgehend aufgerieben wurde, steht auch Monrovias Brauerei, in anderer Umgebung als ihr *Headoffice* an der Heslibachstraße in Küsnacht am Zürichsee. Ende Oktober, solange die Brauerei sich mitten im Kampfgebiet und von der Innenstadt abgeschnitten fand, wurde knapp zwei Wochen gar nichts verkauft. Max Koeppel, der Ostschweizer technische Leiter, schildert ganz heiter, wie man in jenen Tagen die Tanks umzufüllen versuchte. Durch die Wirkung von verirrten Kugeln und etwa 40 Artillerieeinschlägen fielen aber doch vorübergehend zwei Drittel der Lagerkapazität aus. Auf der Suche nach neuen Wasserressourcen wurde man bald in der Umgebung fündig.

Laut den kühnen Schätzungen der World Lebanese Cultural Union umfassen die libanesischen Exilkolonien weltweit etwa doppelt so viele Kompatrioten wie das Heimatland mit seinen drei bis vier Millionen. Die Kritik, in Afrika holten sie nur das Geld für ihre importierten Konsumgüter ab und mieden jede Investition, klingt aus dem Mund von Charles Clarke, dem Präsidenten der Liberian Business Association mit ihren 125 Mitgliedern, für einmal ungerecht. Welches Geschäft — außer dem liberianischen Schiffsregister, unter dessen Flaggen noch immer die weltgrößte Handelsflotte mit fünfzehn Prozent des globalen Gesamtvolumens die Ozeane durchpflügt — ist hier nicht libanesisch? Doch Charles Clarke versöhnt sogleich jedermann mit der Einladung, wir sollten alle kommen! »Wir suchen Partner! Sagen Sie den Leuten, daß wir nicht so furchtbar weit weg sind!« Swissair, deren Signet noch immer über blinden Vitrinen ein Eckhaus der Randall Street ziert, wisse dies schon. Auf den Tag, an dem sie wiederkehre, freue er sich.

ÄLTESTE REPUBLIK

Monrovia, April 1993

Liberias moderne Geschichte setzt mit dem Jahr 1822 ein, als die American Colonization Society die ersten befreiten amerikanischen Sklaven auf Providence Island in der Mündung des Mesurado den erbarmungslosen Härten der Guineaküste überließ. Im Zuge der Sklavenemanzipation in den amerikanischen Nordstaaten profitierte die Idee einer afrikanischen Heimstätte für rückkehrwillige Schwarze nicht nur von Menschenfreundschaft, sondern ebensosehr von einer verbreiteten Angst vor einer »Überfremdung« durch freie Schwarze, die denn auch mancherorts in den USA noch lange um volle Bürgerrechte zu kämpfen hatten. Ein zweifelhaftes Vorbild für das Experiment Liberia hatten Briten mit der benachbarten *»Province of Freedom«* an der sierraleonischen Küste gegeben. Ebenfalls auf private Initiative suchten dort schwarze Überläufer von den Schlachtfeldern des amerikanischen Unabhängigkeitskrieges eine neue Existenz, vermochten diese aber nach heftigen Auseinandersetzungen mit den Ansässigen erst im Rahmen der Kronkolonie von 1808 auf haltbare Fundamente zu stellen. In den amerikanischen Siedlungen an der Pfefferküste ergab eine Zählung von 1843, daß von 4472 Immigranten nur 2275 übrig waren. Die anderen »Repatriierten« waren nicht mehr am Leben oder weitergewandert, manche zurück in die USA.

Kolonie ohne Metropole

Afrikas erste Republik unter Joseph J. Roberts, die — gestützt auf eine *Declaration of Independence* — 1847 ausgerufen wurde, fand ein Jahr später die Anerkennung der Briten und anschließend der Deutschen, die bis zum Ersten Weltkrieg Liberias wichtigster Handelspartner blieben. Die Regierung in Washington, wo erst 1862 Abraham Lincoln den Staat unter dem weißroten Banner mit dem »*Lone Star*« anerkannte, hatte zu keiner Zeit formelle Zuständigkeiten für die Besitzungen, deren Status und Rechte die philanthropischen Gesellschaften in Abkommen mit den lokalen Hoheiten mehr schlecht als recht regelten. Dennoch sollten sich vor Ende des letzten Jahrhunderts etwas mehr als 16000 neue Liberianer aus Übersee zu den ersten Siedlern gesellen. Im Kampf gegen den Menschenhandel brachten die britischen und amerikanischen Seestreitmächte von aufgebrachten Sklavenschiffen auch 5000 bis 6000 Afrikaner hierher, wo sie wie in der britischen »*Province of Freedom*« den gemeinsamen Namen »die Kongos« erhielten.

Wie die abessinischen Eroberungen unter Menelik oder die arabischen Vorstöße in den Süden des Sudans gezeigt haben, stellte afrikanische Binnenkolonisation den unterworfenen Völkern keine hellere Zukunft in Aussicht, als sie der rationale Despotismus europäischer Metropolen zu offerieren hatte. Deren staatliche Hoheit war unter manchen Aspekten auch der Expansion der Buren im Kap oder später der internationalen Konzessionsgesellschaften in Leopolds Kongofreistaat und in den portugiesischen

Kolonien vorzuziehen. Eine humane Seite der ameriko-
liberianischen Siedler war vorläufig ihre Schwäche. Sie
und ihre Nachkommen stellten in der Folge wohl nie mehr
als vier bis fünf Prozent der Bevölkerung des beanspruchten Territoriums. Ohne den militärischen und finanziellen
Rückhalt eines Mutterlandes, auf Gedeih und Verderb den
karitativen Launen in den Vereinigten Staaten ausgesetzt,
vermochten sie ihre Herrschaft nur sehr langsam über die
Stützpunkte an der Küste hinaus zu konsolidieren. Die
Republik, die gegen Ende des letzten Jahrhunderts
erkleckliche Teile des ursprünglich ins Auge gefaßten
Staatsgebietes den Briten und Franzosen abtreten mußte,
brachte im Hinterland das, was in der Sprache der Kolonisatoren »Befriedung« genannt wurde, erst um 1920 zu
einem vorläufigen Abschluß.

Firestone

Eine nahezu kostenlose Konzession über ein Gebiet von
4000 Quadratkilometern, wovon bis heute kein Drittel
genutzt werden konnte, bringt 1926 Firestone und die
größte Gummiplantage der Welt ins Land. Das Vordring-
lichste an stützender Industrie folgt. 1930 stellt eine
Untersuchungskommission des Völkerbundes Einfuhr von
zwangsrekrutierter Arbeitskraft fest, die von spanischen
Menschenhändlern aus Fernando Póo und Río Muni —
dem heutigen Äquatorialguinea — geliefert wird. Ein
höchst kontroverses Kreditabkommen mit Firestone, dessen Zinslast die Hälfte der Staatseinnahmen verschlingt
und deshalb vom Parlament inklusive Schuldendienst
einseitig gekündigt wird, bringt die liberianischen Finanzen unter Aufsicht der amerikanischen Regierung. Nachdem im Jahr zuvor der Dollar das britische Pfund als
Landeswährung abgelöst hat, erfolgt 1944 Liberias
Kriegserklärung an Deutschland und Japan — wo heute
die Mehrheitsanteile an den amerikanischen Gummigrün-
den liegen.

Im Sog der Modernisierung durch Firestone bereiteten die ersten Straßenschneisen durch Liberias Wälder eine Landnahme vor, deren Hemmungslosigkeit in Afrika wenig Vergleichbares fand. Seit dem Zweiten Weltkrieg herrschte mit William Tubman die Freimaurerei über das Land. Gemäß der Volkszählung von 1974 lag der Anteil der alles beherrschenden Liberianer amerikanischen Ursprungs bei drei Prozent. William Tolbert, der 1971 Tubmans Nachfolge antrat, beförderte rund 40 Familienmitglieder in staatliche Führungspositionen. Er stützte sich auf die wirtschaftliche Tüchtigkeit der libanesischen Gäste. Die Heirat eines seiner Söhne mit einer Tochter von Felix Houphouët-Boigny knüpfte verbindliche Bande zum großen Alten im benachbarten Côte d'Ivoire, der sich später mittels eines weiteren Schwiegersohnes, des burkinabischen Staatschefs Blaise Compaoré, kräftig in die liberianischen Wirren einmischen sollte.

Ein Unteroffizier

Der Militärputsch von 1980, der vom Familienregime der Tolbert nichts übrigließ, beendete vorerst die Herrschaft der »Kongos« — eine Sammelbezeichnung, welche die Autochthonen im Lauf der Zeit auf alle Liberianer auswärtiger Abkunft ausgedehnt hatten. Mit Sergeant Samuel K. Doe stieg der erste autochthone Liberianer zur Staatsspitze auf, zu spät oder zu früh, die Auffassungen gehen in solchen Fragen stets auseinander. Jedenfalls war seinem »Volksrettungsrat« nicht zu helfen — auch nicht durch Washingtons Finanzhilfe, die zeitweilig die Hälfte aller amerikanischen Zuwendungen an Schwarzafrika ausmachte. Does Militärs, für die all ihren Erfahrungen gemäß Politik nur eine beispiellose Machtballung bedeuten konnte, folgten dem Rezept tribalistischer Ausgrenzung und Diskriminierung mit einem Rigorismus, der nur zur Explosion führen konnte. Das Land, dessen Reichtümer — außer Gummi auch Gold und Diamanten — immer wieder Fremde anlockte, entzog sich nicht nur der Fremdherrschaft, sondern dem ihm bekannten Staat überhaupt.

Doch obschon die »Kongos« ihren Staat nicht zu halten vermochten: Die führenden Exponenten aller verfeindeten Parteien, die Rebellenführer Charles Taylor, Prince Johnson, Raleigh Seekie ebenso wie Interimspräsident Amos Sawyer sind »Kongos«. Für einige unter ihnen, vor allem für Taylor, der während eineinhalb Jahren mehr als 90 Prozent des liberianischen Territoriums kontrollierte, erwiesen sich Rebellen und Krieg dank tatkräftiger Beihilfe Fremder als ein Riesengeschäft. Eisenerz, Gold und vor allem Liberias lukrative Tropenhölzer verließen weiterhin ungehindert das blutende Land.

DIKTATUR DER REVOLUTIONÄREN JUGEND

Freetown, April 1993

Die sierraleonische Hauptstadt ist stolz auf eine Ausgangssperre besonderer Art. Jeden letzten Samstag des Monats gehören die Straßen bis morgens um zehn der Jugend, die Freetown im Mai des denkwürdigen Jahres 1992 binnen Wochen aus einer sehr schmutzigen in die sauberste Stadt Westafrikas verwandelt hat. So soll sie offenbar auch über das erste Jahr von Sierra Leones Revolution hinaus bleiben. Die Militärjunta, die den bodenlosen Morast einer durch und durch korrupten Administration einstweilen erst durch eine neue Unordnung ungezügelter Willkür zu ersetzen vermochte, demonstriert in der Pflege der augenscheinlichsten Hygiene weiterhin nicht nur Elan, sondern auch Effizienz.

Nicht nur das erste Amtsjahr, bereits der Antritt der neuen Führung verlief gar nicht programmgemäß. Nach einjährigem Kampfeinsatz gegen Rebellen im Osten des Landes wuchs bei großen Teilen der ebenso rasant wachsenden Armee die Empörung über ihre sträfliche Vernachlässigung durch die Regierung. Soldaten der Einheit eines jungen Offiziers mit dem gänzlich unbekannten Namen Valentine E. Melvin Strasser entschlossen sich zu einem Ausflug nach Freetown, wo sie am 29. April 1992 einfuhren und dabei nach Temperament und Brauch des Landes mit ein paar zum Himmel gerichteten Salven auf sich aufmerksam machten, bevor sie vor dem State House den ausstehenden Sold und eine angemessenere Verpflegung im Feld reklamierten. Sie bestanden auf einer Aussprache mit Präsident Joseph Momoh, der statt dessen der Nation über das staatliche Radio umgehend erklärte, Grund zu Beunruhigung gebe es keinen, es seien nur soeben einige unzufriedene Elemente der Streitkräfte inhaftiert worden. Solche Aussichten ließen keine Wahl. Momoh, dessen Amtssitz im Handstreich genommen war, entkam nach Einbruch der Dunkelheit unerkannt aus seiner besser bewachten Residenz und brachte sich mit Glück über die guineanische Grenze in Sicherheit.

Lieutenant Tommy Nyuma, der den Sturm auf das State House angeführt hatte und seither für Verteidigung und die unbefriedete Eastern Province zuständig blieb, ist gemäß der geläufigsten Version einundzwanzigjährig — als gesichert können diese Altersangaben nicht gelten. Lieutenant Solomon James A. Musa, stellvertretendes Staatsoberhaupt und der gefährliche Unberechenbare des inneren Führungskreises, soll 24 oder 25 Jahre alt sein. Von dem damals sechsundzwanzigjährigen Strasser heißt es, als Ältestem und Führer der Gruppe sei ihm das höchste Staatsamt gegen erhebliche Widerstände aufgezwungen worden. Gerüchte ergänzen, seine erste Ansprache am Tag des Putsches — vor dem Mikrophon eines privaten Senders — habe er bei vorgehaltener Pistole verlesen.

»Rebellion«

Priorität des National Provisional Ruling Council (NPRC), versicherte Chairman Strasser nach seinem Einzug im State House, sei die landesweite Wiederherstellung von Ordnung und Sicherheit. Seit im März 1991 aus den Gebieten des liberianischen Rebellenführers Charles Taylor etliche hundert — womöglich auch mehr als tausend — Freischärler unter dessen Verbündetem Foday Sankoh nach Sierra Leone eingedrungen waren, kamen die Ostprovinz und Teile der Südprovinz nicht mehr zur Ruhe. Auch Unterstützung durch guineanische und nigerianische Truppen brachte den Frieden nicht zurück. Nach dem Machtwechsel in Freetown weitete sich die Buschguerilla allerdings noch einmal fulminant aus, und die nicht näher bekannte Zahl vertriebener Zivilisten erhöhte sich auf mehr als eine halbe Million: etwa 200000 davon in Guinea, etwa 100000 in Liberia, mehrere hunderttausend innerhalb der sierraleonischen Grenzen. Die Armeeführung, die immer wieder bedeutende Erfolge meldete, versprach erneut — wiederum »binnen Monaten« — ein Ende der Rebellion.

Doch schon länger greift allerhand Argwohn um sich, daß sich hinter dem Wort finsterere Machenschaften als nur die Rebellion Foday Sankohs verbergen könnten. Beobachter nehmen an, daß seine Revolutionary United Front auf kaum mehr als 300 bis 400 kriegsmüde Bewaffnete geschrumpft ist, die vor allem ihre begründete Furcht, massakriert zu werden, an der Aufgabe hindert. Die Armee hat seit Sankohs Invasion ihre Bestände von weniger als 3000 auf mehr als 10000 Mann erweitert — mit entsprechenden Folgen für die Disziplin. Das Wort »Rebellen« mag mittlerweile alle bezeichnen, zu denen die Befehle des Oberkommandos nicht durchdringen: maro-

343

dierende Reguläre der Armee und Deserteure oder verbliebene Zivilisten, die sich gegen Unbekannt mit Waffen zur Wehr setzen. Was an Direktiven von höchster Stelle Gültigkeit hat, ist nicht ganz klar, und nichts entkräftet schlimmste Befürchtungen, wonach die rund 400 000 vertriebenen Einwohner des Minendistrikts Kono vor allem deshalb nicht nach Hause zurückkehren dürfen, weil dort die Streitkräfte mit großem Eifer nach Diamanten graben.

Oder Diamanten

Es wird allgemein angenommen, daß bereits in den letzten Jahren des Friedens etwa 90 Prozent der sierraleonischen Diamanten illegal ausgeführt wurden. Im Afrika-Jahrbuch der angesehenen *Europa Publications* liest man, daß von 1970 bis 1989 die Menge der legal exportierten Diamanten um 97 Prozent abgenommen hat. Es muß viel Geld verschwinden in diesem einen von zahlreichen »ärmsten Ländern der Welt«, wo es nebst der Armut ansehnliche Reichtümer sind, welche politische Entwicklungsbarrieren aufrechterhalten, indem sie stets aufs neue die optimalen Bedingungen für ihren Diebstahl schaffen.

Bei seinem Amtsantritt hatte Strasser versprochen, der 1991 in Angriff genommene Reformprozeß werde zügig vorangetrieben, und im Unterschied zu Momohs Leuten sehe der NPRC sein Ziel in einer »echten Mehrparteiendemokratie«. Doch die Junta, die sich bald den weniger provisorisch klingenden Namen Supreme Council of State gab, verschwendete in der Folge wenig Zeit darauf, an ihre demokratischen Bekenntnisse zu erinnern. Während ihr wirtschaftspolitischer Kurs vom Internationalen Währungsfonds gute Noten erhielt, schockierte sie mit schweren Menschenrechtsverletzungen nicht nur die westlichen Partner, sondern zog sich selbst seitens der zurückhaltenden Organisation der afrikanischen Einheit schwere Rügen zu.

Als im Dezember 1992 nach Sonderverfahren — ohne Rechtsbeistand und Appellationsmöglichkeit für die Angeklagten — 29 angebliche Putschisten exekutiert wurden, sprachen Diplomaten von Staatsmord. Ein Teil der britischen Hilfe wurde suspendiert, und die gesamten Zuwendungen aus der EG, die rund 70 Prozent aller Fremdmittel ausmachen, schienen in Frage gestellt. Mit der Rede zum ersten Jahrestag seiner Revolution hat Strasser nun alles zugesprochene Geld wieder zum Fließen gebracht, indem er die Herrschaft des militärischen Dekrets auf ein Provisorium von höchstens drei Jahren beschränkte und den bisher unumschränkten Befugnissen seiner revolutionären Staatsorgane einige erste rechtsstaatlich inspirierte Richtlinien auferlegte.

Unter Vertretern der älteren Generation und unter ihren auswärtigen Partnern hört man allenthalben, das Geschäftsleben habe sich, seit Korruption von den neuen Herren unter Strafe gestellt wurde, nicht vereinfacht, sondern erheblich kompliziert. Doch von den überwältigenden Popularitätsvorschüssen, welche die Erfahrungen unter der Garde Momohs der Jungmannschaft Strassers einräumten, vermochte ein Jahr der unerfüllten Versprechungen noch nicht allzuviel aufzuzehren. Es geschah dem internationalen Publikum zuliebe, daß etwa zwei Drittel der anfangs 50 bis 60 Exponenten des alten Regimes, die ohne Verfahren in Haft saßen, ihren Sitz im »*second parliament*« — wie der Volksmund das Gefängnis an der Pademba Road nennt — inzwischen gegen Hausarrest eintauschen durften. In einer Gesellschaft mit einem Bevölkerungswachstum von mindestens zweieinhalb Prozent und einer mittleren Lebenserwartung von wenig über 40 Jahren, finden sich die regierenden *boys* bereits im ältesten Bevölkerungsdrittel. Bei den jüngeren Altersklassen können sie noch immer weit herum auf geschlossene Unterstützung zählen. Das kann sich ändern, falls

sie den folgenreichen Kleinkrieg im Osten nicht doch bald
zu einem Ende bringen. Momoh ist darüber, nicht über
seine Korruption zu Fall gekommen, und die Wirren im
Nachbarland Liberia bieten nicht ewig ein Alibi.

Übermut

Ganz anders als ihr ghanaisches Vorbild Jerry Rawlings
fahren die *boys* bereits in zu vielen zu schönen Autos
herum, und außerdem ist es ein offenes Geheimnis, daß
in ihrem innersten Führungskreis nicht lauter Herzlichkeit herrscht. Strassers Stellvertreter Musa, der in Absenz
und gegen den Willen des Chairman die Exekutionen vom
Dezember 1992 angeordnet und teils eigenhändig voll-
streckt haben soll, wird bereits von ernstzunehmenden
Leuten mit Idi Amin verglichen, und nebenbei ist viel von
seinem Drogenkonsum die Rede. Unter seinen Alters-
genossen am Steuer von Taxis sorgen diese Geschichten
zur Zeit noch für Heiterkeit. Aber die über tausend Ver-
kehrsunfälle, welche die Armee und die neu rekrutierten
zivilen Fahrer im ersten Jahr der sierraleonischen Revolution sich zuschulden kommen ließen, scheinen fürs
erste auch ihnen zu reichen.

ZAHNKÜSTE — GOLDKÜSTE — SKLAVENKÜSTE

Elmina, November 1992

Es ist unpräzis, wenn in Elmina die Ghanaer — auch
die Museumswächter — die Burg Saõ Jorge als das
erste europäische Bauwerk südlich der Sahara bezeichnen.
Schon 1434 hatten die Portugiesen unter Heinrich dem
Seefahrer vor der Westsahara das Kap Bojador umschifft,
um sich noch vor der Jahrhundertmitte auf der Insel

Arguin an der mauretanischen Küste niederzulassen und bereits auch auf der Insel Gorée bei Dakar und an der Mündung des Gambia in Erscheinung zu treten. Kurz danach landeten sie auf den Kapverden und auf dem Bissagos-Archipel, den Inseln des späteren Portugiesisch-Guinea in der Bucht vor Bissao. Doch das dräuende Bollwerk von St. George's Castle, das die Holländer nach der Eroberung von 1637 erweitert und massiv nachgerüstet haben, erhebt sich auf den Fundamenten der ältesten unter den zahlreichen Festungen an der Guineaküste, obschon von dem ursprünglichen Gemäuer von 1482 nicht viel mehr übrig ist als der runde nordöstliche Eckturm.

O Navegador

Nicht weit westlich von Elmina, an der Mündung des Pra, sollen die Portugiesen 1471 den ersten größeren Geschäftsabschluß an der Guineaküste getätigt und dabei ihre verarbeiteten Waren gegen verblüffend viel Gold eingetauscht haben. Es handelte sich zwar nicht um das mythische Bambuk, das tief im Inneren des Kontinents vermutet wurde. Im Osten einer der besten Häfen des Küstenabschnitts, im Westen der Fischerhafen in der kleinen Benya-Lagune, die zugleich als natürliche Saline ausgebeutet wurde, bot Aldea das Duas Partes, das »Dorf der zwei Teile«, aber dennoch einen überzeugenden Standort. Den lukrativen Handel begleitete die sonore Kunde von der afrikanischen *»Mina de Ouro«*, der Goldmine, auf die man gestoßen war. »A mina« wurde von einigen als Ursprung des Namens Elmina erwogen; doch der westafrikanische Nord-Süd-Verkehr und die starke Präsenz der muslimischen Mandingo auch an der Küste, wo während der kommenden Jahrhunderte die Aschanti das gewichtigste Wort hatten, lassen die Annahme plausibler erscheinen, wonach die erste gewichtigere okzidentale Niederlassung auf schwarzafrikanischem Gebiet ihren Namen aus dem Arabischen entlehnt hat — *al-minah:* der

Hafen. Furcht vor dem Schwert des Islam, des sieben-
hundertfünfzigjährigen Erzfeindes der Iberer, ist denn
auch die naheliegende Erklärung dafür, daß an Saõ Jorge
in großer Eile gebaut wurde.

Heinrich, der *Navegador*, als vierter Sohn Johanns I.
von der Thronfolge ausgeschlossen, rüttelte nicht in der
Manier des Kolumbus an den Grenzen der Alten Welt. Es
war noch deren Horizont, den seine Visionen ins Phan-
tastische überdehnten. Infolge der westindischen Ent-
deckungen, die nicht den Erwartungen entsprachen, wie
auch durch das anfängliche spanische Monopol über die
Neue Welt sollte der lusitanische Traum an Realitäts-
bezug eher gewinnen als einbüßen. Das Programm ergab
sich aus drei Punkten: In der lusitanischen Metropole
Lissabon, die es sich trotz dem pragmatischen Geschäftssinn der Politiker mit ihrem Eifer in Bekenntnis und
Bekehrung immer wieder schwermachte, hielt sich hart-
näckiger als anderswo die Legende vom Priesterkönig
Johannes, den es im fernen Süden — jenseits der »Mond-
berge« — aufzuspüren galt, um im Bunde mit ihm den
mediterranen Muslimen das Genick von hinten zu bre-
chen. Zugleich galt es, mit der Öffnung und Sicherung
eines direkten Seewegs nach Indien das venezianische
Monopol über den Asienhandel zu stürzen. Zuerst waren
neue Goldquellen zu fassen, denn in Europa war das gelbe
Metall durch die nachhaltigen kommerziellen Stimulan-
zien der Renaissance und zuletzt durch den Fall Konstan-
tinopels von 1453 knapp geworden.

Oberguineas Einkaufsstraße

1498, 38 Jahre nach Heinrichs Tod, erreichte Vasco da
Gama auf der Kap-Route das wirkliche Indien, wohin er
1524 als erster europäischer Vizekönig zurückkehrte. An
der »*Mina de Oura*« blieben die Portugiesen während eineinhalb Jahrhunderten mit den Schwarzen allein. Die
Holländer, die sich erst im dritten Jahrzehnt nach der

gewaltsamen Emanzipation von der spanischen Krone durch das iberische Handelsembargo von 1594 zu einem energischen interkontinentalen Aufbruch genötigt sahen, machten auf dem Weg zum Kap und weiter nach dem indonesischen Batavia an der Goldküste Station. Im Unterschied zu Nieuw Amsterdam etwa, wo wenig später, nach dem Schiffbruch der *Harlem*, Pieter Stuyvesant 1652 das heutige New York gegründet hatte, richteten sie sich in Elmina dauerhafter ein als etwa im angolanischen Luanda — obschon auch da noch heute braungebrannte Minister Van Dunem heißen. Während des folgenden Vierteljahrtausends, bis das British Empire 1850 die Kolonie Goldküste proklamierte und 1872 den Holländern ihre Besitzungen — auch St. George's in Elmina — abkaufte, stritten sich die europäischen Mächte um die Guineaküste.

Englische, schwedische, dänische ebenso wie deutsche und gewiß auch französische Ambitionen ballten sich entlang der abweisend felsigen Küste mit den verhältnismäßig leicht zu sichernden Häfen. Außer dem Gold war es dieser strategische Vorteil, der die »Goldküste«, den Mittelabschnitt der Küste »Oberguineas«, vor der westlichen »Zahnküste« (Côte d'Ivoire) und der östlichen »Sklavenküste« (Togo und Benin) auszeichnete. So will es noch die Nomenklatur von Großvaters brandneuem Schulatlas (Gotha 1904), welcher die Küste von Kamerun bis hinunter nach Deutsch-Südwestafrika als »Niederguinea« bezeichnet. 1653 bauten die Schweden in Cape Coast die Carolusburg, heute ein historisches Westafrikamuseum. 1661 schlugen die Dänen in Accra ihr Quartier auf: im Christiansborg Castle, wo heute der Halbschotte Jerry Rawlings als ghanaisches Staatsoberhaupt amtiert. Die Briten, die Cape Coast Castle 1665 an sich gebracht und zur größten unter den auswärtigen Niederlassungen ausgebaut hatten, erhielten drei Jahre später, nach dem Seekrieg gegen die Holländer, deren früheres Hauptquartier Fort Nassau und in Accra Usher Fort — ein sinistrer Ort,

wie es der an Edgar Allan Poe gemahnende Name sug-
geriert, und heute denn auch ein Gefängnis. Die Holländer hatten inzwischen Elmina mit dem Fort Coenraads-
burg zusätzlich gesichert.

Liberales Partnerschaftsverständnis

Die Reihe der kurz zuvor erst vom Dreißigjährigen Krieg
erlösten Prominenz ließe sich lange fortsetzen. In den
achtziger Jahren hielt Preußen mit der Kurfürstlich
Afrikanisch-Brandenburgischen Compagnie auf Groß
Friedrichsburg Einzug. Die Franzosen drängten sich erst
um die Mitte des 18. Jahrhunderts in die Reihe, doch für
einmal hat ihr erstes Fort bei Anomabu keine Spur hinterlassen. Eine Monographie zählt an der ghanaischen Küste
fünfzig Castles, Forts und Lodges, die im Lauf der drei
Jahrhunderte vor dem Beginn der Kolonisation aufge-
schossen sind. Es handelte sich um befestigte Warenlager.
Außer importierten Gütern wie etwa Feuerwaffen, für die
Elfenbein, Pfeffer, Wachse, Hölzer und große Mengen an
Gold eingehandelt wurden, wartete hier vornehmlich die
Ware Mensch auf Verschiffung.

Das Kapitel in der Geschichte der europäischen Expansion nach Übersee, das an der Goldküste geschrieben
wurde, fügt sich nicht in die üblichen Muster früher Kolonisation. Die Mächte wurden hier nicht als Staaten, sondern gewissermaßen als private Unternehmer vorstellig,
deren Souveränität sich nicht über die Schutzwälle auf
dem zumeist nur gemieteten Grund hinaus erstreckte.
Dieser *Modus vivendi* blieb auf dem Kontinent die Ausnahme, von der auch die lusitanischen Urheber selber
südlich des Kongo bald abgingen, um als staatliche Macht
den boomenden Wirtschaftszweig des Sklavenhandels zu
kontrollieren. Anders auch als in Ostafrika die Sansibar-
Araber verhalf an der Goldküste das transatlantische
Europa dem Geschäft mit dem Menschen nur als Abneh-
mer zur Blüte. Für das Angebot kamen die autochthonen

Herrscher auf, und mit den Europäern — Zwischenhändler zumeist — feilschten sie unter Partnern, die sich von
gleich zu gleich betrogen. An der benachbarten Sklavenküste bestanden die Könige von Whydah und später von
Dahome auf ihrer uneingeschränkten Jurisdiktion über
alle Ausländer, die sie vertraglich zum Verzicht auf alle
geschäftsschädigenden Rivalitäten verpflichteten.

Kosmopolitismus

Ähnlich wie etwa unter den Madagassen mit ihrem maritimen Erbgut ist unter Ghanaern zu spüren, daß die
Geschichte ihrer Kontakte zur Außenwelt nicht mit der
Unterwerfung unter die Britische Krone begann. Von
einem halben Jahrtausend Umgang mit dem Norden
machte die hiesige direkte Kolonialherrschaft nur ein
gutes Fünftel aus. In der neuen nigerianischen Hauptstadt Abuja brach Yoweri Museveni, der ugandische
Staatschef, noch im Sommer 1991 ein Tabu, indem er als
scheidender Vorsitzender der Organisation der afrikanischen Einheit in Erinnerung rief, die eigenen afrikanischen
Chiefs seien es gewesen, die mit Menschen handelten.
Unter Ghanas Kosmopoliten hätte er weniger Furore
gemacht als bei den etwas allzu mondänen nigerianischen
Gastgebern, die sich mit der Forderung nach Reparatio-
nen für den Sklavenhandel zu profilieren suchen.

Auch in Ostafrika ist das Bewußtsein, nicht weniger als
unter fremden auch unter eigenen Peinigern gelitten zu
haben, noch wenig verbreitet; und bei Sansibars Schwarzen findet es mit gutem Grund keinen Zugang. Hier in
Ghana schließt es die Annahme nicht aus, daß unter den
Sklaven der Guineaküste die, welche den Transport in die
Neue Welt überlebten, vielleicht nicht zur Mehrheit, wie
portugiesische Chronisten es damals wollten, aber doch in
gewissen Fällen »eher ihrem Heil denn ihrer Gefangenschaft entgegenfuhren«.

Wenn auf der Sklaveninsel Gorée vor Dakar die senegalesischen Beamten für ein Ambiente wie etwa in Auschwitz
sorgen, dann kommt unter dem europäischen Besuch
gewiß kein Einwand dagegen auf. Es herrscht dann allseitig Schweigen. Im Keller von Cape Coast Castle, sichtlich ungerührt durch das drückende Gestein, zeigt der
Führer das Verlies für die unbotmäßigen Sklaven. »Ach
so, hier endeten damals die Revolutionäre«, bemerkt ein
Besucher; und obschon das eigentlich gar nicht lustig ist
und auch der Führer das weiß und es in seinem Beruf
nicht um das Vergessen geht, lacht er doch. Ist er für ein
strafendes Schweigen zu selbstbewußt oder einfach zu
leutselig? »Geteiltes Unrecht ist halbes Recht«, befindet
eine Sentenz von Nietzsche. Ohne deren halbe, aber doch
oft gerne geteilte Wahrheit wäre die Welt an Konflikten
kaum ärmer.

XVII Maritimes Vermächtnis

LEVÉ LEVÉ UND DER
»NICHTKAPITALISMUS«

São Tomé, Februar 1992

»Als erstes«, sagt Maximinho Carlos, »merken Sie sich unseren Gruß.« Auf dem Zettel, den er mir über den Tisch reicht, steht: *»Que nóva saodji?« »Quelles sont les nouvelles de la santé?«* übersetzt er — weniger buchstäblich »Wie geht es?« Unter den 120 000 Sãotomensern lautet die Antwort in fast allen erdenklichen Lagen gleich. Ihre *lungwa sãotomense*, das hiesige Kreol, läßt jeweils das erste »e« breit und behäbig dem »l« hinterhergleiten und fängt es, ohne Hast, mit weicher Unterlippe als leichtes spitzes »é« wieder auf: *»levé levé«.* Zur Übersetzung greift Maximinho Carlos auf das Englische zurück: *»easy easy«.* *»Levé levé«,* fügt er hinzu, »ist bei uns der Gang der Dinge, alles verhält sich hier *levé levé«.* Max, wie ihn sein Kollege freundschaftlich nennt, war Hofjournalist des abgewählten »Diktators«, der Kollege ist Hofjournalist des als »Demokrat« legitimierten neuen Staatsoberhauptes von São Tomé e Principe. Der alte Präsident hat, wie Max versichert, seinem Publikum nie Worte wie »Kommunismus«, »Marxismus« oder »Leninismus« zugemutet. »Was er sagte, war: Die Entwicklung, in der wir uns befinden, ist eine nichtkapitalistische. Das war alles, was er sagte.« Und Max öffnet, um zu schließen, noch zweimal den Mund: *»levé levé«.*

Tropen

Gäbe es auch hier einen Nuntius der Katholischen Kirche, dann wäre er bestimmt das Vorbild seines Amtskollegen in Maputo, Moçambique, der morgens um neun Uhr ein Bier offeriert, nachdem er ohne Frage nach des Besuchers Gewohnheiten zuallererst einen Aschenbecher aufgetischt hat. Nicht weit von den zwei Tischchen des Promenaden-cafés liegt auf dem Trottoir eine Meeresschildkröte, an der zwei Männer schwer höben. Sie klatscht ihre kurzen Flossen auf den Rücken, wenn Passanten mit Fußtritten danach sehen, ob man den weißen ledrigen Panzer nicht bald ausnehmen müsse. Eine schwere Wolkendecke hat für alle Zeiten den 2024 Meter hohen Pico de São Tomé verschluckt — den Gipfel eines der erloschenen submarinen Vulkane, die den geologisch jungen Archipel der Guinea-Inseln aus dem Meer warfen.

Ein Sonnenstrahl, der bis auf das Laub der Regenwald-riesen durchdringt, ist auch unten an der Küste eine Rarität. Steife südatlantische Winde, die tropische Temperatur nicht mildernd, treiben nachmittags die Wellen-kämme in hohen Gischtfontänen über die portugiesischen Balustraden, die über mehrere Kilometer die Seeprome-nade verschönern. Am zweiten Tag schimmelt im Zimmer des einzigen Hotels das Gepäck. In den siebzehn Jahren der Unabhängigkeit haben auch die Ruinen aus 505 Jahren Lissabonner Ausbeutung organische Züge angenommen. Die kompakte, in alle Richtungen überbordende Märchenvegetation zeigt übermächtige Neigungen, die herrschaftlichen Verwaltungssitze der *roças* — der Pflanzungen — sich anzuverwandeln. *Levé levé* haben die Ziegeldächer, dieses Wahrzeichen lusitanischer Vergangenheit, sich unter die ausgreifenden Palmkronen zurück-gezogen, wie die Hüte von Fliegenpilzen im struppigen Wacholder.

Zucker, Sklaven, Kakao

São Tomé und Principe wie auch die Kapverden, die bis zur Entdeckung in der zweiten Hälfte des 15. Jahrhun-derts ebenfalls unbewohnt waren, gelangten in einer kulturellen Verwandtschaft mit den Westindischen Inseln und mit Amerika zu ihrer mißgearteten Blüte. Mangels einer autochthonen Bevölkerung wurden die maritimen Knotenpunkte, wo die transatlantischen Seewege die Kap-Route nach Indien kreuzten, mit importierter Arbeitskraft kolonisiert. Im 16. Jahrhundert dominierten die portugiesischen Siedler während kurzer Zeit den Zuckerweltmarkt. Wenig später folgten sie den Frachten der Menschenhändler nach Brasilien. Nach drei Jahrhunderten Transitabfertigung von kongolesischen und angolanischen Sklaven verhalf erst vor 100 Jahren der Kakao noch einmal zu einer weltwirtschaftlichen Leaderrolle. »Welcherart Mine verspricht solche Profite?« meldeten Kolonialbeamte ekstatisch nach Lissabon, ehe die Produktion von Kakao, die sich zwischen 1888 und 1919 versiebenunddreißigfacht hatte, nach dem Ersten Weltkrieg drastisch fiel und in den vergangenen 50 Jahren den Inseln keine Existenzgrundlage mehr bot. Seit der Unabhängigkeit von 1975 betrug der Anteil des Kakao regelmäßig über 90 Prozent der Exporte, mit denen zu Beginn der neunziger Jahre noch ein Fünftel der Importe beglichen wurden. Laut Schätzungen decken heute die ungemein fruchtbaren Inseln rund die Hälfte ihres Kalorienbedarfs aus eingeführter Nahrung.

Unabhängigkeit

Modernisierte Formen der Leibeigenschaft, Zwangsbeschäftigung im Rahmen sich selbst erneuernder Arbeitskontrakte, wurden in Lissabons *Império* 125 Jahre über die formelle Abschaffung der Sklaverei hinaus bis 1961 beibehalten. Die zumeist angolanischen Kontraktarbeiter, die bei der Aufhebung ihres Status noch fast ein Drittel der Einwohner stellten, zählten um die Jahrhundertwende — bei einer Sterblichkeit und einem Nachschubbedarf in der Gegend von zwanzig Prozent jährlich — rund das Doppelte der *forros*, der naturalisierten Kreolbevölkerung. Die *forros*, die städtische Trägerschaft des aufkeimenden Nationalismus, verweigerten den Einsatz auf den *roças*, zu dem die Kolonialverwaltung sie zuletzt wegen des Mangels an Kontraktarbeitern zu zwingen versuchte. Die Kontraktarbeiter und ihre Nachkommen, die *tongas*, wurden durch Siedler von den dürregeplagten Kapverden verstärkt. Gegen das Erbe, ein kastenähnliches Sozialgefüge, kamen auch die »nichtkapitalistischen« Leitlinien des bis 1991 regierenden MLSTP (Movimento de libertação de São Tomé e Principe) nicht an. *Forros*, *tongas* und kapverdischstämmige Kleinbauern mischten sich kaum, auch nicht mit der geschlossenen Fischergemeinschaft der *angolares*, welche auf die Abschaffung der Sklaverei hin nach fast drei Jahrhunderten Zuflucht in den Bergwäldern an die Küste heruntergestiegen.

Rei Amador, der König der *angolares*, der Ende des 16. Jahrhunderts an der Spitze eines Sklavenaufstands die Portugiesen für kurze Zeit von den Inseln vertrieben hatte, schmückt als mythischer Nationalheld sämtliche papierenen Träger des wichtigsten unter den Insignien der Souveränität: der eigenen Währung. Im Landesvermessungsamt findet sich ein Funktionär, der aus seinem Privatbesitz für 3500 Dobra, etwa zwölf Dollar oder ein Drittel seines Monatslohnes, eine Karte der Inseln verkauft — bei strikter Auflage, unter keinen Umständen, schon gar nicht *levé levé*, die Herkunft des verbotenen Gegenstands preiszugeben: »Portugal« steht neben der lusitanischen Fahne und darunter »Província de São Tomé e Principe«, gedruckt in Porto 1974. Denn Sãotomenser halten auf ihre Selbständigkeit. Worauf schon sonst? Durch den Sturz von Salazars Erben in Lissabon hatte sich ihr Land in eine Art angolanischen Satelliten verwandelt, und der erste Staatschef, Manuel Pinto da Costa, erhielt die Quittung nicht nur für sein sechzehnjähriges »nichtkapitalistisches« Dauersolo, sondern für dessen Vortrag auf einer Marionettenbühne. Als sein Herausforderer

Miguel Trovoada — einst Nummer zwei des MLSTP und erster Regierungschef — nach neunjährigem Pariser Exil im Mai 1990 zurückkehrte, bereitete ihm die Bevölkerung einen Empfang, der Pinto da Costa zum Verzicht auf eine Kandidatur bei der ersten demokratischen Präsidentschaftswahl vom folgenden März inspirierte.

Langer Abend

»Wir sind«, sagt Maximinho Carlos, nachdem die Einheiten der angolanischen Armee inzwischen abgezogen sind, »allesamt überzeugte Kapitalisten — ganz und gar ohne Kapital, *levé levé*, wie ich Ihnen schon sagte. Wir leben von internationaler Hilfe, aber nicht von genug.« 700 bis 800 Bauarbeiter nicht mitgerechnet, beschäftigte die são-tomensische Industrie Ende der achtziger Jahre etwas mehr als 1000 Angestellte, um Brot, Bier und ein paar andere Getränke, Seife, Palm- und Kokosöl, Geschirr und Ziegel herzustellen und etwas Textilfasern und Holz zu verarbeiten. Während in den letzten Jahren einige der *roças* mit auswärtigen Mitteln und unter auswärtiger Führung saniert worden sind, haben der portugiesische Auszug und in der Folge die staatswirtschaftlichen Kuren keine einheimische Finanzkraft hinterlassen, welche die musealen landwirtschaftlichen Großbetriebe reaktivieren könnte. Von einem Bauerndasein auf diversifizierten Kleingütern wollen die *forros* auch weiterhin nichts wissen. »Fischerei und Tourismus« lautet die Zukunftslosung. Doch durch die Sportfischerei — das einzige wirksame Stimulans für die Gäste der zahlkräftigsten Klasse, da sich bei der ausgefallenen Lage 270 Kilometer vor der gabonesischen Küste keine anderen ansprechen lassen — sehen die *angolares* bereits ihr Subsistenzgewerbe bedroht.

Klima und hygienische Situation passen in kein Konzept von Fremdenwerbung. Die insulare Kleinststaatlichkeit hat aber auch Vorteile: So sind heute nahezu alle

Kinder im pflichtigen Alter eingeschult, und die im afrikanischen Vergleich hohe Alphabetisierungsrate hat schon vor Jahren offizielle 70 Prozent überschritten. Ungewiß sind dagegen die Erfolgsaussichten der Weltbank und der Gulbenkian-Stiftung, die der rabiaten Malaria unter Aufgebot mehrerer Millionen Dollar den Kampf angesagt haben. In letzter Zeit mehrten sich auch hier registrierte Aids-Fälle. Die Affichen der Gesundheitsbehörden argumentieren — *levé levé:* »Aids braucht dich nicht am Liebemachen zu hindern, benütz ein Präservativ!« Mehrheitlich schläft die Stadt nach Einbruch der Dunkelheit. Das Nachtleben in ihren von Paraffinlichtern gesäumten Naturstraßen beschränkt seinen bescheidenen Glamour auf *»Cinco a cinco«* — »Fünf bis fünf«: die kürzlich eingeweihte, nach ihren Öffnungszeiten getaufte Bar. »Gehen Sie mit zum Flughafen?« fragt einer der jüngeren Berufskollegen von Max. »Es kommt heute das große Flugzeug aus Lissabon.« Dienstags und mittwochs, wenn es bei der Rückkehr von Süden noch einmal zwischenlandet, fügt die Schaulust dem Abend ein paar Stunden hinzu. Mittwochs warten Riesenberge vor der Gepäckaufgabe. Von der sãotomensischen Minderheit, die je zu einem Flugbillet kommt, verlassen manche — zumal in Richtung Norden — das Land nur einmal.

DIE GROSSE SELBSTZERFLEISCHUNG

Maputo, Februar 1992

Rund ein Drittel der Bevölkerung Moçambiques ist im Lauf der vergangenen Kriegsjahre zum Verlassen ihrer angestammten Gebiete gezwungen worden. Zwischen einer Million und eineinhalb Millionen liegt die Zahl der Flüchtlinge jenseits der Grenzen, irgendwo in der Größenordnung von dreieinhalb bis viereinhalb Millionen die Zahl der Vertriebenen innerhalb des Landes. Die meisten Überlandverbindungen sind unterbrochen. Der Zusammenbruch des Güteraustauschs hat die Bauern weitenteils auf Subsistenzwirtschaft zurückgeworfen und das potentiell reiche Agrarland schweren Versorgungskrisen ausgesetzt. 1991 mußte knapp zwei Millionen Mosambikanern Nothilfe gebracht werden. Ungenügender Niederschlag läßt ein weiteres Dürrejahr befürchten. Humanitäre Organisationen bestreichen mit Flugzeugen Gebiete, wo viele Zehntausende von der Außenwelt abgeschnitten sind und sich während Jahren ohne jede medizinische Versorgung fanden. Gelangen sie unter großen Gefahren nach mehrwöchigen Wanderungen per Fahrrad und zu Fuß zu den urbanen Zentren, dann hören manche zum erstenmal, daß Samora Machel, der Revolutionsheld und ehemalige Präsident, seit über fünf Jahren nicht mehr am Leben ist.

Ärmstes Land der Welt

Moçambique läßt sich nicht mit Äthiopien vergleichen, wo trotz 30 Jahren Krieg wenige Wochen nach der Kapitulation des Regimes und seiner Armee öffentliche Busse den Verkehr wiederaufnahmen, wohl eine Woche unterwegs sein mögen, aber relativ pünktlich in Addis Abeba abfahren und in Asmara immerhin eintreffen. In Moçambique wird man auf diese Busse vielleicht noch Jahre warten. Aus Zahlen eines Berichts der nationalen Unesco-Kommission ergibt sich, daß etwa ein Viertel der schulpflichtigen Kinder Unterricht erhält, meist ohne Stühle und Bänke. Krankenstationen kleinerer Siedlungen wurden mancherorts ein halbes Dutzend Male wiederhergestellt und wieder zerstört.

Nachdem die Einwohnerzahl im Großraum Maputo je nach Schätzungen auf eineinhalb, zwei oder zweieinhalb Millionen gestiegen ist, liegt die Kapitale, angelegt für eine Bevölkerung von vielleicht 300000 bis 400000, in einem uferlosen Meer von Rohrhüttensiedlungen. In der Innenstadt, wo seit der Unabhängigkeit von 1975 kaum ein Haus gebaut wurde, schreitet der Verfall voran. Häuser, für die dem Staat die Wohnrechtsgarantie mit monatlich vier Dollar abgegolten wird, werden für 1500 Dollar privat an Ausländer untervermietet — mit der Auflage, sie instand zu halten.

Moçambique figuriert nicht auf allen, aber auf mehreren entsprechenden Ranglisten als das ärmste Land der Welt. Laut einer Uno-Studie leben in Maputo ebenso wie im ganzen Land 90 Prozent der Bevölkerung in Armut oder Elend, 50 Prozent unterhalb der sogenannten Armutsschwelle, was heißt, daß ihre Einkünfte zum Erwerb der lebensnotwendigen Güter nicht ausreichen. Der Repräsentant einer deutschen Stiftung nimmt an, daß eine Welle von Lynchjustiz mit jeweils mehreren Toten während etlicher Wochen die akuten Sicherheitsprobleme in den Vorstädten etwas gemildert hat.

Gleichgewichte der Schwäche

Stimmen, die in Maputo Ereignisse nach dem Muster der großen Plünderungen von Kinshasa für möglich halten, dürften zur Dramatisierung neigen. Entsprechend schwach fundiert sind Hoffnungen auf seiten der Renamo (Resistencia nacional moçambicana), die Herrschaft der Frelimo (Frente de libertação de Moçambique) könnte demnächst auch in der Kapitale vollständig zusammenbrechen — eine makabre Illusion, die bisher zur Verzögerung der Friedenssuche beitrug. Zutreffend an solchen Einschätzungen in Renamo-Kreisen ist nur, daß es sich bei der Position der Stärke, die sich die Rebellenführung im Feld zuschreibt und im Verhandlungsprozeß auszuspielen bemüht ist, um Schwächen des Gegners handelt.

Die Frelimo schien ursprünglich nicht auf den so tatkräftigen Beistand der Renamo angewiesen, um das unterentwickelte Land, das die Portugiesen nach dem zehnjährigen Befreiungskrieg 1974 Hals über Kopf verlassen hatten, zugrunde zu richten. Als die mosambikanische Hauptstadt von Lourenço Marques in Maputo umbenannt wurde, gab es dort — wie man in Darstellungen der portugiesischen Kolonialgeschichte liest — genau einen schwarzen Arzt und 40 bis 50 schwarze Studenten. Die Alphabetisierungsrate lag in dieser »Provinz« des lusitanischen *Império* bei unter zehn Prozent. In den ersten zwei Jahren der Unabhängigkeit machte sich die leninistische Kaderorganisation der Frelimo an die Liquidation des *»inimigo interno«*, des inneren Feindes, vor allem in den Städten. Sie trieb damit auch noch einen beträchtlichen Teil der schwarzen Elite ins Exil, bevor in den Jahren bis etwa 1983 der kollektivistische Feldzug mit Zwangsumsiedlungen der barfüßigen »Feudalisten« und »Kapitalisten« die nunmehr »geplante« Landwirtschaft ruinierte.

Krieg von Hand

Im Frühsommer 1991 setzte der erste Putschversuch in der Geschichte des Frelimo-Staates alarmierende Zeichen der Kriegsmüdigkeit innerhalb der Armee. Schlecht ausgerüstet und miserabel versorgt, vervollständigten seit längerem beträchtliche Teile der regulären Streitkräfte den Terror der Renamo gegen die Zivilbevölkerung. Selbst dem Urteil ihrer Regierung zufolge trugen sie dadurch mehr zum Problem als zur Lösung bei. Es kursieren Erfahrungen von Großfirmen, die nach Zahlungen an Regierungseinheiten nicht etwa dank verstärkter Schutzaufgebote, sondern auf ganz wunderliche Weise von Angriffen der Renamo verschont bleiben. Auf den strategischen Straßenverbindungen nach Südafrika und Swasiland spielen sich »Rebellenübergriffe« in den bestbewachten Abschnitten ab. Plünderungen und Schlächtereien in Maputos Rohrhüttenvorstädten werden von ihren Bewohnern — anders als von der Regierung — keineswegs in jedem Fall den Rebellen zugeschrieben.

Neben den 20000 bis 25000 Bewaffneten unter mehr oder minder straffer Renamo-Kontrolle stünden vielleicht 10000 bewaffnete Banditen, die in autonomen Gruppen agieren, den rund 100000 Angehörigen der Streitkräfte gegenüber. Diese paktierten ihrerseits mit lokalen Milizen und Privatarmeen, die insgesamt viele tausend Mann zählen dürften. So stellt sich das Bild eines westlichen Entwicklungsexperten dar, der sich intensiv mit den militärischen Aspekten der Situation befaßt hat. Für die Mannschaftsstärke gut ausgebildeter und ausgerüsteter Eliteverbände nennt er mutmaßliche dreistellige Zahlen auf Renamo-Seite, vierstellige auf Regierungsseite. Begegnungen zwischen solchen Einheiten seien sehr selten. Nachdem sich die »Hilfe« aus dem Ostblock verflüchtigt hat, ist auch von der mosambikanischen Luftwaffe nichts übrig. Wegen akuter Materialknappheit auf beiden Seiten wird das, was hier Krieg genannt wird und dessen Opfer fast immer Zivilpersonen sind, weitgehend mit bloßen Händen geführt.

Kommunikation

In den Worten des Delegationschefs einer humanitären Organisation wird es dereinst darum gehen, »die Leute in diesem Land wieder miteinander in Beziehung zu bringen«. Eine klarere Vorstellung von den Dimensionen dieser Aufgabe wird sich erst nach der Unterzeichnung eines Abkommens allmählich bilden können. Auch das mosambikanische Tempo schließt Anstrengungen in mancherlei Richtungen nicht aus. Von akademischer Seite liegen Studien einer gemeinsamen Orthographie für die elf wichtigsten Sprachen vor. Das Portugiesische, die einzige Verkehrssprache in dem Staat von gut anderthalbfacher Fläche Frankreichs, spricht von den fünfzehn Millionen Mosambikanern etwa ein Viertel. Die Renamo, die nie allzuviel Energie darauf verschwendet hat, die Bevölkerung ihrer »befreiten Gebiete« für sich einzunehmen, betrachtet den Krieg als in vollem Gange, bis ihr die Waffenstillstandsbedingungen genehm sind. Schätzungen direkter und indirekter Kriegsopfer ergaben schon vor Jahren die runde Zahl von einer halben Million Toten.

KLEIN IST NICHT IMMER FEIN

Bissao, Februar 1992

Am Sitz der Frente democrática social (FDS) in Bissao gibt es kein Telephon. Die FDS hat wie ein halbes Dutzend weitere Gruppierungen aus der Legalisierungsprozedur mit ihren vertrackten Schlaufen glücklich herausgefunden: Vor der Zulassung durfte man sich nicht versammeln — um die dazu erforderliche Zahl von Mitgliedern zu rekrutieren, mußte man sich versammeln. Seiner Partei stünden im kommenden Wahlkampf zwei private Autos zur Verfügung, sagt Rafael Barbosa, der Chef der FDS. Den Besucher bittet er, einen Brief mit der Bitte um Hilfe an die Sozialdemokratische Partei Deutschlands weiterzuleiten. Der Post traut niemand. Dreimal wöchentlich erscheint der amtliche *Nô Pintcha*, der hiesige *Vorwärts!*. Die Opposition hat kein Organ, ihre Parteien haben keinen Zugang zur Regierungsdruckerei. Affichen, Propagandabroschüren und Programme werden — gegebenenfalls — in Lissabon gedruckt und im Handgepäck ins Land gebracht. Die FDS hat Anrecht auf Sendezeit im staatlichen Rundfunk: 30 Minuten Radio und 10 Minuten Fernsehen monatlich — letzteres gegen hohe Bezahlung.

Eine besondere Einsamkeit

Worunter die ehemals kommunistische Republik mit ihrer Million Staatsangehörigen auf sieben Achteln des

Territoriums der Schweiz leidet, ist nicht die Art Weltferne der verkehrstechnisch abgeschnittenen Binnenprovinzen afrikanischer Großreiche wie Angola, Zaire oder Sudan, von wo aus zuweilen leichter der Kontinent zu verlassen als die eigene Hauptstadt zu erreichen ist. Dank den Landverbindungen mit den nahen Nachbarländern — dem handelsfreudigen Senegal und der frankophonen Republik Guinea — ist vier, fünf Jahre nach Beginn der wirtschaftlichen Öffnung der rasant wachsende Druck importierter Konsumgüter auf dem Markt und in den Läden von Bissau mit Händen zu greifen. Doch die Gehaltsempfänger, laut amerikanischen Angaben insgesamt weniger als 30000, können mit ihren Monatslöhnen von 15 bis 25 Dollar nichts kaufen. Entsprechend gedämpft sind einheimische wie auswärtige Investitionsneigungen in Guiné-Bissau — als ärmstes Land an der Guinea-Küste eines der fünf ärmsten und rückständigsten Afrikas.

Ein anderes vergessenes Land wie Niger, das mit seinen achtmal mehr Einwohnern und seinem rund zwölffachen Wirtschaftsvolumen die Botschaften führender westlicher Mächte auch nicht überlastet, läßt diesen die Muße, etwa den Aufbau einer unabhängigen Presse mit Rat und Tat zu unterstützen. Hier gibt es keine solchen Botschaften außer der amerikanischen, der vom State Department kaum ein Telefaxgerät für den eigenen Bedarf bewilligt wird. Die Idealisten der skandinavischen und niederländischen Hilfsorganisationen finden sich vor elementareren Aufgaben. Die deutsche Ehefrau eines Guineaners, der einst in Halle studierte, hütet das Telephon der verlassenen Botschaft der DDR — das größte Gebäude in Bissau, das ihr während eines Jahrzehnts nur von außen vertraut war. Die in Washington beheimatete *International Foundation for Electoral Systems* erhielt für eine Studie zum politischen und ökonomischen Demokratisierungsprozeß in Guiné-Bissau Mittel von der amerikanischen Entwicklungsagentur AID. Ansonsten gilt hier weitgehend das Prinzip der Nichteinmischung; das allgemeine Desinteresse stören einzig gewisse Rivalitäten: so zwischen Portugal und Frankreich, dessen westafrikanische *Communauté financière* Bissao schon länger Avancen macht. Bei unglücklicher Parteinahme droht daher Strafe.

Legendäres Erbe

Die Opposition macht es sich in den eigenen Reihen alles andere als leicht. Ihre wichtigsten Figuren zählen wie das Staatsoberhaupt zu Amilcar Cabrals legendärer Avantgarde des afrikanischen Befreiungskampfes gegen die portugiesische Kolonialmacht: zur Gründergeneration des PAIGC. Der Partido africano da independência da Guiné e Cabo Verde war als einzige der Befreiungsbewegungen in Lissabons ehemaligen fünf »Provinzen« militärisch erfolgreich, worauf er nach der Unabhängigkeit von 1974 als Staatspartei sein Monopol bis zur Einführung des Mehrparteiensystems im Mai 1991 behauptete. Rafael Barbosa war in der zweiten Hälfte der fünfziger Jahre der erste Vorsitzende des PAIGC. Die meisten Oppositionspolitiker verbrachten den größten Teil der letzten zwanzig Jahre im Exil, ohne Kontakt zur Bevölkerung im Land.

Alle Parteien haben ihre Programme auf den kapitalistischen Geist der Zeit abgestimmt, und es gibt auch im PAIGC niemanden mehr, der sich nicht verbal zum Pluralismus bekennt. Aber selbst Diplomaten, welche die gehemmten Schritte im Übergangsprozeß mit vorsichtigem Optimismus beurteilen, äußern sich skeptisch zur Frage, ob bei der politischen Tradition des Landes das Resultat funktionierende Demokratie und *good governance* sein könne. Die Opposition, von der man in diesem Land weniger noch als anderswo Reife schon in der Wiege erwarten kann, ist wenig erbaut, wenn deshalb der Führung mildernde Umstände eingeräumt werden. Seine Gegner sehen in Präsident João Bernardo Vieira weniger

den Typus des geschlagenen sambischen Präsidenten
Kaunda, der — wenn auch zähneknirschend und lar-
moyant — schließlich doch das Spiel nach demokratischen
Regeln mitgespielt hat. Näher liegt der Vergleich mit dem
burkinabischen Autokraten Compaoré, der wie viele seiner
Amtskollegen ebenfalls Demokratie versprochen, diese im
Vorfeld der ersten Wahlen aber entschlossen seiner Macht-
erhaltung geopfert hat.

»Goodwill«

1980 wurde Vieiras Putsch gegen die größtenteils kapverdischstämmige Equipe unter Luiz Cabral, dem Bruder
Amilcars, begrüßt. Doch fast alle in Bissao verbliebenen
Politiker haben sich damals im Kampf gegen die kapverdische Dominanz über den alten PAIGC profiliert. Es
handelte sich um die historische Abrechnung mit der hell-
heutigen insularen Elite der »kolonisierten Kolonisatoren«, die während Jahrhunderten dem lusitanischen
Império als Vollstrecker in den übrigen afrikanischen Besitzungen gedient hatte. Es geht das Wort, beim Zusammenbruch hätten die Kapverder ihre Posten nicht nach
den letzten, sondern nach den ersten portugiesischen
Schiffen schwimmend verlassen. Lissabons »konspirative«
Versuche, mit dem Versprechen auf Unabhängigkeit
Guiné-Bissao von der kapverdischen Frage zu trennen,
förderten schon früh die Geburt eines guineanischen
Typus, der nach Maßgabe seiner Popularität ideologisch
verfemt war: der Typus des »antikapverdischen Ultra-
chauvinisten«. Der prominenteste war Rafael Barbosa,
der von 1962 bis 1970 als antikolonialer Befreiungskämpfer im Mutterland und — nach der Umwandlung des
portugiesischen Todesurteils — von 1974 bis 1984 als
»Kollaborateur« in Bissao in Haft saß.

Das Schicksal von Aristides Pereiras kapverdischer
Schwesterpartei PAICV, die nach sechzehn Jahren der
aufgeklärtesten Parteiherrschaft in Afrika bei den ersten

freien Wahlen von 1991 dem oppositionellen Movimento
para a democracia 66 Prozent der Stimmen überlassen
mußte, gab in Bissao jedermann zum Triumph Anlaß:
der Opposition, weil die Demokratie siegte, der Regierung,
weil endlich Strafe die »Verräter« ereilte, die nach dem
Putsch von 1980 das »G« aus dem PAIGC gestrichen
und die Vision eines gemeinsamen Staates verabschiedet
hatten.

Im Kampf gegen ein ähnliches Fiasko in Guiné-Bissao
befindet sich das Staatsoberhaupt auf Goodwilltour in
der heißesten Provinz und bemüht sich persönlich um
die landesweite Verteilung des Ausstoßes von Cicer, des
nationalen Bieres der *Companhia industrial de cervejas e
refrigerantes*. Nach einem verbreiteten afrikanischen Rezept rehabilitiert er dabei die langjährigen Feinde der
Revolution: die *régulos*, die Stammesführer. Auf diese
Weise sucht Vieira unter der Hand den offiziell tabuierten
Tribalismus zu reaktivieren, um ihn als Gefahr desto
lauter zu beschwören und sich selbst als »Garanten der
Einheit« in Szene zu setzen. Zur Erläuterung, was in dem
Lied gemeint sei, befahl er auch den Sänger zu sich — eine
Institution, die an der Guinea-Küste nirgends fehlt und
mit Tonbandkassetten in allen Haushalten die subver-
siven Fäden zieht. Auch in der Privatsphäre der Taxis
besingt er in Bissaos portugiesischem Kreol seine Geliebte.
Sie macht ihm große Angst mit ihren Gefängnissen, und
auch vor Gericht hat sie ihn schon zu schweren und aus-
sichtslosen Schlachten gezwungen. Sie jagt ihn, wenn er
sie verlassen will, und trotz allem liebt er sie über alles.

LANGER RÜCKMARSCH NACH WESTEN

Mindelo, Februar, 1992

Die hiesige Torre de Belém, eine biedere Nachempfindung
des Monuments an der Tejo-Mündung, wacht über das

Wrack eines Frachters, das seit langem in der Mitte der Bucht von Mindelo vor sich hin rostet. 1912 nahmen noch 1707 Schiffe Kurs auf die nordwestliche Kapverdeninsel São Vicente, um vor Mindelos berüchtigten Absteigen im Porto Grande Nachschubkohle zu laden. São Vicente, wo elf Unterseetelegraphenkabel aus dem östlichen Atlantik zusammenliefen, markiert — eine Spur westlich von der direkten Linie — ziemlich genau die Mitte zwischen Lissabon und dem brasilianischen Nordostkap São Roque. Weniger die weltabgeschiedene Hauptstadt Praia auf Santiago als die nordöstliche Insel Sal, die Drehscheibe im Luftverkehr zwischen Südafrika, Europa und Amerika, erinnert heute an die große strategische Vergangenheit des Archipels, wo kurz nach der Mitte des 15. Jahrhunderts Pioniere Heinrichs des Seefahrers die portugiesische Fahne gehißt hatten. Der Stützpunkt 600 Kilometer vor dem senegalesischen Cap Vert entband fortan von der zeitraubenden Küstenschiffahrt, von Berührung mit dem gefährlichen Klima und den unberechenbaren Bewohnern des westafrikanischen Litorals. Von diesem ehedem unbewohnten Außenposten griff die maritime Expansion des lusitanischen *Império* über die Alte Welt hinaus: binnen einem halben Jahrhundert bis nach Osttimor und den Molukken und bis an die südbrasilianische Küste.

Altes »europäisches« Afrika

Ob an der Guineaküste oder südlich der Kongomündung, ob auf der Ilha de Moçambique oder in den Garnisonen von Mombasa und Lamu: Portugals afrikanische Kolonien zählten auf viele Generationen hinaus nicht mehr als Hundertschaften, die sich bei dem gravierenden Männerüberschuß unter den spärlichen Neuankömmlingen gezwungenermaßen mit der einheimischen Bevölkerung mischten. Anfänge produktiver Siedlungsbemühungen in Afrika blieben episodisch: Den zum Dienst am erweiterten *Império* begnadigten Kapitalverbrechern winkte über

Nacht anderswo eine ungleich größere Zukunft als auf den Zuckerrohrpflanzungen von São Tomé im Golf von Guinea. Die Formen der Kolonisation in der großen Besitzung jenseits des Atlantiks, welche die tropischen Niederlassungen diesseits während mehr als drei Jahrhunderten mit ihrer Nachfrage nach Sklaven auslastete, konnten hier nie Vorbildcharakter erlangen. Während das 1822 verlorene Brasilien noch 1850 bis 1950 eineinhalb Millionen portugiesische Auswanderer über das große Wasser lockte, vermochte der Traum von einem zweiten El Dorado in Afrika kaum Personal zu mobilisieren.

In den isolierten Besitzungen hatte die kleine hellhäutige Handelsbourgeoisie mit der Abschaffung der Sklaverei von 1875 — 40 Jahre nach dem Verbot des transatlantischen Menschenhandels — ohne nennenswerten Beistand des Mutterlandes fertig zu werden. Der Handel mit Arabern und Asiaten im Indischen Ozean wickelte sich fern von Lissabon ab. Die Kontore am Atlantik, im guineanischen Bolama ebenso wie in Afrikas ältester europäischer Stadt Luanda, gingen ihrem Geschäft mit Brasilien lieber ohne den Umweg über Europa nach. Die Ausbeutung von Moçambiques Agrarreichtümern mußte dem internationalen Kapital der großen Konzessionsgesellschaften überlassen werden, die bei praktisch unlimitierter Verwaltungs- und Fiskalautonomie, für Sicherheit mit eigenen Armeen besorgt, ihre Entwicklungsprioritäten auf die britischen Interessen in Südafrika, Rhodesien und Nyassaland abstimmten.

Anachronismen

Die Metropole hatte sich weitgehend auf eine nominelle Hoheit zu beschränken, die sich nur dank den britisch-deutschen Rivalitäten um das südliche Afrika ins 20. Jahrhundert hinüberretten ließ. Das lusitanische Teilimperium, dem kühne Visionen einst eine Ausdehnung vom Indischen Ozean bis zum Atlantik zugedacht hatten, schrumpfte durch die Aufteilung des Kontinents in Berlin 1885 auf Rudimente, deren endgültige Grenzen eindrücklich den enormen britischen Druck vor allem von Südafrika und Rhodesien in Richtung der mosambikanischen Küste dokumentieren. Nur während etwas mehr als einem halben von den fünf Jahrhunderten ihrer Präsenz befanden sich wesentlich mehr Portugiesen in den Besitzungen als nach 1975 in den fünf unabhängigen Staaten. Die früheste und längste europäische Fremdherrschaft auf dem Kontinent mündete mit markanter Verspätung, erst während ihrer Schlußphase unter Salazars »Neuem Staat«, in die charakteristischen Abläufe moderner afrikanischer Kolonialgeschichte.

Zum Fall dieses imperialen Nachzüglers ist oft bemerkt worden, nicht die Metropole habe die Besitzungen unterentwickelt, sondern umgekehrt diese das Mutterland. Der rigide Neomerkantilismus, der nach den Wirren der Republik (1910 bis 1926) ab den dreißiger Jahren alle Energien außerhalb des Mutterlandes konzentrierte, habe dieses einer eigentlichen Stagnationsstrategie unterzogen. Gut 30 Jahre bevor sich die portugiesische Bevölkerung in Schwarzafrika um rund 95 Prozent auf ein Niveau etwa der Jahrhundertwende reduzieren sollte, meisterte Salazar das unmögliche Unterfangen, für ein Jahrzehnt — die vierziger Jahre — die Hälfte der Auswanderer in die afrikanischen Besitzungen zu dirigieren, um diese 1951 zu Provinzen zu erklären. Laut vorsichtigen Angaben versiebeneinhalbfachte sich die weiße Bevölkerung Moçambiques und Angolas von 1940 bis 1973, die Kolonialarmeen nicht mitgezählt. Das Schicksal von Salazars Nachlaßverwaltern in Lissabon ereilte in Moçambique über 200000, in Angola zwischen 350000 und 400000 weiße Inhaber portugiesischer Pässe. Es handelt sich dabei um Minimalschätzungen, die kaum erklären, woher sich die Behörden im Mutterland mit annähernd einer halben Million Rückkehrern konfrontiert sahen, während zugleich die portugiesische Kolonie in der Republik

Südafrika einen Zulauf erhielt, der seitdem die amtlich bestätigte Zahl ihrer Angehörigen auf denkwürdige 600 000 anwachsen ließ.

Europäische Diaspora

In Teilen Afrikas gibt es — so Pedro Moitinho de Almeida — Schwarze, Weiße und Portugiesen. Das völkerverbindende Bonmot ruft, zumal aus dem Mund eines Afrikadirektors im Lissabonner Außenministerium, nach Erläuterung. Arlindo do Carmo Barbeitos, dem auch sein Doktor der Soziologie aus Frankfurt die eigene Zuordnung unter eine der drei besagten Kategorien nicht wesentlich erleichtern dürfte, setzt in Luanda auseinander, wie in Afrika der »Neue Staat« von Salazars weißer Hand vor allem darauf abzielte, außer den Schwarzen auch jene schillernden »Portugiesen« zu unterwerfen. In den Besitzungen wurde nicht regiert, es wurde verwaltet, und dies ohne einheimische Beteiligung. Nirgends, von Guiné-Bissao abgesehen, gab es Versuche mit Formen indirekter Herrschaft. Die autochthone Entwicklung einer modernen politischen Kultur sei, anders als etwa in Rhodesien, über zaghafteste Ansätze nie hinausgelangt. Die Flutwellen an — wie es hieß — »neuem Blut« aus Portugals unterentwickelten Agrargebieten hätten die gemischtrassige neutralisierte Elite verdrängt. Die These, daß aus ihr sich namhafte Kräfte der Nationalbewegungen rekrutierten, mag rasch überstrapaziert sein, doch in etlichen Fällen erhärten sie Gesprächspartner in Maputo und Luanda untrüglich: durch den Augenschein, daß es sich bei ihnen weder um Schwarze noch um Weiße handelt, allerdings ebensowenig um Portugiesen, sondern um Angolaner und Mosambikaner, hie und da auch um kapverdische Mestizen oder um einen Goa-Inder.

Die Idee der Nation fand in Salazars afrikanischen »Provinzen« einen denkbar steinigen Boden. Angola brachten die dreizehn Jahre des Unabhängigkeitskrieges — wenn auch reichlich spät — einen beachtlichen wirtschaftlichen Aufschwung, so daß die internen Entwicklungen dem bewaffneten Widerstand sehr wenige Erfolgsaussichten ließen. Die Bewegungen Netos, Robertos und Savimbis glaubten kaum an ihre militärischen Chancen im Busch, wo ihnen zu jeder Zeit mehr Angolaner unter portugiesischem Kommando gegenüberstanden, als sie selber zu mobilisieren und zu bewaffnen vermochten. Auf dem mosambikanischen Kriegsschauplatz tat sich die Kolonialmacht in ihren letzten zwei Jahren wesentlich schwerer. Doch dort sollten die Probleme der Dekolonisation ihr Gewicht erst mit dem Abzug der Portugiesen richtig zu erkennen geben. Denn die unumstößlichen Ansprüche, die eine echte Selbstbestimmung Maputos über die strategischen Häfen und Eisenbahnkorridore ausschlossen, waren weniger Erbe der Fremdherrschaft als eine Gegebenheit der Nachbarschaftsverhältnisse im südlichen Afrika. Das Resultat, der Antagonismus eigener und fremder Interessen innerhalb des unabhängigen Küstenstaates, forderte noch 1992 fast täglich Bürgerkriegsopfer.

Es war nicht besondere Grausamkeit, wodurch sich die lusitanischen Kolonisatoren unter den imperialistischen Mächten heraushoben. 1953 erschossen Truppen auf São Tomé an einem Tag über tausend streikende Arbeiter — bei einer Inselbevölkerung von wenig über 50000. Im Algerienkrieg oder etwa auch in Orwells *Burmese Days* braucht man Vergleiche nicht lange zu suchen. Im Mythos, wonach die Portugiesen in Afrika das Gegenteil des üblichen kolonialen Rassismus praktizierten, ist gewiß Wahres. Die deklarierte »Integrationspolitik« behielt zwar Formen der Zwangsarbeit wie auch die — erst im letzten Jahrhundert eingeführte — Unterscheidung von *indígena* und *civilisado* bis 1961 bei und erbrachte so wenige Fortschritte. Aber in Salazars *Império* erstreckte sich der Ausschluß von der Politik ebenso wie der Analphabetismus auch auf die eigene »Rasse«.

Spontane Dekolonisation

Die Crux des portugiesischen Kolonialismus und seiner Erben liegt wohl weniger darin, daß er soziale Entwicklung, allem voran Erziehung, unüberbietbar vernachlässigte. Entscheidend war, daß er an der Dekolonisation keinen wie auch immer gearteten Anteil hatte. Der Zusammenbruch in Lissabon kam in den Besitzungen, zumal in Angola, so unvermittelt, daß der Prozeß der Nationenwerdung mit der Unabhängigkeit und den Bürgerkriegen erst einsetzte. Er hätte sich nun in der Politik mit anderen Mitteln fortzusetzen, etwa durch erste Erfahrungen mit demokratischer Alternanz. Die afrikanische Elite unter Lissabons kolonialem Dienstpersonal, die Kapverder, haben 1991 einen hoffnungsvollen Anfang gemacht. Auf den Kapverden wüteten seit Jahrhunderten immer wieder verheerende Dürrekatastrophen. Das bescheidene Format des Archipels in Rechnung gestellt, handelte es sich bei mehreren darunter um die weltweit schwersten der neueren Geschichte. Darauf geht es zurück, daß sich Opfer die politische Kultur, die ihnen die Metropole nicht gebracht hatte, als professionelle Emigranten selber holten. Etwa zwei Drittel der runden Million Kapverder leben heute im Ausland, rund 200000 in den Vereinigten Staaten, über 26000 in Portugal, während auf den Kapverden nur gerade 500 Portugiesen verblieben sind. In Mindelo profitieren auch sie, nur drei Jahre nachdem die Avantgardepartei der Befreiung den Pluralismus noch kategorisch ausschloß, von einer funktionierenden dezentralen Demokratie.

REVOLUTIONÄRE SCHERBENLESE

Lissabon, März 1992

Die Wiege des antikolonialen Widerstands im lusophonen — dem portugiesischsprachigen — Afrika stand in der Metropole. Es war die Lissabonner *Casa dos estudantes do império*, welche die Revolutionäre zusammenbrachte: Guineaner wie Amilcar Cabral, Mosambikaner wie Eduardo Mondlane und Joaquim Chissano, Angolaner wie Antônio Agostinho Neto und viele andere, auch Kapverder und São Tomenser, weniger nach Herkunft als nach Generationen zu Grüppchen zusammengewürfelt. Persönliche Beziehungen aus der *Casa dos estudantes* festigen noch heute die Bande der Einheit zwischen Afrikas fünf weit auseinanderliegenden lusophonen Staaten. Im Dunstkreis dieser Mehrzweckselbsthilfeorganisation konspirierten die ersten Befreiungskämpfer schon zu Beginn der fünfziger, jüngere erst Mitte der sechziger Jahre, als der Druck bald unwiderstehlich wurde, sich entweder im Busch zu den Befreiungsbewegungen — MPLA, FLNA, Frelimo, PAIGC, MLSTP und wie sie alle hießen — zu gesellen oder im osteuropäischen Ersatzdienst den sozialistischen Akademiker abzuverdienen oder aber das Weite in einem neutraleren Exil zu suchen, in den USA, vielleicht auch in Lausanne.

Geduld der Ideen

Wie in anderen Kapitalen der ausgeklungenen Weltrevolution ehren in Maputo die Straßenschilder einen erweiterten Kreis von Erben Marxens. Doch die lusophonen Exilantenmilieus an den Universitäten von Lissabon und Paris waren besonders empfänglich für den proletarischen Internationalismus, hielten sich weniger an den antikolonialen Nationalismus eines Nasser, eines Kwame Nkrumah oder Patrice Lumumba als an Mao und Ho Chi Minh,

Lenin und Castro. Als letzte klassische Kolonialkriege sind die portugiesischen noch in relativ frischem Gedächtnis; und mit der Erinnerung, daß das Lissabonner Regime vor der Weltöffentlichkeit den noch schwereren Stand hatte als Washington während des Vietnam-Kriegs, weckt der Gang durch das Museum der mosambikanischen Revolution ein sonderbares Gefühl epochaler Distanzen. Die von Sartre eingeleiteten Dithyramben aus Frantz Fanons *Die Verdammten dieser Erde* und der ganze antiimperialistische Katechismus der westeuropäischen 68er, die unter den heroischen Bildern an diesen Wänden nicht die geringfügigste Korrektur erfahren haben, wirken heute nicht nur völlig bizarr in ihrer Hermetik, es scheint ihnen jeder kritische Impuls, jede Regung von Skepsis, jede unbeantwortete Frage so fremd wie etwa Marx einem Zeugen Jehovas. Professor Luiz Pereira, einst Direktor dieser endgültigen Ausstellung, spricht 1992 von intellektuellen Modeartikeln, denen man offenbar im verkehrten Pariser Kaufhaus auf den Leim gegangen ist.

Der ideologische Ramsch liefert keine Erklärung für Angolas und Moçambiques Bürgerkriege, die im ersten Fall unmittelbar nach der Unabhängigkeit, im zweiten drei Jahre später ausbrachen. Die zumeist ethnisch bedingten Rivalitäten innerhalb des Widerstands, dem für die Machtübernahme jede Vorbereitung abging, wurden durch die Nachbarschaft der expansiven Wirtschaftsmacht Südafrika mit ungleich größerem Druck als anderswo auf dem Kontinent in die Konfliktmuster des Kalten Krieges gegossen. Kräften, die nach echter Selbstbestimmung bestrebt waren, ließ die Destabilisierungspolitik des Apartheid-Staates keine Chancen, zumal in den embryonalen Staatsgebilden die Schützlinge Havannas und Moskaus bereits plaziert waren. Die Ideen aus dem Mai 68 wichen den kubanischen Truppen und einer »souveränen« Fortsetzung von Unterentwicklung und Kolonisation durch die revolutionäre Solidarität des Ostblocks.

Der Abschied von den neomarxistischen Ideen, die schon ihrem eigenen Gehalt gemäß die Realitäten nur widerspiegeln, nicht dominieren können, fiel nicht schwer. Schmerzen bereitet die Trennung von ihrem materiellen Nachlaß, der den Demokratisierungsversuchen entgegensteht. Feste und bewegliche Habe, praktisch alles, was nach erfolgreicher Karriere Status und Wohlstand definiert, ist in der Verfügungsgewalt des Staates, nicht seiner Funktionäre. Ihre demokratische Abwahl bringt ihre Kinder um den privilegierten Bildungszugang, sie selber ums Auto, um ihr Büro und dessen Möbel, um das Telephon, in manchen Fällen um die Wohnung. Auf dem Strand von Roque Santeiro in Luanda, der auf den Titel von Afrikas größtem Parallelmarkt Anspruch erhebt, wartet vom Antibiotikum bis zum vollaufgetankten Personenwagen alles auf umstandslosen Handwechsel, oft aber vergeblich auf zahlungskräftige Besucher, deren Zahl an Spitzentagen auf 200000, davon 80000 gleichzeitig, geschätzt wird. Politik war Beruf und Erwerbsgrundlage; und wo in einem kaum existenten privaten Sektor kaum Stellen in Aussicht stehen, droht einer Mehrheit aller Gehaltsempfänger die Pensionierung in ein Nichts, dem manche — Ideologien hin oder her — den Scherbenhaufen des Apparats vorziehen.

Indem Afrikas lusophone Völker im Zuge ihrer zweiten Dekolonisation nach dem stillen Abzug des Kremls und Castros doch auch die Befreiung vom eigenen Staat in Angriff genommen haben, bieten sie — *nolens volens* — Portugal Aussichten auf einen späten Ersatz für die Rolle, die vor zwanzig Jahren das antiquierte Regime des Mutterlandes nicht wahrzunehmen vermochte: die zukunftsträchtige Rolle eines kooperativen Partners im verspäteten Prozeß der Dekolonisation, dessen Erfolg an entschiedenen Entwicklungsbemühungen hängt. Die portugiesischen Verdienste um die Angolaverhandlungen, die 1991 in Estoril zum Erfolg führten, werden gebührend herausgestrichen. Ein Jahr später kommt Portugals erste EG-Präsidentschaft auch Lissabons afrikanischen Ambitionen entgegen, und dem Architekten der neuen portugiesischen Afrikapolitik, Staatssekretär José Durão Barroso, liegt alles daran, den diplomatischen Schwung zu wahren.

Gemischte Erfolge

Die Vorbehalte gegen Lissabon sitzen in Maputo allerdings tiefer als in Luanda. Die mosambikanische Hauptstadt lebt Tür an Tür mit 600000 Portugiesen in Südafrika, von denen viele von einer Verjährung ihrer Ansprüche nichts wissen wollen. Die Regierung Präsident Chissanos, die Entscheidungen Pretorias wichtiger nimmt als Avancen Lissabons, verschloß sich in der vertrackten Diskussion um eine mosambikanische Definition des Begriffs »Flüchtling« kategorisch und mit Erfolg der Forderung der Renamo, ehemaligen weißen Siedlern diesen Status zuzubilligen.

In Angola bekam die ehemalige Kolonialmacht die Früchte ihres neuen Engagements mit Händen zu greifen. Pedro Moitinho de Almeida, Afrikadirektor im Außenministerium, räumt lachend ein, daß in seiner Umgebung Zweifel am Erfolg des Friedensprozesses in der größten und wirtschaftlich mit Abstand bedeutendsten der verlorenen Besitzungen höchst unpopulär seien. 70 Prozent der portugiesischen Exporte nach Afrika gehen in die fünf lusophonen Staaten, und Angolas Anteil daran stieg — nach einer Vervierfachung der Einfuhren aus Portugal binnen vier Jahren — schon bis 1990 auf gegen drei Viertel. Zwei Jahre später hat das ehemalige Mutterland wieder mehr als ein Viertel des gesamten angolanischen Importgeschäfts an sich gebracht. Noch absorbieren die Märkte der OECD-Länder etwas über 90 Prozent von Portugals Ausfuhr; der afrikanische Anteil beträgt immerhin mehr als die Hälfte des Restes. Unter portugiesischem EG-Vorsitz wurde Angola für die Folgekosten der Demobilisierung Hilfe im stattlichen Umfang von 150 Millionen Ecu (etwas weniger als 300 Millionen Mark) zugesprochen. Und auf portugiesische Fürsprache erlangten die fünf lusophonen Staaten den Status einer Regionalgruppe im Rahmen der Lomé-Konvention, wofür sonst geographische Nachbarschaft eine Bedingung ist.

»Brücke nach Afrika«

Moitinho de Almeida erinnert daran, daß kontinentale Integration und nicht Vorteile bei der Pflege nationaler Interessen Sinn der Europapolitik ist. Dem Publikum, das sich in Lissabon für Afrika jederzeit mehr interessiert als für Europa, die deutsche Vereinigung oder den Zusammenbruch der Sowjetunion, sei das nicht immer leicht verständlich zu machen. Auf den Frontseiten der portugiesischen Presse bleibt neben den jüngsten Ereignissen in Osttimor nicht mehr viel Raum. Die sentimentalen Bindungen an die verlorenen Überseegebiete sind stark. Ein sonntäglicher Spaziergang durch die imperialste aller europäischen Hauptstädte bringt vor Augen, was an dieser Nostalgie mehr als nur Gefühl ist. Im Außenministerium, dem wundervollen Palacio das calamidades, herrscht Vertrauen darauf, daß der EG die portugiesischen Afrikaobsessionen ebenso zugute kommen wie diesen Lissabons Präsidentschaft.

Die lusitanische Diplomatie sieht sich gerne als europäische Abordnung von Brückenbauern, und noch lieber als dem Potential afrikanischer Märkte leiht sie den Superlativ »enorm« dem, was sie als ihren afrikapolitischen Erfahrungsvorsprung geltend macht. Was ihr Afrikadirektor als größten Erfolg seines Staates nach der Nelkenrevolution bezeichnet, gehört in diesen Kontext, allerdings mehr unter innenpolitischen Aspekten: die Reintegration einer halben Million Rückkehrer, die gewiß nicht ohne Not und Leiden vonstatten gegangen sei, trotz allem aber das schwache Land sozial nicht aus den Angeln gehoben habe. Jener enorme Zuzug mag einen Grund dazu beigetragen haben, wenn man sich am Tejo Afrika vielleicht immer noch näher fühlt als am Indischen Ozean dem Estoril. Moitinhos äußerst hilfsbereiter Mitarbeiter überschreibt seine migrationsstatistischen Auszüge zu den *»African Portuguese Speaking Countries«* beharrlich mit *»Portuguese African Speaking Countries«*. In Maputo währenddessen darf man sich von der Frage, was in der mosambikanischen Identität heute vom portugiesischen Element noch zu spüren sei, nicht allzuviel Aufschluß versprechen. Bei einigen Gesprächspartnern dämpft die Wirkungen der Provokation ein augenzwinkerndes Ehrenwort, auch in Lissabon bei zuständigen Stellen die entsprechende Frage nach dem afrikanischen Element in der portugiesischen Identität einzubringen.

XVIII Angola noch einmal

Malanje, November 1993

Die Kabinen von Cargo-Maschinen sind fensterlos. Wenn man sich auf dem Boden des Laderaums nur mehr am scharfen Rand der stählernen Palette festhalten kann und die leere Boeing im Aufstieg ihre ganze Kraft zu spüren gibt, schlagen die engen Windungen der Spirale grimmiger auf den Magen. Beim Landeanflug bieten die Maissäcke der Uno und das griffige Tauwerk darüber noch einen gewissen Komfort; die Korkenzieherfigur im Abstieg, aus Sicherheitsgründen so steil hinunter wie möglich, sorgt dennoch dafür, daß man den festen Grund von Malanje leicht schwankend betritt.

Obschon eine Zeitung wie *Die Zeit* nach ihrem siebenstündigen Besuch auch in Malanje nicht auf »Tausende von Einschußlöchern« in den Hauswänden verzichten mag, trägt die Stadt kaum Spuren direkter Kriegszerstörungen. Sie führt nur drastisch vor Augen, daß sich Angolas Hinterland von dem unvergleichlich ärmeren Moçambique kaum unterscheidet. In den achtzehn Jahren der Unabhängigkeit gab es keine Bautätigkeit, die Rohbauten sind zwanzigjährig, und keine Ruine wurde beseitigt. Ließ der Krieg ein klein wenig Geld für zivile Projekte übrig, dann blieb es in Luanda.

Kostbare Mobilität

Zu Auseinandersetzungen, die sich Kampfhandlungen nennen ließen, kam es hier nur in einem Stadtviertel und nur während der wenigen Tage, als die Ninjas, die Spezialpolizei des MPLA, im Herbst 1992 die Anhänger der Unita vertrieben. Malanje — etwas über 400 Kilometer östlich der angolanischen Hauptstadt Luanda — ist eine Hochburg des MPLA (Movimento popular de libertacão de Angola); in der gleichnamigen Provinz machte die Regierungspartei bei den Wahlen vom September 1992 zwei Drittel der Stimmen, einen ebenso hohen Anteil wie in Luanda. Doch die Unita (União nacional para independência total de Angola) hat kurz nach Jahresbeginn 1993 auch um Malanje einen undurchlässigen Belagerungsring gezogen und dadurch die größte nördliche Stadt nebst Luanda in einen der Brennpunkte von Angolas humanitärer Katastrophe verwandelt.

Am Flughafen, der wie die meisten Destinationen ohne Funkkontakt angeflogen wird, drängen sich täglich Hunderte von Reisewilligen. Die täglichen zwei bis drei Kurse der angolanischen Fluggesellschaft haben diese Menschenmengen nur wenig zu verringern vermocht. Im praktisch noch unreformierten Planstaat des MPLA kostet ein Inlandflugticket nach dem totalen Zusammenbruch der Währung umgerechnet vielleicht noch drei Franken. Doch bei einem staatlich festgesetzten Mindestlohn von weniger als zwei Franken im Monat ist der informelle Obolus für die Einstiegskarte für fast ebenso wenige Angolaner erschwinglich wie ein Sitz in einem der Armeehelikopter, welche Privatkunden für zehn bis zwanzig Franken von Stadt zu Stadt befördern. Als ebenso lukrativ wie dieses Transportgeschäft erwies sich an manchen Frontabschnitten der Handel mit Fleisch, mit dem Armeeangehörige zahlungsfähige Kreise der städtischen Zivilbevölkerung versorgen.

Wie viele Leute sich in Malanje aufhalten, ist nur grob abzuschätzen. Das World Food Programme der Uno hat laut seiner Buchführung für den Oktober etwas weniger als 60000 Notleidenden Hilfe gebracht. Allein die Zahl der zugezogenen Kriegsvertriebenen wird auf das Doppelte geschätzt, die Zahl der verbliebenen Ansässigen auf

200 000 bis 250 000. Etliche zehntausend, welche dazu die Mittel aufbrachten, haben in ihren Häusern Vertriebenen Platz gemacht und die Stadt auf dem Luftweg in Richtung Luanda verlassen. In Malanje ist das Elend nicht in Lager zusammengezogen worden; Probleme der Unterbringung machen sich kaum bemerkbar. Im einzigen Hotel kann sich ein Gast für zwei Dollar pro Nacht mit Kerze und Wassereimer auf 250 Quadratmetern breitmachen. An anderen Tagen wird die Stadt nachts noch zentral mit Strom versorgt, falls das eine Tankflugzeug der staatlichen Ölfirma den Diesel bringt. An diesem letzten Novemberwochenende übertönt nur da und dort ein Notstromaggregat den nächtlichen Kanonendonner, der alle paar Stunden von ferne über die Stadt rollt. Im Lam, dem einzigen Restaurant, wird getanzt, gelokkert durch portugiesischen Wein oder südafrikanischen Brandy. Ein Neffe des Gouverneurs pöbelt unter den 30 Gästen herum.

Land der Amputierten

Die Kriegsopfer landesweit werden noch immer nach der Tagesrate von 1 000 Toten addiert — eine runde Zahl, die zu erkennen gibt, wie wenig darüber in Erfahrung zu bringen ist. Übereinstimmend wird angenommen, daß das erste Jahr dieser letzten Kriegsrunde weit über 100 000 Menschenleben gefordert hat. Zwischen zwei und drei der zehn bis elf Millionen Angolaner sind auf Nahrungshilfe angewiesen. In Malanje sterben derzeit nicht mehr so viele Kinder wie noch vor zwei, drei Monaten — vielleicht nur mehr eine einstellige Zahl täglich. Doch die Versorgungslage ist dermaßen kritisch, daß sich das mit jedem Tag wieder zum Schlimmeren wenden kann. Wie auch in anderen Städten fielen unter der Bevölkerung im arbeitsfähigen Alter weniger Menschen dem Hunger selber als der verzweifelten Suche nach Eßbarem zum Opfer. Während der ersten Monate der Belagerung wurden im Spital täglich zwischen fünf und fünfzehn Schwerverwundete eingeliefert, oft Frauen und Mädchen von weniger als fünfzehn Jahren, die auf Nahrungssuche in den umliegenden Feldern auf Minen oder Unita-Kämpfern vor die Gewehrläufe traten. In letzter Zeit seien es nur noch »einige pro Woche«, erklärt der Direktor des Spitals; die Bauern der Umgebung hätten endlich begriffen, daß sie ihre Früchte verfaulen lassen müßten.

Das Spital mit seinen 230 Plätzen bleibt heillos überbelegt, und es fehlt an allem, doch im Unterschied zu anderen Krankenstationen hat man, wie der Direktor versichert, nie Amputationen ohne Anästhesie vornehmen müssen. Angola ist das Land der Beinamputierten. Aufgrund seiner Erhebungen im Hochland schätzt das Internationale Komitee vom Roten Kreuz ihre Anzahl auf 40000 bis 50000. Ein Schweizer Arzt, der ein Jahrzehnt in der Südprovinz Huila tätig war und allein während der beiden Jahre 1988/89 im Spital von Kalukembe eigenhändig 600 Beine amputiert hat, rechnet unter Berufung auf kirchliche Quellen mit der doppelten Zahl.

Fluch des Reichtums

An die chirurgische Abteilung schließen sich die Säle der medizinischen Station an, wo der Kwashiorkor, das gefürchtete Proteinmangelsyndrom, die Bäuche aufbläht und mit schweren Gewebszerstörungen wütet. Noch dieser Anblick ruft in Erinnerung, wie eng Angolas Desaster mit den Reichtümern des großen, bevölkerungsarmen Landes verknüpft ist — nicht nur mit dem Erdöl und den Diamanten, die mit den Rüstungsarsenalen siebzehneinhalb Jahren Bürgerkrieg zu ihrer Bestialität verholfen haben. Der Krieg war es natürlich auch, was in den vergangenen zwanzig Jahren die Viehbestände auf etwa ein Sechstel reduziert hat. Daß in einer raschen Regeneration keine Priorität erkannt wurde, erklärt sich unter anderem aus der Fruchtbarkeit des einstigen Agrarexporteurs,

denn durch den Ertrag des Bodens entfiel auch die Notwendigkeit zu verstärkter Anstrengung in der Fleischwirtschaft oder auch in der Fischerei, die auch fern von
Angolas überaus fischreichen Küsten noch in vielen Bin-
nengewässern ergiebig wäre.

Die Nahrungshilfe, die in Malanje von 80 bis 100 Not-
küchen ausgegeben wird, ist noch immer völlig unzurei-
chend. Auswärtige Organisationen wie Médicins sans
frontières und Concern haben die Intensivbetreuung mehrerer tausend schwer gefährdeter Kinder übernommen.
Die Hauptlast der übrigen Verteilung trägt die einheimische Caritas der katholischen Kirche. Die Kirche ist
die einzige zivile Institution im Land, die noch geregelt
ihren Aufgaben nachkommt.

Diesseits von Gut und Böse

Auch Berichterstatter halten sich an sie. Doch um fest-
zustellen, daß es sich bei dem Elend in Malanje nicht nur
um einen Focus für Photoreporter handelt, daß dieses
Elend mit einer politischen Lektion aufwartet, ist man
nicht auf die Kirche angewiesen. Alle Spatzen pfeifen es
von den Dächern. Man liebt in Malanje die Unita nicht.
Doch schlechter als hier kann es den Leuten drüben unter
Savimbi nicht gehen, und der Bevölkerungsanteil der
Kriegsprofiteure diesseits der Front kann nicht weit über
einem Promille liegen. Die Rede vom korrupten angolanischen Regime ist ein ebenso reiner Pleonasmus wie das
grüne Gras, denn die Verwaltung ist nichts anderes als
systematisierte Korruption. Auch in der MPLA-Hoch-
burg Malanje und selbst unter MPLA-Anhängern breitet
sich der Gedanke aus, daß die Regierung Frieden schließen
sollte, daß sie dies zudem auch könnte und andernfalls
einen gefährlichen Schwund an politischem Terrain riskiert. Es erntet ein Lächeln von tiefer Müdigkeit, wer den
amtlichen Refrain zitiert, wonach in diesem Krieg eine
demokratisch legitimierte Regierung die Errungenschaf-

ten eines demokratischen Reformprozesses verteidigt. In den regierungskontrollierten Gebieten hieß es früher, die Wahl zwischen dem Dieb und dem Schlächter falle mit dem MPLA auf den Dieb. Das alte Wort relativieren wachsende Zweifel an aufrichtigem Friedenswillen — nicht nur auf seiten Savimbis, sondern auch der Regierung.

»ZWEI HAUPTVERANTWORTLICHE«

Luanda, November 1993

Im angolanischen Konflikt gibt es, wie Chester Crocker gesagt haben soll, zwei Hauptverantwortliche — *»two major responsibles«*. Das Wort des ehemaligen amerikanischen Assistenzsekretärs läßt, so feinsinnig wie lapidar, keinen seiner drei gleichgewichtigen Hauptakzente überhören: Der kriegführenden Parteien sind zwei, und in der Tat verdient die Verantwortlichkeit beider einen Zusatz des Nachdrucks. Auch bei angolanischen Diplomaten herrscht der Eindruck, daß ungeachtet des klaren internationalen Stellungsbezuges der Führungswechsel in Washington Crockers Diagnose nicht umgestürzt hat. Der für die westlichen Partner zuständige Vizeaußenminister Jorge Chikoti empfindet es, daß zwar Jonas Savimbi und der Unita die Schuld an dem neuen Bürgerkrieg zugesprochen wird, daß aber zugleich die MPLA-Regierung in ihrem internationalen Ansehen nur unwesentlich besser abschneidet. »Vielleicht gelten wir als ein klein wenig weniger schlimm«, sagt er konsterniert.

Im Namen der Demokratie

Präsident Clintons Anerkennung des angolanischen Regimes strich in dem Präzedenzfall die Maxime heraus, daß dem Verlierer einer als weitgehend korrekt taxierten Wahl nicht erlaubt werden darf, seine Niederlage mit Gewalt in einen Sieg umzuwandeln. An dieses Prinzip klammert sich in Angola nach Kräften die Regierungspartei MPLA. Sie ist von den amerikanischen, portugiesischen und russischen Vermittlern des Bicesse-Friedensabkommens von 1991 wie wiederholt auch von der Uno ins Recht gesetzt worden und kann sich jetzt, wie Minister Chikoti ausführt, nicht selbst ins Unrecht setzen. Ihr Volksmandat verbiete der Führung, vom eingeschlagenen Kurs der Demokratisierung abzugehen. Daß davon kaum eine Erinnerung übriggeblieben ist, hat der Krieg zu entschuldigen. Chikoti bestätigt bedauernd, daß Demokratie in beiden verfeindeten Lagern höchstens durch einen Friedensschluß wieder auf die Tagesordnung gelangen kann — von den Aussichten dritter Kräfte zu schweigen. Chikoti ist kein MPLA-Kader. Als ein Ovimbundu wie sein ehemaliger Chef Savimbi hat der Unita-Dissident 1991 eine eigene Partei gegründet, um sich mit seinem Forum democratico angolano allerdings von Anfang an als südlicher Koalitionspartner des MPLA zu empfehlen.

Nach bald drei Wochen Verhandlungen in der sambischen Hauptstadt Lusaka pflegen die Verlautbarungen der Unita einen Optimismus von makabrer Munterkeit, wogegen die Staatspresse in Luanda Pessimismus übt. Die Unita tut es, so Chikoti, um weiteren internationalen Rügen zu begegnen, während im amtlichen Pessimismus »Vorsicht« walte. Was wohl eher den Namen »Argwohn« verdient und angesichts des unberechenbaren Feindes nicht unverständlich erscheint, klingt aus dem Mund des Ministers mehr wie »Sorgfalt«. Die Staatspresse bereite sie auf das Kommende vor, sagen dazu die Leute, die im Pessimismus den Zweck erahnen. Man dürfe nicht vergessen, sagen sie, daß die »Troika« der Vermittler auch bei der Regierung um Gesprächsbereitschaft immer wieder nachsuchen mußte. Dem neuen malischen Uno-Beauftragten und Chefunterhändler Alioune Blondin Beye wird Geheimniskrämerei vorgeworfen, und ein Beamter im

Informationsministerium stellt spitz die Frage, ob die Wahl eines Afrikaners in diesem Falle nicht vielleicht etwas zuviel intime Vertrautheit mit afrikanischer Diplomatie ins Spiel gebracht haben könnte.

»Verwirklichung des Wahlprogramms«

Es ist kaum denkbar, wie ein Waffenstillstandsabkommen ohne vorgängige politische Übereinkunft das Blutvergießen sollte beenden können. Doch die Regierung hält, gestützt auf die Rechtslage, an dieser Vorstellung fest und stellt sich selber als demokratische Errungenschaft über den Frieden. Während es der Unita um ein transitorisches Führungsarrangement zu tun ist, spricht die Regierung unentwegt von der Verwirklichung des Wahlprogramms des MPLA. Soweit das Ringen Formeln politischer Machtteilung und Savimbis Begehren nach Föderalismus gilt, schränken allerdings weder die Legitimation durch den Volkswillen noch die Resolutionen des Uno-Sicherheitsrates den Handlungsspielraum der Regierung ein. Die Moralisierung des Konflikts droht seiner Verewigung gleichzukommen, denn so wenig sie Savimbi bisher anhaben kann, so wenig hilft sie dem MPLA.

Man kennt Savimbis Ansprüche nicht, lautet eine Formel der amtlichen Bedrängnis. »Wüßten wir nur«, seufzt Chikoti, »was Herrn Savimbi zufriedenstellen könnte«, und nicht von der Hand zu weisen sind seine Zweifel, ob sich der Unita-Führer überhaupt mit weniger als der Macht im Staate abfinden ließe. Alles sieht danach aus, daß die Unita den Preis des Friedens in einer gleichgewichtigen Partnerschaft sieht. Es ist unwahrscheinlich, daß das gemeint ist mit der fast unlimitierten Flexibilität, die Chikoti seiner Regierung attestiert, wenn nur die Unita einen klaren Beweis von Kompromißbereitschaft erbrächte. Dieser Beweis fehlt auf beiden Seiten. Bleibt er auch von Regierungsseite aus, dann droht längerfristig die Gefahr, daß Savimbi sich selbst und allein für seine

Wahlniederlage entschädigen könnte. Hinsichtlich Disziplin und Moral sollen seine Truppen die alte Überlegenheit der Armee gegenüber gewahrt haben. Viel wird spekuliert über die logistischen Probleme, welche die Unita sicherlich hat, aber laut gutinformierten Quellen vorläufig auch löst. Es ist fraglich, ob sich das ändert, und so lange rechtfertigt denkbar wenig die Hoffnungen, daß die Zeit gegen Savimbi arbeitet. Dies räumt auch Chikoti ein, der nur während der ersten Hälfte des einstündigen Gesprächs ganz wie ein Regierungsvertreter klingt.

Autos und Bier

Faßt man den MPLA-Staat ins Auge, wagt man die Frage, wie er sich dem Land noch immer als Zukunft zu empfehlen erdreistet. Wie der neue Krieg, der Ansätze zu Reformen im Planstaat erstickt hat, übertrifft auch die neue Krisenwirtschaft alles zuvor Bekannte. Die Währung verliert binnen einer Woche gut zehn Prozent, und am 30. November 1993 steht der gesetzliche Mindestlohn bei einem Dollar im Monat. Erhöhungen wurden für das laufende Jahr ausgeschlossen. Das Londoner Fachblatt *Africa Confidential* zitiert die CIA mit einer Schätzung, wonach die Regierung zwischen Januar und November 1993 für Waffen 2,5 Milliarden Dollar ausgegeben hat. Ein Großteil des Erdöls ist auf Jahre hinaus gegen Kriegsmaterial und entsprechende Kredite verpfändet. Bei rund zwei Milliarden Dollar Nettoexportertrag jährlich und einem Handelsbilanzüberschuß von einer halben Milliarde betrafen im vergangenen Wahljahr etwa zwei Drittel des Importtotals 30 000 eingeführte Neuwagen plus etwa eine Viertelmilliarde für europäisches Bier. Das sind die bröckelnden Säulen der urbanen Basis des MPLA, und bei diesen Ressourcen droht Verknappung. Die Regierung kann sich nicht für alle Zeiten ausschließlich auf den Anhang in Luanda verlassen, wo in den *musseques*, den riesigen Armenvierteln, das Banditentum aufblüht.

Obschon man wie überall im südlichen Afrika auch in Luanda auf den kommenden südafrikanischen Präsidenten Mandela und auf imaginäre strategische Verschiebungen in der Region wartet, fechten die angolanischen Parteien an der Heimatfront. An Flexibilität übertrifft sie die internationale Meinung schon heute, und wieder einmal sind die gaullistischen Afrikapolitiker mit französischem Beispiel vorangegangen, indem sie sich mit Savimbi schon vor Monaten verständigten. Der Fall Angola ist dazu angetan, Afrikas demokratische Aspirationen in den Hinterkopf abzudrängen. »Zwei Hauptverantwortliche«: Wenn sich über beide denkbar wenig sagen läßt außer das Übelste, so kommt erschwerend hinzu, daß das Verhalten der einen Seite das der anderen weder entschuldigen noch auch nur einigermaßen zufriedenstellend erklären könnte.

AFRIKAS ROTE KHMER UND DER ARCHIPEL DER SCHMAROTZER

Luanda, November 1993

Wie einst bei dem lusitanischen Reich, das nach der Lissabonner Nelkenrevolution von 1974 untergetaucht ist, handelt es sich heute bei der größten der fünf ehemaligen portugiesischen Provinzen in Afrika, bei Angola, um einen Archipel. Seit Jonas Savimbi mit der Zurückweisung der Wahlresultate das Land in die neueste, blutigste Kriegsrunde gezogen hat, sind es die Städte und einige Anmarschwege, um die gekämpft wird. Von den achtzehn Provinzhauptstädten hält die MPLA-Regierung noch dreizehn; die übrigen fünf kontrolliert Savimbis Unita: Huambo im zentralen Planalto sowie M'banza Kongo, Uige, Ndalatando und Caxito im Norden, wobei Caxito nur 60 Kilometer von der Hauptstadt entfernt liegt. Vier weitere — Malanje, Luena, Kuito und Menongue — hat die Unita eingekesselt.

Weit gestreut sind auch diese Inseln. Mit eineinviertel Millionen Quadratkilometern ist Angola gut dreizehnmal so groß wie das iberische Mutterland. Zur Zeit gibt es einen geringfügigen zivilen Überlandverkehr einzig in südlichen Küstenabschnitten. Allein schon die Weite des dünn besiedelten Raumes, wovon die Regierung wenig mehr als zwanzig Prozent effektiv kontrollieren dürfte, wird auch nach einem Kriegsende die Rückkehr zu Ordnung und Sicherheit enorm erschweren. Dazu kommen die Minen. Über ihre Anzahl kursieren Schätzungen von zehn bis zwölf Millionen, was in der Größenordnung eines Zehntels von 100 Millionen weltweit verlegter Landminen läge. Ein Bericht des *Economist*, dem diese letzte Schätzung entstammt, spricht von einer Waffe der »Massenvernichtung im Zeitlupenverfahren«, wobei 50 Anbieterstaaten dem Kampf gegen ihre Verbreitung entgegenstehen. Bei Herstellungskosten von durchschnittlich unter zwanzig Dollar kommt die Entfernung oder Entschärfung einer Mine je nach Umständen auf 300 bis zu 1000 Dollar. Man mag sich dabei vergegenwärtigen, daß ein Land wie Ägypten bis heute an Problemen mit Minen nicht nur aus den arabisch-israelischen Kriegen, sondern noch aus dem Zweiten Weltkrieg leidet.

Über diesem Meer des Grauens ist außer den Cargo-Maschinen der Hilfsorganisationen vor allem die angolanische Luftwaffe unterwegs. Das Londoner International Institute for Strategic Studies gibt in einer Publikation vom Oktober eine Zahl von 81 Kampfflugzeugen. In Luanda ist sehr schwer in Erfahrung zu bringen, wie viele davon einsatzbereit sind; vielleicht gut die Hälfte, raten Diplomaten. Nachdem sie die Unita-Hochburg Huambo in Trümmer gelegt haben, sind ihre wichtigsten Ziele zur Zeit die gegnerischen Nachschubkonvois. Aber noch diesen November bombardierten sie im Feindesland auch Spitäler.

Die Topographie des Konflikts rückt auf dem angolanischen Archipel allerhand lusitanisches Erbe ins Licht. Nicht nur Angolas eigentliches Rassismusproblem, die Hegemonie der hauchdünnen Mestizenelite im Staatsapparat, sondern auch die tiefgehende ethnische Spaltung des Landes wird den Portugiesen zur Last gelegt. Wie überall schritt die Kolonisation in Etappen voran, was massive Entwicklungsgefälle hinterließ, und wie überall wählte sich die Metropole unter der einheimischen Bevölkerung ihre Partner. In Angola rekrutierten sie sich vor allem aus der Volksgruppe der Mbundu, die nach der Unabhängigkeit den Mestizen als das administrative Personal zur Verfügung standen. Die Geschäftsleute stellten die Nordprovinzen mit den Bakongo, die Heere der Tagelöhner auf den Kaffeeplantagen stellte Jonas Savimbis Bauernvolk der Ovimbundu aus dem Süden und dem zentralen Planalto. An das Dreieck der großen Ethnien hielten sich die Rivalitäten, aus denen die drei Befreiungsbewegungen hervorgingen: zunächst MPLA (Mbundu) unter Agostinho Neto gegen FLNA (Kongo) unter Holden Roberto, wovon sich nach deren Niederlage die Unita (Ovimbundu) unter Jonas Savimbi abspaltete. In den drei Jahrzehnten des Befreiungskampfes und des Bürgerkriegs mußte sich das ethnische Schema dem Land stetig tiefer einprägen, und was so lange Zeit als doppelter Stellvertreterkrieg zwischen Ost und West wie auch zugleich zwischen Schwarz und Weiß im südlichen Afrika wahrgenommen wurde, zeigt sich als ein Konflikt zwischen Stadt und Land, dessen interne Entwicklung von Lösungsmöglichkeiten weggeführt hat.

In den Rivalitäten der Bewegungen spielten die west-östlichen Fronten des Kalten Krieges nie eine ideologische Rolle, und in Präsident José Eduardo dos Santos und dem Rebellenführer Jonas Savimbi standen sich niemals Leonid Breschnew und Ronald Reagan gegenüber. Im Spektrum der linken Totalitarismusformen der Dritten Welt standen sich in Angola der stalinistische Apparatschik der Kuomintang und der Bauernführer von Maos KPCh gegenüber, die zivile vietnamesische Kaderschule und der Militarismus der Roten Khmer. Der Apparat des MPLA griff dabei auf ein weiteres portugiesisches Erbe zurück, den Bürokratismus der zentralistischen Administration, das Vermächtnis des klassischen Imperialismus, aus dem Hannah Arendt die Elemente und Ursprünge totaler Herrschaft in unserem Jahrhundert hergeleitet hat. Das Prädikat »links« trifft auf den MPLA-Apparat nur insofern zu, als der merkantile Kapitalismus Salazars über Bord geschickt wurde; Moskauer Prägung zeigt dieser Staat insofern, als es außerhalb seiner nichts gibt.

Höchste Stufe der Unterentwicklung

Nicht einmal ein eigentlicher Parteistaat wurde daraus, denn unter Kaderpartei verstanden MPLA-Kader sich selbst. Nachdem Nito Alves als Innenminister mit einem Massenmobilisierungsprogramm diesem Umstand ohne Erfolg Abhilfe zu schaffen versucht hatte, wurden 1977 auf seinen Putschversuch hin Tausende, wenn nicht Zehntausende seiner Anhänger liquidiert. Damit hatte die als Kreolen verschriene MPLA-Elite allen Bemühungen um Mobilisierung oder Verankerung auf dem Land und anderen »linksradikalen« Gefahren endgültig vorgebaut. Die Mitgliederzahl des MPLA überstieg seitdem nie ein halbes Prozent der Gesamtbevölkerung, trotz deren kriegsbedingt hohem städtischem Anteil in der Gegend von 40 Prozent.

Wenig darüber liegt die Zahl der Telephone, und kaum je hat sich ein Angolaner ohne Karriere im Staat eines davon erkämpft. Dafür existiert keine Einrichtung namens Telephonrechnung. Am 30. November 1993 notiert der Dollar mit 120000 angolanischen Kwanza. Motorisierte Städter zahlen für einen Liter Benzin 600 und einige

Kwanza, für den Liter Diesel 138 Kwanza, etwas weniger als 0,1 US-Cent. Ein Liter Mineralwasser im Supermarkt kostet soviel wie 60 Liter Benzin oder rund 300 Liter Diesel. Für den Import der Autos besorgte die Kaderpartei dem Kader die Devisen zeitweilig zu einem Hundertstel dessen, was sie auf dem Schwarzmarkt kosteten — auch neuerdings wieder zu einem zwanzigmal besseren Kurs, als der Kwanza im mittlerweile freigegebenen Wechselgeschäft gehandelt wird. Wer in einem der MPLA-Spitäler operiert werden will, hat Infusionen und Medikamente auf dem Roque Santeiro zu suchen, dem informellen Riesenmarkt am Strand von Luanda, wo das MPLA-Kader zugeteilte Zweit- oder Drittwagen zum Marktpreis verhökert.

Angesichts der Reichtümer des Landes, der Art ihrer Ausbeutung und Verteilung gilt für den angolanischen Staat noch immer, daß er die höchste Stufe der Unterentwicklung repräsentiert. Bei den elementaren Infrastrukturen handelt es sich wie beim Gefüge der Institutionen um eine einzige Dauerpanne. In Luanda, wo mit zwei bis drei Millionen Menschen vielleicht ein Viertel der Landesbevölkerung lebt, kostet ein Zimmer in einem von drei Hotels, die die meiste Zeit Wasser haben, fast 300 Mark pro Nacht, eine bescheidene Mahlzeit gut 100 Mark. Angolanische Botschaften in Europa, welche Pässe von Visa-Bewerbern verlieren, ersparen hie und da diese Auslagen. In Anlehnung an den südlichen Nachbarn Namibia, den einige noch immer Deutsch-Südwest nennen, drängt sich für Angola der Beiname Sibirisch-Südwest auf.

Kulturelle Differenzen

Auch die kulturelle Elite mehrt die betrüblichen Ehren dieses Staates. Eine international renommierte Autorin wie Gabriela Antunes verkündet mit Stolz, daß im zweiten Jahr nach Angolas demokratischem Aufbruch von 1991

von den 82 Mitgliedern des angolanischen Schriftsteller-
verbands noch immer neun Zehntel treu zum MPLA
hielten. Nur bestimmte Formen des volksrepublikani-
schen Respekts scheinen sich auf einem lakonischen Rück-
marsch zu befinden: Auf die Frage, warum Präsident dos
Santos, den sie zuweilen berät, der Unita-Bauernguerilla
als einziges Ministerium ausgerechnet das Ressort Kultur
offeriert habe, antwortet Frau Antunes: »Vielleicht, weil
er etwas dumm ist.«

Dieser mondänen Kultur steht der Rambo Savimbi
gegenüber, der Bauern mit Abertausenden von Landminen von ihren Feldern in die hungernden Städte treibt,
die seine Bauernguerilla nach ihrer Einnahme am lieb-
sten handkehrum zwangsräumen möchte. Im vergangenen Wahljahr empfahl er sich der Wählerschaft in Luanda
als der militärische Triumphator des voraufgegangenen
Krieges und mit der apodiktischen Voraussage, daß er die
Wahlen einzig durch Betrug verlieren könne. Mit einer
ununterbietbaren Wahlkampagne und mit seinen Waffen-
trägern, die in ihren Vierteln die Ansässigen tyrannisier-
ten, verdarb er seine günstige Ausgangslage und trieb mit
ganzer Kraft den bröckelnden Anhang des MPLA fru-
striert in dessen Schoß zurück.

Problem der Entflechtung

In der neuen Kriegsrunde hat die Propaganda des Unita-
Senders dem alten Lied von der »Kreolentyrannei« in
Luanda einen neuen Hauptakzent verliehen. Mit ihrem
Programm eines Genozids an der zivilen Ovimbundu-
Bevölkerung warte die Regierung nur darauf, daß die
Unita sich aus den im neuen Krieg eroberten Gebieten
zurückziehe, wie es mit dem MPLA auch der Uno-Sicher-
heitsrat verlange. Beobachter, die in humanitärer Mission
auf beiden Seiten der Front unterwegs sind und nie zuvor
ein psychologisch dermaßen vergiftetes Klima wie heute
ausgemacht haben, sehen in dieser Rückzugsforderung das

größte Problem. Ob nun Gefahren wahlloser Rachezüge mehr oder weniger real sein mögen, die Leute glaubten daran. Deshalb werden neue zivile Fluchtbewegungen großen Umfangs befürchtet. Es ist die Rede von einem weiteren afrikanischen Uno-Engagement, dessen Mannschaftsbedarf mit 10000 bis 15000 Blauhelmen beziffert wird. Bisher äußert niemand viel Zuversicht, daß die Uno nach ihrer unglücklichen Erfahrung in Somalia für eine solche Unternehmung zu gewinnen ist. Wer aber soll dann in den geräumten Gebieten für Sicherheit sorgen und zudem Savimbis Kräfte demobilisieren? An den neuen Fronten zwischen MPLA-Städten und dem Unita-Land kann ein Abkommen allein die praktischen Schwierigkeiten der Entflechtung nicht lösen.

XIX Zurück in die große Wüste

PIRATEN DER TRAURIGEN GESTALT

Timbuktu, November 1991

Eine Konferenz zur Problematik der sozial schwer ange-
schlagenen Tuareg-Stämme, zu der die malische Regierung alle betroffenen Parteien nach Timbuktu eingeladen
hatte, ist wieder einmal kurzfristig verschoben worden.
Was in Mali »der Konflikt«, in Niger lieber »das Problem«
genannt wird, schwelt — seit gut zwei Jahren und verstärkt seit Mitte 1990 — weiter: Attacken von Rebellen
gegen militärische und zivile Ziele, auch gegen unbeteiligte Dritte, Überfälle bewaffneter Banditen auf alles, was
sich in ihren Revieren bewegt, Racheakte der seßhaften
schwarzen Bevölkerung gegen Tuareg und Araber in
ihren Siedlungen, teils schwere Übergriffe von Polizei und
Streitkräften. Die zunehmende Unsicherheit im Norden
Malis und Nigers blockiert nicht nur überfällige Ent-
wicklungsbestrebungen und behindert teils massiv die
Arbeit von Hilfsorganisationen, sie gefährdet in beiden
Ländern die im Frühjahr optimistisch in Angriff genommene Demokratisierung.

Großräumiger Spannungsherd

Die Tuareg — arabisch das Volk der *tawariq*: der Wege —
nennen sich selber die Imoukhar, die Nobeln. Die Namen
ihrer großen Stammesfamilien fallen mit den geographischen Herkunftsbezeichnungen zusammen: Kel Ahoggar,
Kel Adrar, Kel Aïr. Nach dem Namen ihrer Sprache
nennen sie sich auch Kel Tamacheq. Ihr »Land« Azawad — die Gebiete, die sie mit ihren Herden bestreichen —

ist mit einer Ausdehnung von zweieinhalb Millionen Quadratkilometern vergleichbar der Fläche Westeuropas. Die Gesamtzahl der Tamacheq liegt irgendwo zwischen einer und eineinhalb Millionen: 600000 bis 700000 in Niger, 300000 bis 400000 in Mali, kleinere Minderheiten von 20000 bis 50000 in Algerien, Libyen und Burkina Faso. Nach einer Geschichte blutig niedergeschlagener Revolten bereits in der Kolonialzeit und zuletzt 1963/64 gegen den seit 1960 unabhängigen malischen Staat erholte sich ihre Nomadenwirtschaft, beeinträchtigt auch durch die nachkolonialen Grenzen quer und längs durch »Azawad«, von den schweren Dürren der siebziger und Mitte der achtziger Jahre nicht mehr. Wie auch unter den Bellah, ihren dunkelhäutigen ehemaligen Sklaven, sahen sich viele in den letzten drei Jahrzehnten zum Auszug gezwungen, wanderten bis ins sudanesische Darfur oder strandeten in Slums südlicher Großstädte, in Abidjan, Dakar, Lagos. Söhne wanderten zum Mißfallen der Väter in die Lager der westsahraouischen Befreiungsfront Polisario bei Tindouf, verdingten sich in Ghadhafis Islamischer Legion, verstärkten außer den nordafrikanischen Söldnerheeren in Tschad auch die mittelöstlichen in Libanon und im Irak, wo sie an der iranischen Front kämpften.

Die Fleischwirtschaft der Tamacheq ist praktisch zusammengebrochen. Dank sehr guten Ernten im westlichen Sahel sind auch die Preise der Feldfrüchte stark gefallen, was laut Unterlagen internationaler Organisationen den Kaufkraftschwund der Viehhändler bei Verkaufsrückgängen von bis zu 80 Prozent etwas abfederte. Ihre realen Einbußen in Gegenwerten belaufen sich aber noch immer auf gegen 50 Prozent. Der Export ist fast total ausgefallen, und wegen der Wirtschaftsflauten in den Abnehmerländern Mauretanien, Senegal und Côte d'Ivoire steht es, zumal andere Produzenten wie etwa Burkina Faso in die Lücke gesprungen sind, um die Regenerationsfähigkeit des Sektors besorgniserregend. Der Transsahara-Verkehr ist auf der westlichen Adrar-Piste nach

Mali ganz, auf der zentralen Route über Tamanrasset nach Agadez in Niger weitgehend zum Erliegen gekommen. Kürzlich ist sogar erstmals im Grenzverkehr zwischen den beiden Ländern, auf der Straße von Gao nach Niamey, ein Überfall auf einen Bus verübt worden. Unter dem Zusammenbruch des legalen und illegalen Imports aus dem Norden litt zunächst mehr noch als die Händler— größtenteils Angehörige der Wüstenstämme — deren schwarzes Hilfspersonal, das sich vor die Tür gesetzt sah. So werden Tamacheq und Araber — auch von ihren Abnehmern, die oft bei ihnen verschuldet sind — für die Krise pauschal verantwortlich gemacht, was Rachegelüsten der Zivilbevölkerung wie der Armee Vorschub leistet.

Vom Nomadismus zum Flüchtlingselend

Seit im Frühsommer 1990 bewaffnete Tamacheq in ihren beiden spektakulärsten Aktionen die Gendarmerie von Tchin-Tabaradène in Niger und das Gefängnis von Ménaka im Nordosten Malis angegriffen hatten, wurden bei Sticheleien von Rebellen und Beutezügen von Banditen immer wieder Zivilisten getötet, worauf die Repressalien der beiden Armeen immer wieder Dutzende von unbeteiligten Tamacheq das Leben kosteten, in Niger mindestens 60, nach anderen Angaben mehrere hundert, in Mali zumindest ungefähr 100, möglicherweise weit mehr. Im Frühjahr 1991 wurden durch jugendliche Schlägertrupps 7000 bis 9000 hellhäutige Händler, etwa ein Drittel der Stadtbevölkerung, aus Timbuktu vertrieben, vielleicht zur Hälfte Tamacheq und zur Hälfte Araber. Zur Zeit versucht das Internationale Komitee vom Roten Kreuz (IKRK) westlich von Timbuktu rund 10000 Hilfsbedürftigen Beistand zu leisten. Das Nomadentum setzt gängige Definitionen der Begriffe »Flüchtling« und »Vertriebener« außer Kraft; entscheidend ist die Unterbindung von Verkehrswegen und ökonomischen Lebensadern, so daß es in manchen Fällen Immobilität ist, was Hilfe erforderlich macht. Allerdings wird die Zahl der aus Mali nach Mauretanien Geflohenen mit minimal 15000 angegeben, in anderen Schätzungen ist vom Doppelten die Rede. Zahlen von Tamacheq, die in der südalgerischen Region um Tamanrasset gestrandet sind, reichen von 13000 bis 35000. Unter ihnen, die als Wegelagerer um die Oasen streifen, sollen besonders desperate Zustände herrschen.

Der radikale Front populaire pour la libération d'Azawad behauptet, die malische Armee habe in den letzten drei Jahren 12000 Tamacheq umgebracht. Der Delegierte des IKRK in Timbuktu hält es für möglich, daß durch die Folgen des Konflikts mehrere tausend umgekommen seien. Die malische Armee beziffert die eigenen Verluste mit 150 Mann. Es wird ihr vorgeworfen, daß auch Ausschreitungen wie die große »casse« von Timbuktu im Mai 1991 nur mit ihrer Duldung möglich gewesen sei. Während in den Hauptstädten Bamako und Niamey seit der Entmachtung der Militärdiktatoren eine Haltung der Konzilianz propagiert wird, spricht der Gouverneur in Timbuktu, ein Bambara aus dem Süden, noch immer von einer allseitigen kollektiven Psychose unter der lokalen Bevölkerung. Unter solchen Bedingungen blieben die Friedensabkommen von Djanet im September 1990 und von Tamanrasset im Januar 1991, die eine Demilitarisierung der Grenzgebiete und ein Autonomiestatut für die Tamacheq vorsahen, wirkungslos. Während sich radikale politische und kriminelle Elemente in den Weiten der Wüste aus dem Waffenstillstand von Juni 1990 offensichtlich nichts machen, denken die Streitkräfte nicht daran, sich zurückzuziehen.

Ghadhafi

Nachdem auch die malischen Behörden bei der Vorbereitung der verschobenen Konferenz keinen Eifer an den Tag gelegt haben, auf dem Papier wohl gemischtethnische

Kommissionen ins Leben riefen, die aber nie zusammentraten, besteht das erste Problem weiterhin darin, daß ihr Gegner politisch nicht identifizierbar ist. Iyad Ag Ghali, der Führer der größten Rebellenfaktion, des Mouvement populaire d'Azawad, wurde bereits zu Zeiten Moussa Traorés im Präsidentenpalais von Bamako empfangen. Die Folge war die Abspaltung des obskuren FPLA, dessen Exponenten sich bisher nicht zu Verhandlungen bereit erklärt haben. Die radikale Gruppierung unterstützt eine neue dritte Kraft, den Front islamique arabe d'Azawad, der — islamistisch angehaucht — die arabisch-maurische Komponente des Problems zur Geltung bringen will. Während die Regierung in Algier wegen der Schwierigkeiten im Süden des eigenen Landes an einer Lösung des Problems interessiert sein dürfte, wird einmal mehr hinter Ghadhafis guter Miene ein böses Spiel gesehen. Seine wiederholt demonstrierten Sympathien für die Tamacheq fügen sich in seine Vision eines geeinten arabisch-islamischen Groß-Sahels. Mali, Niger und Algerien, wo das Tamacheq überall als offizielle Sprache anerkannt ist, überlassen das Schlachtfeld der Propaganda Libyen, wo ein Radiosender als einziger Tamacheq-Programme ausstrahlt.

Abschied von einem Mythos

Unter dem Aufstand der Tamacheq, der sich von der stetigen Degeneration seiner selbst schwer unterscheiden läßt, leiden am meisten die seßhaften Angehörigen und die Vertriebenen der eigenen Ethnie. Beide haben allmählich von den Aktionen ihrer Befreier ebenso genug wie von den Übergriffen der Armee. Der Konflikt ist nicht mehr auf einen Nenner Hell gegen Dunkel zu bringen, inzwischen verlaufen die Fronten mitten durch die Tamacheq-Stämme. In der Hoffnung, daß ihnen dieser Wandel des Konfliktmusters ihre Interessen zu Bewußtsein bringt, sieht der IKRK-Delegierte in Timbuktu den

Grund, daß Pessimismus nicht obligatorisch sei. Den entwicklungspolitischen Aufgaben, die nach einer Verständigung anstünden, sind die Regierungen Malis und Nigers ohne Hilfe allerdings kaum gewachsen.

Die Tamacheq hätten eigene Beiträge zu leisten. Die langjährige Strategie der Regierungen Malis und Nigers, sie zur Seßhaftigkeit notfalls zu zwingen, hat sich zweifellos als kontraproduktiv erwiesen. Doch es handelt sich bei der transhumanten Viehwirtschaft der Wüstenstämme schon lange nicht mehr um den großen Nomadismus, der als Wirtschaftsform viele Jahrhunderte hindurch von der Sklaverei abhängig und mit deren Abschaffung zum Untergang verurteilt war. Vier von fünf Maliern leben an den Ufern des Niger, und auch der fünfte hängt indirekt von ihm ab. Die Tamacheq — so eine französische Veterinärin in Timbuktu — haben, wenn sie Hirten bleiben wollen, eigene Formen wirtschaftlicher Diversifikation zu entwickeln und sich teilzeitig in die gemischte Landwirtschaft einzugliedern. Die Noblesse der »Blauen Männer«, von europäischen Abenteurern und Forschungsreisenden zum Mythos stilisiert, erschwert enorm ihr Zusammenleben mit den schwarzen Ethnien der Songhay und Peulh, der Djerma, Haussa und Bambara, die in dem »Superioritätskomplex« der Nomaden vor allem »Arbeitsscheu« sehen.

»DIE MYSTERIÖSE«

Timbuktu, November 1991

Als im Jahre 1324 Kankan Mussa, der Sultan von Mali, sich zu seinem Hajj nach Mekka begab, verteilte er in der Heiligen Stadt 20000 Goldstücke Almosen. Von seinem Zwischenhalt in Kairo hat sich der Goldpreis, wie bei Chronisten zu lesen, zwölf Jahre nicht erholt. Venezianische Kaufleute, deren Berichte die abendländische

Phantasie beflügelten, wohnten Kankans Einkäufen bei. Der Geschmack stand ihm dabei vor allem nach juristischen Abhandlungen. Schon in der zweiten Hälfte des ersten nachchristlichen Jahrtausends galten die Herrscher im Sahel als die reichsten Könige der Erde. Der französische Historiker Pierre Bertaux betont, daß das im 4. Jahrhundert gegründete Gana-Reich — auf dessen Name Kwame Nkrumah anläßlich der Unabhängigkeit der Goldküste 1957 zurückgriff — im Kulturniveau einen Vergleich mit den Karolingern oder mit den Ottonen nicht zu scheuen brauchte.

Das Gold, das Salz, die Bücher

Bis zur Entdeckung Amerikas blieben, unter wechselnder Hoheit, die Minen im Quellgebiet des Niger der wichtigste Goldlieferant der Mittelmeerwelt. Zu welchen Höhen sich der Transsahara-Handel zeitweilig aufschwang, veranschaulichen Marmorgrabsteine aus Spanien, die 3000 Kilometer durch die Wüste nach Gao gebracht wurden. Ibn Battuta, der Weltreisende aus Tanger, der nach seinen Reisen bis zum Pazifik um die Mitte des 14. Jahrhunderts auch das Reich von Kankans Mande-Dynastie besuchte, berichtet, zwischen Mali und Ägypten zirkulierten jährlich 12000 Kamele. In Timbuktu erwähnt er einzig das Grab eines Andalusiers; von dem illustren Zentrum der Gelehrsamkeit findet sich in seinen Schilderungen so wenig wie von der Chinesischen Mauer im *Milione* Marco Polos, wo der Geschäftsmann, der sie mehrmals passiert haben muß, in seinem fabelhaften Inventar orientalischer Handelshäuser für Monumente wenig Platz fand. »Das Salz« — so die Sänger — »kommt von Norden, das Gold kommt von Süden, das Silber kommt aus dem Lande der Weißen, die Worte Gottes aber und die Habe der Gelehrten, die Geschichten und die hübschen Erzählungen, sie findet man allein in Timbuktu.« Timbuktu war der wichtigste Verkehrsknotenpunkt der Karawanenwege im westlichen

Sahel. In Zagora, im Oued Draa am Südfuß des Atlas, erinnert daran ein hölzerner Wegweiser: »Timbuktu 51 Tage«. Distanzen in Nordafrika sind groß, von Dakar nach Djibouti ist es weiter als von Moskau nach Peking.

Heute hat die *ville mystérieuse* etwas Zurückgezogenes, Abwesendes. Der Flecken, ein Haufen Lehmschlammziegelhäuser wie so mancher andere im westlichen Sahel, verrät mit seinen gut 20 000 Einwohnern und dem versandeten Hafen am Fluß von seinem Vorleben kaum mehr als die umliegenden Dünen von den Elefanten, den Straußen und Giraffen, die noch in historischer Zeit an den Seen der einst sehr viel grüneren Gegend lebten. Den Grundstein der *Jinguereber*, der »Großen«, ältesten Moschee, deren unterweltliche Säulengänge Zuflucht vor der Hitze bieten, legte noch Kankan Mussa; doch in den bald 700 Jahren wurde sie immer wieder, bis zur Unkenntlichkeit, renoviert. Von Timbuktu, der »Mysteriösen«, bewahrt nur der Name etwas aus jener »fernen Zeit, als die Welt« — wie ein zeitgenössischer Erzähler aus der Heimatstadt Ibn Battutas bemerkt — »noch anders war«. Der Brite Gordon Laing, der in der Neuzeit als erster europäischer Entdeckungsreisender 1826 das Städtchen am Nigerbogen erreichte, bezahlte auf dem Rückweg seine Wüstenodyssee mit dem Leben. Auch der Franzose René Caillé und der Deutsche Heinrich Barth, die ihm folgten, brachten karge Zeugnisse nach Hause.

Talfahrt in die Neuzeit

Der Niedergang Timbuktus ist exakt datiert. Er folgt einem aus der abendländischen Antike wohlbekannten Muster. Leo Africanus aus Granada, der Nordafrika und den westlichen Sahel Anfang des 16. Jahrhunderts bereiste, schrieb, in Timbuktu werde der Reichtum eines Mannes an der Zahl seiner Bücher gemessen, »woraus man mehr Gewinn zieht als aus jeder anderen Ware, die man verkaufen könnte«. Die Manuskripte in der kleinen

Sammlung der Stadt wecken nur schwache Reminiszenzen an das mittelalterliche Mekka der Bibliophilie. Die marokkanischen Saaditen, nachdem ihre iberischen Söldner drei Jahre zuvor Kanonen durch die Sahara nach Timbuktu gebracht und die Stadt eingenommen hatten, deportierten im März 1594 — wie einst die Römer die Griechen — alle Gelehrten samt ihren Büchern nach Norden. Vom großen Gold, zu dessen Quellen sie sich aufgemacht hatten, fanden sie im Norden Malis nicht viel. Timbuktu gab wenig Anlaß zu bleiben. Mit dem Aufschwung der interkontinentalen Hochseeschiffahrt im selben Jahrhundert verschwand die Stadt definitiv in der Legende und in den Tiefen der afrikanischen Landmasse, die den nordamerikanischen Kontinent an Ausdehnung weit übertrifft. Aber selbst jenseits des Atlantiks, in den Vereinigten Staaten, lebt Timbuktu weiter: etwa in einem Club, wo Anträgen auf Mitgliedschaft der Paß mit dem Stempel der Préfecture de Tombouctou beizulegen ist.

Auf die geschmiedeten Beschläge der massiven Holztüren wird noch immer viel Kunstfertigkeit verwendet. Und zwischen gewebten Decken, zwischen Teekannen, Halsketten, Ohrringen, Tuareg-Kreuzen und handgefertigten Vorhängeschlössern, zwischen allerlei krummen Dolchen und verwegenen Säbeln warten tausendundein unterbeschäftigte »*artisans*« auf Kundschaft, die derzeit wegen der Rebellion unter den hellhäutigen Nomadenstämmen ausbleibt. Wehe dem, der sich trotz allem an den Nigerbogen begibt! Am Tin — dem »Ort« — der legendären Gründerin Buktu, die an ihrem umfriedeten Brunnen das Lager der ausgeflogenen Nomaden hütete, wird er von den *guides touristiques* kurzerhand aufgefressen.

Afrika

Erst nachts wagt er sich unbeschützt auf die Straßen, wenn die Jugend sich um Timbuktus Big Band versammelt hat. Sie spielt, modern instrumentiert, fünf Stunden afrikanische Klassik, auf einem Niveau, das ihr am *Concours national* in Bamako alle Chancen läßt und auf dem schwarzen — dem musikalischen — Kontinent an sehr wenigen Orten übertroffen wird. Aus den Rhythmen und Klängen formt sich zum erstenmal eine Idee, zweimal im Leben nach Timbuktu zu gehen. Ein Tuareg-Liliputaner macht nicht nur die Ansagen, er dirigiert von seinem Schemel aus die Band. Die Frauen, in dem multiethnischen Publikum stark dominant, inspirieren sie mit einer Farbenpracht der traditionellen Kostüme, die Europa ganz im Grau einer tiefen Depression versinken läßt.

XX Der demokratische Aufbruch

»STAMMESPROBLEME« ODER POLITISCHER AUTORITARISMUS

Februar 1993

Vielleicht mag etwas vom Renommee Afrikas als des Kontinents der »Stämme« und des »Tribalismus« auf den Umstand zurückgehen, daß auch seine politische Geschichte zu einem weit größeren Anteil als die Geschichte etwa des Balkans oder Zentralasiens von Ethnographen geschrieben wurde. Dieser Umstand ist seinerseits historisch bedingt und zunächst der Sache äußerlich. Der Schwarze Kontinent, ein politisches Flickwerk von derzeit 53 Ländern, ist groß. Mit seinen gut 30 Millionen Quadratkilometern übertrifft er die Landmasse Nordamerikas, inklusive Grönlands, der arktischen und der karibischen Inseln um fünf Millionen Quadratkilometer und umfaßt nahezu drei Viertel der Fläche Asiens. Das Staatsgebiet von Ländern wie Sudan, Algerien oder Zaire entspricht je etwa drei Vierteln der Fläche Indiens. Außer der späten Öffnung zur Außenwelt sind es Fülle und Vielfalt an Stoff, was dem großenteils wenig wirtlichen und dünn besiedelten Makrokosmos südlich des Mittelmeers das moderne ethnologische Interesse an zeitloseren Aspekten der *conditio humana* eingebracht hat.

Jenseits der Zahlen

Versuche einer Zählung von Afrikas ethnischen Gruppen wären absurd. In Äthiopien werden aufgrund von linguistischen Kriterien etwa 70 Völkerschaften unterschieden, in Kenia spricht man von 40, aber schon die Luyia mit vielleicht fünfzehn Prozent der Bevölkerung zählen siebzehn Stämme, für deren Identität und Differenz immerhin ein Endogamieverbot aufkommt. Ein wissenschaftliches Kartenwerk identifiziert allein in Nigeria 395 Sprachen, was einer entsprechenden, aber noch keineswegs vollzähligen Menge ethnischer Gruppen entspricht. Im Nachbarstaat Kamerun, der etwa ein Achtel der Bevölkerung Nigerias beheimatet, werden ungefähr 200 Sprachen gezählt. Ein offiziöses *Who's who* schätzt die Anzahl von Zaires Ethnien auf 450, und eine länderkundliche Monographie, welche sie namentlich auflistet, weist rund 320 Volksgruppen rund 80 größeren Familien zu, was wiederum etwa mit der linguistischen Vielfalt korrespondiert. Das Orakel eines Handlexikons gibt — bei 2500 bis 3500 lebendigen und überlieferten Sprachen weltweit — als Gesamtzahl der afrikanischen Sprachen die runde Ziffer von 1000. Diese Schätzung setzt tief an. Anthropologen gehen davon aus, daß die genetische Vielfalt der Gattung etwa zur Hälfte auf Afrika entfällt.

Die Ethnologie mahnt zu Recht, Termini wie Nation, Stamm und Clan nicht in jedem Kontext austauschbar zu verwenden. Allzuweit gelangt sie nicht über den Duden hinaus, der unter »Stammesbewußtsein« auf »Nationalbewußtsein« verweist. Die Ethnologie kann vor Mehrdeutigkeiten warnen. Ein Begriff wie Stamm und seine Komposita, die implizit einen Gesellschaftstypus charakterisieren und zugleich ein Entwicklungsstadium anzeigen, begünstigen unzulässige Schlüsse vom einen auf das andere. In den Anfängen der Völkerkunde — etwa zur Zeit Karl Mays — schien der Begriff Stamm beinahe definiert. Er stand für eine Vorstellung primitiver Miniaturgesellschaften quasi ohne Kontakt zur Mitmenschheit, für Assoziationen von »Wilden«, die es seit geraumer Zeit nirgends mehr gibt. Wer darüber unterrichtet ist, mag mehr geneigt sein, mit der Wortwahl Ethnie oder ethnische Gruppe einer Belangung für den weltanschaulichen Ruch von Archaismen wie Stamm — oder auch nur einem Naivitätsverdikt — vorzubeugen. Doch diese Sensibilität mit ihrem eurozentrismuskritischen Zeigefinger führt kaum weiter. In Afrika heißt der Gegenstand der Debatte auch im gebildeten Volksmund *tribe* oder *tribu, tribalism* oder *tribalisme*. Daß damit nur zu Vertrautes gemeint ist, unterliegt keinem Zweifel.

»Ein ominöser Beginn«

Chinua Achebe, der nigerianische Schriftsteller, erinnert sich daran, wie das souveräne Nigeria zur Geburtsstunde — nach der Feder einer britischen Lady — die neue Nationalhymne sang:

> *»Though tribe and tongue may differ*
> *In brotherhood we stand!«*

Ein »höchst ominöser Beginn«, wie Achebe anmerkt. Der Biafra-Krieg mit einer Million Todesopfern bescherte der »größten schwarzen Nation« schließlich nochmals eine neue Hymne, deren einheimischer Autor vor dem Wort *tribe* gewarnt war. Doch in der Politik hat sich, schließt Chinua Achebe, die Ächtung von Worten meist als vergeblich erwiesen, denn: *»A word will stay around as long as there is work for it to do.«*

Was wäre demnach — falls das Anschauungsmaterial im Balkan nicht genügt — ein Stamm? »Ethnische Einheit, die Menschen gleicher Sprache und Kultur sowie mit gemeinsamem Siedlungsraum umfaßt«, gibt das oben zitierte Handlexikon an. Wie das Beispiel der kenianischen Luyia zeigt, kann eine Sprachgemeinschaft auf ihre tribale Untergliederung mehr Gewicht legen als auf ihre Einheit, die ihr nicht selten — wie auch im Falle der Luyia — ursprünglich von außen attestiert worden ist. Besser bekannt ist das Beispiel der Hutu und Tutsi, die zwar einträchtig die nahe verwandten Nationalsprachen Rwandas und Burundis sprechen, sich aber dennoch als äußerst distinkt wahrnehmen und, was die Zahlen der Opfer betrifft, in der jüngeren Chronik von Afrikas ethnischen Konflikten eine herausragende Stellung einnehmen. Sprache gibt gewöhnlich ein zureichendes, aber kein notwendiges ethnisches Unterscheidungskriterium.

Vor dem Staat?

Ein Merkmal, das gegenüber dem weitergefaßten Begriff der Ethnie jenen der stammesartigen Gruppe spezifizieren und solche Gemeinschaften in gewissen Fällen etwa von Nationalitäten unterscheiden kann, liegt in dem hohen Grad an Immunität, welchen die gemeinsame Identität als politische Loyalitätsbasis gegen die spaltenden Kräfte sozialer Schichtung aufrechtzuerhalten vermag. Damit ist ein Element gesellschaftlicher und politischer Autonomie im Blick, das in Afrika sowohl im Verhalten dominanter Gruppen wie auch in der Stoßrichtung von Gefolgschaftsverweigerung und Widerstand immer wieder unverkennbar zutage tritt. In beiden Fällen handelt es sich um einen Aspekt, der von den »Stämmen« des Kontinents rasch zu seinen Problemen führt. Hinweise auf jenes Element von Autonomie greifen oft — wenn auch nur *per negationem* — auf den Begriff des Staates zurück, führen aus, was Stammesgesellschaften kennzeichne, seien nichtstaatliche Organisationsformen, und fügen etwa hinzu, mit dem Bestand solcher Gesellschaftsformen sei staatliche Präsenz nicht vereinbar.

Diese ethnologische Trouvaille eines spezifisch afrikanischen Antagonismus zwischen Gesellschaft und Staat gibt der politischen Analyse Hinweise. Mehr als vielleicht der politische Begriff des Tribalismus legen scheinbar neutral beschreibende Wortbildungen wie Stammesproblem oder auch ethnischer Konflikt — ob präzis oder vage — die Vorstellung nahe, in Afrika treffe der Staat auf ein präexistentes gesellschaftliches Substrat besonderer Art: auf das präexistente Konfliktpotential der Stämme. Scheitert unter solchen Voraussetzungen der Staat, in seinen Wohltaten womöglich noch offenkundiger als in seinen Untaten, dann lägen demnach die Ursachen zutage und weit weniger bei ihm als bei der Gesellschaft.

»Nationalismus«

Bei ihrer Entlassung in die Unabhängigkeit kannten die meisten Länder des Kontinents keinen präkolonialen Vorgänger der neuen zentralen Verkörperung ihrer Souveränität. Es handelt sich bei den modernen afrikanischen Staaten bekanntermaßen um eine importierte, zwielichtige Erbmasse. Von besonderen Fällen abgesehen, war die so oft beschworene koloniale Grenzziehung für die weiteren Geschicke der ehemaligen Besitzungen von weit geringerer Bedeutung als andere Voraussetzungen. Afrikas demographische Heterogenität und die Intensität der Migration müßten jede Grenzziehung als willkürlich erscheinen lassen. Außerdem kranken die kleinsten Länder an den gleichen Gebrechen wie die größten, und der Sprengstoff von zwei Ethnien kann an den von zweihundert heranreichen.

Der geerbte Staat litt, entgegen einem ebenso häufig vorgetragenen Glaubenssatz, auch weniger unter dem Manko einer organisch gewachsenen Nation als unter seinen unvermittelten Bestrebungen, sich ein solches Fundament nachträglich unterzuschieben. Auf dem Kontinent der Stämme kaschierte Nationalismus oft schon bei den Befreiungsbewegungen ideologische Falschmünzerei oder auch nur ein Selbstmißverständnis, worin kaum weniger gefährliche usurpatorische Neigungen schlummerten. Motivation und Legitimation der Unabhängigkeitskämpfe waren antikolonial und sozial, national höchstens insofern, als die Metropolen mit ihren Rezepten des *divide et impera* in den Besitzungen von einer multiethnischen Basis profitierten und daher tribale Partikularismen gern kultivierten. Die Politik der neugeborenen Regime, die dagegen das aus der Westentasche gezauberte Konstrukt der Nation verordneten, stärkte zentrifugale und staatsfeindliche Tendenzen, wo immer sich diese trotz allen Repressalien nicht aus der Welt schaffen ließen.

Kolonialerbe

Dieser unheilvollen Dynamik, die sich mit dem Abgang der charismatischen Unabhängigkeitshelden nur verstärken konnte, leistete nun jenes koloniale Vermächtnis Vorschub, das sich als folgenschwerste und unheilbarste Schwäche der unabhängigen Staaten erwies: der drakonische Autoritarismus der militärisch abgestützten Fremdherrschaft und der zugehörige Ultrazentralismus ihrer Verwaltungsbürokratie. Dieses Erbes bemächtigte sich mancherorts das sogenannte Lumpenmilitariat, und unter Idi Amin und anderen autochthonen Feldwebeln der kolonialen Streitmacht, die oft ohne Widerstände zur Staatsspitze vorstießen, vertiefte sich in den Verwaltungen der große Schlaf — wie etwa auf den Schreibtischen der Ministerien von Lagos, auf großen fauligen Kissen.

Die junge Geschichte des souveränen Afrika ist eine Geschichte gescheiterter Autoritarismen. Wie etwa der französische Afrikanist Michel Cahen in einem von *Le monde diplomatique* gedruckten Essay überzeugend argumentiert, lehrt die nachkoloniale Erfahrung Afrikas, daß längerfristig die Selbstbehauptung gerade autoritärer Staaten eine historisch gefestigte Nation voraussetzt. Staaten ohne die Basis einer Nation bleibt dagegen nur in dem Maße Aussicht auf dauerhafte Konsolidierung, als ihre Politik sich der Zustimmung der Regierten zu versichern vermag. Hannah Arendt hat in ihrem späten Buchessay *Macht und Gewalt* auseinandergesetzt, daß Macht nicht aus den Gewehrläufen kommt. Entgegen neulinken Revolutionstheorien, die auf afrikanische Befreiungsbewegungen starke Einflüsse ausübten, ist es gerade seine Abhängigkeit von den klassischen Gewaltmitteln, wodurch ein Staat sein Defizit an Macht, seine institutionelle Schwäche zum Ausdruck bringt. Der gewohnheitsmäßige Rückgriff auf Gewalt höhlt ihn weiter aus und stärkt meist den Widerstand, solange er ihn nicht bricht.

Stämme und Geostrategen

Mangelnden Rückhalt in der Bevölkerung versuchten afrikanische Regime durch einen Haushalt äußerer oder innerer — stets natürlich »nationaler« — Bedrohung aufzuwiegen. Einige suchten Festigung, indem sie, wie Benins Exdiktator Kérékou oder Éyadéma im benachbarten Togo, gegen sich selbst inszenierte Putschversuche vereitelten. Auf dem Kontinent, wo die Armeen in zahlreichen Bürgerkriegen, aber in wenigen zwischenstaatlichen Konflikten zum Einsatz gelangt sind, fungierte während der letzten Jahrzehnte als Surrogat für gefährliche Nachbarn der Kalte Krieg, der kontrollierte Konflikt der Großmächte, der alle Staaten zwei Lagern zuwies. Mobutus Zaire, Mengistus Äthiopien und auch Siad Barres Somalia wären nicht denkbar ohne die Spirale allseitiger Aufrüstung, die sich in die äußersten und innersten Winkel von Wüste und tropischem Regenwald hinein fortsetzte und dort — in Angola, Eritrea, Somalia, Moçambique — Millionen von Minen zurückließ. Dem ist beizufügen, daß externe Begünstigung von Konflikten keiner Polarität von Blöcken bedarf; Interessengegensätze ehemaliger Kolonialmächte reichen vollauf. Angesichts einer Diktatur wie des Kamerun Paul Biyas könnten auch heute die Haltung Frankreichs und die der übrigen westlichen Partner kaum weiter auseinandergehen; und in einem Bürgerkrieg wie dem rwandischen prallen Paris und London immerhin als diplomatische Belligeranten aufeinander. »Stammesprobleme« auch hier?

Für eine überwältigende Mehrheit der Afrikaner — seien es Opfer oder Täter — repräsentiert bis heute ihr Zentralstaat nur drei Erfahrungen: willkürlicher Freiheitsentzug, bürokratische Ineffizienz und radikale Ausplünderung durch jene besonders partikulären Kräfte, die ihrerseits den Staat repräsentieren. Trotz der Machtkonzentration in einer faktischen Einheitspartei bedeutet das multiethnische Modell der neuen äthiopischen Führung Meles Zenawis einen Fortschritt gegenüber dem parteistaatlichen Monopol auf die »Nation«. Es ist die Absicherung dieses Monopols, welche die Bezeichnung Tribalismus verdient und die darauf abzielt, im staatlichen Namen der Allgemeinheit die übrigen ethnischen Gruppen durch Verleugnung ihrer Existenz zu marginalisieren. Dazu bedarf es keiner administrativen Erfassung tribaler Identität etwa nach rwandischem Muster. Chinua Achebes Definition reicht für das, was er »praktische Zwecke« nennt: »Tribalismus ist Diskriminierung von Staatsangehörigen aufgrund ihres Geburtsortes.« Diese besinnen sich auf die eigene Partikularität, und ihre Reaktion gräbt *faute de mieux* ethnische Fundamente aus. Den ökonomischen Rahmen bilden oft knappe Ressourcen, deren ungerechte Verteilung die Spannungen entsprechend verschärft.

Mehrheit oder Minderheit?

Ob die Inhaber der Staatsmacht einer ethnischen Minderheit oder der ethnischen Mehrheit angehören, ist gewöhnlich von untergeordneter Bedeutung. Machterhaltung einer Minderheit kann einerseits massivere Repression, andererseits vielfältigere Rücksichten und feineres Fingerspitzengefühl verlangen. In vielen afrikanischen Ländern gibt es keine ethnischen Mehrheiten, nur größere und kleinere Minderheiten. Ein Beispiel wie Rwanda lehrt, daß auch mit vermeintlich majoritär abgestützten Regimen nicht Ethnien, sondern Cliquen an der Macht sind, welche die Vorstellung tribaler Loyalität gehörig relativieren können.

Im Inventar afrikanischer Konfliktherde fällt eine Reihe besonderer Konstellationen auf, an erster Stelle die sozialgeographische Grenze, die quer durch den Sahel, vom Roten Meer bis zum Atlantik, den Kontinent in das überwiegend arabisierte Nordafrika und in das subsaharische negride Afrika teilt. Die Jahrzehnte des Bürgerkriegs im Sudan und in Tschad legen die Vermutung nahe, daß in diesen Fällen der Ursprung des Unheils tatsächlich in den kolonialen Grenzen zu suchen ist. Die Herrschaft Khartums über den Südsudan ist schlicht eine Fortsetzung der angloägyptischen Kolonisation. Hier — und bisher nur hier — spielt auch der religiöse Faktor, der Gegensatz von Islam und Christentum, eine bestimmende Rolle. Das könnte sich, zunächst vor allem im Horn von Afrika, ändern.

Land und Meer

Ferner kann, wie vor allem im prominenten Fall Nigerias, der Hochseezugang von Ländern mit starken Bevölkerungsgewichten im Hinterland eine Polarität von wirtschaftlicher und politisch-militärischer Macht begünstigen. Weitere Beispiele sind die Küstenanstößer Kamerun und Togo so wie noch zu Kérékous Zeiten Benin, in gewissem Maße vielleicht auch Kenia. In Rwanda und Burundi war es das Erbe einer nicht bloß ethnisch, sondern offen rassistisch definierten Feudalherrschaft, was den überbevölkerten Kleinstaaten mit der Unabhängigkeit eine nicht abreißende Folge überaus blutiger Auseinandersetzungen eintrug. Abgesehen von solchen eher atypischen Gegebenheiten, folgt die Geschichte von Afrikas ethnischen Konflikten in aller Regel der Geschichte von Migrationen. Es handelt sich, wie überall auf dem Globus, um Konflikte zwischen Zugewanderten und Autochthonen, oft um Agonien des einst so weit verbreiteten afrikanischen Nomadismus, dem nur in einer geringen Zahl von Fällen Staatsgrenzen den Todesstoß gaben.

Die koloniale Administration unterband natürliche, oft zyklische Wanderbewegungen, während ökonomische Modernisierung zugleich neue massive Schübe von Arbeitsmigration auslöste, die oft durch sukzessive Einbeziehung der afrikanischen Großfamilie ganze Völkerschaften in Bewegung setzte. Beispiele dafür geben die umfangreichen Verschiebungen von Arbeitskraft in und zwischen den portugiesischen Besitzungen und — fast idealtypisch — die belgische Kolonisation des Kongo mit der Erschließung der Bergbauregion Katanga — ein Unterfangen, das ohne große Wanderbewegungen vor allem aus den angrenzenden Kasaï-Provinzen nicht denkbar war und schließlich Glücksritter aus allen Teilen von Leopolds Riesenreich anzog. Ob in Soweto, ob bei den tribalen Kleinkriegen etwa der Tiv und der Jukun im Osten Nigerias, ob bei den Schwierigkeiten zwischen Amharen, Oromo und Somali im Osten Äthiopiens oder bei den Zusammenstößen im kenianischen Rift Valley: bei ethnischen Konflikten handelt es sich fast immer um direkte oder indirekte Folgen der intensiven afrikanischen Migration. Nur in einer Minderzahl der Fälle kriegsbedingt, hat sie ihren Anstoß weit öfter in den extremen Ungleichheiten der Bevölkerungs- und Ressourcenverteilung, und mehrheitlich spielt sie keine abträgliche, sondern eine für alle Betroffenen vorteilhafte Rolle. Die intensive Migration in Europa vor Augen, wird man Ursachen von Problemen weniger in der erzwungenen Mobilität und in hinderlichen Grenzen suchen als im Versagen staatlicher Obrigkeit.

Leadership *und »Reife«?*

Wie steht es um Rezepte? Im Zusammenhang mit Afrikas demokratischem Aufbruch hört man selbst unter Kommentatoren noch immer allenthalben das Wort »Reife«, das hinreichend kompromittiert sein müßte. »Sind die afrikanischen Völker reif für die Demokratie?« Die mit Vorliebe rhetorisch gewendete Frage diente jahrein, jahraus der Verteidigung von Regimen, die mit ganzer Energie jeden Reifungsprozeß hintertrieben und damit eindrücklich die Unreife ihrer selbst und ihrer Staaten unter Beweis stellten. So wenige ernsthafte Versuche es mit der Demokratie in Afrika gab, so rar sind stichhaltige Hinweise auf eine Unreife der Bevölkerung, die sich während der jüngsten Urnengänge fast immer und überall vorbildlich verhielt. In einer Mehrzahl der Länder scheint die Evolution einer liberalen politischen Mentalität bedeutend weiter fortgeschritten als etwa in großen Teilen der arabischen Welt. Es geht nicht um einen sozialutopischen Kinderglauben, wonach alle Täter Teufel, alle Opfer aber Engel wären und die Regeln von Rechtsstaat und Demokratie voll zum Zuge kämen, sobald den bisher Regierten sich selbst zu regieren gestattet würde. Es geht darum, daß die autoritären Staaten Sicherheit und Stabilität — die Güter, wofür der Autoritarismus als Preis ausgegeben wurde — nicht zu gewährleisten vermögen, von Entwicklung zu schweigen. Daher hat ihre Neuauflage zum Versuch mit dem Pluralismus keine Alternative zu bieten.

Es mag kulturelle Kontexte geben, wo eine Diktatur das politische Gemeinwesen ein Stück weit Normen von Rechtsstaatlichkeit näher zu bringen und es insofern auf die Demokratie vorzubereiten vermag. Im glücklicheren Fall mag man in einem solchen Weg die Zukunft von nordafrikanischen Staaten wie Marokko oder Ägypten erblicken, deren tausendjähriger islamischer Traditionalismus den Staat als verfaßten zu denken erlaubt und einen verbindlichen Gemeinverstand von Recht und Rechtsprechung ausgebildet hat. Südlich der Sahara dagegen fallen die Staaten in aller Regel unter den klassischen Begriff der Tyrannis, jener Herrschaft, welcher sich keinerlei Rechenschaft abfordern läßt. Die Erben haben rechtliche und verfassungspolitische Normen, unter deren Verbindlichkeit sie sich zu fügen anschicken, erst noch zu setzen. Der Einsicht, daß für diese Aufgabe einzig eine als repräsentativ anerkannte Konstituante in Frage kommt, folgen Afrikas zahlreiche »Souveräne National-konferenzen«, und so sah man unlängst auf dem Kontinent allenthalben die »Generalstände« tagen. Die Sicherheitsprobleme in der Umgebung der neuen Parlamente werden kurzfristig kaum abnehmen, doch wiederum bietet die Friedhofsruhe der Vergangenheit keine Alternative. In den Turbulenzen des Übergangs zur Demokratie entfalten das gefährlichste kriminelle Potential die Palastwachen ausgehobener Tyrannen.

Alibi

Nicht zuletzt ist es die Fixierung auf die berühmten externen — weltwirtschaftlichen — Ursachen der afrikanischen Malaise, was während Jahrzehnten den Blick für Fehlentwicklungen auf dem Kontinent verstellt hat. So ungünstig sich die globalen Rahmenbedingungen in letzter Zeit ausnehmen, die Prosperität der späten sechziger und frühen siebziger Jahre hat dem Kontinent nicht politische Fortschritte gebracht, sondern im Gegenteil nur Diktaturen vorübergehend entlastet. Mobutus Vermögen, mit dem Zaires Auslandsschuld bezahlt werden könnte, wird im Norden verwaltet, und jene Treuhänder sind zweifellos eine Geißel. Dessen ungeachtet haben so reiche Länder wie Zaire, Angola und auch Nigeria erdrückendes Beweismaterial dafür geliefert, daß natürlicher wirtschaftlicher Segen keine politische Abhilfe schafft und daß deshalb die katastrophalen internen Gegebenheiten jeder schlüssigen Beurteilung des Gewichts externer Faktoren die Grundlage entziehen. »Nigerias Problem ist schlicht und einfach ein Versagen der Führung« — »*a failure of leadership*«. Dieser Befund im Eingangssatz von Chinua Achebes erleuchtendem Essay *The Trouble with Nigeria* gilt nicht nur für die schwarzafrikanische Führungsmacht. Mit der Konzentration auf den weltwirtschaftlichen Rahmen, die das hausgemachte Desaster ausblendet, hält das zeitgemäße nördliche Engagement stillschweigend für ausgemacht, daß es in Afrika sowieso niemanden gibt, der zu regieren versteht. Und der Hang zur Generalabsolution, der von außen dem Kontinent materielle Gesundung bringen möchte, läuft direkten Wegs auf eine neue Entmündigung hinaus.

Die Aussichten in Afrikas demokratischem Aufbruch sind gemischt. Das Erbe der Stagnation, in die der Autokratismus der Pfründen die meisten Länder geführt hat, ist erdrückend, und gewiß fällt die Suche nach Auswegen in einen ungünstigen weltwirtschaftlichen Zyklus. Zur Zeit haben junge fragile Demokratien kaum Anwartschaft auf die Belohnung, die im Kalten Krieg den Despoten zuteil wurde. Bei der Kreditvergabe honoriert das, was man Konditionalitäten nennt, noch immer die Mißwirtschaft der Reicheren weit eher als redliche Bestrebungen der Ärmeren; und das Wort »Hilfe« bleibt höchst obszön, solange sich deren Anliegen außer auf externe Zahlungsfähigkeit des Empfängers auf die Entsorgungen eigener Überschüsse reduziert, die zudem ohne Rücksicht auf die entwicklungshemmenden Begleitfolgen vonstatten geht.

Rechenschaft

Afrikas Suche nach Demokratie gilt nicht einem übermorgen schon makellos funktionierenden Parlamentarismus. Sie gilt einem Mechanismus, welcher Macht an Rechenschaft binden und einen Führungswechsel ohne Bürgerkrieg ermöglichen sollte. Weniger die ethnischen Konfliktherde sind dabei das Problem als der Zunder von Diskriminierung und Repression, mit dem Regime sie stets neu entfachen. »Afrika mit seinen Stammesproblemen«: Natürlich wurden schon im vorkolonialen Afrika Konflikte mit Waffengewalt ausgetragen — wie auf allen Kontinenten. Sklavenjagd und Viehraub waren die beiden Kriegsgründe Afrikas, und bei den Konflikten han-

delte es sich nicht um zwischenstaatliche im modernen
Sinn, sondern durchaus um tribale Rivalitäten. Was demgegenüber heute in der Tagespublizistik als »Stammesprobleme« geläufig ist und oft arglos so verstanden wird, als
wäre es Afrika in die Wiege gelegt worden, erfordert eine
Berichtigung, die mehr als nur Nuancen betrifft. Afrika
»hat« diese Probleme in dem Maße, in dem es sie hervorbringt; und wer sie, wenn nicht hervor-, so doch zu
gegenwärtiger Virulenz gebracht hat, sind Afrikas autoritäre Staaten. Diese politische Leistung wird als Tribalismus bezeichnet; er ist keine Eigenart afrikanischer
Gesellschaften, sondern eine Strategie autoritärer Regime.

UNGLEICHE GEGNER

April 1993

Die globalen Veränderungen seit dem Ende des Kalten
Krieges haben 1991 für einmal auch dem Schwarzen Kontinent mit frohen Botschaften zu einem anhaltenden
Hoch in Medienpräsenz und Publikumsinteresse verholfen. Von Afrikas vier großen Kriegen — in Äthiopien und
in Angola, in Moçambique und im Sudan — fanden die
ersteren beiden vorletztes Jahr ein Ende, das Aussichten
auf einen demokratischen Neubeginn verhieß. Trotz end-
loser Verhandlungen zeichnete sich auch im dritten ein
diplomatischer Ausweg ab. Afrikas Staaten, deren Zahl
bis zur Unabhängigkeit Eritreas 52 betrug, taten sich
nicht länger mit einem überproportionierten Anteil an
der globalen Gesamtmenge bewaffneter Konflikte hervor.
Nach dem Vorbild der Inselrepubliken von São Tomé e
Principe und der Kapverden beugten sich auch auf dem
Festland die ersten Autokraten — Kérékou in Benin und
Kaunda in Sambia — dem Volkswillen und nahmen den
Hut. In Mali stürzten Studenten den Militärdiktator

Traoré, und in Kongo, Niger und Togo fanden sich Autokraten von Nationalkonferenzen entmachtet. Mobutu war aus den Septemberunruhen von Kinshasa, die er eigenhändig geschürt hatte, geschwächt hervorgegangen. Ratsiraka kapitulierte in Madagaskar, und in Kenia öffnete Moi — immer noch 1991 — unter internationalem Druck seinen Polizeistaat dem Mehrparteiensystem. Im Herbst 1992 sind diese erfreulichen Entwicklungen in eine Serie von Enttäuschungen gemündet.

Alles oder nichts?

Wie hoch waren die Erwartungen gesteckt? Äthiopiens Interimsführung unter Meles Zenawi machte sich nicht als Vordenkerin einer freiheitlichen Ordnung ans Werk. Der schleppende Takt in Nigerias Rückkehr zu ziviler Herrschaft verlieh den Reformplänen Babangidas einen monumentalen Zug, jedoch vor allem unter dem Aspekt des Zeitbedarfs. Auch Sambias neue Einparteidemokratie unter Chilubas Movement for Multi-party Democracy erwies sich nicht als ein Musterbeispiel von Pluralismus. Malis gewählte Obrigkeit vermochte die Studenten nach ihrem wegbereitenden Kampf nicht zu Dankbarkeit zu verpflichten. Zaires Demokraten vermochten ihren wunden Dinosaurier vorderhand nicht aus dem Amt zu hieven. Auch Kenia fand sich auf freie politische Konkurrenz schlecht vorbereitet. Moi blieb im Amt, doch immerhin sind die Oppositionsführer aus dem Gefängnis ins Parlament umgezogen.

Fand sich der Kontinent in seinem zivilen Aufbruch nicht auf einen Schlag von allen Tyrannen befreit, so doch sehr weitgehend von der Angst vor ihnen. Noch genossen afrikanische Journalisten kein ganz ungefährliches Leben, doch in der Flut ihrer Erzeugnisse rangierte die Freiheit zuerst einmal vor allem anderen, die Wahrheit nicht ausgenommen. Auch Afrika war dazu übergegangen, bei Unruhen die Todesopfer einzeln zu zählen. An dem Befund, daß Afrika einen großen Schritt nach vorn getan hatte, wurden bis Sommer 1992 kaum Zweifel laut, obschon mehr als nur Schönheitsfehler zu bemängeln blieben. Über den Erfolgen mochte Liberia zeitweilig in Vergessenheit geraten und Somalia als unrepräsentativer Spezialfall außer Betracht fallen. Auch Pannen wie Paul Biyas brutale Abtreibung der keimenden Demokratie in Kamerun hätten die positive Zwischenbilanz im Kern nicht zu korrigieren vermocht. Es war erst Angolas schreckliche Rückkehr in den offenen Krieg, was Bewegung in die Waagschalen brachte.

Savimbis Schule

Es war nicht die verbale Unterstützung von außen, was Afrikas Reformbewegung in Gang gebracht hatte. Aber auf die Despoten, die sich vom hausgemachten demokratischen Lauffeuer zusehends umzingelt fanden, hatte der Liebesentzug des Westens nach Jahrzehnten der Partnerschaft einen gewissen Eindruck nicht verfehlt. Um so stärker wirkte das Exempel Jonas Savimbis, jenes einsamen Individuums, das im angolanischen Hochland ungehindert seine persönliche Entscheidung über Krieg und Frieden traf. Seitdem bestätigen auch die Erfahrungen Mobutus und des togolesischen Generals Éyadéma die Lehre, wonach sich die demokratische Opposition in ihrem Kampf allein findet.

Die Schule Savimbis betrat mit allen Aussichten auf Zulauf das Feld, zumal in Ländern, wo der angestammte Autoritarismus einen Unterbau tiefgehender sozialer Spaltungen mit allen Mitteln zementiert hat und eine wenig entwickelte Opposition demgemäß schwierige Voraussetzungen vorfindet, um sich als glaubwürdige Alternative zu präsentieren. Nicht nur Idriss Déby in Tschad argumentiert mit einiger Plausibilität, daß aus der Entfesselung politischer Vielfalt nicht automatisch eine rechtsstaatliche Ordnung unter einer repräsentativen Regierung hervorgeht, sondern unter Umständen ein bewaffneter Pluralismus, mit dem etwa auch das von Mengistu befreite Äthiopien unliebsame Bekanntschaft machte.

Wen hätte bis heute die Opposition von den Aussichten der künftigen äthiopischen oder auch der nigerianischen Demokratie so richtig zu überzeugen vermocht? Kenias Regime, dem weder seine Legitimation noch das Wohlergehen der Bürger etwas bedeuten, regiert nach wie vor gegen das Land, nicht nur gegen die Opposition, deren beschämende Aufführung den amtlichen Zynismus allerdings nur bestärken und entlasten kann. Selbst in Afrika ist oppositionelle Politik, obschon sie nicht das gleiche Maß an Verantwortung trägt, nicht *eo ipso* bessere Politik als die staatstragende. Deutlicher noch als Kenia ließ ein Beispiel wie Ghana mit seiner ökonomischen Erfolgsgeschichte erkennen, daß in Afrika das Talent zum Verlieren in allen Lagern rar ist.

Kein oppositioneller Stein der Weisen

Außer in Angola hat 1992 die Waffengewalt in einem halben Dutzend Ländern des Kontinents wieder höhere Flammen geschlagen: im Sudan, in Liberia, Sierra Leone, Tschad, Djibouti, in der senegalesischen Casamance. Angesichts dieser rückläufigen Bilanz der demokratischen Reformbewegung zeigen bereits auch auswärtige Beobachter schwache Nerven und blasen zum Rückzug in eine Wiedererwägung der berühmten Werte von Berechenbarkeit und sogenannter Stabilität. Aber nicht Widerstand und Opposition, sondern Mengistu, Moi und Mobutu haben ihre Länder in die gegenwärtige Lage geführt und tragen dafür Verantwortung. Autoritäre Herrschaft in Afrika hat ihre positiven Ausnahmen: Museveni in Uganda und noch unlängst — bis zu seiner Bestätigung durch eine demokratische Wahl — Rawlings in Ghana. Es sind die Ausnahmen, die die Regel bestätigen, und sie rechtfertigen keinen neuen Ruf nach dem guten Diktator.

Wo in den Ruinen von Afrikas alter Ordnung gegen demokratische Kräfte Krieg geführt wird, bleiben diesen einstweilen kaum andere Mittel als ziviler Ungehorsam. Überall auf der Welt mußte Demokratie erkämpft werden. Die politischen Perspektiven des Schwarzen Kontinents, der sich nicht weniger als durch seine wiederkehrenden Gewalteruptionen auch durch eine lange und reiche Tradition von Toleranz und mannigfaltigster Koexistenz auszeichnet, brauchen trotz allem mittelfristig nicht jene allerdüstersten zu sein, wie sie allenthalben mit beträchtlicher Routine gezeichnet werden. Ressourcenknappheit ist keine gute Voraussetzung für friedliches Zusammenleben. Doch in Afrika nahmen bisher die politischen Probleme zu oft mit wachsendem Reichtum zu. Auch wenn es manchenorts als Selbstverständlichkeit gilt, daß die Aussichten auf politischen Frieden sich im besten Fall nach den Aussichten auf materielle Prosperität bemäßen, handelt es sich bei dieser Lehrmeinung vorläufig um einen Glaubensartikel.

NEUE WELTORDNUNG?

Mai 1993

Schon ein erster Abend in einem zairischen Gasthof unter auswärtiger Führung stellt klar, daß die Interessen der Kongobelgier am Rand des Ituri-Waldes nicht unbedingt die des Außenministers Willy Claes in Brüssel sind. Oft sind sie davon das Gegenteil. Am Stammtisch nebenan sitzt die weiße Crew einer privaten Fluggesellschaft. Sie transportiert gerne auswärtige Diamantenhändler. Wenn sich deren Sicherheit garantieren läßt, dann derzeit nur durch Truppen, deren Loyalität Mobutu gilt. Der einheimische Schutzpatron des Gastwirts ist der lokale Chef der ehemaligen Einheitspartei. Die Expatriierten, deren nationale Gemeinschaften im fernen Ausland noch immer den Titel »Kolonien« tragen, haben die Jahrzehnte seit der Unabhängigkeit nicht in politischen Querelen mit Afrikas souveränen Herrschern vertrödelt, bevor diese jüngst bei westlichen Regierungen in Ungnade fielen. In Ländern, wo sie nicht ein militanter Nationalismus vertrieb, haben sie meist mit ihnen zusammengearbeitet und eine maßgebliche Rolle in der Wirtschaft behalten.

Interessen und »Partnerschaften«

Geht es um substantielle Pfründen, etwa um die Ölquellen der französischen Elf vor der Küste Gabons, dann verlagern sich in der Partnerschaft die Gewichte, so daß der afrikanischen Obrigkeit, die dem auswärtigen Partner Amortisation und Profit garantiert, weniger die Stellung des solventen Arbeitgebers als die des gut ausgehaltenen Personals zukommt. Personal wechselt in Afrika niemand gerne, auch dann nicht, wenn daran keine Forderungen nach Revisionen der Hausordnung geknüpft sind. An all dem ist nichts erstaunlich. Das auswärtige Geschäftsethos, das sich an den Traditionen orientiert, sah sich bisher wenig genötigt, sich hoch über die Moral der einheimischen Partner zu erheben. Menschenrecht und Demokratie? Dergleichen Idealismus unter Besuchern aus dem Norden kann unter Eingeweihten des Kontinents nur dessen bekannte Finsternis reflektieren. Im besagten Gasthof weicht dieses vorweltliche Dunkel noch immer dem Licht der Weisheit, daß bei schwarzen Politikern spätestens Amt und Würden von Unterschieden in Sittlichkeit und Moral nichts übrigließen. Das übrige erledigt jenes famose Wort, wonach ein jedes Volk die Regierung hat, die es verdient. Sollte gesunder Geschäftssinn karitativen Flausen zuliebe in Afrika auf Kompensation für das hohe Risiko verzichten und an Realismus selbst den Kirchen nachstehen, die ihre erprobten Gewohnheiten so oft auf die Neigungen der Gastgeberregime abstimmen?

Die Stammtischrunde am Ituri-Wald sieht das fatale Fanal des Aufbruchs in jenem berühmten Bekenntnis zur afrikanischen Demokratie, womit François Mitterrand im Juni 1990 seine im bretonischen La Baule versammelten frankophonen Amtskollegen vom Schwarzen Kontinent erschreckt hatte. Doch es war weder dieser noch ein anderer auswärts erschallender Ruf zur neuen Weltordnung, zur universalen Freiheit, Demokratie und Rechtsstaatlichkeit, was mit dem Ende des Kalten Krieges, nach drei Jahrzehnten totalitärer Selbstherrschaft, in einer anästhesierten Weltgegend neue politische Geister ins Leben rief. Afrikanische Forderungen nach grundlegenden Reformen waren nicht durch Versprechungen aus dem Elysée inspiriert, wo die Lippenbekenntnisse spät darauf reagierten. Dem ist beizufügen, daß die Wirkung solchen Zuspruchs unter afrikanischen Politikern nicht allzu lange überschätzt wurde.

Segen des Exkommunismus

Die gegenwärtigen Diskussionen um das, was »Afrikas demokratischer Aufbruch« genannt wird, gehen zu oft von falschen Voraussetzungen aus. Es geht nicht darum, daß neue — unausgegorene? — Ideen von Demokratie alte, in sich gefestigte Ordnungen herausgefordert hätten. Was das Ende des Kalten Krieges dem Kontinent beschert hat, bezeichnet der erste Satz eines Beitrags im *Journal of Democracy*, einer Publikation der John Hopkins University, korrekt als: »*a decline of authoritarian rule*« — ein Niedergang autoritärer Herrschaft. Die Stabilität der afrikanischen Despotien erwies sich als Frage vornehmlich der Finanzierung, und aus unterschiedlichen Gründen fanden sich angestammte Partner dazu plötzlich nicht mehr bereit.

Die Folgen ließen nicht auf sich warten: In fünfzehn Staaten, die man im weiteren Sinn zu den Verbündeten des Ostblocks oder dem Moskau zugeneigten Flügel der

Blockfreien zählte, sind die Regime zur Hälfte fast ohne Verzug verschwunden. Alle übrigen fanden sich zu tiefgreifendem Wandel genötigt, und weniger Gesinnungskorrektur als Erhaltungstrieb hat auch sie zum Versuch mit dem Mehrparteiensystem bewogen. Der plebiszitäre Popularitätstest wird sich für weitere Exrevolutionäre als halsbrecherisch erweisen, und während bisher als einziger Jerry Rawlings in Ghana das Unterfangen respektabel überstanden hat, vermochte als einziger Blaise Compaoré in Burkina Faso den Rückweg anzutreten und seine Position dennoch zu konsolidieren. Es steckt eine bittere Ironie in dem Paradox, daß mit dem Abgang verlassener Parteigänger des sozialistischen Lagers in einer Mehrheit der betreffenden Staaten sich plötzlich die besseren Aussichten auf Demokratie abzeichneten als unter Alliierten des Westens. Nur zum Teil lag das daran, daß staatswirtschaftliche Experimente nicht nur die Opfer, sondern auch die Täter gründlicher ruiniert hatten und sich daher die Lage afrikanischer Marxisten als ganz aussichtslos erwies. Zum anderen Teil lag es daran, daß sich westliche Verbündete nicht nach östlichem Vorbild samt ihren Interessen in Luft auflösten.

Neuer und ganz alter Realismus

Die Doktrin, die seit alters die menschliche Natur für sich in Anspruch nimmt und nicht nur der Stammtischrunde am Ituri-Wald die akademische Schützenhilfe liefert, gewinnt auch jenseits des Atlantiks wieder an Terrain. Die Zeitschrift *The National Interest,* die mit der metaphysischen Erleuchtung Francis Fukuyamas zum Auftakt der neunziger Jahre die Geschichte zu einem etwas überstürzten Ende gebracht hatte, ist inzwischen an deren Anfang zurückgekehrt. Unlängst ehrte dieselbe Publikation ihren Namen mit der These, im zwischenstaatlichen Verkehr habe — künftig wie bisher — eben das nationale Interesse den Ausschlag zu geben. Von einer

Politik der Prinzipien sei nur eine Politik fortgesetzter Beugung dieser Prinzipien zu erwarten. Demokratie sei eine Angelegenheit des *do it yourself*. Das liberale Credo, wonach sich universale Prinzipien offener Gesellschaften und deren gemeinschaftliche Interessen in ein Verhältnis der Konvergenz fügen könnten, indem sie sich wechselseitig bedingen, ist so von konservativer Seite unter ein Naivitätsverdikt geraten, das sich für aufgeklärt hält. Doch dieser »Neorealismus« verwechselt seinerseits jenes liberale Credo mit der absurden Annahme, Prinzip und Interesse geböten in jedem Einzelfall unmittelbar ein und dasselbe.

Von wenigen Ausnahmen abgesehen, handelte es sich beim dekolonisierten Afrika bis Ende der achtziger Jahre um einen Kontinent der Tyrannis — im klassischen Sinn des Wortes, der diesen Typ Staatsmacht dadurch definiert, daß sich ihr keinerlei Rechenschaft abfordern läßt. Die interessenpolitische Maxime des aufgeklärten Absolutismus, wonach der Fürst dem Volk befiehlt, was ihm dessen Interesse gebietet, war nicht die der afrikanischen Herrscher. Ihr Interesse war nur das eigene. Dies galt auf dem Kontinent schon für die Kolonialmächte. Nach drei Jahrzehnten der Kooperation mit unbändigen Bankrotteuren rangen sich die freiheitlichen Paten und Ziehväter doch dazu durch, Afrikas Demokraten zu ermutigen. Was deren Rückhalt im Westen betrifft, ergibt sich drei Jahre nach dieser Konversion von 1990 eine gemischte Bilanz, welche die moralischen Verpflichtungen westlicher Demokratien stark relativiert. Politik der Prinzipien weicht oft einer klassischen Politik der Interessen, soweit solche im Spiel sind.

Mildernde Umstände

Für die USA sind ihre traditionellen Schwerpunktländer in Afrika kein Ruhmesblatt. In Angola erwies sich ihre

Diplomatie als ohnmächtig. In Äthiopien blickt sie etwas bekümmert und reizbar über die undemokratischen Ausrutscher der eilends bekehrten Leninisten hinweg, bei deren Machtergreifung sie eine wichtige Rolle gespielt hat. In Liberia scheint ihr nach Generationen von Pannen die unglückliche Hand angewachsen. Somalia, wo Washington mit dem Unternehmen »Restore Hope« auch Altlasten aus der fatalen Allianz mit Siad Barre abträgt, erlaubt unter politischen Gesichtspunkten noch kein Fazit. Dem Koloß Zaire als langjährigem Allianzpartner und Pfeiler amerikanischer Afrikastrategie könnte noch Ungeahntes bevorstehen. In den letzten Jahren hatte die westliche Führungsmacht südlich der Sahara vorwiegend mit Kriegen und ihren Hinterlassenschaften zu tun. Bei Verzögerungen im demokratischen Prozeß fallen erste Phasen der Rekonvaleszenz in eine spezielle Rubrik mildernder Umstände. Ihr Defizit an demokratischer Legitimation wird die neue äthiopische Führung unter Meles Zenawi noch einige Zeit mit der Legitimation kompensieren, die ihr aus der Beseitigung des Regimes Mengistus zugewachsen ist. Auch Ugandas Yoweri Museveni verdankt den Vorgängern Idi Amin und Milton Obote Schonfristen.

Wäre die international geforderte wirtschaftliche »good governance« nicht die rare Ausnahme, dann hätte die westliche Gemeinschaft ihrem Wunsch nach Demokratie nie denselben Nachdruck verliehen. Was die Gebote »transparency« und »democracy« verknüpft, ist nicht eine Hoffnung, daß Demokratie allein und in jedem Fall afrikanischer Mißwirtschaft Abhilfe schaffen könnte, sondern — umgekehrt — die einfache Diagnose, daß Autokratie in aller Regel Mißwirtschaft vollends unkurierbar macht, daß die autoritäre Figur des guten Herrschers zumindest in Afrika über den klassischen Philosophentraum nicht hinausführt. Demokratische Rechenschaftspflicht in einem System freier pluralistischer Repräsentation ist gemeinhin eine notwendige, aber keine hinreichende Bedingung für die Funktionstüchtigkeit eines

Staatswesens — ein Unterschied, den nicht nur die Stammtischrunde am Ituri-Wald gern übergeht.

»Partners in leadership«

Im Fall des alten amerikanischen Verbündeten Zaire vielleicht etwas spät, aber in anderen Testfällen wie Kenia, Kamerun oder der Zentralafrikanischen Republik haben Botschafter Washingtons in eindrücklicher Weise Vorkämpferrollen übernommen, die sie nicht nur zu den afrikanischen Autokraten, sondern auch zu europäischen Teilhabern in markanten Gegensatz brachten. In der Regel fand sich die amerikanische Politik in weitgehendem Einvernehmen mit der deutschen. Sieht man vom Gratisgetreide und von den Beiträgen zum Uno-Budget ab, so ist allerdings das Gewicht der USA in Afrika verhältnismäßig gering, sowohl was Finanz- und Entwicklungshilfe als auch was den kommerziellen Austausch betrifft. Und auf dem Schwarzen Kontinent als einer angestammten britischen und französischen Domäne setzt sich Deutschland in der EG gegen Paris und London nicht durch. Die transatlantischen *»partners in leadership«* haben in Afrika leider höchstens ein *partnership* zum Tragen gebracht.

Nach einem geordneten Rückzug, der mit den Commonwealth-Konferenzen von 1926 und 1931 begann und sich in mehreren Etappen über gut drei Jahrzehnte hindehnte, ist im Falle Großbritanniens vom Profil der ehemaligen Führungsmacht sehr wenig übrig, und in London werden wenige Bestrebungen vermerkt, an politischem Gewicht in Afrika noch einmal zuzulegen. Die Schwerpunkte von einst — Südafrika, Ägypten, Nigeria — böten dafür kein geeignetes Terrain. Im Einklang mit wirtschaftlichen Schwergewichten wie Lonrho in Simbabwe und ähnlich gelagerten Interessen versteht sich auf dem Kontinent auch das Foreign Office mit den gegebenen oder mit anderen Staatsführungen einzurichten. Sünden entspringen dabei aus Indifferenz, und die Nachlässigkeit ging weit, als Außenminister Hurd noch im Sommer 1991 in Nairobi konstatierte, bei Kenia handle es sich nicht um einen Menschenrechtsfall. Die Korrektur, die im selben Herbst folgte, war die Überraschung, wogegen die Rückkehr an die Seite Mois nach den Wahlen vom Jahresende 1992 das »usual business« kennzeichnet.

... seit de Gaulle

Auf dem Kontinent, der in Frankreich seit de Gaulle eine Sonderzuständigkeit des Elysée blieb, folgten auf den Gipfel von La Baule drei Jahre einer französischen Praxis, die mit Mitterrands Bekenntnis wesentlich weniger als mit deren Gegenteil zu tun hatte. Es spricht viel für die Behauptung, daß Despoten wie Togos Gnassingbé Éyadéma, Kameruns Paul Biya und letzthin auch Djiboutis Hassan Gouled sich dank Mitterrand zu halten vermochten. Autokraten wie Félix Houphouët-Boigny in Côte d'Ivoire und Omar Bongo in Gabon, an deren Händen weniger Blut klebt, haben trotz ihrer Mißwirtschaft kaum an Pariser Salonfähigkeit eingebüßt. In keiner der neuen Demokratien — Benin, Kongo, Mali, Niger, Madagaskar — erhielt die ehemalige Opposition auf ihrem steinigen Weg zum Erfolg eine nennenswerte Unterstützung aus Frankreich. Sie erfahren derzeit die schlechtere französische Behandlung als Biya in Kamerun, wo nach der Wahlfarce vom Herbst 1992 zwar der Löwenanteil der übrigen westlichen Hilfe ausblieb, aber schon zwei Monate später wieder Pariser Finanzhilfe in Höhe von gut 100 Millionen Dollar floß.

Die exemplarische Strafe für Abtrünnigkeit, die de Gaulle nach seinem Referendum von 1958 an Sekou Tourés Guinea vollstreckte, weil das Land als einziges sich für volle Unabhängigkeit ausgesprochen hatte, erwies sich als sehr effektvoll. Und von den vier Präsidenten der Fünften Republik begnügte sich keiner damit, mittels der afrikanischen *Communauté française* das ehemalige Kolonialreich zusammenzuhalten. Jean-Pierre Prouteau, der Präsident des *Conseil national des investisseurs français en Afrique*, rechnet in einem Interview mit dem Magazin *Jeune Afrique* vor, daß zum afrikanischen Gesamtimport im Jahresumfang von 70 Milliarden Dollar die wichtigsten europäischen Länder 70 Prozent beisteuerten, wovon fast ein Drittel auf Frankreich entfällt, das auf dem Kontinent rund die Hälfte der auswärtigen Investoren stelle. Entgegen allem »Afropessimismus« wird diesem Geschäft offenbar nicht jede Zukunft abgesprochen.

Realismus und Materialismus

Die *Grande nation* bleibt an Expansion interessiert. Geht es darum, dem einfachen Zairer klarzumachen, wer im Staate der Chef ist, dann hofft auch die Stammtischrunde am Ituri-Wald nicht auf einen glücklicheren Einfall, als Mobutu ein Visum zu einem Zahnarztbesuch in Frankreich zu besorgen, kurz nachdem seine Militärs in Kinshasa den französischen Botschafter erschossen haben. Während auf der Karikatur einer zairischen Zeitung dem Dinosaurier in Frankreich ein eiternder Zahn gezogen wird, der den Namen des belgischen Außenministers Willy Claes trägt, nimmt in Kinshasa seine Präsidialgarde das Parlament in kollektive Geiselhaft. Wenn die »omnipotente Manipulationsmöglichkeit der Supermachte gegenüber den ›Klienten‹ der Dritten Welt eine Illusion« ist, wie in einer politikwissenschaftlichen Dissertation *Zaire und der Westen* von 1984 zu lesen ist, so bedurften die »Klienten« gar nie jener Unverwundbarkeit, welche ihnen die Option des Frontwechsels zwischen den Blöcken verlieh. Mobutu konnte sich schon vor über zehn Jahren mit der milden Drohgeste eines episodischen Absstechers nach Peking begnügen; im übrigen stützte sich seine Herrschaft auf die solide Unfähigkeit unter den Partnern in

Washington, Paris und Brüssel, sich auf einen gemeinsamen Kurs zu einigen.

Nicht nur in der Schatzkammer Zaire bestimmten die französische Politik seit eh und je die Verlockungen, die Erbschaft Belgiens anzutreten. Auch in Rwanda, wo wenig zu holen ist, stützten französische Militärs seit dem Herbst 1990 eine moribunde Gewaltherrschaft. Bitter beklagten sie sich dabei über mangelnde Assistenz der Briten, die es versäumten, über Uganda Druck auf den rwandischen Bürgerkriegsgegner auszuüben. Frankreich kümmert sich auch um das ehemals spanische Äquatorialguinea und wird in anderen mausarmen Zwergstaaten mit der drängenden Einladung vorstellig, Guiné-Bissao und São Tomé e Principe hätten sich der *Communauté française* einzugliedern — und sich zu diesem Zweck womöglich aus dem weitgestreuten Archipel der fünf lusophonen Länder Afrikas zu verabschieden. Die Währung der *Communauté financière africaine*, der hoch überbewertete Franc CFA, schützt dabei die Interessen der französischen Exportwirtschaft — ganz ohne Rücksicht auf die schwere Stagnation bei den meisten der vierzehn Mitglieder, die sich mit ihren überteuerten Agrarprodukten auf dem Weltmarkt nicht zu behaupten vermögen.

Der robusteste *multipartisme* im frankophonen Afrika ist der Pluralismus der französischen »*cellules africaines*«, ihrer gegenseitigen Undurchsichtigkeit und ihrer Koordinationsprobleme: Nebst dem Quai d'Orsay hätten Abteilungen der *défense*, der *coopération*, des *Trésor* die Politik der Afrikazelle im Elysée zu stützen, natürlich ohne diese entscheidend zu beeinflussen. Dort amtierte während fünfeinhalb Jahren Mitterrands Sohn Jean-Christophe, in Afrika bekannt unter dem Namen »Papamadit«, bis Mitverantwortung für unerlaubte Waffengeschäfte mit Südafrika und andere Skandale im Frühjahr 1992 seinen Abgang erzwang. Der ehemalige AFP-Korrespondent in Togo ging bei Éyadéma, Biya und anderen Amtskollegen des Vaters in außerprotokollarischem Rahmen ein und aus. Mit der Versicherung, darin nichts Anrüchiges zu sehen, bestätigte er Journalisten gegenüber, daß seine Frau, die Schwiegertochter des französischen Präsidenten, in der Public-Relations-Agentur eines seiner Freunde Texte und Reden afrikanischer Staatsoberhäupter redigierte — etwa für Kongos Denis Sassou-Nguesso, dessen totalitäres Regime unter anderem mit einem fatalen Bombenattentat auf ein Linienflugzeug von UTA über Niger in Zusammenhang gebracht wurde.

Pseudoargumente

»Démocratie, oui; anarchie et affaiblissement de l'Etat, non!« befand unlängst noch der sozialistische Außenminister Dumas. Es klang, als wäre Stabilität mit der Dauer von Herrschaft identisch, als ließe Stabilität sich auf die Berechenbarkeit von Militär und Polizei reduzieren. Die Erfahrung in Afrika lehrt das Gegenteil. Eine Diktatur, welche die Geschicke eines Landes für ein Vierteljahrhundert an den unwidersprochenen Willen eines Mannes bindet, kann einen Staat in einer Weise aushöhlen, seine Stabilität mit einer Gründlichkeit unterminieren, die einer Generation von Nachfolgern kaum Aussichten auf Konsolidierung läßt. Diktatur oder Anarchie lautet die falsche Alternative, in der Mitterrands Afrikapolitik nach La Baule steckenblieb. Diesem Neokonservatismus entgeht der denkbar einfache Sachverhalt, daß es sich bei den gegenwärtigen Ansätzen von Anarchie nicht um die neue Demokratie, sondern um die bisher letzten Erscheinungsformen des altbekannten Autoritarismus handelt.

Wäre in Afrika mit dem »decline of authoritarian rule« das Schicksal jeder Staatsmacht besiegelt? Bleibt nichts, außer der Diktatur aufzuhelfen, sobald sie, allein gelassen, versagt? Die französischen Interessen schützt in Afrika ein militärisches Dispositiv von acht Basen, acht Verteidigungsabkommen und 24 militärischen Kooperationsverträgen mit geheimen Klauseln. Dazu haben von

Afrikas militärischen Kadern rund 40 000 in Frankreich Ausbildung erhalten. Konsistenz ist vielleicht zuviel verlangt, wie die Zeitschrift *Economist* zum leidigen Thema anmerkt. Doch vor den französischen Wahlen vom Frühjahr 1993 waren auf dem Kontinent sozialistische Vertreter des Quai d'Orsay zu treffen, die der weitverbreiteten Furcht vor einer neuen Ära gaullistischer Afrikapolitik mit der Bemerkung entgegentraten, nach den Erfahrungen mit Mitterrand sei ein Kurs noch weiter bergab kaum denkbar.

Verpaßte Chancen

Die westliche Gemeinschaft hätte heute gewiß einen nachhaltigeren Einfluß auf afrikanische Regierungen geltend zu machen als zu den Zeiten des Kalten Krieges — wenn Prinzipien die Politik der gewichtigen EG-Staaten zu harmonisieren und auf die Haltung der USA abzustimmen vermöchten. Den Währungsfonds als Schuldeneintreiber, dem es bei verarmten Ländern zunächst um externe Zahlungsfähigkeit zu tun ist, interessiert mehr die Buchhaltung des sudanesischen Regimes als der Bürgerkrieg, den es führt. Der Internationale Währungsfonds könnte aber mit seinem elementarsten Gebot der Haushaltsdisziplin kaum falsch gehen, wenn eine Verschärfung dessen, was bei bilateraler Hilfe Konditionalitäten heißt, den betreffenden Regierungen nicht nur vorschriebe, daß sie nicht mehr Geld als das verfügbare auszugeben haben, sondern auch, wie und wofür. Im Norden schnellt allenthalben ein Zeigefinger hoch: »Vorsicht! Einmischung!«, und will in Eintracht mit den hiesigen Tyrannen offenbar geltend machen, bei ihrer blinden Finanzierung bis jetzt hätte es sich in geringerem Grade um Einmischung gehandelt als bei einer kontrollierteren Ausschüttung der Finanzhilfe.

Afrika braucht Hilfe, derzeit zum Beispiel Hilfe bei Demobilisierung — nicht nur der Armeen, sondern ebenso der grauenhaften Bürokratien. Eine Oppositionspartei bräuchte am Hauptsitz ein Telephon, ebenso wie in einem Informationsministerium die Abteilung für die auswärtige Presse ein solches Gerät nötig hätte. Afrika braucht viel und anderes als Lebensmittelhilfe an Staaten, deren Regierungen die Landwirtschaft zerstören, in Kenia zum Beispiel mit geschürten Stammeskonflikten Bauern von ihrem Land vertreiben und gleichzeitig erfolgreich die internationale Gemeinschaft um Nahrungsmittelhilfe bitten. Jene Entsorgung von Agrarüberschüssen, die in Form »öffentlicher Hilfe« aus dem Geldbeutel des Steuerzahlers als Subventionen an die Landwirtschaft des Nordens zurückgeht, kommt — zumal im Verbund mit dem nördlichen Protektionismus — Afrika weniger zugute als uns Europäern. Im übrigen braucht Afrika produktive Investitionen. Für deren entwicklungspolitischen Sinn wäre der Ertrag weder ein hinreichendes noch gar das einzige, aber — entgegen der Praxis des Entwicklungsprogramms der Uno — doch ein notwendiges Kriterium. Haftbar für günstige Rahmenbedingungen wären Regierungen, deren Exzesse der Korruption von den Gebern nicht gedeckt würden.

ZUVIEL ODER ZUWENIG EINMISCHUNG?

Juni 1993

Die wirtschaftlichen Strukturanpassungsprogramme, die vom Internationalen Währungsfonds (IMF) und der Weltbank Entwicklungsländern empfohlen und in Afrika von der großen Mehrheit der Regierungen in der Praxis erprobt werden, folgen einem einfachen Muster. Der Staat soll nicht mehr Geld ausgeben, als er einnimmt. Er soll

daher Subventionen streichen und unrentable Staats-
betriebe veräußern. Um die Kräfte des Marktes nicht zu
hemmen, soll er von Preisregulierung absehen und den
Handel möglichst wenig mit Steuern und Zöllen belasten.
Zur Förderung von Exporten und internationalen Investitionen soll er seine Währung tief bewerten, womit zugleich
das einzige Mittel zu ihrer Stabilisierung, zur Verhinde-
rung von Kapitalflucht und Devisenverknappung bezeichnet ist. Was könnte daran so falsch sein? Die Rolle des
IMF und der Weltbank in Afrika sind bekanntlich hoch
kontrovers. Die kontinentale Konjunkturdiagnose der
Afrikanischen Entwicklungsbank in ihrem Jahresbericht
1992 und Alarmsirenen wie etwa eine Studie der britischen
Hilfsorganisation Oxfam haben diese Kontroverse wieder
einmal aktualisiert. Im alten Streit um Entwicklungszusammenarbeit und Hilfe werden nach wie vor Gebote
der Nichteinmischung hochgehalten, die nur fatale Formen von Einmischung decken und gegen Einflußnahme,
die not täte, eine Pseudomoral ins Feld führen.

Wahres an den Rügen

Der Leitgedanke des exportorientierten Wachstums,
unter den die umrissenen Rezepte oft — auch von den
Urhebern selber — zusammengefaßt werden, ist seit
seiner Verkündigung so strittig, wie die Subsumtion unter
das Schlagwort irreführend ist. In langfristiger Perspektive erweist sich die landwirtschaftliche Konzentration
auf weltmarktgängige Produkte für die Agrarproduktion
und Ernährungssituation mancher afrikanischer Länder
gewiß zu oft als fatal. Bei klimatischer Unbill vom
wasserabhängigen Mais auf Tabak umzusteigen und die
Ernährung durch Mehreinfuhren zu sichern mag sich
sowohl für den Pflanzer wie in der Außenhandelsbilanz
vorübergehend positiv auswirken. Doch die unausbleib-
liche Strafe sind Strukturprobleme und längerfristig meist
eine verstärkte Preiserosion bei den anfänglich verlok-

kenden Ausfuhrprodukten. Afrikas Wirtschaftsstrategen hätten demgegenüber alles Gewicht auf die Kräftigung des Agrarsektors zu legen, wobei freie Preise in der Tat mehr vermögen als Subventionen. Statt dessen beschleunigte bisher eine dirigistische Preispolitik Verarmung und Landflucht der Bauern, die im Elend der explodierenden Vorstädte mit subventionierten Getreideüberschüssen aus den OECD-Ländern am Leben erhalten werden. Dem »Hilfe« genannten Agrarprotektionismus im Norden wäre mit verstärkter Eigendeckung des Nahrungsbedarfs und mit einer Kontingentierung — nicht mit finanzieller Stützung — der landwirtschaftlichen Exportproduktion zu begegnen. Was die Exportorientierung der afrikanischen Agrarproduktion angeht, bleibt der engagierten Kritik am »Halsabschneider« IMF soviel einzuräumen.

Moralische Blendungen

Was alle übrigen Programmpunkte des Sündenbocks namens Strukturanpassung betrifft, so ist kaum einzusehen, inwiefern Verantwortung für falsche Anwendung direkt dem Rezept aufzubürden ist. Der *Economist* erinnert daran, daß die Verteidigung der Lehre gegen ihre Verwechslung mit der Praxis zu den klassischen Obliegenheiten von Marxisten zählte. Doch den Prinzipien von Bretton Woods ist zugute zu halten, daß sie bisher nicht so oft verfälscht, als vielmehr gar nicht zum Zug gekommen sind: Wirkungskreis des elementarsten Gebots der Haushaltsdisziplin blieb das geduldige Papier der Buchführung; die Ausschreibung von Staatsbetrieben blieb den Prinzipien ihrer angestammten bürokratischen Führung treu; Haupteinnahmequelle des Staates blieben Auflagen im Handel; Widerstände gegen Deregulierungen des Wechselkurses blieben robust. Dem ist hinzuzufügen, daß — im Unterschied zu sozialistischen Realitäten — von keiner Seite Alternativen zu den Leitlinien des IMF unterbreitet wurden, die im übrigen nur ganz partiell dem verfemten Credo des exportorientierten Wachstums verpflichtet sind.

Auf dem Kontinent, wo internationale Entwicklungszusammenarbeit und Hilfe, statt Elend zu mindern, bisher offenbar nur Abhängigkeiten gemehrt haben soll, lautet die eingängige Klage, die Politik des Währungsfonds mehre mit seiner verschärften Wachsamkeit nunmehr direkt das Elend. In Abstimmung darauf beziehen im Norden die pauschalen Attacken gegen den IMF, die nicht Details wie die angebrachten Fragezeichen hinter vielen konkreten Weltbankprojekten im Visier haben, den Großteil ihrer Energie aus einem Glaubenssatz. Nach diesem Glaubenssatz schuldet der reiche Norden dem unterentwickelten Süden moralisch mehr Hilfe — sprich: mehr Geld. Dieselbe Überzeugung steht gewöhnlich hinter der mehr oder minder ausdrücklichen Beschuldigung, der Norden hätte Afrika seinen Schuldenberg gewissermaßen aufgedrängt. Dem offenkundigen Widerspruch in dieser doppelten Selbstbezichtigung tritt ein Zusatz entgegen, wonach bisher der Norden dem Süden natürlich nicht zuviel Geld, sondern nur inhumane Konditionen auferlegt habe. Demnach schuldet der Norden dem Süden mehr Geld zu milderen Konditionen. Diese Haltung wäre höchst respektabel — vorausgesetzt, auch ihre Devisen blieben an gewisse Bedingungen geknüpft. Denn unter den gegebenen Bedingungen trifft sie sich wissentlich oder unwissentlich mit dem Zynismus und den reichlich unverschämten Forderungen afrikanischer Regime, die seit Jahrzehnten Fremdmittel — egal, zu welchen Konditionen — systematisch veruntreut haben.

Interne Faktoren

Eine Bestandsaufnahme der afrikanischen Wirtschaftspannen ergibt noch immer die Ausgangslage, auf welche die Strukturanpassungsprogramme zu reagieren beabsichtigten: Der Schuldenberg ist die Folge einer blindwütigen Ausgabenpolitik, die öffentliche Mittel in private Taschen befördert. Außen- wie Binnenhandel leiden unter dem zermalmenden Bürokratismus seiner tausend Regulierungen, von welchen einzig die Korruption profitiert. Kapitalflucht, Devisenverknappung, interne Liquiditätskrisen, Konkurrenzunfähigkeit der Exporte: die Symptomatik der Stagnation, die oft schwerer drückt als selbst eine furchterregende Inflation, gehört bei Ländern mit überbewerteter Währung ebenso zu den Erfahrungstatsachen wie die schweren Beeinträchtigungen des Investitionsklimas. Was nebst diesem jeden Ansatz zu einem Aufschwung der Industrie abwürgt, ist die lähmende Kraft eines aufgeblähten öffentlichen Sektors.

Wenn die Remeduren des Währungsfonds Korrekturen verlangen, dann hätte damit nicht weniger, sondern mehr Einmischung einherzugehen. Die prekären Aspekte der Maßnahmenpakete des IMF liegen darin, daß sich die wirtschaftspolitische Benotung der bedürftigen Mitglieder bisher auf den Haushaltsabschluß beschränkte und das übrige der Souveränität afrikanischer Regierungen anheimstellte. Unter der allein maßgeblichen Bedingung korrekter Buchhaltung führten Kunden wie der Sudan weiter ungestraft ihren Bürgerkrieg, tätigten gegen gute Ernten Waffenkäufe und lebten bei nachfolgender Dürre von Nothilfe. Erfolgsaussichten der Reformen wären in manchen Fällen einzig durch eine strikte Überwachung der Ausgabenverteilung zu verbessern. Die Idee der flankierenden Armutsbekämpfung, mit der die Weltbank neuerdings die Härten der empfohlenen Reformen zu mildern versucht, wäre unter dieser Voraussetzung systematisch auf soziale Anliegen auszudehnen. Was das vieldiskutierte Tempo der Reformen und ihrer einzelnen Schritte betrifft, wäre weiter — und von Fall zu Fall — die Erfahrung zu Rate zu ziehen.

Der diktatorische Ruch einer solchen Politik der Einmischung würde auf dem Kontinent zweifellos als anstößig empfunden, als noch anstößiger freilich das Monopol der Zwillingsinstitutionen von Bretton Woods. Eine Quelle von Problemen wäre es wohl tatsächlich. Ist eine Alternative in Sicht? IMF und Weltbank gaben bisher bilateraler und multilateraler Hilfe nur einen Rahmen notwendiger Kriterien vor. Den einzelnen Donatoren steht frei, ihr Engagement an weitere Bedingungen zu knüpfen. Doch die utopische Vision eines sogenannten Geberkonsenses rückt eine konsistente Afrikapolitik der reichen Partner im Norden in fernere Zukunft als etwa eine gemeinsame Verteidigung Europas. Wie viele Beispiele des Verhaltens von Gebern zeigen, erlaubt es selbst der Vorsprung an Handlungsfähigkeit eines einzelnen Akteurs nicht, an solche Konsistenz zu hohe Maßstäbe zu legen. Ausnahmefälle einer gemeinsamen Haltung der wichtigsten Geber überdauerten in Afrika nie mehr als ein paar kurze Monate. Die ernüchternde Geschichte von Entwicklungszusammenarbeit und Hilfe ließe ein zentrales Diktat immerhin als einen Versuch erscheinen, dessen Resultate hinter den bisherigen kaum zurückstehen könnten.

Editorische Anmerkung des Autors

Ausgenommen die drei Stücke »Tanger«, »Thüringer Hof Südwest« und »Stammesprobleme«, sind die Texte dieses Bandes als Korrespondentenbeiträge zwischen April 1991 und Juli 1994 in der NEUEN ZÜRCHER ZEITUNG erschienen. Die Arbeitsbedingungen der NZZ sind unter manchen Gesichtspunkten einzigartig, und ein jeder Seitenblick nach Berufskollegen ergibt stets dasselbe: Sollte sich bei einem Auslandskorrespondenten der NZZ trotz allem noch ein unerfüllter Wunsch melden, dann lassen Vergleiche nichts davon übrig. Meinen großen Dank für dieses Buch schulde ich der Zeitung.

Ein Korrespondent braucht nicht die einzige Informationsquelle einer Zeitung zu sein. Es gibt reisefreudige Redakteure, und es gibt freie Mitarbeiter, die in manchen Fällen mit überlegenen Spezialkenntnissen am Werk sind; außerdem gibt es Nachrichtenagenturen. Die NZZ verlangt von einem Mitarbeiter nicht, daß ein ganzer Kontinent auch bei ihm in Vergessenheit geraten muß, wenn an der ostafrikanischen Küste amerikanische oder deutsche Truppen landen. Dies verpflichtet mich der Zeitung gegenüber zu einem ganz besonderen Dank. Der Zuständigkeitsbereich ihres Afrikakorrespondenten umfaßt ungefähr 45 Länder oder etwas weniger, je nach der Unternehmungslust des Kollegen in Johannesburg. Ein Programm läßt sich in dieser Lage nicht vorgeben. Eine kleine Statistik über den Zeitraum, aus dem die vorliegende Auswahl stammt, zeigt nachträglich, daß sich von insgesamt rund 280 Beiträgen 81 mit den drei bevölkerungsstärksten Ländern Nigeria, Äthiopien und Zaire befassen. Somalia belegt mit siebzehn Berichten den vierten Rang, und über Rwandas und Burundis Hutu und Tutsi wurde, zusammengenommen, schon vor dem rwandischen Massenmord vom Frühjahr 1994 in zwölf zumeist langen Beiträgen berichtet.

Auf die Gefahr hin, sich unlauter zu verschönern, hat sich der Autor schlechtes Deutsch zu verbessern erlaubt. Korrespondentenberichte entstehen oft unter Zeitdruck, und dessen Spuren müssen nicht vollständig erhalten bleiben. Aus einer Reihe von Gründen drängten sich weitere geringfügige Eingriffe auf. In einigen Fällen sind Berichte, die für die Zeitung in mehreren Teilen geschrieben wurden, zu einem geschlossenen Stück zusammengenommen, wobei sich da und dort eine Umstellung und, zur Vermeidung von Wiederholungen, Streichungen aufdrängten. Andererseits wurden redaktionelle Kürzungen rückgängig gemacht. Wurde aus einer Artikelfolge nur ein einzelner Teil übernommen, so kann dieser um einen Absatz aus einem der nicht übernommenen Teile ergänzt sein. Erwies sich die eine oder andere Passage als hinfällig oder aus formalen Gründen als unbrauchbar, so etwa hypothetische Zukunftsbetrachtungen, dann wurde ersatzlos gestrichen. Stets blieb die übergeordnete Richtlinie, am Text seinen Charakter des Zeitungsberichts zu erhalten.

Die Schweiz ist ein mehrsprachiges Land. In der NZZ kann eine französische Wendung oder ein kurzes englisches Zitat unübersetzt gedruckt werden. Fremdsprachige Eigennamen politischer Parteien und ähnliches werden nicht übersetzt, solange es angelsächsische Namen oder solche lateinischen Ursprungs sind.

G. B., Juli 1994

Andreas Altmann
Weit weg vom Rest der Welt *In 90 Tagen von Tanger nach Johannesburg*
(rororo 13779)
Andreas Altmann arbeitet seit vielen Jahren als Reporter und wurde 1991 mit dem Egon-Erwin-Kisch-Preis ausgezeichnet. Die Westsahara, Mauretanien und Mali mit dem legendenumrankten Timbuktu sind Stationen einer faszinierenden Strecke in dem hier vorliegenden Band.

Catriona Bass
Der Ruf des Muschelhorns *Begegnung mit Tibet*
(rororo 12649)

Bruce Chatwin
In Patagonien *Reise in ein fernes Land*
(rororo 12836)
Bruce Chatwin hat auf einer langen Reise dieses malerisch schöne, wilde Land am Ende der Welt erkundet.

Amos Elon
Jerusalem *Innenansichten einer Spiegelstadt*
(rororo 12652)

Katie Hickman
Salto unter der Sonne *Mit einem Zirkus unterwegs in Mexiko*
(rororo 12658)

Kathleen Jamie
Im Licht der Gipfel *Grenzübergänge in Kaschmir*
(rororo 12654)

Ursula von Kardorff
Adieu Paris *Streifzüge durch die Stadt der Bohème*
(rororo 13159)

CHARLES NICHOLL
Im Goldenen Dreieck
EINE REISE IN THAILAND UND BURMA

John Krich
Wo, bitte, liegt Nirwana? *Eine Reise durch Asien*
(rororo 12642)

Peter Mayne
Ein Jahr in Marrakesch
(rororo 12650)
«‹Ein Jahr in Marrakesch› ist ein Meisterwerk. Es ist ein wunderschönes Buch, das jeden, der nur ein bißchen Gefühl für Reisen hat, begeistert.» *Frankfurter Allgemeine Zeitung*

John David Morley
Grammatik des Lächelns *Japanische Innenansichten*
(rororo 12641)

Charles Nicholl
Im Goldenen Dreieck *Eine Reise in Thailand und Burma*
(rororo 13173)

Ein Gesamtverzeichnis aller lieferbaren Titel finden Sie in der *Rowohlt Revue*. Vierteljährlich neu. Kostenlos in Ihrer Buchhandlung.

«Jenseits von Afrika», der Film nach ihrem 1940 erschienenen Roman «Afrika – dunkel lockende Welt», hat **Tania Blixen** weltberühmt gemacht. Geboren wurde die Dänin Karen Christence Dinesen 1885 auf dem Familienbesitz Rungstedlund. Mit ihrem Ehemann, dem schwedischen Baron Bror Blixen, ging sie 1914 nach Kenia. Dort verliebte sie sich in den gutaussehenden Denys Finch-Hatton – ihre große Liebe, die tragisch endete. In Afrika entdeckte sie auch ihr literarisches Talent und begann zu schreiben. Tania Blixen starb im September 1962.

Schicksalsanekdoten
Erzählungen
(rororo 15421)
«Es ist eine kleine Kostbarkeit, die dem Leser da an die Hand gegeben wird. Es ist eine Lektüre, wie man sie selten findet ...» *Stuttgarter Zeitung*

Schatten wandern übers Gras
(rororo 13029)

Wintergeschichten
(rororo 15951)
«Jeder dieser Menschen – und das ist überhaupt das zentrale Thema dieser Dichterin – lebt mit einer tiefen Sehnsucht im Herzen, die sich fast nie erfüllt; sie sind auf der Suche nach ihrem Schicksal, nach ihrer Bestimmung, sie haben den Wunsch, sich selbst zu leben ...» *Frankfurter Allgemeine Zeitung*

Judith Thurman
TANIA BLIXEN
Ihr Leben und Werk

Motto meines Lebens *Betrachtungen aus drei Jahrzehnten*
(rororo 13190)

Briefe aus Afrika *1914 –1931*
Herausgegeben von Frans Lasson
(rororo 13224)

Judith Thurman
Tania Blixen *Ihr Leben und Werk*
(rororo 13007)
«Eines der besten Bücher der letzten Jahre.» *Time*

«**Tania Blixen** ist eine verdammt viel bessere Schriftstellerin als sämtliche Schweden, die den Nobelpreis je bekommen haben.» *Ernest Hemingway* anläßlich seiner eigenen Verleihung des Nobelpreises für Literatur 1954.

Ernest
Hemingway
Der alte
Mann und
das Meer
Roman

rororo Großdruck

Ein Gesamtverzeichnis der Reihe *rororo Großdruck* finden Sie in der *Rowohlt Revue*. Jedes Vierteljahr neu. Kostenlos in Ihrer Buchhandlung.

Peter Høeg
Fräulein Smillas Gespür für Schnee *Roman*
(rororo 13599)
Fräulein Smilla verfolgt die Spuren eines Mörders bis ins Eismeer Grönlands. «Eine aberwitzige Verbindung von Thriller und hoher Literatur.» *Der Spiegel*

Denis Belloc
Suzanne *Roman*
(rororo 13797)
«Suzanne» ist die Geschichte von Bellocs Mutter: Das Schicksal eines Armeleutekinds in schlechten Zeiten. «Denis Belloc ist der Shootingstar der französischen Literatur.» *Tempo*

Ray Loriga
Vom Himmel gefallen *Roman*
(rororo 13903)
Ray Loriga, Jahrgang 1967, lebt in Madrid. In seinem mit Bitterkeit und schwarzem Humor getränkten Roman verfolgen Polizei und Medienmeute einen jugendlichen Killer quer durch Spanien.

Andre Dubus
Ehebruch und anderes *Vier Novellen*
(rororo 13744)
Stimmen vom Mond *Roman*
(rororo 12446)
Sie leben jetzt in Texas *Short Stories*
(rororo 13925)
Zehn klassische Short Stories von Andre Dubus über Menschen, die versuchen, mit aufrechtem Gang das Leben zu bewältigen. «Seine Geschichten sind bewegend und tief empfunden.» *John Irving*

Daniel Douglas Wissmann
Dillingers Luftschiff *Roman*
(rororo 13923)
«Dillingers Luftschiff» ist eine romantische Liebesgeschichte und zugleich eine verrückte Komödie voll schrägem Witz, unbekümmert um die Grenzen zwischen Literatur und Unterhaltung.

Michael Frayn
Sonnenlandung *Roman*
(rororo 13920)
«Spritziges, fesselndes, zum Nachdenken anregendes Lesefutter. Kaum ein Roman macht so viel Spaß wie dieser.» *The Times*

Radek Knapp
Franio *Erzählungen*
(rororo 13760)
Die Erzählungen von Radek Knapp wurden als bestes Debüt des Jahres mit dem «aspekte»-Literaturpreis des ZDF ausgezeichnet. «Dieser Autor hat Witz, Pfiff, Humor!» *Marcel Reich-Ranicki*

Von den Eingeweiden der Macht

Ryszard Kapuściński
König der Könige
Eine Parabel der Macht
Aus dem Polnischen von Martin Pollack
268 S. · geb. mit SU · DM 39,80
ISBN 3-8218-4447-7
Erfolgsausgabe der ANDEREN BIBLIOTHEK

Nach dem Sturz Kaiser Haile Selassies von
Äthiopien 1975 sprach der polnische
Journalist Kapuscinski mit dessen einstigen
Höflingen. Daraus entstand eine außer-
gewöhnliche Studie über die Herrschaft
Selassies und eine Parabel auf den Mißbrauch
der Macht und den Untergang verkrusteter
totalitärer Regimes.

»›König der Könige‹ ist Reportage, Biographie,
politischer Essay und, durch die Kunst seiner
Komposition, sogar ein ›Roman‹.« *Der Spiegel*

»›König der Könige‹ ist mehr als ein unge-
wöhnlicher und kunstfertiger Weg, sich einer
Person der Zeitgeschichte zu nähern.
Sein Buch handelt vom universellen Code
der Macht.« *Frankfurter Rundschau*

EICHBORN.

Wir schicken Ihnen gern ein Verlagsverzeichnis:

KAISERSTRASSE 66 · 60329 FRANKFURT · TELEFON 069/25 60 03-0
FAX 25 60 03-30 · HTTP://WWW.EICHBORN.DE